JN215717

佐々木 実
Minoru Sasaki

資本主義と闘った男

宇沢弘文と経済学の世界

HIROFUMI UZAWA
Against Capitalism

講談社

はじめに　「人間」が試されている時代に

　グローバル化する世界では、市場システムがもとめる原理や思考が国境をものともせず、あまねく日常生活にまで浸透してくる。だが、さかのぼれば人間社会を市場経済が覆うようになったのはそれほど古いことではないし、資本主義的な市場経済が無条件で地上に存在できるようになったわけでもない。経済人類学の開祖とされるカール・ポランニー（１８８６―１９６４）はのべている。

〈決定的なのは次のこと、すなわち、労働、土地、貨幣は本源的要素であること、そしてこれらもまた市場に組み込まれなければならないということである。事実、これら三市場は経済システムのなかできわめて重要な部分を形づくっている。だが労働、土地、貨幣が本来商品でないことは明らかである。売買されるものはすべて販売のために生産されたのでなければならないという仮定は、これら三つについてはまったくあてはまらない。つまり、商品の経験的定義に従うなら、これらは商品ではないのである。労働は生活それ自体に伴う人間活動の別名にほかならず、その性質上、販売するために生産されるものではなく、まったく別の理由から産出されるものであり、人間活動は生活の自余の部分から切り離すことができず、貯えることも転売することもできない。土地は自然の別名にほかならず、人間はそれを生産することはできない。最後に、現にある貨幣は購買力の象徴にほかならない。それは一般には、けっして生産されるものではなく、金融または政府財政のメカニズムを通して出てくるものである。これらはいずれも販売のために生産されるものではない。労働、土地、貨幣という商品種はまったく擬制的《フィクティシャス》なものなのである〉(『大転換』吉沢英成、野口建彦ほか訳、東洋経済新報社)

ポランニーによれば、19世紀の文明は四つの制度に支えられていた。バランス・オブ・パワー(国家間の戦争を回避するシステム)、国際金本位制度、自由主義的国家、そして、自己調整的市場。なかでも鍵となるのが自己調整的市場の働きであり、他の三つの制度が自己調整的市場にのっかる形で文明が形成されていた。

欧米では19世紀から20世紀初頭にかけて市場領域の拡大が基本的な潮流となったが、労働、土地、貨幣の市場では市場の力を抑制するさまざまな制度によって、市場原理の社会への浸透を防衛する措置も同時にはかられていた。だが、このような「二重の運動」(市場領域の拡大とそれへの対抗)は「自己調整的市場」がユートピア的な概念である以上、いずれ破綻せざるをえなかった。

第一次世界大戦の勃発で平和の百年(1815—1914)に別れを告げた19世紀文明は、1930年代に完全に崩壊する。自己調整的市場がもたらした全面的な危機への自己防衛が社会主義、ファシズム、ニューディールをもたらしたというのがポランニーの解釈である。

市場経済の歴史的な起源を解き明かそうとした『大転換』でポランニーは、19世紀に生まれた資本主義的市場経済が「競争的労働市場」を必要とすること、労働力を売る大量の労働者の出現が新たな「人間」の概念をもたらしたことを描き出した。共同体から引きはがされ孤立した「人間」は、「社会」とはなにかという切実な問題を抱え込むことになった。資本主義の隆盛が、「人間とはなにか」「社会とはなにか」という根源的な問いを発生させたのである。

１９３０年代の「大転換」で19世紀文明が崩壊したとき、経済学も存在意義を問われることになった。１７７６年に出版されたアダム・スミス（１７２３―１７９０）の『国富論』に始まる古典派経済学は、分析技法の革新によって19世紀終わりには新古典派経済学へと発展を遂げたが、市場の自己調整的機能を重視する経済学が称揚する自由放任主義が「大転換」によって否定されると、新古典派経済学も行き詰まったのである。

窮地を救ったのがジョン・メイナード・ケインズ（１８８３―１９４６）だった。大量の失業者が長期間にわたり存在していることを重視したケインズは、自由放任主義を否定して、政府による経済の適切な管理が必要であることを説得力ある理論で示した。

ケインズの理論的な成果を取り込むことで再生を果たした経済学だったが、資本主義の危機的状況が去ると、ふたたび自由放任主義への傾斜を強めていくことになった。１９７０年代以降、世界経済の変調にともなってケインジアンによる分析が疑問視されるようになると、ミルトン・フリードマン（１９１２―２００６）を筆頭とする「シカゴ学派」と称される経済学者たちに牽引され、自由放任主義が新たな装いで台頭してきた。復活した自由放任主義は「市場原理主義」とか「新自由主義」と呼ばれるようになった。

デヴィッド・ハーヴェイ（１９３５―）の定義によると、新自由主義とは〈強力な私的所有権、自由市場、自由貿易を特徴とする制度的枠組みの範囲内で個々人の企業活動の自由とその能力とが無制約に発揮されることによって人類の富と福利が最も増大する、と主張する政治経済的実践の理論〉である。その理論はつぎのような思想を随伴するという。

〈新自由主義は、市場での交換を「それ自体が倫理であり、人々のすべての行動を導く能力をもち、これまで抱かれていたすべての倫理的信念に置きかわる」ものと評価し、市場における契約関係の重要性を強調する。それは、市場取引の範囲と頻度を最大化することで社会財は最大化されるという考え方であり、人々のすべての行動を市場の領域に導こうとする〉(『新自由主義』森田成也ほか訳、作品社)

新自由主義はイギリスのマーガレット・サッチャー首相、アメリカのロナルド・レーガン大統領によって国際政治の表舞台に引き立てられ、1980年代の時代思潮となった。90年代にはいると、東西冷戦の終結によっていよいよ勢いづいた。「グローバリゼーション」の時代が到来したのである。

ハーヴェイは実践段階の新自由主義を称して、「国際資本主義を再編するという理論的企図を実現するためのユートピア的プロジェクト」であり、「資本蓄積のための条件を再構築し経済エリートの権力を回復するための政治的プロジェクト」とも解釈できるとしつつ、現実の成果をみるかぎり後者の目的が優っていたのではないかと総括している。

〈新自由主義化は、グローバルな資本蓄積を再活性化する上であまり有効ではなかったが、経済エリートの権力を回復させたり、場合によっては(ロシアや中国)それを新たに創出したりする上では、目を見張るような成功を収めた。新自由主義的議論に見られる理論的ユートピアニズムは主として、この目標を達成するために必要なあらゆることを正当化し権威づける一大体系として機能してきたというのが私の結論である〉(同上)

最強のイデオローグがフリードマンたちだったことからもわかるように、新自由主義に理論的な根拠や思想を提供したのは経済学である。たしかに強力な批判を繰り広げたのも経済学者

（たとえば本書に登場するジョセフ・スティグリッツ〔1943―〕）だが、こうした事実はむしろ、世界を導く理論や思想が経済学という学問の閉じられた領域に囲い込まれ、人々の手にはとどかないところに存在していることを物語っている。

2008年9月にアメリカで起きたリーマン・ショックを機に、新自由主義へのはげしい批判が世界中で沸き起こった。それでもなお、社会を市場化することが豊かさをもたらすというイデオロギーは根強く生き残っている。日本の場合、とくに顕著といっていいのかもしれない。

日本に新自由主義的な考えが浸透してきたのは、銀行の不良債権問題を抱え、経済が長期停滞に沈んでからである。グローバリゼーションという言葉が人口に膾炙《かいしゃ》するようになった90年代半ば以降、市場での企業活動を規制するような諸制度を緩和したり撤廃することが「善」とみなされ、たたみかけるような制度の改変によって、市場の原理が社会に深く浸透してきた。

今世紀にはいると、小泉純一郎内閣によって「構造改革」が国是となり、市場化の勢いは一段と強まった。平成の後半期における日本の制度改革は「社会の市場化」を推進する一大プロジェクトだったといえるだろう。現在も、安倍晋三内閣が労働市場のさらなる流動化を促す労働者派遣法の改正を実現しただけでなく、水道事業の民営化を可能にする法律を整備したり、漁業協同組合の力を弱め企業の参入を促すための漁業法の改正を行うなど、市場領域の拡充を企図する制度の整備はやむどころか、全面展開の様相をみせている。

とはいえ、世界に目をやれば、やはりリーマン・ショックは時代を画するターニング・ポイントだった。自由貿易の旗振り役だったアメリカは、ドナルド・トランプ大統領が誕生してから保護貿易主義的な姿勢に転じ、中国はじめ貿易相手国とのあいだで緊張が高まっている。ヨーロッパの統合をめざしたEU（欧州連合）という試みは、イギリスのEU離脱で揺れている。新自由主義を世界に流布したアメリカとイギリスで、新自由主義がもたらした現実への不満や反発が為政者も無視しえないほどの広がりをみせていることは注目に値する。

経済の金融化を強力に推進した新自由主義の実践は、途方もない所得格差をもたらし、世界的な金融危機を招くにいたった。この歴史的な出来事は、経済学者にも衝撃を与えずにおかなかった。反省の気運が盛り上がるなか、ハーヴェイいうところの「経済エリート」として権力を手中にした経済学者やエコノミストが金融危機を招来する役割を果たしていたことが白日のもとにさらされもした。

私は6年ほど前、日本における「社会の市場化」プロジェクトの最大の功労者である竹中平蔵という経済学者の人生の歩みを追い、『市場と権力　「改革」に憑かれた経済学者の肖像』（講談社）を上梓した。小泉純一郎内閣の経済閣僚として「構造改革」の司令塔役を果たした彼は現在もなお、安倍晋三首相のブレインとして活躍をつづけている。

「改革者」の実像に迫ろうとした『市場と権力』の取材の過程で私は、一抹の虚しさをおぼえるようになっていた。新自由主義が「外来の理論」「外来の思想」であるとはっきりわかったからである。薄々気づきはじめたころ、出会い頭の事故のように遭遇したのが、宇沢弘文だった。

竹中が研究者の駆け出し時代に過ごしたシンクタンクの指導者だったこともあり、宇沢は若き日の彼の行状をよく知っていた。「彼はね、本質的には、経済学者ではないんだよ」。世界的に評価されている経済学者が平然と言ってのけたことに得心しながら、「もっと本質をみきわめなさい」と言外に指摘されたように感じたものである。

それにしても、宇沢はずいぶん謎めいた人物にみえた。70歳代半ばになっても長年ジョギングで鍛えた頑健な体軀にめぐまれ、１８０センチという実寸より背丈は大きくみえた。胸までのびた白くて長いあご髭が聖者の風貌をかもしていたものの、無類の酒好きで健啖家、なによりおどろいたのは観察眼のたしかさだ。

独特の語り口で、名の知れた経済学者の生態を文化人類学者か精神分析家のように描き出してみせる。解剖のメスはアメリカや日本の経済学者集団にも執刀され、ビールをのみながら、焼酎やワインをかたむけながらの縦横無尽の放談はそのまま学派の栄枯盛衰物語になったり理論の形成史になったりした。

それは経済学が醸成される現場を知る者の目撃証言だった。いや、宇沢自身が経済学の最前線で理論づくりに貢献してきた当事者だった。彼こそが、世界の名だたる理論家たちの共同体、いわば経済学の「奥の院」にいた唯一の日本人だったのである。

カール・マルクスは『ドイツ・イデオロギー』で、社会を支配する思想について考察している。〈支配階級の思想はどの時代にも支配的な思想である。すなわち、社会の支配的な物質的な力であるところの階級は、同時にその社会の支配的な精神的な力である。物質的生産の手段を左右する階級は、それと同時に精神的生産の手段を左右する。だから同時にまた、精神的生産の手段を欠いている人々の思想は、おおむねこの階級に服従していることになる〉（『ドイツ・イデ

オロギー』古在由重訳、岩波文庫)

さまざまな批判や疑問があるにもかかわらず、新自由主義の考え方が支配的な思想の位置を確保できているのはなぜだろうか。現在の問いに対しても、マルクスの思考は示唆的である。

〈ところでいま、歴史的な経過をつかむばあいに支配階級の思想を支配階級からきりはなし、それを独立化し、一つの時代にあれこれの思想が支配したという点にとどまって、これらの思想の生産の諸条件および生産者たちのことを気にとめないとしよう。したがって、思想の基礎となっている諸個人や世情をはぶくとしてみよう。そうすれば、たとえば貴族が支配していた時代には名誉、忠誠などの概念が支配し、ブルジョアジーの支配のときには自由、平等などの概念が支配したということができることになる。支配階級はおおむねこのように想像するのである。とくに一八世紀以来のすべての歴史家に共通しているこの歴史観は、かならずや、いよいよ抽象的な思想すなわちいよいよ一般性の形態をとる思想が支配するようになるという現象につきあたるだろう。いいかえれば、自分よりまえに支配していた階級にかわってあらわれるあたらしい階級は、すでに自分の目的をつらぬくためにも、みな自分の利害を社会のあらゆる成員の共同利害としてかかげずにはいられない。すなわち観念的にいいあらわせば、自分の思想に一般性の形態をあたえ、それを唯一の合理的かつ一般通用的な思想としてかかげずにはいられない〉(同)

「自由」や「平等」という理念が称揚されるようになるとき、ブルジョアジー階級による支配が前提としてあるのだが、抽象的な理念や思想はそれを産み出した現実をむしろ隠す役割を果たす。こうしたマルクスの思考には、誰が「世界」を解釈しているのかという問題意識がある。

古典派経済学への批判は、資本主義の解釈者としての経済学者に向けられた批判なのである。

現在からみれば、マルクスの経済学批判はまだしも牧歌的だったといえるのかもしれない。経済学は古典派から新古典派へと衣替えしたのち、科学的な装いで武装するようになったからである。経済現象を分析する科学として発展した経済学は、もはや社会のなかでひとつの確乎たる制度として機能するようになっているし、経済学的な思考は経済学者ではない人々にも薄く広く行き渡っている。


前に私は、宇沢が「経済学の『奥の院』にいた唯一の日本人だった」とのべた。その意味は、経済学者として顕著な実績を挙げたというだけでなく、1950年代後半から60年代にかけて、アメリカ経済学界の中枢メンバーのひとりだったということである。スタンフォード大学、シカゴ大学で研究をつづけた宇沢は、中堅若手の理論経済学者のなかで一、二を争う存在と目されていた。

ところが、アメリカ経済学界での評価が絶頂をきわめていたそのとき、宇沢は突如としてアメリカを去り、日本に帰国してしまった。シカゴから東京に居を移したのは、不惑を迎える1968年である。ベトナム戦争に動揺しはじめたアメリカから、高度経済成長の余韻さめやらぬ日本へ——場所の移動は、宇沢の経済学を根本から変えることになるのだが、有り体にいえば、「Hirofumi Uzawa」はこのころから行方不明となってしまった。アメリカの経済学者たち、世界の経済学者の前から忽然と姿を消したも同然だった。

アメリカを盟主とする資本主義国家陣営と、ソヴィエト連邦が率いる社会主義国家陣営が対峙する東西冷戦体制は、経済学という学問にとっても、陰に陽に思考を制約する条件となっていた。新自由主義の隆盛を東西冷戦構造抜きに説明することはできない。冷戦下の思想の相克を背景に、経済学の「奥の院」では密やかに激しい抗争がつづけられていた。１９６０年代半ばごろから本格化する闘いの場には、宇沢の姿もあった。

帰国してからの宇沢は、高度経済成長の歪みとしてあらわれた公害や地域開発の問題を重視して、環境破壊の問題を経済学が引き受けるべき課題とみなし、自らが牽引してきた主流派の経済学を厳しく批判するようになった。理論家としては、長い沈黙の時代にはいるのである。

周囲の経済学者が戸惑い反発するほど、経済学への批判は執拗かつ徹底していた。新たな理論を創造するためには、既存の理論体系への否定が欠かせない作業だったのである。

宇沢の沈黙を破ったのが、東西冷戦の終焉だったのは偶然ではない。対抗する理論や思想を喪った、ポスト冷戦時代の資本主義をみすえ、宇沢は社会的共通資本という新たな概念を携えて理論闘争の最前線に戻ってきた。

《社会的共通資本は、一つの国ないし特定の地域に住むすべての人々が、ゆたかな経済生活を営み、すぐれた文化を展開し、人間的に魅力ある社会を持続的、安定的に維持することを可能にするような社会的装置を意味する》（『社会的共通資本』岩波新書）

社会的共通資本の理論は、分析手法においてはまぎれもなく主流派経済学を踏襲しながら、新自由主義を産みおとした主流派経済学に対抗する理論として構想された。いささかアクロバティックな理論を構築してまで宇沢が問いたかったのは、市場原理が深く浸透する社会で「人間」はどうあるべきか、市場空間のなかで「社会」をつくり維持することは可能なのか、という切迫した問題だった。

グローバリゼーションの猛威によって、市場原理に輪郭を規定されてしまうような「人間」であってはならない。人間の側が、市場システムにあるべき「人間」の姿を可能とするような仕組みを埋め込むことで、真にゆたかな社会をもたらす市場経済をつくりだすことができる。

晩年の宇沢を突き動かしていたのは学問への情熱というより、焦燥にも似た憤りだった。いま、「人間」が資本主義に試されている——そんな危機意識を強く抱いていた。

「アメリカ」から色濃く影響を受けた現代経済学を批判し、工業化と都市化に邁進して自然をないがしろにする日本社会に警告を発し、農業の危機を訴え、地球温暖化の問題を論じる。闘いは重層的なものとならざるをえなかった。教育の問題、医療の問題、都市のあり方、森林や川の保全……戦線を拡げれば拡げるほど、同僚や教え子の経済学者たちからは敬して遠ざけられるようになった。アメリカ在住の気鋭の数理経済学者として、世界中どこの大学を訪れても研究者たちに囲まれ羨望のまなざしでみつめられていた若かりし頃とはまったく別の、経済学者の姿がそこにはあった。

資本主義を探究しつづけた男は、いまだ帰ってきていない。宇沢弘文は遭難したのではないか。それが本書を執筆する際の、私の仮説だった。彼の思索の全貌はいまだあきらかにされてはいないのだ。資本主義と闘いつづけた男の軌跡をたどれば、そこには明瞭な思想が浮かびあがるだろう。そんな思いを抱きつつ、私は捜索の旅にでることにした。

目次

HIROFUMI UZAWA AGAINST CAPITALISM

資本主義と闘った男

宇沢弘文と経済学の世界

佐々木 実

文中敬称略

第1章

リベラリズム・ミリタント

故郷・鳥取から東京に出てくるころの宇沢家。一番右が次男の弘文

女系一族

宇沢家は江戸時代中ごろまでさかのぼることができる旧家で、もともと鳥取県西伯郡南部町法勝寺《ほっしょうじ》（法勝寺は寺ではなく地名）で米屋を営んでいたが、のちに少し北にのぼった米子へ移った。何代にもわたり婿を迎えることになったのは、跡継ぎの男子に恵まれなかったからだという。女系一族だったのである。

宇沢弘文の母寿子《としこ》も2人姉妹の長女で、当然のように婿を迎え入れた。宇沢の父時夫《ときお》は近隣の春日村（現在は米子市）出身で旧姓を田村といい、鳥取の師範学校を卒業すると小学校の教師となった。結婚したふたりが居を構えたのは現在の米子市公会堂のそば、米子市角盤町である。待望の男子が生まれたのは昭和2年（1927年）、長男は照水《てるみ》と名づけられた。翌年の昭和3年（1928年）7月21日、2番目の男の子として誕生したのが宇沢弘文《ひろふみ》である。時夫と寿子が4男1女をもうけて、長らくつづいた女系の伝統にようやく終止符が打たれたのだった。

宇沢が生まれたばかりのころ、世界恐慌が波及する形で日本を昭和恐慌が襲った。父時夫の実家は農業を営んでいた。農村の不況はとりわけ深刻で、田村家の家計も逼迫していた。6人兄弟の三男である時夫も、実家から仕送りをあてにされていた。当時の父親の心境を宇沢が推し量っている。

《養子の身であったために、教師になった後も給料は全部実家に取られてしまっていた。郷里ではそんなしきたりがあったらしい。さぞ、憤懣やるかたなかったことだろう》（『経済と人間の

旅』日本経済新聞出版社）

時夫が突然、教師をやめて東京に出る、と言い出したのは、宇沢が3歳のころである。寿子は強く反対した。なにしろ長男の照水、次男の弘文、生まれたばかりの長女の道子、3人もの幼子を抱えている。そもそも時夫が実家から頼りにされるのも大不況ゆえなのに、あてもなく上京するのは無謀すぎる。しかし、妻の説得にも、時夫の決意は翻らなかった。家屋敷と家財道具を売り払った資金を手に、若い夫婦は米子をあとにすることになったのである。

東京ではじめ杉並区に住んだが、時夫が本駒込の昭和小学校に職を得たことから北区田端へと引っ越した。大きな一軒家には寿子の妹政江も同居することになり、家庭内では変わらず米子弁が飛びかった。「いけません！」は「イケンガン！」といった調子である。

時夫は背が高く、師範学校時代に柔道をしていたこともあり堂々たる体軀だった。女系一族に生まれた待望の男の子、照水と弘文が幼いころは左右の腕に一人ずつ抱え連れ歩いていた。180センチメートルと長身で骨太な宇沢の体つきは父親譲りである。

宇沢の2歳下の妹の渡辺道子によると、父時夫は学校で評判の教師だったという。

「『宇沢先生に教えてもらうといい中学校に行ける』といわれていたんです。教え子に有名中学に進学した生徒が何人もいましたから。小学校では5年生と6年生しかもたなかったんですけど、数学を教えるのが上手だったんです。頼まれて家庭教師もしていましたね。3人ずつぐらいをひと組にして、自宅で教えていました」

宇沢家の子供たちはみな数学が得意だった。もっとも弘文は父親から教わるまでもなく数学の成績は抜きん出ていて、滝野川第一小学校に通っていたころから学業全般に秀でていた。妹の道子がいまでも不思議におもうのは、兄弘文が勉強している姿をほとんど見なかったことだ。宇沢家では2階の8畳から10畳ほどの広さの部屋が子供たちの勉強部屋だった。部屋の三つの角に照水、弘文、道子の勉強机が置かれていた。

「兄は学校から帰ると、小説かなにか、本が好きで本ばかり読んでました。わたしが勉強をはじめると、『勉強は学校の教室でするものだよ』というんですよ。兄は参考書もいっさいもってなくて、『教科書が参考書だ』っていってましたね。試験になると、わたしは必死に勉強しましたが、兄は早く寝てしまうんです。どこで勉強しているのだかわかりませんでした」

教育者の父時夫は自分の子供の教育にも熱心だった。学業に関しては天性の資質を持ち合わせているらしい弘文への期待はとくに大きく、住んでいる地域からいえば東京府立第五中学校（現・都立小石川中等教育学校）を受験するのが自然だったが、東京府立第一中学校（現・都立日比谷高校）を受験させた。父親の期待どおり、弘文はなんなく合格した。

将来学問の道に進むことになる少年は教育者の父に理想的環境を与えられたといえるのだが、妹の道子によると、父親との相性は必ずしも良くなかったそうだ。

「兄はなにかというと父に反発するところがありましたね。大人になってからもしばしば父の悪口をいうから、『そんなに悪くいわなくても』っていったこともありますよ」

父親に反発をおぼえるようになったのには理由があった。教師としては評価の高かった時夫だが、「事業」では失敗続きだったのである。手始めはレストランの経営だった。高円寺に店を出したが、しばらくするとつぶしてしまった。子供たちにはくわしい事情を知るすべもなかったが、どうやら誰かにだまされたらしかった。

東京に土地勘があるわけでもなく、教師の経験しかない時夫は、山林の購入でも失敗している。植林した山だと説明を受けて土地を購入したのに、現地に行ってみれば禿げ山。絵に描いたような詐欺話に引っかかったのである。知人の借金の保証人になったため、借金取りに追い立てられるということもあった。

米子の土地などを売ってかなりのお金を手にしていたはずなのに、いつのまにか蓄えは底をつくようになった。家を借金のかたにとられたり、家族が食べるものに窮するようなことにはならなかったけれども、宇沢家が築いた財産を一代で食いつぶしてしまったのである。

宇沢は勘の鋭い子供だった。母親に連れられて父親のレストランで食事をしたとき、注文した焼き飯が店の外から運ばれてくるのをめざとくみつけ、「なにかおかしい」と悟った。借金の保証問題がこじれたとき、子供ながら母親につきそい、相手と交渉したりもした。母の寿子は良家のお嬢さまがそのまま大人になったようなおっとりした性格だったから、問題が起きるたび活躍する次男に信頼を置くようになった。長男にくらべて自分が粗末に扱われていると感じていたこともあり、宇沢は母親からたよりにされると素直にうれしかった。

当時としてはめずらしいことではないが、宇沢家は典型的な亭主関白だった。子供たちはみな母親を慕っていたので、父親にはもったいないくらいの良妻賢母だとおもっていた。なかでも宇沢は母親思いの息子だった。母寿子が74歳で亡くなった際、50歳の大学教授が人前をはばからず大泣きに泣き、参列者たちを驚かせたという。妹の道子が苦笑まじりに語った。

「あんまり大きな声をあげて泣くものだからわたしのほうが恥ずかしくなって。兄を人目につかないところまで引っ張っていったんですよ」

母の寿子は19歳で母親を亡くしているから、宇沢は母方の祖母を知らない。寿子の父親、つまり宇沢の祖父は、母寿子が14歳か15歳のころに離縁させられたという。夫婦が男の子に恵まれなかったのが原因だったと宇沢は回想しているが、妹の道子によると、酒好きだった祖父にしっかり者の祖母が愛想をつかしたというのが真相ではなかったかという。ともあれ、家具職人だった祖父にまつわるエピソードを宇沢が書き残している。

《祖父は家を去るに当たって大工の腕をふるい、一棹の立派なたんすを作って娘たちに残した。そのたんすは今もわが家にある。

指物師が作るたんすとは少し違うが、幅六尺（一尺は約三十センチ）以上あり、高さもある。二度の空襲に遭いながら焼けずに残った。狭い家には大き過ぎ、置いておくのは大変だが、娘二人を残して家を出ていった祖父の悲しい思いがこもっている感じがするたんすなので、何年か前に修理した》（『経済と人間の旅』）

宇沢の自宅で祖父の簞笥を見せてもらったことがある。案内されて応接間のとなりの部屋にはいると、鈍い光沢を放つ赤褐色の和簞笥が鎮座していた。祖父の形見を愛でるように眺めながら、「なかなかいいでしょう?」と誇らしげにつぶやいた宇沢の姿が印象に残っている。

祖父への憐憫は、あるいは、父への反発と根を同じくする感情だったのかもしれない。女系一族では、女が陽で男は陰である。「陰なるもの」への感性は、宇沢家特有の家風で育まれたようにも感じられるのである。もっとも、宇沢は家族より時代そのものから刻印を受けた世代に属している。満州事変に始まり太平洋戦争敗戦に終わる「十五年戦争」のなかで青春を送った、戦時育ちである。

キョウボウ

滝野川第一小学校の5年生のとき、宇沢は忘れがたい出来事を体験している。

ある日、先生が神武天皇以来、今上天皇の昭和天皇まで連綿とつづく124代にわたる皇統の系譜を滔々と語り、誇らしげに称賛したことがあった。

この年は皇紀2600年の前年にあたっていた。皇紀というのは、日本書紀に記述されている神武天皇即位の年を元年とする日本独特の紀元である。昭和15年（1940年）は神武天皇の即位から2600年の節目とされ、ずいぶん前から政府が記念事業に向けて準備を進めていた。くだんの先生も皇統の尊さを教えようと、歴代天皇を讃えたのである。

ところが、先生の説明を遮るように挙手して、質問に立った生徒がいた。宇沢である。

「もしもお世継ぎのご長男が愚かな方だったら、皇族はどう対処されたのでしょうか？」

素朴な疑問を口にしたまでだったが、みるみるうちに顔面を紅潮させた先生から大目玉を食らってしまった。ささやかな出来事ながら、少年の目覚めを告げるエピソードである。

宇沢が生まれた昭和3年は、昭和天皇の即位の礼が執り行われた年だった。アメリカの歴史学者ハーバート・ビックスは、即位の礼についてつぎのように解説している。

〈即位の礼は、アジア大陸における日本の新しい軍事行動が始まり、脆弱化した君主制へてこ入れするために、ますます国家的抑圧に依存せざるをえなくなった時期を象徴するひとつの権力行為であった。従ってその効果は、日本における政治反動の台頭との関連で理解されなければならない。この反動は、田中内閣による中国山東省への数次の出兵と、一九二八年以後の思想統制に当たる官吏の増加に現れた。

治安維持法の改定後、政府はすべての道府県に「思想検事」と「特別高等警察」を配置した。軍隊も憲兵組織に独自の思想係を設け、内務省の警保局保安課は、共産主義者その他の過激派による「反国体陰謀」の摘発に専念することになった。こうして一九二八年以後、天皇制国家はその批判者に対していっそう過酷な対応をしてゆく。まず共産主義者と、天照大神を最高神とは認めない教派神道組織、大本教および天理教の指導者が、増強された警察の監視のもとに置かれ、弾圧された。監視はのちに言論界や大学の自由主義的知識人にも広げられた。儀礼と宣伝を通じた新天皇の創出過程は、このように思想統制装置の顕著な増強・拡張と手を携えていた〉(『昭和天皇（上）』講談社)

満州事変が起きたのは、宇沢家が米子から上京した昭和6年（1931年）である。この年の9月、関東軍が奉天近郊の柳条湖で南満州鉄道の線路を爆破、治安回復の名目で軍を出動させ、張学良率いる奉天政権の本拠地を占領した。満州国の建国を経て、昭和12年の盧溝橋事件を機に始まった中国との戦争が泥沼化していくなか、日本軍は昭和16年12月にハワイの真珠湾を奇襲、太平洋戦争が始まる。

宇沢が東京府立第一中学校に入学したのは、太平洋戦争が始まる直前の昭和16年（1941年）4月である。一中は5年制だったが、宇沢たちは戦時措置で4年で卒業させられることになる。4年生の夏からは勤労動員で工場に通うことになった。

戦時下の青春をともに過ごした友人が速水融《あきら》である。4年間の在学中、3年間を同じクラスで学び、勤労動員も同じ工場に通った。高校、大学は別々となったが、社会人になってふたたび同僚となった。ふたりとも経済学者になったからである。

歴史人口学の草分けである速水は江戸時代の経済に関する独創的な研究で知られている。ふたりは経済学者という職業だけでなく、文化功労者に選ばれたのち文化勲章を受章したという経歴も同じである。東京都杉並区の自宅に速水を訪ねると、ユーモアあふれる語り口で戦時下の交遊を語りはじめた。

「ウザワ君はねえ、ひとことでいえばキョウボウでしたよ。凶暴。旧制中学では柔道か剣道を習うんですけど、ふたりとも柔道だった。『おい、やろう』っていわれて組むと、いつもぶん投げられてね。ほんとうに怪力の持ち主だったよ。ウザワは大柄、ぼくは小さい。逃げまわっていたんだけど、『おい、やろう』って、やたらと人を投げ飛ばすんですよ」

ウザワが怪力を発揮するのは柔道のときだけではなかった。学校そばの石垣にヘビをみつけると、石のあいだでもかまわず腕を突っ込み、ヘビを引きずり出した。

「ヤマカガシと呼ばれるヘビだったなあ。結構大きなヘビなんですよ。誰もつかまえようなんておもいませんよ。ところがウザワはふんづかまえたヘビを、ブンブンふりまわす。あぶないやら怖いやら、ぼくらは逃げまわらないといけない。ヘビもたまったもんじゃなかったろうね。最後はブーンとぶん投げられたから。とにかくね、ウザワはなにをやっても破格でした」

速水融

破格といえば、学業もそうだった。成績優秀者は教室の一番後ろの列に陣取るのが慣わしとなっていたが、そこは宇沢の指定席だった。とりわけ数学にはめっぽう強く、授業では教師のほうがしばしば、「宇沢君、これで間違ってないか?」とたずねるほどだった。

じつは、速水は昭和4年生まれで宇沢たち同級生よりひとつ歳下だった。飛び級して入学したのである。1歳のちがいは大きかった。クラスでは身体も小さいほうで成績もはかばかしくなく、教室ではいつも前列に座らされた。腕力ではかなわないウザワになんとか一泡吹かせようにも、学業でも太刀打ちできなかった。

宇沢はひとつ下で小柄な速水を弟のように扱った。ふたりとも電車通学で帰りは乗り換えの新橋駅までいっしょだったのだが、ある日、背の高いウザワがひょいと速水の頭から学生帽を取り上げ、そのまま電車に乗り込んでしまった。速水はあわてて追いかけたが、電車は発車してしまう。唖然としていると、ウザワが電車の窓から帽子を放り投げてきた。ひとり駅にとり残された速水はレールに落ちた帽子を拾いにいかなければならず、駅員からこっぴどく叱られた。

「いじめられていた」と速水が冗談まじりに形容するようなふたりの関係に変化が訪れるのは、戦争も末期になってからのことである。

反戦闘士

昭和19年、サイパン陥落などで戦況は一段と厳しくなった。アメリカの大型爆撃機B29が、奪還した南方の島々から日本へと飛来し、都市部に爆撃を繰り返すようになった。修学期間が5年から4年に短縮されて最終学年を迎えた宇沢たちも、敗色濃くなるなかで勉強どころではなくなった。勤労動員で働きにでることになったのである。宇沢や速水たちの動員先は、潜水艇の速度計などを製造する倉本計器精工所の工場だった。速水が語る。

「部品に旋盤で穴をあけて組み立てる作業はきついので、態度が悪くて睨まれている生徒がまわされるといわれてたんです。ウザワも私も、その旋盤工程を担当させられました。私は仮病をつかって逃げ出して倉庫番をするようになったんですが、ウザワはずっと旋盤をやってましたね」

速水は宇沢が黙々と旋盤を扱う姿をおぼえているが、宇沢は宇沢で別の友人とはかって工場を抜け出し、近くの多摩川で和船をこいだりしてうっぷんを晴らすこともあった。速水にとって勤労動員は、作業こそ楽ではないものの、気持ちがやすらぐ面もあった。学校の教室にいるといつも成績を気にしていなければならないけれども、勤労動員で働いているときは成績など関係ないからだ。

同じ工場で働く宇沢とは休憩時間や帰りの電車で、戦争の行く末やこれからの人生について語らうことが多くなった。西欧文学に耽溺していた速水はそうした話題になると饒舌になった。速水が思いのほか文学や思想に深い造詣をもつことを知り、宇沢も一目置くようになった。

後年になって宇沢は、「中学生時代に一番思想的な面でインパクトを受けた友人」と評したが、速水が文学や思想に通じていたのは家庭環境によるところが大きかった。父親の速水敬二は戦後に國學院大学教授をつとめた哲学者で、父の兄、つまり伯父は農政学者の東畑《とうはた》精一だった。父の妹が結婚した相手、つまり叔父には哲学者の三木清がいた。

速水の父親と三木は同世代ということもあり、本を貸し借りする仲だった。ふたりが酒を飲みだすと、「こんな戦争なんかやめてしまえ！」などと三木が口にするので、はたで聞いている速水のほうがヒヤヒヤした。『人生論ノート』などで広く知られた三木は戦争末期に治安維持法で投獄され、敗戦直後の１９４５年9月に豊多摩刑務所で獄中死している。三木の死後、ようやく治安維持法は廃止されたのだった。

三木が獄死した際、事実を確認するため豊多摩刑務所を訪ねたのが、高校生の速水だった。伯父の東畑から、「信じられない。おまえ、ちょっと行ってみてきてくれ」と頼まれたからである。

速水は当時を思い出して、「豊多摩刑務所の対応はずいぶん横柄だった」と憤慨しながら語った。別々の高校に通っていたので宇沢とは疎遠になっていたが、街でばったり会った際、三木が獄死したことをくわしく話した。宇沢もよくおぼえていて、「三木清はよく読んでいたから、速水から話を聞いたときはすごいショックを受けたよ」と語っていた。

速水は三木清、東畑精一に感化されたわけだが、中学生だった速水に大きな影響を与えたのは三木清よりむしろ東畑精一だった。

東畑はボン大学に留学して経済学者ヨーゼフ・シュンペーターに師事したあと、帰国して東京大学農学部の教授に就任した。戦後は、吉田茂首相から農林大臣として入閣することを要請されながら辞退した。その後、農業基本法の制定などに関わり、農政の権威となる。じつは、晩年の東畑は経済学者となった宇沢と浅からぬ縁をもつことになるが、宇沢と東畑の関係については本書の第15章で触れる。

速水は戦争の末期、家族が疎開したために東畑精一の家に同居していたという。

「私の家では一統がリベラリズムだったんですよ。自由主義ですね。当時の東大は右傾化していましたが、東畑精一は右傾化したグループにははいっていなかった。終戦前、東畑邸で戦後日本をどう再建するかという非公式な話し合いがもたれたんです。まだ中学生だったので内容まで詳しくおぼえているわけではありませんが、蠟山政道、横田喜三郎、矢部貞治などが集まっていました。そんな環境だったこともあり、中学生のころ、私はかなり反戦的だったんですよ」

速水が印象深くおぼえているのは昭和20年4月、小磯国昭内閣が鈴木貫太郎内閣に替わったときの伯父の言葉だ。政権交代の理由をたずねる中学生の速水に、東畑は強い口調で言った。

「この内閣は戦争を終わらせる内閣だ。だからもう、犬死にはするな」

東畑精一は戦中に首相をつとめた近衛文麿のブレイン「昭和研究会」の一員だったので、政権中枢から伝わる情報をもとにかなり正確に戦況を把握していた。勤労動員中、宇沢は速水の大人びた口調に感心することが多かったが、それにはこうした事情があったのである。

速水が住む東畑邸を宇沢が訪れることもあったのだが、ある日、速水が伯父の書斎に招き入れてくれたことがあった。大量の書物に圧倒されながら、検分するように書棚を眺めまわしていると、文庫本が並ぶ棚はきちんと文庫本サイズにこしらえてあり、本がぴたりとおさまっていることに気づき、妙に感心した。

「学者の道に進むのもいいかもしれない」

東畑精一の書斎で、宇沢は素直にそうおもった。「知」の世界に生きることをはじめて強く意識したのである。

勤労動員で工場に通うようになってから、速水のほうでも「凶暴なウザワ」の意外な顔を知ることになった。速水はこんな言葉で表現した。

「ウザワはね、じつは、反戦闘士だったんですよ」

身近なところに同志がいることを発見したのはうれしかったが、困ったのは宇沢があたりかまわず軍人批判、軍国主義批判を唱えることだった。宇沢は家族にもその種の話はしなかったから、本音で話せる仲間ができて素直にうれしかったのだろう。電車のなかで速水と戦争について話しこんだとき、気持ちを昂ぶらせた宇沢が、

「ミリタリズム、軍国主義のもとでは、なにも文化なんて発展しないんだ!」

聞こえよがしに叫んだことがあった。速水はまわりの乗客が気になってそわそわした。言論統制が厳しくなっていた戦時下である。中学生とはいえ注意だけではすまないかもしれないのに、いったん火がつくと宇沢はそんなことなどおかまいなしになるのだった。

「私がそのころ一番読んでいたのはロシアの長編小説でした。とくにトルストイの『戦争と平和』。あれを時代に重ねて読んでいたのです。私の場合、文学を通じて普遍的なものを感じとっていたのだとおもいます。ウザワは中学校時代、とても高度な数学をやっていた。彼は数学という学問の世界でなにかをつかんだんじゃないかとおもう。武器でドンパチやることじゃないんだと。むしろドンパチは大事なものを破壊することにしかならないんだということを」

たしかに一中に進学して反戦的になるのと歩調をあわせるように、宇沢はますます数学にのめり込んでいった。著名な数学者高木貞治の『代数学講義』や『解析概論』を独学で修得すると、群論や代数的整数論にまで手を伸ばした。

宇沢が感激したのは、ケプラーの法則からニュートンの万有引力の法則を自力で導きだした

ときである。中学3年生の夏だった。

太陽系の惑星は太陽をひとつの焦点とする楕円の軌跡上を運行する（第1法則）。太陽系の惑星は太陽に対する面積速度が一定となるように運行する（第2法則）。ケプラーのこのふたつの法則から出発して、「ふたつの物体の間には、質量の積に比例し、距離の自乗に反比例する引力が働く」（万有引力の法則）という結論を導いたのである。

晩年に宇沢は、数学について語っている。

《数学の本質は、そのときどきの状況を冷静に判断し、しかも全体の大きな流れを見失うことなく、論理的に、理性的に考えを進めることにあります。数学はすべての科学の基礎であるだけでなく、私たち一人一人が人生を如何に生きるべきかについて大切な役割をはたすものだといってもよいでしょう》（『日本の教育を考える』岩波新書）

「反戦闘士」と速水が表現するほど、宇沢が軍国主義を激しく批判するようになったのはなぜなのだろうか。宇沢にインタビューを重ねながら、あるときは単刀直入に、ときには迂遠なやり方で、ずいぶん執拗にたずねてみた。はかばかしい答えはなかなか得られなかったのだが、あるとき、ふともらすようにとつとつと語ったのが父方の伯父の話だった。

「ぼくは中学に入ってほんとにまもなく、ものすごく反戦的になっていた。あるいは反軍的に。それは山陰の生まれっていうのがかなり気性としてはあったとおもうんだけど……日本の兵隊、将校の乱暴なビヘイビア（行動）を見聞きしてね」

自伝やエッセイではいっさい触れていないが、宇沢には職業軍人の伯父がいたのである。

ユウイチおじさん

宇沢家に婿入りした父時夫は田村家の6人兄弟の三男だった。農家を継いだのは長男で、次男の雄一は広島の陸軍幼年学校を皮切りに軍人養成コースを歩み、陸軍軍人となった。宇沢の妹の渡辺道子によると、父の時夫は兄の雄一を「兄貴」「兄貴」と慕っていたという。宇沢や道子ら子供たちは「ユウイチおじさん」と呼んでいた。

「市ヶ谷にいるときはよくうちに来ていましたよ。士官学校を出ていたので、軍では教官というんでしょうか、先生みたいなこともしていたようです。職業軍人だったから、もてはやされたんじゃないんでしょうか。あんな軍服を着て歩くのはめずらしいですから。うちにくるときも長い軍靴をはいていました」

学校から帰ってくるとき、ユウイチおじさんが来ているとすぐにわかったという。家の前の電信柱に馬がくくりつけられているからだ。軍服姿のおじさんはいつも馬に跨がってやってきた。「豪快でしたよ」と道子は伯父の印象を語った。

田村雄一は昭和14年（1939年）6月、中国の海南島で戦死している。陸軍大尉の工兵として戦死したあと、少佐に昇進した。明治35年（1902年）4月の生まれだから、37歳の若さで戦死したことになる。当時、宇沢は滝野川第一小学校の5年生だった。くわしい軍歴はわからないが、田村雄一はしばしば満州に渡っていた。宇沢家を訪れた際、満州土産として人形を道子にプレゼントしたりしていたという。

田村家と縁戚関係にある田中謹一は、出征前の田村雄一の勇姿を鮮明に憶えていた。宇沢と同じ歳の田中は当時まだ子供だったが、春日村で行われた出陣式の際、田村雄一に呼ばれ、拳銃や軍刀、革鞄などを触らせてもらったという。

「拳銃なんか目の前で見たことありゃせんもんね。両肩に星が三つ並んだ肩章をして、ハデで、ほんとうにきれいな軍服姿でした。ほう、大尉というのはこんなもんかと。軍人にあこがれをもちました」

日中戦争のきっかけとなった盧溝橋事件が起きたのは昭和12年（1937年）7月だった。日本軍は戦線を拡大し、昭和14年（1939年）2月には中国の海南島を占領した。陸軍の工兵として従軍していた田村大尉は、占領直後の海南島で戦死したのだった。故郷春日村の菩提寺にはひときわ大きくてりっぱな墓が建てられたという。

ユウイチおじさんは宇沢家を訪れると、夜遅くまで父親の時夫と話し込むことがあった。父はもっぱら聞き役で、ユウイチおじさんが軍の話、戦争や戦場の話をするのである。子供ながら興味をかりたてられた宇沢は、耳をそばだてて〝盗み聞き〟していた。そのときの情景をこんなふうに語っていた。

「(ユウイチおじさんは) いろんな地方にいっていたんだけど、東京に出てくると、うちに泊まってね。ぼくは茶の間に寝てて、夜中に目がさめると、ふすまの向こうからおやじと話している声が耳に入ってくるわけ」

強烈な記憶として残っている話が、「中国での日本軍のビヘイビア」だと語ったものの、話の内容まではつまびらかにしなかった。あまりに衝撃的な内容だったためだとおもわれる。宇沢はまた、小学校にあがるよりずっと前の記憶も残っているとも語っていた。

「荒木貞夫がクーデターを起こすというので駆けつけて、それで毎晩うちに泊まって、おやじと（話している）。そういうこともおぼえているんだね」

昭和6年9月の満州事変の前後、テロやクーデター未遂事件が相次いだ。そのひとつが、昭和6年10月に起きた十月事件である。陸軍の橋本欣五郎中佐たちが首相や要人の襲撃を計画していたことが発覚した事件だ。クーデター成功後は荒木貞夫中将を首相に擁立する計画だった。宇沢は、ユウイチおじさんと父親が十月事件について話していたこともはっきりおぼえているというのだった。事件が起きたときは宇沢はまだ3歳だから、しばらくたって、ユウイチおじさんが事件をふりかえって時夫に話した内容を記憶していたのかもしれない。

ともあれ、寝物語のように聞いた謎めいた話はいつのまにか記憶の奥深くにしまい込まれた。ユウイチおじさんが語った話の細部に俄然興味を抱くようになるのは、むしろユウイチおじさんが戦死してからだった。皇統の系譜を称賛した小学校教師に疑問をぶつけて激怒させたというエピソードを前に紹介したが、これは伯父が戦死したばかりのころの出来事である。日本軍による真珠湾奇襲で太平洋戦争が始まったのは、宇沢が府立第一中学校に入学した年の12月だった。一中の前には坂があり、その坂の途中に「幸楽」という料亭があった。昭和11年（1936年）の2・26事件で反乱部隊が立てこもった場所である。

青年将校らが率いる陸軍第一師団と近衛師団のおよそ1500人にのぼる反乱部隊が高橋是

清蔵相や斎藤実内大臣などを殺害、首相官邸などを占拠した大規模なクーデター事件だった。宇沢が一中に入学する5年ほど前の出来事である。

「事件のときは、歩兵第三連隊が大砲をこっちに向けていた」

そう教師から聞かされ、宇沢は並々ならぬ興味をおぼえた。

《二・二六事件に強く関心を引きつけられたので、東京中の図書館を回って歩いたり母や叔母に聞いたりしたが、だれも詳しいことを知らない。学校の先生に聞いても詳しいことは教えてもらえなかった。デリケートなことがあって、言いたくなかったのだろうと思った》(『経済と人間の旅』)

2・26事件では、国家主義者の北一輝と元陸軍騎兵少尉の西田税《みつぎ》が首魁とされ、死刑に処された。西田は北の「日本改造法案大綱」に共鳴し、陸軍の青年将校らに国家革新運動を広めたことで知られる国家主義者である。クーデター未遂計画「十月事件」では青年将校グループの指導的な立場にいた。

西田税の郷里は宇沢の伯父の田村雄一の郷里に近く、ふたりはともに広島陸軍幼年学校で学んでいる。年齢は西田がひとつだけ上である。明治34年に鳥取県米子市博労町に生まれた西田は、米子中学校を中退して、広島陸軍幼年学校に入学している。当時の広島陸軍幼年学校は、旧長州藩の山口県出身者や地元広島の出身者が多く、鳥取県出身者は少数派だった。田村が同郷の1年先輩である西田税と親しかったとしても不思議ではない。〝盗み聞き〟した際、ユウイチおじさんが「西田税」に言及するのを宇沢はたびたび耳にしていた。西田が北一輝とともに銃殺されたのは、宇沢が9歳のときである。

さきに引用した文章で「デリケートなこと」と言葉を濁しているのは、ユウイチおじさんのことではないかとおもわれるが、なにより不自然なのは2・26事件について知りたがっていた宇沢が、ユウイチおじさんから事件や西田税の話をくわしく聞いていた父親に何もたずねなかったことである。不自然な行動がかえって、〝盗み聞き〟の内容に強いこだわりをもっていたことを印象づける。

中国の戦場をはじめとする陸軍が関わった場面の情景、ストーリーを、秘かに宇沢は想像のなかで活き活きと再現させていた。想像である以上、たぶんにフィクションが入り混じっていたのだけれども（宇沢が細部を語らなかった理由でもあるだろう）、その特異な〝記憶〟は人生の重要な節目で甦ることになる。

昭和20年3月に第一中学校を卒業した宇沢は、4月に第一高等学校に進学した。進学とはいっても、勤労動員先の倉本計器精工所に通う生活は続いた。田端の家は3月10日、米軍の爆撃機B29による東京大空襲で焼けてしまい、杉並区の永福町に家を借りて移り住むことになったが、この家も5月25日の大空襲で焼けてしまい、住処を無くした家族は結局、郷里鳥取に疎開しなければならなくなった。

宇沢は一高の駒場寮に入ることになり、両親たちとは別々に暮らすことになった。入学式や入寮も、勤労動員や空襲による被災といったそれぞれの個人的な事情にあわせ行われる戦時対応になっていた。自宅を空襲で焼かれたばかりの宇沢を感動させたのは、安倍能成《よししげ》校長の訓示である。訓示といっても、勤労動員で働きに出ている新入生が多いことから、嚶鳴堂《おうめいどう》と呼ばれる講堂で夜に行われた。空襲を警戒し、光が漏れないようすべての窓に几帳面にカーテンが引かれた講堂で、安倍校長はきっぱりといった。

「日本の敗戦はポシブル（possible）ではなく、プロバブル（probable）だ」

軍から派遣された配属将校もいる前で、婉曲な表現ではあるけれども、「日本はこの戦争に負けるだろう」と断言したのである。宇沢はびっくりしてしまった。そんな大胆な発言をする大人を見たことがなかったからだ。

明治16年（1883年）生まれの安倍能成は夏目漱石の門下生で、東京大学哲学科を卒業後、カント哲学を専攻する哲学者となった。敗戦直後の幣原喜重郎内閣で文部大臣に就任、のちに学習院大学の院長もつとめた。安倍は『我が生ひ立ち：自叙伝』（岩波書店）で戦時下の一高校長時代をふりかえって、日本軍が真珠湾を奇襲した際には〈半分やけに似たやうな快感〉を感じたものの、〈その後陸海軍がむやみに南洋に手を拡げ、全世界を向ふにまはすことになり、この戦争を愈々望みなくしたのを見るにつけ、軍部の無謀、利己主義、無責任とその結果とが、だんだん分かつて来るにつけ、私は昭和十九年あたりから、この戦争は一日も早くやめねばならぬといふことを切実に感ずるやうになつた〉と回想している。

宇沢は、安倍能成について忘れられない思い出があった。入学まもないころ、安倍の自宅が空襲で焼かれたと聞き、焼け跡の後始末に友人とふたりで駆けつけた体験があったのである。

安倍の邸宅は焼けこげ、所蔵していた大量の本もほとんど焼失してしまっていた。ところが専門書なのだろう、分厚い本だけは芯までは焼けず、かろうじて焼け残っていた。焼け野原のなかの書物の残骸は異様ではあったが、なにかしら感動的でもあった。焼き尽くされた家屋に

木村健康

は目もくれず、宇沢は焼け残った本に見とれていた。

　第一高等学校は「自由自治」を校是としていたが、総力戦体制の戦時下、いくら名門校とはいえ、「自由自治」など認められるわけはなかった。戦局が厳しくなるほど、軍部や文部官僚からの圧力は厳しくなり、安倍能成校長と軍部とのあいだでは小ぜりあいが起きた。そのひとつが敬礼問題である。

　軍部は学校に配属されている将校を通じて、全国の学校で軍隊式の敬礼を採用するよう促していた。ところが、安倍校長は従おうとせず、脱帽して頭を下げるこれまでどおりのやり方で通そうとした。軍隊式の挙手による敬礼を教練以外の場で採用することを拒否したのである。

　軍部は一高に目をつけるようになった。事件が起きたのは、宇沢が入学したばかりの昭和20年4月である。安倍校長の補佐役として全寮制の寮の監督を任されていた木村健康《たけやす》が憲兵に拘束されたのである。木村の事件について、宇沢はつぎのように回想している。

《木村先生が釈放されて一高に帰ってこられたとき、私たち何人かは誘い合ってお迎えにいった。そのときの見るも無惨な木村先生のやつれ果てたお姿がいまでも、私の脳裏につよく刻み込まれている》（『宇沢弘文の経済学』日本経済新聞出版社）

　晩年の宇沢は、駒場の近くに住んでいたこともあり、「いまでも駒場の並木道を歩くと、木村健康先生が憔悴して歩いていた姿を思い出す」とよく話していた。木村は昭和48年（1973年）に64歳で生涯を閉じたが、『追想 木村健康』（木村健康先生追想録刊行委員会編）に宇沢も追悼文を寄せている。

《私も近代経済学の勉強に志してからすでに四十年近く経ってしまったが、戦争中、木村先生が身をもって示された学問と思想の自由を守るという教えは、いつまでも私の心の底に深く刻みつけられている。そのことがあるいは私の学者としての不安定な生き方に辛うじて一貫性を与えてくれているのではないかという感じをもつ》

戦闘的自由主義

宇沢が一高に入学した当時、まだ30代半ばすぎの少壮学者だったにもかかわらず、木村健康はリベラリスト（自由主義者）として知られていた。東京大学経済学部で起きた「平賀粛学《しゅくがく》」の当事者だったからだ。

東大総長の平賀譲は昭和14年（1939年）、東大経済学部内の紛争を解決するため、対立していたグループのそれぞれのリーダー、河合栄治郎教授と土方成美《せいび》教授を休職処分とした。

本来、教授の任免権は経済学部の教授会にあるので、平賀総長が介入した処分は異例の事態だった。そのため、処分に反発した両陣営の教授、助手が次々と辞職する大騒動へと発展した。経済学部には助手を含めても20人足らずしか教員がいなかったので、経済学部そのものが存亡の危機に瀕することになったのである。

この「平賀粛学」に対しては、派閥抗争に業を煮やした平賀総長が喧嘩両成敗で両陣営のリーダーを処分したという解釈がなされたが、事情はもう少し複雑だった。

背景として、日中戦争の長期化で日本の社会が戦時色を強めていたことが挙げられる。平賀粛学で処分された河合栄治郎は、軍部や国家主義を激しく批判する言論人として知られていた。

一方の土方成美は「革新派」と呼ばれる、国家主義に傾斜した学者グループのリーダーだった。

木村健康は河合門下生で、平賀粛学が起きた当時は東大経済学部の助手だった。河合が処分された際、木村は抗議して辞表を提出した。ほかの河合門下生たちは平賀総長直々の慰留を受けて辞表を撤回したのだが、木村ひとりは節を曲げず、河合に殉じて東大を去ったのである。

河合が処分対象となった裏には、軍批判、国家主義批判が災いして4冊もの著書が発禁処分を受けていたという事情があった。2度目の欧州留学から帰国して昭和8年（1933年）から言論界で活躍をするようになった河合は、2・26事件以降、言論人が軍部批判を控えるようになってからも敢然と軍部を批判していた。

木村は「河合栄治郎 自由主義の啓蒙に生涯を賭した思想家」（『自由』昭和42年12月号）で、〈河合栄治郎の自由主義は単なる読書や思索だけから生れたものではなく、その時々の重大問題に実践的に対決することによって展開されたもの〉と説明し、戦時中の河合について、〈自由主義の思想家として、これほど果敢にファシズムと戦った人は、ほかに例がない〉とのべている。実際、河合は昭和7年（1932年）に起きた5・15事件で軍部を批判したのを皮切りに、天皇機関説問題では国家主義者たちの攻撃にさらされた美濃部達吉を擁護し、2・26事件が起きると「二・二六事件の批判」を著して軍部を正面から批判した。当時の厳しい言論統制を考えれば、驚くべき大胆な言論活動である。

結局、発禁処分事件で検事局の取り調べを受けることになった河合は、昭和14年（1939年）2月末に起訴された。起訴される直前、思想取り締まりの標的となっているさなか、平賀粛学で休職処分（発令は1月末）を受けたのだった。

河合は東大を事実上馘首《かくしゅ》され、7月からは発禁処分事件の公判が始まった。弟子の木村は恩師とともに東大を去っただけでなく、裁判でも特別弁護人として法廷に立ち、河合を支援しつづけた。昭和18年（1943年）6月に大審院が上告を棄却して罰金刑が確定したあと、昭和19年2月、河合はバセドウ病に起因する心臓麻痺で亡くなった。53歳だった。

河合門下生の政治学者猪木正道は『河合栄治郎　伝記と追想』（社会思想研究会出版部）に「リベラリスト・ミリタント」と題する文章を寄稿し、河合の思想を戦闘的自由主義と呼んでいる。河合の不遇の晩年を支えた一番弟子の木村健康もまた、戦闘的自由主義の精神を受け継ぐ「リベラリスト・ミリタント」だった。木村は自伝『東大　嵐の中の四十年』（春秋社）で、〈生徒の反戦思想を煽動した〉との嫌疑で憲兵に逮捕された一高での事件を回想している。

〈私に対する憲兵の取調べは、理不尽極まるものであった。「あなたは今度の戦争に日本が敗れると考えているであろう」というのである。私も私で、憲兵に小股をすくわれないような答えをした。「私は軍事の専門家ではないから、戦争の結果がどうなるかについて判断を下し得る地位にはいない。しかし軍事専門家である阿南陸軍大臣が、アメリカ軍を本土の水際で撃破する自信があるとのべているのであるから、私もそれを信用するほかはない」というのが、私の答弁である。

この同じ問答を半月にわたって毎日朝から晩まで繰り返し、ほかのことは何も言わなかったのである。この間私の北寮にある自室を憲兵隊は何回も捜索したらしい。若干の書物は押収されたが、ドイツ語の『共産党宣言』は押収されていなかった。憲兵隊にはどうも外国語は苦手らしかった〉

宇沢には、木村健康の母校である福岡県の中学修猷館（現・福岡県立修猷館高等学校）出身の友人がいた。彼が木村を慕ってしょっちゅう会いにいくので、宇沢も木村の謦咳に接することができた。『追想 木村健康』に寄稿した「木村先生を偲ぶ」で宇沢が回顧している。

《当時私たちの間で必読の書物となっていたもののなかに、河合栄治郎編の『学生と教養』『学生と読書』『学生と思想』などというシリーズがあった。私はそのなかで、木村先生の書かれたものに惹かれ、何回もよみ返していたので、とくにそのときの印象がつよく残っていたのだと思う。そのとき一緒にいた友人は、福岡の修猷館中学の卒業生で、木村先生に親しく師事していたわけであるが、当時先生は寮主任として軍との折衝など大へん心痛の多い仕事をされていた。そして、まさに末期的症状を呈していた日本の状況を思って、重苦しい日々を送っておられたに違いない。一高の四つの寮にはそれぞれ教官が寮主任として生徒と起居をともにされていたが、ともすれば軍部の代辨者のように行動した教官もいたなかで、木村先生は、その御論説の通り、リベラリストとしての節をつらぬき、私たち寮生を陰に陽に守って下さったのであった》

宇沢の秘かな誇りは、木村からジョン・スチュアート・ミルの『On Liberty（自由論）』を原書で学んだということだった。じつをいうと、木村もまた、河合栄治郎による『On Liberty』の原書講読を受講したのが河合門下生となるきっかけだった。追悼文「木村先生を偲ぶ」から引用した《戦争中、木村先生が身をもって示された学問と思想の自由を守るという教え》というのは、木村健康が河合栄治郎から受け継いだ戦闘的自由主義を指している。鬱屈していた17歳の反軍国少年が授かったのは、「リベラリズム・ミリタント」の精神だったのである。

第2章

朝《あした》に道を聞かば
夕《ゆうべ》に死すとも可なり

青年期の宇沢の聖地だった永福寺

聖なる場所

ぽつんぽつんと家屋が点在する小さな集落を見下ろす小高い丘のうえに、その寺はある。鳥取県とはいえ、もう島根県との県境に近い。広島、岡山両県との県境にも近く、ちょうど中国山地のまんなかあたりである。大倉山という山が背後に控え、田園風景のなかに寺がとけこんでいる。寺の名を永福寺といい、宗派は曹洞宗、建立は天和元年（1681年）である。敗戦直前からアメリカに渡るまでの10年あまりのあいだ、この古刹が宇沢にとって文字通りの〝聖なる場所〟だった。

昭和20年の8月15日、17歳になったばかりの宇沢は永福寺にいた。敗戦を伝える玉音放送を聞いたのは、托鉢をしている最中だった。布施を乞うて家々を訪ね歩いているとき、ラジオから流れる昭和天皇の声を聞いたのである。

宇沢家はこの年の3月と5月、東京への大規模な空襲の被害に遭い、2度も家を焼けだされるはめになった。一家はやむなく、父時夫の郷里である鳥取県の春日村に疎開した。東京に残り一高の寮で暮らすようになった宇沢が家族のあとを追って帰郷したのは7月に入ってからである。

鳥取に向かう途中、東海道線で米軍機の空襲にあった。静岡を走っているとき、列車が急停車した。「列車から離れろ！」と誰かが叫んだので、ほかの乗客といっしょにあわてて降りた。爆撃機が去って車両に戻ってみると、さっきまで目の前に座っていた男が座ったままで息絶えていた。心臓麻痺かなにかで突然死したらしい。隣りあわせの死を突きつけられたようで、気が滅入った。

帰る家は空襲で焼けて無くなってしまった。いずれ自分も召集され、戦地に赴くだろう。そんなことをかんがえると、厭世的な気分にとらわれるのだった。


「たぶん寺が遠縁だということだったようにおもうけど、どういう事情でお寺に行くようになったのかはっきりとはおぼえてない」。宇沢はそう語っていたが、それまでまったくなじみのなかった山里の寺との出会いは奇縁というほかなかった。

疎開先の春日村からその寺に行くには、伯備線の伯耆大山駅で列車に乗り、中国山地の山間部を縫うように走る線路を南に向かい、生山駅《しょうやま》で降りる。駅からは川沿いの上り道を3キロあまり歩かなければならない。小さな旅のような道程である。

生山駅にひとり降り立った宇沢は、石見川に沿った谷間の坂道を登り、道中ほとんど人と出会うこともなく永福寺にたどり着いた。

修行する心づもりでいた。もっとも、寺のほうでは東京からやってくる若者を修行者として扱うつもりはなく、部屋をひとつ用意していた。宇沢はその部屋にこもると、脇目もふらず本を読んだ。なかでも夢中で読みふけったのが、和尚に勧められた数々のお経だ。たとえば、曹洞宗の経典「修証義」。開祖道元が著した『正法眼蔵』の教えを抜粋して編纂したお経である。死を意識せざるをえなかった宇沢は、一心不乱に経典を読んでいるうち、仏教の教えの深さに引き込まれていった。

永福寺の和尚の名は米積昌賢《しょうけん》といい、17代目の住職だった。明治38年（1905年）生まれで父親と同世代だが、宇沢にとっては「老師」と呼ぶにふさわしい僧侶だった。

「お布施を受け取ることはなにもはずかしいことではない。お布施によって、お布施をしたその人が極楽にいけるのだから」

昌賢和尚の言葉は何の抵抗もなく受け入れることができた。見知らぬ家を訪ね、布施を乞うのも苦にはならなかった。

お寺で習得したものは何かとたずねたときに、宇沢が妙な話をしていた。

「ウソをつけということ。ウソをつけ、という教えはよかったね。自分を良く見せるウソはだめだけど、自分を悪く見せるウソはいいっていうね。あの教えには感動した」

私が若き日の宇沢の〝聖なる場所〟を訪れたのは、宇沢が亡くなってちょうど1年がたった2015年の秋である。宇沢の導師だった昌賢和尚の息子（養子）であり弟子でもある18代目住職の米積泰賢《たいけん》和尚、泰賢和尚の息子で19代目住職の孝賢《こうけん》和尚が出迎えてくれた。

「師匠の昌賢和尚は結構気が短くてね。わたしはよくしかられておりましたよ。子供のころは手のほうが先に飛んできたりしました。いまだとかんがえられないような世界ですけどね。家庭の場ではきびしかったです」

泰賢和尚によると、宇沢が師と慕った昌賢和尚は、後を継ぐ息子の泰賢には厳格な師匠の顔しか見せなかったそうだ。宇沢が初めて永福寺を訪ねたとき、泰賢はまだ3歳だった。親子とはいえ、父の昌賢は師匠なので子供のころは気軽に雑談できるような間柄でなかった。だから、宇沢弘文という名前を聞いたことはなかったし、離れの部屋にそんな若者が出入りしていたということもまったく知らなかったという。

じつは、宇沢は寺の話をする際、「お寺の名前は忘れてしまった」とあきらかにウソだとわかる言い訳をして寺の名前を伏せていた。昌賢和尚から最初に「ウソをつけ」という教えを受けたという奇妙な話をしていたことはすでに触れたが、泰賢和尚の話のなかで興味深かったのは、昌賢和尚のプロフィールである。

米積昌賢は法政大学の文学部で学んだ。永福寺の近隣の小学校で教師をしていたのだが、戦後に首になってしまった。息子の泰賢も昌賢本人から理由を聞かされたわけではなかったが、周囲の人たちの話から「レッドパージ」でやめさせられたらしいことがのちになってわかったという。

連合国軍最高司令官ダグラス・マッカーサーの指令により、昭和25年（1950年）に日本共産党員とシンパが公職追放された。このレッドパージの際、昌賢和尚も勤務していた石見東小学校を退職させられたというのである。

米積昌賢和尚

「曹洞宗の僧侶がレッドパージになるというのは、めずらしいとおもいますよ」
泰賢和尚はそう語ったが、たしかに禅宗と共産主義思想という取り合わせはチグハグである。ただその後、しばらくすると昌賢は鳥取県立日野産業高校（現・日野高等学校）の講師になり、教育委員などもつとめるようになったというから強固な左翼思想の持ち主というわけでもなかったのだろう。パージされた理由は謎のままだが、昌賢和尚は文学や哲学に造詣が深かったという。大柄で恰幅もよく、酒をよくたしなむ和尚は人望が厚く、永福寺にはさまざまな人びとが出入りしていたという。宇沢がアメリカにいた昭和35年（1960年）に昌賢和尚は55歳で亡くなっているが、晩年には曹洞宗の宗議会議員もつとめ、曹洞宗では鳥取県を代表する僧侶となっていた。

敗戦の直前に永福寺にやってきた宇沢は、昌賢和尚に導かれ、寺から出て托鉢するまでになり、「修行を続けて僧侶になろう」と思い詰めるようになっていた。「修行」を終えるきっかけが8月15日、托鉢中に耳にした、ラジオから流れる昭和天皇の声だった。

ようやく戦争が終わったと知り、托鉢姿のまま何ともいえない安堵感と解放感に浸った。厭世的な気分は雲散霧消して、得度へのあこがれも潮がひくように消えていった。

東京に戻ろう。宇沢はすぐさま列車の切符を確保するために行動を起こし、数日後には上京した。ただ得度へのあこがれが薄れても、昌賢和尚への敬慕の念は揺るがなかった。仏教の教えだけではない、相通じるなにかを山里の老師には感じていた。

旧制一高ラグビー部

東京に戻るとふたたび寮生活が始まったが、復学というより「ラグビー部に復帰した」といったほうがいい日々だった。

旧制高校の一高は全寮制で、寮の部屋は所属する部ごとに割り振られていた。ラグビー部に所属していた宇沢は、明寮の2階にある6番の部屋でラグビー部員たちと寝食をともにした。

敗戦まもない9月からさっそく練習を再開したが、1週間練習したら1週間休むという具合だった。食料不足で、とにかく食べるものがない。ラグビー部では戦時中からグラウンドのトラックの内側のフィールドを耕して芋を育てていた。食事といえば、グラウンドでとれた芋と魚河岸で買ってきたクジラのベーコンだけ。3時間も練習をして寮にかえると、もう立ち上がれないほど疲れ、そのまま寝台に倒れ込む。翌日の授業は誰かに「代返」を頼んで休み、午後にはまた練習に出る。ラグビー部員たちはそんな寮生活を過ごしていた。

宇沢の1学年先輩で、ラグビー部の主将をつとめていたのが長倉規矩夫である。上の学年が戦時措置で早く卒業したり勤労動員でいなかったりしたため、2年生からキャプテンをしていた。

「物のない時代でしたから、ほんとに精神主義でね。靴は試合用の1足しかないから、練習はみんな裸足でしたよ。練習は非常に厳しかったですが、グラウンドを離れると、それぞれが個人として尊重されました。先輩は後輩にも必ず『さん』か『君』をつけて呼びますしね。寮では宇沢君と同じ部屋だったのですが、彼はおとなしいというか、非常に紳士でしたね。がさつなところがぜんぜんなかった。育ちがいいのかな、とおもってましたけど」

長倉は主将として部員たちをまとめる立場だったが、早くから宇沢を「特別な存在」とみなしていたという。いっしょの部屋で暮らしながら目にした日常のたたずまい、大量の読書をしてきたことをうかがわせる知識の広さ、それからなにより数学が驚くほどできる。彼はかならず学問の道に進むだろう、と長倉はおもっていた。

ラグビーをしているとなかなか授業に出席できないだけでなく、勉強はおろか読書もままならない。勉学に打ち込む寮生たちを横目に練習に向かう部員たちはときおり激しい焦燥感に見舞われた。長倉が主将をしているときも、「もうやめたい」という部員がでてくるたび、みんなが集まり話し合いがもたれた。

「何を求めて一高に入ったのか」。そんな大上段に構えた議論からはじまる討論は深夜まで延々と続くのがつねで、最後を締めるのが主将である長倉の役目だった。

「私も苦しい。正直いうと、やめたいとおもったことは何回もある。ただ、このラグビーの人間関係だけはかぎりなく尊いとおもっている」

訴えかけるように長倉が語ると、「そのとおり！」と誰かが叫び、ようやくお開きとなる。

理科甲類の学生だった長倉自身も授業にほとんど出席しないので成績はふるわなかった。ある日、数学の試験をほとんど白紙のまま提出して寮の部屋に戻ると、練習で疲れきった宇沢が窓際に座ってうたた寝をしていた。

「白紙で出してきたよ」と報告すると、「どんな問題でした？」と聞くのでおしえると、寝ぼけ顔のまままたちまちすべての問題を解いてしまった。長倉は心底驚いた。宇沢がまったく勉強などしていないことはいっしょの部屋で生活して知っていたからだ。遠からずラグビー部から離れるだろう、と考えるようになったのもこうした経験をしていたからだった。

ところが予想に反して、宇沢は黙々と練習に参加しつづけるばかりか、やがて食料の買い出しなど雑務全般を担うマネージャー役まで引き受けるようになった。寮生活では、ラグビー部の先輩に数学を教えたりもしていたのである。

そもそもラグビーを始めたのは、長身を見込まれ上級生から熱心な勧誘を受けたからで、好きで始めたわけではない。ポジションはロックだったが、まちがって自陣のゴールにトライしてしまったことさえあるくらいで、お世辞にも名選手とはいえなかった。真っ先にやめておかしくないとみられていた宇沢が、献身的に活動する姿は主将ならずとも不思議におもえたはずだ。宇沢は後年、ラグビー仲間についてつぎのように語っている。

《ラグビー部で知り合った友人について共通して言えることがもう一つあります。それは、お互いに競争したり、相手に不利益になるようなことは決してしないということです。常にお互いに助け合って、協力して茨の人生を歩もうとすることです。これは、ラグビーというスポーツの性格にもよるものかも知れません。ラグビーでは、スクラムを組むときにも、ウィングにボールを回すときにも、常にお互いに助け合って、協力して試合を進めることが何よりも大事なこととされています。トライに成功した選手は、決して喜んで飛び上がったり、手を振り回したりしません。黙々として、恥ずかしそうに小走りに自陣に戻ります。これは、トライに成功したのは、チーム全員の協力があったからで、たまたまその選手が幸運にトライすることができたのだという謙虚な気持ちをいつももっているからです》（『日本の教育を考える』岩波新書）

寝食をともにするラグビー部員たちは精神性を重んじた。食料不足のなかでの猛練習でいつもひもじいおもいをしていたが、ひとりの部員が１匹の魚を調達してきたときなど、几帳面なほどきっちり等分して分け合い、みんなで食べた。口に入る魚の身は箸のひとつまみにもならないが、そうした行為を重んじていた。

学業不振の問題で議論したのも、ひとりで勉強すると抜け駆けするようでうしろめたいせいでもあった。潔癖なまでの友愛精神が、机に向かいたい気持ちを抑えこむのである。「精神貴族」と長倉は表現したが、宇沢もそんな独特の精神的結びつきを大切におもい、実践していた。

仲間に口外することはなかったが、宇沢はラグビー部でのいささか過酷な毎日を「行」と捉えていた。空腹に耐えながらの練習はきついし、へとへとに疲れて学業がおろそかになるのはなおつらい。でも、苦しんでこそ悟りはひらける。あきらかに永福寺での修行の影響である。

日本の敗戦とともにいったん「修行」をきりあげた宇沢は、長い休暇や連休日を利用してしばしば昌賢和尚に会いに行っていた。鳥取への帰郷は、春日村で疎開生活をおくる家族に会うためというより、永福寺を訪ねるのが目的だったといってもいいほどだった。

寺に長く滞在するときには、出発前に柳行李いっぱいに本を詰め、先に鉄道便で送った。駅に届いている柳行李を寺まで運び、部屋にこもってひたすら本を読む。寮生活では自分だけの時間をつくることなどとうてい無理だが、山里の寺では思う存分読書ができた。誰はばかることなく思索にふけることができた。

昌賢和尚は自分を慕ってわざわざ東京からやってくる若者を歓待し、読書を終える夕方になると、近くの川でとれた岩魚や山菜などをふるまった。なにより宇沢が喜んだのはドブロクだ。昌賢和尚と酒を呑むと談論風発、話がはずんだ。宇沢は晩年、酒好きになったのは和尚のせいかもしれないなどと冗談を飛ばしながら、なつかしそうに語っていたものだ。

「やっぱり老師の話というのはよかったんだよ。ほんとにすばらしかった。また冬がいいんだよ、お墓に雪がかかって。それを見ながら呑むというのは、なんともいえなかったね」

東京大学数学科へ

敗戦後、ダグラス・マッカーサーが率いるＧＨＱ（連合国軍最高司令官総司令部）の占領政策により、農地改革、財閥解体など矢継ぎ早に大改革が実施され、昭和21年（１９４６年）11月に公布された日本国憲法が翌年５月から施行された。革命に匹敵するような世変わりである。

一高に通っていたのは昭和20年（１９４５年）４月から昭和23年（１９４８年）３月までで、年齢でいえば16歳から20歳前までである。もっとも多感な時期、混乱した社会からはいくぶん隔離された場所で「行」に明け暮れていた宇沢が、戦後の民主化運動の大波にさらわれるのは大学に進学してからだった。

昭和23年（１９４８年）４月、宇沢は東京大学理学部数学科に入学した。定員15人に対して３００人以上が受験する難関だったので合格の喜びはひとしおだったが、入学して最初に戸惑いをおぼえたのは数学科の秀才たちが醸す空気だった。ラグビー仲間とあまりに違う。それもそのはずで、宇沢の回顧によると、数学科の15人の学生のうち７人から８人が日本共産党の党員あるいは党を支持するシンパだったという。敗戦からまだ３年も経っていないこの時期に生まれた特異な状況だった。

「数学者というのはピュアで、非常に抽象的なことをやっているようにみえるけれども、その時代、あるいは自分のまわりの人間関係、そういったものを深刻に受けとめる。逆にいえば、そういう感性があるからこそ数学ができる」

宇沢が私に語った言葉は、東大時代の宇沢自身を説明する言葉でもあっただろう。

GHQの民主化指令によって、昭和20年10月、多くの政治犯たちが釈放された。長らく拘禁されていた徳田球一、志賀義雄らは釈放されたあと、日本共産党の再建を宣言し、デモ行進を行った。戦時下の厳しい思想統制のなかで「獄中非転向」を貫いた共産党幹部たちは敗戦直後、とりわけ知識人や学生に絶大な影響力をもつことになった。社会学者の小熊英二が『〈民主〉と〈愛国〉』（新曜社）で解説している。

〈そして敗戦直後においては、この「獄中非転向」という事実が、現在からは想像できないほどの尊敬を勝ちえていた。なぜなら、為政者や知識人のほとんどが戦中戦後に転向をくりかえし、多くの人びとが戦中の自分に悔恨を感じていた状況下で、これら共産党幹部だけが戦争反対をつらぬき、黒澤明のいう「顧みて悔いのない生活」を実践していた存在とみなされたからである〉〈さらに当時の共産党は、マルクス主義という「社会科学」によって得られた、「歴史の必然性」を熟知している存在ともみなされていた。非合理な精神主義の空虚さに飽いていた敗戦直後の人びとには、「科学」への憧憬が存在した。しかも多くの人びとは、自分が未来への「科学的」な見通しをもたなかったために、破滅的な戦争を支持してしまったという悔恨を抱いていた。そうしたなかにあって、社会科学による分析にもとづいて戦争の性格を見ぬき、その敗北を予測していたという共産党の存在は、圧倒的に輝いてみえたのである〉

敗戦後に解放されたのは「獄中非転向」の共産主義者だけではない。マルクス主義や自由主義を理由に大学を追放された研究者たちも続々と復帰した。東京大学の経済学部では、昭和13年（1938年）2月に「人民戦線事件」と呼ばれる思想弾圧事件で検挙されて大学を追われた非共産党系の労農派と呼ばれたグループ、大内兵衛《ひょうえ》、有沢広巳、脇村義太郎などが復帰している。

有沢は「傾斜生産方式」と呼ばれる復興政策の立案に関わるなど戦後活躍することになるが、東大に復帰する前、敗戦直後に生まれた状況への違和感を日記に綴っている。〈皆の話をきいてゐて、自分の感じたことは、今日日本の思想家、言論人、政治家は右翼も左翼もすべてが左に向き、我れ先きに左に左にと先き走ってゐる。この空すべりの潮流の中において自分はどこに位置すべきか〉（「歴史の中に生きる」『有澤廣巳の昭和史』編纂委員会編、東京大学出版会）たしかに急進的な民主化運動は「われ先きに左に左に」という様相を呈していた。有沢と同じく戦中に思想取り締まりの標的とされた木村健康でさえ、「反動」とみなされる状況が生まれるのである。

敗戦時に一高の教授をしていた木村は昭和21年（1946年）1月、東京大学に移り、経済学部の助教授に就任した。「平賀粛学」で河合栄治郎に殉じて東大助手を辞した過去があるので「復帰組」のひとりといえる。

東大に戻った木村は教養学部と経済学部の教授を兼任するようになり、戦後に新設された教養学部で中心的な役割を果たした。戦時下でも自由主義の立場を崩さなかった木村は、敗戦直後は言論界の主役のひとりだった。ところが、民主化運動が盛りあがるにつれ、言論界での木村の存在感は急速に薄れた。それどころか、学生運動が激しくなると「吊し上げ」にあうまでになる。『東大 嵐の中の四十年』で木村が回顧している。

〈昭和二五年ごろから、戦後の激しい学生運動が起こったが、私は教養学部の第六委員長（他大学でいえば学生部長）として、マルクス、エンゲルス、レーニンにかぶれた急進的学生たちを相手に侃諤の論を展開しなければならなかった。いわゆる「吊し上げ」に会うこと数十回を越えるであろう。

「吊し上げ」を切り抜けるこつは、学生のしばしば無礼にわたる質問に興奮することなく、同じ答えを何回でも繰り返すことである。憲兵の訊問に対しても、私は同様な態度をとったが、学生の「吊し上げ」に対しても憤激することなく、冷静に同じ答弁を繰り返しているうちに、「吊し上げ」る方の学生も諦めて、討論は終わらざるをえないのである〉

戦中は憲兵に吊るし上げられた木村が、戦後は学生に吊るし上げられたのである。宇沢の視界からも、戦時中あれほど尊敬していた木村健康の姿はいつのまにか消えていた。かわって面前にあらわれたのは、東大の数学科で席を同じくする「闘士たち」である。

数学科の「東大細胞」

宇沢が東大に入学した昭和23年（1948年）は、学生運動が反政府運動へと変質する年だった。きっかけは、授業料の大幅な値上げだった。『戦後学生運動史』（山中明著、青木新書）によると、政府は昭和23年3月、年間600円（終戦前は120円）の国立大学の授業料を3倍の1800円に引き上げることを決めた。私立大学も値上げしたばかりの授業料をさらに2倍に引き上げ、旧制の高校、中学でも授業料がそれまでの3倍に引き上げられることになった。

授業料引き上げに反対する学生たちは「授業料不払い闘争」を起こし、6月に日比谷公園で開催された「教育復興学生けっ起大会」には全国から5000人以上の学生が集まった。運動の中心にいたのが、共産党の影響下で学生運動を展開していた「東大細胞」と呼ばれる東大生たちである。

その後、東大細胞主導で全国の大学でゼネストが決行された。成功裏に終わったゼネストの余勢をかって9月には加盟校１４５校、学生総数30万人の学生自治会の統一組織、全日本学生自治会総連合が発足する。全学連の誕生である。初代委員長には東大細胞の武井昭夫《てるお》が就任した。

宇沢が在籍する数学科にも活発に活動する東大細胞がいた。筆頭が木下素夫である。同じく数学科で木下とともに学生運動に身を投じていた銀林浩《こう》が、木下の活躍ぶりを回想している。

〈この東大時代くらい波瀾万丈の時期はなかったといえよう。当時ノンポリだった理学部自治会＝理学会（清水達雄も委員だった）をやや強引にリコールして乗っ取り、木下はみずから東大全体の自治会の中央委員を買って出て、表舞台へとび出した。一九四九年春には東大医学部の看護婦養成学科の寄宿舎で、人権無視に抗議した生徒十三名が看護婦に不採用になったのに端を発したいわゆる芙蓉寮闘争が起こったが、彼は南原総長との団交にも活躍、無期停学の処分を受けた。しかし、彼は活動を止めたわけでなく、表立ってはいないが、相変わらず一高の南寮に起居して闘争を指導していた。理学部長になった茅誠司はわたくしの顔をみると、「教養学部長矢内原先生がうるさいんだ、木下君を何とか寮から出せないものかね」と泣きつくのであった。これをみると、当時東大の上層部が木下の影響力を十分に認識し、恐れていたことがよくわかった。木下は一年たった一九五〇年春復学したが、それ以後はあまり表舞台に立つことはなく、もっぱら裏にいて影響力を発揮していく〉（『木下素夫を偲ぶ』木下素夫追悼文集刊行会）

宇沢にとっては、木下も銀林も15人しかいない数学科の仲間である。

木下は宇沢と同じ一高の卒業生だが、年齢は２歳上だった。木下は、飛び級して16歳で一高に入学している。昭和20年３月に名古屋大学を受験して合格したのだが、一高を留年したために大学に進めなかった。軍事教練の授業を欠席したことが留年の理由である。身体をこわしたりしたこともあり、宇沢と同じ年に東大に入学した。

一高の寮では、木下は文化部の「科学班」の部屋にいた。ラグビー部の部屋とはほとんど交流はなかったものの、「数学ができる上級生」として名前を耳にしていた宇沢は、小柄ながら縮れた長髪をなびかせ颯爽と歩く木下の姿をみかけると少し意識もしていた。大学に入って仲間となったその秀才が、学生運動の闘士として華々しく活躍するばかりか、無期停学の処分を受けてしまった(『木下素夫を偲ぶ』の略年譜によると、昭和24年5月に「放校処分」を受け、昭和25年4月に「処分解除」で復学している)。

ラグビー仲間とはひと味ちがう魅力をもつ民主化運動の学生活動家、木下や銀林たちに宇沢は大いに刺激を受けることになった。木下はその後、早稲田大学理工学部教授となり数学者として活躍したが、急性心不全のため60歳で亡くなった。『木下素夫を偲ぶ』に宇沢は次のような追悼文を寄せている。

《木下さんには、数学の他にもう一つ情熱をそそいでいた問題があった。それは政治の問題であって、民主主義的な革命をどのようにして日本に定着させることができるかということであった。木下さんはすでに一高在学のころから、マルクス主義の基本的な書物、とくに『資本論』についてくわしい知識をもっておられ、マルクス的な視点から日本の経済的、政治的な制度の革命的な変革を求めて、すぐれて実践的な行動を起こしておられた。数学科に入られてから、同級の銀林浩と一緒になって、東大の数学科、あるいは東大、日本全体の革命的な変革を求めて、アクティブに活躍しはじめられていたのである。そのために、退学になったり、警視庁の地下の牢屋に入れられたり苦労されたのであるが、木下さんのもっていた情熱はそのまま私たちにつよい感動と共感を呼びおこしていったのである。私は、数学科を出てすぐ、特別研究生として教室に残っていたのであるが、どうしても経済学を専心して勉強したくなって、途中で止めることになってしまった。その動機の一部には、木下さんたちの清冽な生き方とすぐれて実践的な意欲につよく影響を受けていたのではないかと思う》

「警視庁の地下の牢屋に入れられたり苦労された」というのは、東大教授だった哲学者の出《いで》隆《たかし》が東京都知事選挙に出馬した際に起きた事件である。

昭和26年（1951年）4月に実施された都知事選挙戦で、飯田橋駅近くで出候補の陣営の街頭宣伝活動をしていた木下や銀林ら東大生たちが突然、選挙法違反容疑で逮捕され、勾留された。宇沢は数学科の大学院に進学したばかりだったが、釈放の出迎えに加わり、もやしのようにやせこけた友人を目の当たりにして動揺した。

ラグビーに明け暮れ勉強らしい勉強がまったくできなかった宇沢は、空白を埋めるべく、大学では懸命に数学に打ち込んだ。その結果、特別研究生に選ばれるまでになった。助手並みの奨学金をもらいながら大学院で学ぶ特別研究生はもっとも優秀な学生に与えられるステイタスである。だが一方では、停学処分にあったり逮捕勾留されたりしながら民主化運動を続ける木下や銀林たちに深く感銘を受けてもいた。

木下は宇沢より1年遅れ、銀林は2年遅れて数学科を卒業することになるが、彼らに感化され、宇沢は学生たちが組織するマルクス主義の勉強会に頻繁に顔を出すようになっていた。

マルクス主義への関心

数学科の特別研究生に選ばれて以降、宇沢のマルクス主義への傾倒は顕著になった。数学科の大学院生をやめる決心をしたのは、木下らの影響というよりむしろ、マルクス主義勉強会で異彩を放っていた年下の東大生との出会いが大きかった。この「友人」について宇沢が語っている。

《私は当時、いくつかのマルクス主義経済学の勉強会に入っていましたが、そのなかで一番活発だったのは、その友人が中心になっていた勉強会でした。しかし、私にはどうしてもマルクス主義経済学のエッセンスが理解できず、悩んでいました。とくに、スターリンの『言語論』が難解で、何回読んでも分かりませんでした。そのとき、その友人から、宇沢さん程度のマルクス主義経済学の理解ではとても共産党の入党試験は受からないと言われたわけです。ちょうどそのしばらく前から、数学科の特別研究生でありながら、ほとんどの時間を経済学のために使ってしまっていることに良心の呵責を感じはじめていました。マルクス主義経済学で尊敬すべき先達のこの言葉は、私の胸につよく刺さり、経済学の勉強に全面的にコミットしなければならないと思ったのです》

この文章がおさめられている『日本の教育を考える』では「友人」の名は伏せられているが、「宇沢さん程度のマルクス主義経済学の理解ではとても共産党の入党試験は受からない」と告げた「友人」は、上田建二郎である。のちに不破哲三の名前で政界に登場し、やがて日本共産党の指導者として日本のコミュニズム運動を背負うことになる人物である。昭和44年（1969年）に衆議院議員に初当選し、共産党では幹部会委員長、党中央委員会議長などを歴任した。

上田建二郎は昭和5年（1930年）1月に東京で生まれた。『不破哲三 時代の証言』（中央公論新社）によると、上田家で最初に左翼の旗を掲げたのは父庄三郎で、敗戦直後の共産党幹部の出獄歓迎会に駆けつけ、再刊された党機関紙『赤旗』の購読者となった。次が兄の上田耕一郎で、一高在学中の昭和21年（1946年）末に「一高細胞」創設メンバーとなった。耕一郎はのちに、共産党所属の参議院議員として政界で活躍する。1年生だった弟の上田建二郎も昭和22年（1947年）1月、17歳の誕生日を迎える直前に日本共産党の党員となり、一高細胞の一員となった。

上田建二郎が東京大学理学部の物理学科に進学したのは昭和24年（1949年）4月である。東大細胞として党活動を続けたので教室に行くより自治会室に通うことのほうが多く、「東大細胞理学部班」がつくる新聞『坩堝《るつぼ》』を売って歩いたりしていた。

宇沢は上田より1学年上だが、同じ理学部だったため、数学科と物理学科の学生がともに聴講する授業で顔をあわせることがあった。本格的なつきあいがはじまるのは上田が主宰するマルクス主義の勉強会に参加するようになってからで、数学科の大学院にいた時期（昭和26年4月から昭和28年3月）である。

不破哲三（上田建二郎）

このころ、日本の社会は転機を迎えていた。昭和27年4月にはサンフランシスコ講和条約と日米安全保障条約が同時に発効し、GHQによる占領が終わる。この年の2月、東大ではポポロ事件が起きている。

特高警察の拷問で殺された小林多喜二の命日にあたる2月20

日、東大の学生劇団ポポロ座が松川事件をモチーフにした演劇を上演していた際、客席に私服警官が紛れ込んでいるのを学生が見つけ、警察手帳をとりあげた。学生運動の活動状況などを調査していたことを示す記述があったことから騒ぎとなった。翌日、警官隊が東大構内に踏み込み、関係した学生を逮捕したので、大騒動へと発展する（ポポロ事件の裁判は一審、二審で無罪、上告で最高裁が差し戻して東京地裁が元学生に有罪判決を下したのは昭和40年（１９６５年）だった）。

ポポロ事件では、大学側が私服警官の学内潜入は違法だとして学生の釈放を要求、学生たちも抗議集会を開いた。宇沢も参加したひとりで、そこで見事なリーダーぶりを発揮している上田建二郎の姿を目の当たりにした。私のインタビューで宇沢はつぎのように回想していた。

「あのころポポロ事件とかいろいろとあって、そういう出来事が起こるたびにすごくインテンシブな集まりがあった。たしか屋上でやっていたようにおもう。話し合いの全体をまとめていたのが上田建二郎だった。どういうことばを使っていたのかはっきりとはおぼえてないけど、『党の指導部には自分が行って聞いてくる』というようなことを彼がいって、だいたいいつも会は終わった」

１学年下の上田を「マルクス主義経済学で尊敬すべき先達」と認識していたのは頭脳の明晰さ、行動力に敬意を抱いていたからであることはまちがいないが、いくぶん戸惑いや違和感が交じっていたこともたしかである。上田の人物像を次のように描写していることからもうかがえる。

《私より一学年下でしたが、すぐれた学問的才能、するどい政治的感覚、きびしい社会的情熱をあわせもった大人物でした。欠点といえば、人柄があまり良くないということぐらいでした》（『日本の教育を考える』）

「人柄が良くない」というのは直截な言い方だが、上田個人の性格を指すというより、「東大細胞」の人間関係やコミュニケーションのありように感じた違和感を表現した言葉ととらえたほうがいい。のちほど触れるが、これには当時の共産党の内部事情が関係していた。

宇沢がカール・マルクスあるいはマルクス主義に関心をもつようになったきっかけはユニークなものだった。誰の影響かといえば、一高で学んでいた中国人留学生たちなのである。

一高には特設高等科という留学生ばかりが在籍する科が設けられていた。「特高」と呼ばれ、寮では日本人の学生たちと同じように生活していた。寮の行事などにも参加していたが、日中戦争のきっかけとなった盧溝橋事件（昭和12年）を境に、中国人留学生は「敵性外国人」として微妙な立場に立たされるようになった。警察の監視を受けるようになり、ときには連行されることさえあった。『運《めぐ》るもの星とは呼びて　終戦前後の一高』（「終戦前後の一高」刊行委員会）に収録されている座談会で、戦中に一高の教師だった阿部秋生が中国人留学生について語っている。

〈中国人はいろいろなことを考えていても、あまり表へ出して言いません。じっと抑えているんです。だからあまり表へは出ないけれども、だんだん話をしてみると、かなりの敵愾心は持っていて、それがチラチラでてくる。ですから、いつの間にかだんだんいなくなるんです。「あれがこのごろ出てこないけど、どうした」と聞くと、「帰りました」と言う。「帰りましたってどこへ帰ったんだ」と聞いたら、「重慶へ帰りました」と言うんです。「そんなことを言ったって船はあるのか」「船はあることはあるんです」。「どういう船なんだ?」「それは内緒です」って（笑）。重慶へ帰って、重慶で一高会をやったというんです。人数はそうたくさんじ

ゃないらしいけど、重慶まで帰ったのもいたんです。そういうことはあるんですけど、それは出しません〉

敗戦の4ヵ月前に入学した宇沢は、特設高等科の中国人留学生たちに強い関心を抱いた。理由は明確である。父親の兄で陸軍軍人だった田村雄一から〝盗み聞き〟した話が、脳裏から離れなかったのである。

宇沢は親しくしていた中国人留学生から毛沢東が延安にいるときに書いたというパンフレットのような小冊子を何冊か借りたことがあった。中国人留学生に教わりながら読んだのだが、まわし読みでくたびれた小冊子には『持久戦論』『矛盾論』なども収録されていた。宇沢と同じように留学生から教わった友人のなかには、これを契機にマルクス主義を本格的に勉強しはじめる者もいた。宇沢のマルクスへの関心も、中国人留学生との交遊から芽生えたのである。

上田建二郎のマルクス主義勉強会で少々居心地の悪いおもいをしたのは、マルクスに関心を抱いたきっかけがほかの学生たちと異なっていたせいもあったかもしれない。だが、より大きな理由は、「東大細胞」への違和感だった。宇沢は一高ラグビー部で1匹の魚でもみんなで分け合う仲間と寝食をともにした。思索を求めて鳥取の永福寺に通ったが、「老師」と慕った昌賢和尚とは師弟関係の強い絆で結ばれていた。そうした人間関係をなにより大切にしてきたので、「東大細胞」の集まりが異質なものに感じられたのである。

『貧乏物語』

GHQは昭和22年（1947年）2月1日に予定されていたゼネラルストライキを中止させて以降、それまでの非軍事化、民主主義政策を見直した。やがて日本共産党の党員や支持者が公職や企業から追放されるレッドパージが起きる。いわゆる「逆コース」である。宇沢が慕っていた永福寺の昌賢和尚も、レッドパージで学校を追放されたひとりだった。

この時期に日本共産党を混乱させたのはGHQや政府による弾圧だけではなかった。昭和24年（1949年）1月の衆議院選挙で、日本共産党は35議席を獲得する躍進をみせた。ところが翌年の1月、ソ連や東欧諸国など9ヵ国の共産党で組織するコミンフォルム（共産党・労働者党情報局）が機関誌で日本共産党を痛烈に批判したのである。

上田建二郎（不破哲三）は自伝『不破哲三 時代の証言』で、コミンフォルムによる批判は「日本共産党に武装闘争を押しつけるスターリンの戦略」だったとふりかえり、あとで批判の文章がスターリン自身によって書かれたことも明らかになったとのべている。

コミンフォルムからの批判への対応をめぐり、日本共産党幹部の足並みは乱れた。武装闘争を支持する「所感派」と呼ばれた徳田球一書記長や野坂参三らと、所感派とは距離を置く「国際派」と呼ばれた宮本顕治らが対立したのである。

宇沢が数学科の大学院に進んだ昭和26年（1951年）の10月には、所感派の徳田らが第5回全国協議会（5全協）を招集して、武装闘争の方針を共産党として正式に採択している。その後、翌年夏にかけて「中核自衛隊」「山村工作隊」による武装闘争が繰り広げられた。

じつは、東大細胞は共産党が分裂状態に陥る前に党から解散指令を受けていて、上田建二郎たちは不安定な立場に立たされていた。上田は武装闘争路線をめぐる対立では国際派の宮本顕治を支持していて、党の統一回復を目指すとして宮本がつくった「全国統一委員会」の活動にも関わっていた。上田が初めて政治論文を執筆したのもこのころで、全国統一委員会系の新聞に「所感派の極左冒険主義の誤謬はどこにあるか」を無署名で寄稿している。

河上肇

宇沢がスターリンの言語論がよく理解できないと発言した際、「宇沢さん程度のマルクス主義経済学の理解ではとても共産党の入党試験は受からない」と上田が批判したのは、あるいは、武装闘争路線の後ろ盾となっているスターリンへの反発からだったのかもしれない。

共産党の複雑な党内事情など知らない宇沢は、上田の言葉を額面どおり自分への厳しい批判と受け取り、「マルクス経済学の勉強に全面的にコミットしなければならない」と思い詰めるようになった。ちょうどこのころ、永福寺の昌賢和尚を訪れ、静かな山里で読書に明け暮れているとき、河上肇が著した『貧乏物語』（中央公論社「日本の名著49」）に出会うのである。

〈人は麵麭《パン》のみにて生くものにあらず、されどまた麵麭なくして人は生くものにあらずというが、この物語の全体を貫く著者の精神の一つである。思うに経済問題が真に人生問題の一部となり、また経済学が真に学ぶに足るの学問となるも、まったくこれがためであろう〉

経済の問題を人生の問題だと説いてはじまる『貧乏物語』は、宇沢の胸にすっと入り込んできた。序文で河上肇は、孔子の言葉を引きながら語りかける。

〈孔子また言わずや、朝に道を聞かば夕に死すとも可なりと。言うこころは、人生唯一の目的は道を聞くにある、もし人生の目的が富を求むるにあるならば、けっして自分の好悪をもってこれを避くるものにあらず、たといいかようの賤役なりともこれに従事して人生の目的を遂ぐべけれども、いやしくもしからざる以上、わが好むところに従わんというにある。もし余にして、かく解釈することにおいてはなはだしき誤解をなしおるにあらざる以上、余はこの物語において、まさに孔子の立場を奉じて富を論じ貧を論ぜしつもりである〉

河上はさらに、イギリスの思想家ジョン・ラスキンの「There is no wealth, but life」という言葉を引きながら、こう続ける。

〈富なるものは人生の目的——道を聞くという人生唯一の目的、ただその目的を達するための手段としてのみ意義あるにすぎない。しかして余が人類社会より貧乏を退治せんことを希望するも、ただその貧乏なるものがかくのごとく人の道を聞くの妨げとなるがためのみである〉

富を求めるのは、道を聞くためである——宇沢はこの言葉を、マルクス経済学を学ぼうとしている自分に向けられた言葉だと受けとめた。河上は別の著書『獄中贅語』で、「道」は「心」、「聞く」は「深く心に会得すること」だと説明している。『資本論』の難解な文章より、『貧乏物語』の河上肇の言葉のほうが宇沢には身近なものに感じられた。

「転向」宣言

東大の数学科で宇沢が師事したのは弥永昌吉《いやながしょうきち》教授と末綱恕一《すえつなじょいち》教授だった。ふたりは第1回のフィールズ賞の選考委員もつとめた高名な数学者高木貞治の弟子である。弥永と末綱も日本を代表する数学者で、昭和25年（1950年）に第二次世界大戦後に初めて開催されたハーバード大学での国際数学者会議に日本代表メンバーとして参加している。

宇沢は、弥永から代数的整数論、末綱からは数学基礎論を学んだ。宇沢にとって数学は、「マルクスの経済学をどう理解したらいいか」などというような問題とは次元の異なる、他人に説明することがむずかしい、まったく独立した特別な世界だった。数学への愛情といっていいほどのこだわりを示すエピソードを紹介しよう。

一高を受験する前、宇沢は父親の時夫ともめたことがあった。宇沢は成績優秀だったので、父の時夫は医者への道を歩むことを期待していた。医学部を目指すなら、一高ではドイツ語を履修する理科乙類に進む必要があった。ところが、一中時代に数学に没頭していた宇沢は数学者への道を意識して、父親の意に背く形で、英語を履修する理科甲類を受験して合格したのだった。

受験したのは敗戦の半年前で、自分の将来を見通せる時世でなかったことが、逆に数学を選ばせる理由ともなったようだ。なぜなら敗戦後、宇沢は理科乙類へと転科したからである。宇沢の話によると、戦後は士官学校などからの転入受け入れなどがあり、そうした時期の転科を「ポツダム転科」と呼んだという。明日をも知れない戦中は「数学を究めたい」という気持ちを抑えきれなかった宇沢だが、戦後、いったんは父の意向でもあった医者への道を歩むべく、「ポツダム転科」で方向修正したのである。宇沢自身も、人の病を癒す医師を尊い特別な職業だとおもっていた。ところが、いざ東京大学を受験する段になるとふたたび数学への愛情が頭をもたげ、結局は数学を選んだのだった。

東大では数学に打ち込んだ結果、大学院に進む際、給費をもらいながら研究できる特別研究生に選ばれた。ところが、ちょうど特別研究生になったころから、マルクス経済学の習得に精を出すようになり、費やす時間も長くなっていた。特別研究生という優遇された立場にありながら数学をおろそかにしていることに、宇沢はうしろめたさを感じるようにもなっていた。

マルクス経済学と数学とのはざまで悩む姿を、下宿でいっしょに暮らしていた高田淳が『喜雨亭雑文』（内山書店）に書き留めている。高田は宇沢の一高時代の年上の友人で、のちに中国文学者となった。宇沢とは一時期、何人かの学生が起居する一軒家の下宿でいっしょだった。ふたりで6畳の部屋を借りて住んでいたのである。

しばしば宇沢が夜中に飛び起き、灯りをつけてむずかしい数学書などを読み出したりするので睡眠を妨げられた、と高田は回想している。そんなある日、宇沢は高田に向かって、「マルクスは二十数歳で経済学を始めたのだから、自分もこれから経済を勉強する」と宣言したという。高田にはいまひとつ事情が飲み込めなかったのだが、6畳の下宿で宇沢は、数学者から経済学者への「転向」を厳かに宣言していたのである。

医者が人の病を癒すなら、自分は経済学者となって戦争で荒廃してしまった社会の病を癒そう。それが宇沢の初志だった。

大学院は前期課程が2年なので、前期を修了する区切りで数学科をやめることに決めた。とはいえ、特別研究生は数学科の期待を担っている存在だ。温厚な人柄で慕われていた弥永教授といえども、宇沢の申し出をやすやすとは受け入れてくれない。そもそも特別研究生に強く推

薦してくれたのが弥永教授だったのだが、しびれをきらした宇沢は、

「日本の社会がこれだけ混乱しているときに、ひとり数学を勉強しているのは苦痛です！」

と言い放ってしまった。

「そこまで思い詰めているのなら、仕方ありません」

弥永教授はようやく諦め、退学を認めてくれた。説得が難航したのはもうひとりの恩師、末綱恕一教授である。怒るときにはチョークを投げつけることもあり、学生たちは名前の恕一をもじって「怒一」と陰では呼んでいた。西田哲学や華厳思想にもとづく独自の数学論を築いた末綱は思想家の顔もあわせもっていた。

末綱邸を訪ね、「数学科をやめたいのですが」と切り出すと、「君には、数学以外できない！」と頭ごなしに否定され相手にしてもらえなかった。宇沢がなおもしつこく食い下がると、いらだった末綱教授が、「バカヤロー！」と大声で一喝した。びっくりした末綱夫人があわてて仲裁に入るほどの怒声だった。

ところが、宇沢本人は自分でも意外なほど平静でいられた。永福寺での修行の成果といっていいのかもしれない。禅問答にもなじんでいたので、恩師の大喝一声を力強い励ましと受けとめ、むしろ深く感謝していたのである。

意気揚々と末綱邸を引き揚げた宇沢は、まもなく25歳になろうとしていた。

第3章

ケネス・アローからの招待状

一高ラグビー部の仲間と（学帽、眼鏡の学生が宇沢）

数理経済学との出会い

東大数学科の大学院をやめる際、宇沢は「工員として働かせてほしい」といって町の工場を訪ね歩いている。経済学を学ぶには労働者となり、労働組合を結成しなければならない。そう思い込んでいたというのである。「東大卒」ではあやしまれるとおもい、でたらめな履歴書を書いて持参したがすぐ見破られ、かえって不審がられて求職活動はあえなく頓挫《とんざ》した。

「マルクス経済学の先達」である上田建二郎の存在が少なからぬ影響を与えていたようだ。宇沢が数学科の大学院を退学して東大を去ったとき、上田も東大の物理学科を卒業して、結成まもない日本鉄鋼産業労働組合連合会（鉄鋼労連。現在は基幹労連に統合）に就職している。東大理学部の自治会副委員長として「レッドパージ反対闘争」に関わり停学処分を受けた上田は卒業が1年遅れた。鉄鋼労連の書記を11年間つとめたあと、日本共産党の政策委員会の仕事に専従するようになり、党の指導者への道を歩んだ。

経済学という学問を選んだ宇沢が共産党員として政治活動に身を投じた上田を意識するのはいささか妙なのだが、支離滅裂にもみえる行動に気をもんだのが数学科の恩師、弥永教授と末綱教授だった。退学の申し出に「バカヤロー！」と一喝した末綱だったが、就職のあてがないとわかると心配して、以前に所長をしていた文部省所管の研究機関、統計数理研究所を宇沢に紹介した。

ひとまずは統計数理研究所に籍を置きながら経済学を独学することになったのだが、「経済学者になる」と意気込んではみても、指導者がいるわけでもなく大学の経済学部に属しているわけでもない。20代半ばで数学者から転身しようとする姿は周囲からみるとずいぶん無謀に映った。宇沢自身、表向きは飄々とふるまっていたけれども、何をすればいいのかよくわからず、精神的な危機に追い込まれていた。

そんなある日、統計数理研究所に向かう小田急線の列車内で、稲田献一とばったり出くわした。一高ラグビー部の先輩である。

「おめえ、経済学やってんだってな」

あらっぽい上州弁で声をかけてきた稲田は、東京都立大学経済学部で助手をしていた。ひとりで経済学に取り組んでいると打ち明けると、頼みもしないのに、「おれがいい先生を紹介してやる」と有無を言わせぬ口ぶりで約束したのだった。

稲田は大正14年（1925年）に群馬県の桐生に生まれた。宇沢より3歳年上で、先輩とはいっても宇沢が一高に入ったときはすでに東京大学理学部数学科に籍を置く大学生だった。稲田は大学生になってからも、一高の寮のラグビー部の部屋によく顔を出した。名キャプテンとしてならした稲田は「イナケン」の呼び名で慕われていた。

坊主頭の厳つい風貌にくわえてクセのある上州弁が粗野な印象を与えたが、風貌とは対照的に神経は細やかで観察眼も鋭かった。宇沢も自伝『経済と人間の旅』では、《サリンジャーの『ライ麦畑でつかまえて』の主人公、ホールデンに似た、少し偽悪的な、しかしすがすがしい雰囲気のある敬愛する先輩》と紹介している。

稲田は東京都立大学経済学部の教授をへて、大阪大学社会経済研究所の教授となり、所長も

稲田献一

つとめた。宇沢が経済学者となるときだけでなく、経済学者になってからも、陰ながら支える存在でありつづけた。宇沢のほうでも稲田をスタンフォード大学に呼び寄せていっしょに研究したりするなど、研究仲間としても相性がよかった。経済学者としても気の置けない先輩となったのである。

稲田は大阪大学を定年退官してまもないころに雑誌で宇沢と対談した際、出会いの情景を懐かしそうに語っている。ふたりが出会ったのは敗戦から数ヵ月と経たないころで、宇沢は一高に入学したばかりの17歳、稲田は20歳の東大生だった。

〈一高のラグビー部の部屋へ遊びに行ったら、不発の焼夷弾を拾ってきて、その中身を出して部屋のなかで暖房に焚いているんだよ。木の床が真っ黒焦げに焦げているんだ。そこで君とはじめて会ったんだ。可愛かったよ、クリクリした目してね（笑）。

その時に、「稲田さん、数学科ってどんなところですか」てなことを聞くわけ。そのときどんな答えをしたか覚えていないけどね。そのころ、ぼくは数学にはもう愛想づかしをしていたんだけど、君はそのあと数学科へ入ってきた。

ただ、ちがうのは、ぼくはビリッケツに近かったけど、君は非常に成績がよくてね……特別研究生というのだったんですよね。これは一番、二番のやつがなるんで〉（『エコノミスト』1988年11月7日号）

ふたりが偶然小田急電車で再会したとき、宇沢はすでに20代半ばになっていた。稲田は、特別研究生として数学者への道を順調に歩んでいたはずの後輩がなぜか突然退学してしまったという話は人づてに聞いていた。宇沢が一高の新入生として寮生活を始めたばかりのころから見ているから、数学にかけてはただならぬ能力の持ち主であること、いったんこれだと思い込むとひたすら追い求める求道精神のようなものをもちあわせているらしいこともよくわかっていた。

稲田は東大の数学科を卒業したあと、大学院では理学研究科に在籍していたがほとんど独学で経済を学んで経済学者に転じた。数学をやめて「マルクス経済学を独学している」という宇沢の境遇がどんなものなのか、手にとるようにわかった。「先生を紹介してやる」と言ったのは、迷路に迷い込んだような窮状に陥っていると見抜いたからだった。

後日、稲田は約束どおり、東京大学経済学部の古谷弘が主宰する研究会に宇沢を連れて行った。昭和28年（1953年）11月のことである。

アメリカ留学中の古谷に代わって会を主宰していたのは館龍一郎だった。このときの研究発表者は小宮隆太郎。宇沢と同じ昭和3年（1928年）生まれで、当時は東大経済学部大学院の特別研究生をしていた。宇沢と小宮には、特別研究生の資格を得て大学院に在籍していたこと以外にも共通点があった。木村健康との浅からぬ縁である。

小宮は昭和24年（1949年）に東京大学経済学部に入学した。当時、経済学部はマルクス経済学が「主流派」を形成していた。東大のような主要大学でマルクス経済学者が圧倒的な多数を占めるのは、資本主義国では珍しい現象だ。こうした状況は、戦時中の厳しい思想弾圧の結果として生まれたともいえる。戦時中に大学から追放されていた大内兵衛、有沢広巳などマルクス経済学系の力量ある学者たちが敗戦後に一挙に復職してきたため、東大経済学部はマルクス経済学の牙城と化したのである。マルクス主義が敗戦直後の民主化運動の理論的な支えとなったこともあり、非マルクス系の経済学は影が薄かった。

小宮は、東大の近代経済学者グループの筆頭格だった木村健康教授の門を叩くことになった。高校時代の友人の父親が偶然にも木村の恩師である河合栄治郎の出版法違反事件の一審を裁判長として裁いた裁判官だった。恩師を支援するため、木村が特別弁護人として出廷していた裁判だ。友人の父親は小宮に、「経済学部に入ったのなら、木村のところで勉強するのがよかろう」とアドバイスしたという。その言葉にしたがって木村のゼミナールに入り、近代経済学者への道を歩み始めた。もっとも、近代経済学者グループといっても東大には木村や古谷のほか館龍一郎など数えるほどしかいなかった。

東大の若い近代経済学者たちのリーダーとなったのが古谷で、学外からも稲田を招くなどして、研究会を運営しながら近代経済学の普及に尽力していた。宇沢が初めて参加したときの講師役はもっとも若いメンバーである大学院生の小宮で、テキストはガリ版刷りの英語論文だった。著者として「Kenneth J. Arrow」「Gerard Debreu」というふたりの名前が記されていた。マルクス経済学を独習していた宇沢にはどちらも未知の経済学者だ。「Existence of an Equilibrium for a Competitive Economy（競争経済における均衡の証明）」というタイトルを見ても、何の研究なのか見当もつかなかった。

研究会の主宰者である古谷はアメリカ滞在中で欠席していたが、アメリカの経済学界で経済学に数学の知見が猛烈な勢いで導入されていることを念頭に、後進の若手にはつねづね数学の能力を高めるよう指導していた。数学科出身の稲田を学外から招いたのも数学化する経済学の最先端をフォローするためだった（近代経済学の普及に貢献した古谷は昭和32年〔1957年〕、海水浴中の心臓麻痺で36歳の若さで急逝している）。

当時、高度に数学化が進んでいた分野が一般均衡理論の研究だった。宇沢がはじめて目にした論文「競争経済における均衡の証明」は、ワルラスの一般均衡体系における解の存在を証明した画期的な論文だった（一般均衡理論についてはのちほどくわしく説明する）。ケネス・アローとジェラード・デブリューの共同論文が学術誌『エコノメトリカ』に掲載されたのは1954年なので、小宮が講義していた時点では未発表論文だった。まさしく最先端の研究だったわけである。

同じ歳の小宮が見事に解説するのを聴きながら宇沢は、衝撃と呼んでも大袈裟でないほどの驚きをおぼえていた。論文の内容にではない。経済学に高度な数学が使用されていることにショックを受けたのである。

マルクス主義経済学の勉強会で出会ったマルクス主義者たちは、経済学の理論と数学のロジックはまったく相容れないものとみなしていた。宇沢も彼らにしたがって数学的思考は封印したまま、マルクス経済学を学んでいた。ところが小宮がとりあげた論文は体裁もまるで数学の論文で、おまけに小宮の解説には数学者だった宇沢でさえ知らない定理まで登場した。はじめて出席した近代経済学の研究会で、いきなり経済学に対する考えを根本から揺さぶられたのである。

寒さの厳しい夜だったが気分が高揚したままの宇沢は、いっしょに帰路についた稲田におもわず声をかけた。

「東大の経済学部にはできる人がいますね」

するとイナケンはいつもの上州なまりで素っ気なく応じた。

「おめえ、あれひとりだよ」

新古典派経済学の誕生

「近代経済学」とはどのような学問だろうか。いまではほぼ同義語として「新古典派経済学」という言葉が用いられることが多い。マルクス経済学が衰退してからはたんに「経済学」と呼ぶのがふつうになった。近代経済学あるいは新古典派経済学に厳密な定義があるわけではないけれども、おおざっぱに誕生の経緯をふりかえってみることにしよう。

新古典派とそれ以前の古典派を分かつ時代的な境目は1870年代である。この時期に新たな分析の枠組みが登場してやがて経済学を大きく変えていく。「限界革命」とも呼ばれる革新を担ったのが、『政治経済学』を著したイギリスのスタンレー・ジェボンズ（1835―1882）、『国民経済学原理』を著したオーストリアのカール・メンガー（1840―1921）、そして、『純粋経済学要論』を著したフランスのレオン・ワルラス（1834―1910）である。偶然にもほぼ同時期に、別々に「限界効用」の分析手法を経済学に持ち込んだ。

経済学の始祖アダム・スミス（1723―1790）が、「価値のパラドックス」と呼んだ問題がある。水は生きるために必要で、使用価値の高い有用なものである。ところが、水で購買できるものといえばほとんどなく、したがって交換価値は著しく低い。水とは対照的に、ダイヤモンドは使用価値はほとんどないにもかかわらず、交換価値は著しく高い。スミスをはじめとする古典派の経済学者たちにはこのパラドックスを説明することができなかった。

水とダイヤモンドの問題を解き明かすのが、「限界効用」である。ある物を消費したときに得られる主観的な効用（精神的な満足）は、消費の量が増えるに連れて徐々に減少していく、という考え方である。「限界（marginal）」という言い方が鍵で、限界効用はある物の消費を追加的に一単位増やしたときの効用の大きさを指す。

限界革命によって、効用の総量である「総効用」と、追加的に一単位増やしたときの「限界効用」が、別の概念であることが明確になった。ダイヤモンドは希少なので、限界効用は大きい。水は大量に存在するので大切（総効用は大きい）ではあるけれども、希少性がないので限界効用は小さくなる。限界効用にもとづいて価格が決まると考えれば、水とダイヤモンドの問題は解けるわけだ。

テクニカルな問題にすぎないようにみえるかもしれないが、限界革命前の古典派経済学と限界革命を経たあとの新古典派経済学とでは理論の枠組みが違うことから、理論が示唆するビジョンもまったく異なってくる。

レオン・ワルラス

まずどのような経済主体を前提にするのかという点で、古典派と新古典派には決定的な違いがある。古典派は基本的に社会を階級社会ととらえ、資本家、労働者、地主の三つの階級に分ける。一方、新古典派は経済主体を階級という集団としては想定せず、基本的な経済主体は「個人」である。「個人」はある一定の主観的価値基準のもとで合理的に行動する、と想定される。あるときには労働サービスを供給して労働者となり、あるときには稼いだ所得で財を購入する消費者ともなる。

古典派を特徴づけるのは、労働価値論である。投下した労働の量によってモノの価値＝価格が決まるという考えである。新古典派では、さきほどみたような希少性の理論にもとづく価格体系が存在しているので、投下される労働量は価格体系に即して決まってくる。いいかえると、新古典派におけるモノの価値は、投下された労働量ではなく、モノとモノをくらべたときの希少性によって決定される。

古典派が示唆するビジョンの典型を、古典派の優れた理論家デヴィッド・リカード（1772―1823）の主張にみることができる。リカードは、国富は資本家、労働者、地主にそれぞれ利潤、賃金、地代という形で分配されるという理論的枠組みのもとで経済を分析した。リカードが導いた結論は、利潤率と労働者が得る実質賃金がともに減少しつづけ、農産物価格が高騰して地代が上昇しつづける、というビジョンだった。この状態がつづくと最終的には、実質賃金は労働者が生存できるぎりぎりの水準まで落ち込み、人口は増えず、経済成長も停止する。カール・マルクスはリカードと類似した道筋で資本家に搾取される労働者という構図のもとに階級間対立の激化を描き、資本主義の行き詰まりを説いた。

階級ではなく、合理的に行動する個人を基礎にして経済を分析する新古典派は、古典派のような悲観的な見通しは語らない。ただし、限界革命とはいっても、ジェボンズ、メンガー、ワルラスの分析手法がすみやかに浸透したわけではなかった。新たな分析手法が広く受け入れられるようになった社会的な背景にも留意しておく必要がある。

「限界革命」が起こったのは1870年代だが、このころ、他国に先駆けて産業革命が進展していたイギリスでは生産の方法が手工業生産から工場制生産へと移行していくなかで社会構造に大変革が起きていた。限界革命は経済学を厳密な科学に近づけようとする試みだが、背景には産業革命のなかで物理や化学、生物学などの学問が目覚ましく発展したことがあった。限界分析は微積分学を用いる（「現在の状態からもう一単位だけ増やした際の変化」は「最終的な微小増分」を指すのでまさに微分である）ので、科学的装いをまとった学問へと経済学を変貌させる契機ともなった。

経済学に限界革命が起きるころ、社会主義が有力な思想として台頭していたことも見逃せない。1870年代はじめ、ドイツ統一を進めるプロイセンと、それを阻止しようとするフランスとのあいだで戦争が起き、プロイセンが大勝した。戦中にドイツ帝国が成立してドイツが統一される一方、敗戦直後のパリでは普通選挙によって労働者による革命自治政府が誕生した。プロイセンの支援を受けた政府軍との「血の1週間」によってわずか72日間で幕を閉じるが、世界で初めての社会主義政権だった。

産業革命はイギリスが先行する形でその後、欧米諸国にも広がったが、急激な工業化や都市化は社会主義思想や労働運動の母体ともなった。そうした政治状況を横目に見ながら、経済学は古典派の階級間対立の世界観を捨て、みずから主観的な判断を下して行動する個人を前提に経済を分析するようになったのだった。

一般均衡理論

新古典派経済学は限界分析を確立して均衡の理論を築くことになったが、何が均衡するのかといえば、需要と供給である。経済学の歩みをふりかえると、限界革命の3人の主役のなかでもレオン・ワルラスは特筆に値する。限界分析だけでなく、一般均衡理論を唱えたからである。現在では新古典派理論というと、ワルラス的な一般均衡理論を意味する場合が多い。実際、新古典派経済理論の基盤は、ワルラスを始祖とする一般均衡理論なのである。

一般均衡理論の特質をみるために、イギリスのアルフレッド・マーシャル（1842―1924）が唱えた部分均衡理論と対比してみよう。部分均衡理論は、ある特定の生産物や生産要素の市場のみに焦点をあて、価格や数量がどのように決定されるのかを分析する。これに対し、多数の財をふくむ市場全体における価格と需給量の同時決定をあつかうのが一般均衡理論である。マーシャルは限界革命の立役者に列せられていないが、ワルラスらと同様、マーシャルも独力で限界分析という手法にたどりついたといわれている。イギリスのケンブリッジ学派の始祖であり近代経済学の確立と普及に多大な功績を残した経済学者である。

ワルラスとマーシャルが対照的な均衡理論に取り組んだ背景には、経済学に数学を用いることへの姿勢の違いがあった。現実を重視するマーシャルは経済を数学で表現することについて、より慎重だった。乱暴な言い方をすれば、部分均衡理論は需要曲線と供給曲線が交わる図を描くだけでイメージが伝わる。だが、多くの市場の均衡を同時に考察する一般均衡理論はたくさんの変数を扱わなければならない。高度な数学を用いなければ、多数市場のイメージを表現することはむずかしい。このため、一般均衡理論の研究は数理経済学の発展を伴う形で進んでいった。

一般均衡、部分均衡というふたつのタイプに分岐した均衡理論は、結果的には、ワルラスの一般均衡分析の手法が主流となっていった。均衡理論の前に「一般（general）」と付くのは、ひとつの市場ではなく、多数の市場を分析対象とするからである。

ワルラスの一般均衡モデルでは、市場価格体系が与えられると、その価格体系のもとで、それぞれの生産者は利潤が最大になるように、また、消費者は効用が最大になるように行動する。消費者の行動を「限界効用」の概念で分析したように、限界分析の方法を用いれば、生産者の行動も「限界生産」の概念で考察できる。生産要素（労働や資本）を一単位だけ追加したとき、生産量がどれだけ増えるかという考え方である。

効用を最大化しようとする消費者の行動から需要のスケジュール（需要曲線）を導きだし、利潤を極大化しようとする生産者の行動から供給のスケジュール（供給曲線）を導きだせば、需要と供給が等しくなるところ（交点）で市場の均衡は成立する。すべての生産物に対する需要と供給が等しくなったときに成立するのが、均衡価格体系である。

ワルラスは、財の市場の数がmあれば、すべての市場が均衡する条件はm個の方程式であらわすことができると考えた。方程式の数と未知数の数が同じだから、解が存在するというのがワルラスの結論だったのだが、じつをいうとワルラスは数学がそれほど得意ではなく、のちになって方程式と未知数が同数でも解が必ずしも存在するかどうかわからないこと、存在しても解が負の値では現実的には意味がないなど、ワルラスの結論には問題があることがわかり、一般均衡体系に解が存在するかどうかが議論されるようになった。

もしも解が存在しないのであれば、新古典派経済学の礎石ともいえる均衡価格体系が常に成り立つとはいえなくなってしまうからだ。本当に解が存在するのか、存在するとしても安定的なのか。そうした問題が本格的に論じられるようになったのは1930年代に入ってからである。

宇沢が衝撃を受けた論文の著者の一人——数学的思考に長けていたケネス・アローは、一般均衡理論の主題である多数市場の同時均衡という状況が、ゲーム理論におけるナッシュ均衡と呼ばれる状態と形式的に同じであることに着目した。フランス出身のジェラード・デブリューが同じテーマに取り組んでいることを知り、ふたりの共同論文として「競争経済における均衡の証明」を著した。ジョン・ナッシュがナッシュ均衡の存在を証明するのに用いた不動点定理を用いて、一般均衡体系に解が存在することを鮮やかに証明してみせたのである。不動点というのは、たとえば、ひとつの関数がある場合、その関数にどのような数値を代入してもつねに動かない点で、台風のまんなかで無風状態を保つ台風の目のような存在である。

始祖ワルラスが一般均衡の状態を素朴な連立方程式で表現したのに対して、アローとデブリューは、位相の概念が導入された空間（位相空間）において位相的に不変な性質や概念を研究するトポロジー（位相数学）を援用して、均衡解の存在を見事に証明していた。「元数学者」の宇沢が驚いたのも当然だった。マルクスが著したテキストを哲学的に解釈することに明け暮れる日々を過ごしていたなかで、いきなり数理経済学の最先端研究にぶつかったのである。

ケネス・アローとの邂逅《かいこう》は、断腸の思いで縁切りした数学との劇的な再会でもあった。未知のアメリカ人経済学者はたちまち特別な存在となり、宇沢は、アローが著した論文をつぎからつぎへむさぼるように読破した。マルクス経済学とはちがい、アローの数理経済学は砂地に水がしみ込むように浸透してきた。そうとは自覚しないまま、いつのまにか新古典派経済学者の仲間入りを果たしていたのである。

見えない糸

スタンフォード大学に在籍するケネス・アローは30歳すぎの少壮の経済学者ながら、「経済学の数学化」を強力に推し進めるリーダーとして頭角をあらわしていた。一般均衡解の存在証明という一般均衡理論における偉業を達成する前、まったく別の研究領域でも大きな業績を挙げていた。コロンビア大学で博士号を取得した際の論文「Social Choice and Individual Values（社会的選択と個人的評価）」（1951年）である。

この論文は経済学者のみならず、政治学者や社会学者も巻き込む論議を呼び起こした。というのも、「合理的かつ民主的な方法で、社会的な決定を下すことは可能なのか」という根源的な問いを立て、数学を用いた厳密な論理を展開しながら、「不可能である」という結論をアローが下したからである。現在では、「アローの不可能性定理」として知られている。

ケネス・アロー

アローが提起したのは、投票などの多数決ルールに関わる問題であり、民主主義社会の根本にかかわる問題だった。社会を構成するひとりひとりは、それぞれに好みや嗜好をもっている。好みや嗜好を経済学では「選好」と呼ぶが、社会全体で決定を下す際、個人的な選好を集計することによって、社会全体の選好を決定することは原理的に可能なのか。

問題を考える前提として、アローは五つの要件を提示した。まず、AとBという二つの選択肢がある場合、「AはBより好ましい」か「BはAより好ましい」かのどちらかである（「完備性」の要件）。A、B、Cの選択肢があり、「AはBより好ましく」かつ「BはCより好ましい」ならば、「AはCより好ましい」（推移性の要件）。完備性、推移性は、選択肢を合理的に順位づけるために必要な要件である。

三つ目の要件として、それぞれの個人全員が「AはBより好ましい」場合、社会的選好も「AはBより好ましい」となる（「パレート原則」の要件）。四つ目は「二項独立性」で、AとBという選択肢に関する社会的選好は、A、B以外の選択肢、たとえばCに関する個人の選好には左右されないという要件だ。

五つ目は「非独裁性」。社会に独裁者が存在していないという要件だ。特定のひとりが「AはBより好ましい」場合に社会的選好も「AはBより好ましい」となってしまうような特定の個人＝独裁者は存在しないという要件である。

アローは、五つの要件を満たしたうえで、個人の選好を集計して社会全体の選好とするような手続きは原理的に存在しないことを数学を用いた厳密な論理で証明したのである。合理的で民主的な社会で、個人の選好を集計して社会の選好を決めることはできないということである。「アローの不可能性定理」を回避するためには、合理的で民主的な社会に必要な五つの要件のうちのいずれかを緩めるしかない。

アローの結論は、選挙などの民主的な決定方法全般にかかわる重大な問題提起であり、政治学や社会学にも波紋が広がった。個人の集まりが国家だとすれば、軍事や外交において国家の決定はどのように正当化できるのか。アローの不可能性定理によれば、多数決投票制度を採用するかぎり、国民の総意を反映させる形で国家が意思決定することはできないということになってしまう。純粋理論とはいえ、衝撃的な結論である。

アローが証明した命題は具体的に何を意味するのか、前提要件は妥当なのかなどをめぐり侃々諤々《かんかんがくがく》の議論が沸き起こった。「社会的選択と個人的評価」というひとつの論文によって、アローは「社会的選択理論」という新たな学際的研究領域をつくりだしてしまったのである。

「アローの不可能性定理」に感銘を受け、日本で社会的選択の理論を熱心に研究していたのが、稲田献一だった。社会的選択理論に貢献する業績を挙げることにもなる稲田は、宇沢と再会したころ、画期的論文「社会的選択と個人的評価」の輪読会を開いていた。その仲間に宇沢を引き入れ、アローの不可能性定理を丹念に解説してみせた。稲田は、宇沢を近代経済学に導いただけではなく、アローとの橋渡し役も果たしていたのである。

宇沢が論文を通じてアローと出会ったのは20代も半ばを過ぎてからで、この事実だけをとらえれば、近代経済学者としての出発はかなり遅い。だが見方をかえれば、東大数学科での研鑽《けんさん》は、数理経済学者になるための修業だったとも解釈できる。少なくとも、本格的に数学的思考を経済学に導入しようと奮闘していたアローからみれば、宇沢は「遅れてきた近代経済学者」などではなかった。

アローと見えない糸で結ばれているのではないか。そうおもわせるような出来事が宇沢に続いた。アメリカのスタンフォード大学と東京大学が共催する「アメリカ研究セミナー」と称する夏期講座の講師として、ヘンドリック・ハウタッカー（１９２４―２００８）が来日したのである。

ハウタッカーはスタンフォード大学のアローの同僚で、ふたりは親しい友人でもあった。ハウタッカー自身も新古典派経済学の第一線の研究者である。「アメリカ研究セミナー」で講義を受けた宇沢は、消費者行動の数理的な分析に感銘を受けた。英語による講義に刺激を受けたのだが、予想もしない大きな収穫があった。ある日、ハウタッカーがどういうわけか、ケネス・アローとレオニード・ハーヴィッツのいくつもの未発表論文を抱えてきたのである。

アローは一般均衡解の存在を証明したあとも、一般均衡理論を精力的に研究していた。共同研究者がハーヴィッツで、ふたりは「競争市場の安定性」をめぐる難問に取り組んでいた。ハーヴィッツはのちに宇沢の大親友となる経済学者である。ハウタッカーのおかげで、日本にいながらにして宇沢は、アローやハーヴィッツの最新研究を渉猟することができた。

ふりかえれば、この時期、すでに宇沢はアメリカ経済学界の最前線に立っていた。アローやデブリュー、ハーヴィッツはいずれものちにノーベル経済学賞を受賞することになる、若き俊英だった。彼らの論文を通じて、宇沢は一般均衡理論がいかに広範な問題を扱っているのかを会得していった。そして、マルクス経済学から近代経済学に転向してからも抱きつづけている関心事が、この理論と深いところで触れあっていることを発見した。

市場社会主義という新たな思想

ある経済学者が独自の経済理論を構築する場合、その経済学者が抱いている思想や信条と経済理論とのあいだにはどのような関係があるのだろうか。興味深い事例として、ほかならぬ一般均衡理論の創始者レオン・ワルラスを挙げることができる。

ワルラスは、『純粋経済学要論』を著して一般均衡の理論を展開した。「純粋」な理論である一般均衡理論は、「現実の現象の抽象的表現」とワルラス自身がいっているように、完全競争経済をモデル化した理論である。だから、ワルラスの理論をそのまま現実の経済にあてはめようとすれば、その主張は市場原理主義的な内容になるのも当然だ。

しかしながら、ワルラス本人は社会主義を信奉していた。土地は国有化すべきというのが持論だったのである。

ワルラスと一般均衡理論との関係について、『思想としての近代経済学』（岩波新書）で森嶋通夫（1923―2004）が卓抜な文章を書いている。森嶋が描いたワルラスの人物像はおおよそつぎのようなものである。

フランス出身のワルラスは、スイスのローザンヌ・アカデミーの教授になる前は、出版社や鉄道会社などで働いていた。この時期、雑誌に論文を投稿してもボツにされることが多かった。無名だからというだけではなく、「土地国有化」の主張が編集者の反感を買ったからである。

ワルラスはカール・マルクスより16歳若い。産業革命が進行中で、労働運動が勃興してきた当時の時代精神は社会主義である。ワルラスも労働組合運動に関わっていた。〈父譲りの、風変わりだが強烈な、正義感——したがって社会改革熱と欲——を持っていた〉ものの、生計を立てていくためには妥協しなければならず、「科学」と「社会主義」を切り離すことを決心した。それが経済学は、純粋理論(純粋経済学)、応用経済学、社会経済学に3分割されるべきだ。それがワルラスの主張となった。「理論と政策と道徳」という三つのカテゴリーに分けることを提起したわけである。ワルラスは社会主義者であると同時に、科学を探究する精神をもっていた。後者の特質が一般均衡理論誕生に重要な役割を果したと森嶋は指摘しているが、一般均衡理論誕生を告げる著作が『純粋経済学要論』だった。ワルラスのなかでは三つのカテゴリーのうちの「理論」に対応する著作である。理論、政策、道徳という3分野それぞれで大著を書くつもりだったが、結局、成功をおさめたのは「理論」だけだった。ただし、『純粋経済学要論』を著すよりはるか以前から、ワルラスは土地国有化という社会主義思想を抱いていた。〈理論よりも道徳感情が先にあった〉と森嶋は解説している。

一般均衡理論はもともと、ワルラスの主義や思想からは切り離された「純粋な科学分析」だった。ところが興味深いことに、のちになって、「これは社会主義を実現するための経済理論ではないか」という見方がでてくる。

社会主義の経済運営の基本は「計画」にあるが、競争的な市場がなければ、市場で決まる価格も存在しない。価格が存在しない経済計画において、効率的な資源配分が達成できるのかという問題である。この問いに対して、一般均衡理論を用いれば、競争的な市場がなくとも中央計画当局が価格を決めることができ、資源を効率的に配分できると主張する経済学者があらわれた。

すでにワルラスが世を去った１９２０年代、「社会主義経済計算論争」と呼ばれる論争が始まった。１９１７年10月の革命ののち、ソヴィエト社会主義共和国連邦（ソ連）が誕生したことが、重要な背景となっていた。歴史上はじめての社会主義国家であるソ連は、１９２０年代末から実際に5ヵ年計画を実施することになる。

もっとも、社会主義経済計算論争はオーストリアで始まっている。第一次世界大戦後にオーストリア＝ハンガリー二重帝国が解体されるなか、国家体制の問題とともに社会主義経済が現実問題として検討されるようになったからだ。自由主義と社会主義という政治思想の対立、国家体制のあり方もからんでいたので、論争は複雑な展開をみせた。やがて舞台は欧米全体へと広がり、第一次世界大戦後から第二次世界大戦が始まるまで論争は続いた。

発端となった論文が、オーストリア＝ハンガリー二重帝国出身のルートヴィッヒ・フォン・ミーゼス（１８８１－１９７３）の「社会主義的共同体における経済計算」（１９２０年）。生産財が国有化される社会主義経済では生産財を交換する市場が存在せず、したがって、市場で決まる生産財の価格も存在しない。そうなると、経済計算は不可能となり、合理的な経済運営はできない、というのがミーゼスの主張だった。要するに、計画経済のもとでは生産資源の効率的な配分は達成できないということである。

ところが、ミーゼスによる批判に対しては、すでに過去に書かれた論文が事実上答えを出していたことがわかった。イタリアの経済学者エンリコ・バローネ（１８５９－１９２４）の「集産主義国家における生産省」（１９０８年）である。バローネが根拠としたのが、ワルラスの一般均衡理論だった。一般均衡価格体系をあらわす連立方程式を解けば、中央計画当局が価格を知ることはできるという論法で、社会主義も資本主義と同じように効率的な経済の運営ができると主張していたのである。

ミーゼス側にはミーゼスの弟子であるフリードリッヒ・アウグスト・フォン・ハイエク（1899―1992）らが加勢して、膨大な量の情報を収集して数百万もの連立方程式を解くなどという作業は理論的には可能だとしても現実にはできない、などと応酬した。

ミーゼス、ハイエクらに対峙したのがポーランド出身のオスカー・ランゲ（1904―1965）である。一般均衡理論に依拠したバローネの議論をさらに進めたランゲは、分権型の市場社会主義（market socialism）の理論を唱えることになる。

ランゲは1930年代にアメリカに渡り、第二次世界大戦中はシカゴ大学教授もつとめた。一般均衡理論を研究していたランゲは、ケインズの『一般理論』を数学的に定式化する研究にも精を出し、英語圏でも影響力をもつ経済学者となった。第二次世界大戦後は、共産主義国となったポーランドの政権に加わり、駐米大使をつとめたりした。

ランゲに関して、ハーバード大学留学中に面識があった都留重人が『現代経済学の群像』（岩波書店）で興味深いエピソードを紹介している。日本人経済学者の柴田敬（1902―1986）が著した論文「マルクスの資本主義分析とローザンヌ学派の一般均衡理論」にいち早く注目したのがランゲだったという。ランゲが「マルクス経済学と近代経済理論」（1935年）で柴田に言及したことがきっかけで柴田の名前は海外にも知られるようになり、ランゲと柴田は親しく交流するようにもなった。

1902年生まれの柴田は、京都帝国大学で河上肇から『資本論』を学んでいる。徴兵されて軍隊生活を送っているとき、マルクスの本当の強みは労働価値説ではなく、『資本論』第2巻の再生産表式（社会的総資本が再生産されるプロセスを理論的に究明するためにマルクスが考案した表式）にあるのではないかとひらめいたという。柴田は、ワルラスの一般均衡理論を単純化したものとマルクスの再生産表式を総合するという課題に挑んだ。その成果がランゲが取りあげた論文だった。「忘れられた経済学者」として都留は柴田を高く評価している。

エピソードからもわかるように、いまでは新古典派経済学と同義ともいえる一般均衡理論は、かつては「社会主義」と非常に近しい関係にあった。事実、長きにわたった社会主義経済計算論争では、一般均衡理論の精鋭が集ったのは社会主義擁護の側だった。ランゲのほかに理論的貢献をした経済学者に、アバ・ラーナー（1903―1982）がいる。ランゲとラーナーは、ワルラスが「タトヌマン」と呼んだ一般均衡へといたるプロセスを重視した。タトヌマンは「模索過程」と訳される。競売における競り人の機能を模したモデルで、均衡価格を発見していく手続きである。ランゲとラーナーは、連立方程式を実際に解かなくても、中央計画当局が需要と供給のバランスに応じて価格を上げたり下げたりする模索過程を通じて、均衡価格体系に収束させることができることを示した。「ランゲ＝ラーナー方式」などとも呼ばれたが、市場メカニズムを利用して社会主義経済のもとで効率的な資源配分を達成するための理論的な試みを支えていたのは、一般均衡理論だった。ランゲとラーナーの市場社会主義の考え方は、労働価値説に基づくマルクス主義者たちの議論とははっきりと一線を画する新たな思想だった。

新天地へ

宇沢はアローらの論文を読破していくうち、完全な競争市場を仮定したきわめて抽象的にみえる数学的モデルが、市場メカニズムを取り入れた社会主義の実現可能性を探るために有益な理論でもあることを深く理解するようになった。

この側面に注目すれば、アローとデブリューが一般均衡体系の解が存在することを証明したことも、市場社会主義への貢献といえる。たしかにアローとの出会いは、稲田献一やハウタッカーに導かれたという意味では偶然の要素が大きかったけれども、瞬く間に惹きつけられたのには明確な理由があった。ひとつは数学、もうひとつは市場社会主義への関心である。

自ら封印していた数学的思考をアローによって解き放たれると、宇沢は驚くべき早さで近代経済学の核心に迫っていった。そして、さっそくアローを凌駕する論文を著すことになる。

一般均衡解の存在を証明したアローが次に挑んだのは、競争市場の安定性をめぐる問題だった。一般均衡理論では、多数市場はそれぞれ需要と供給の差に応じて価格が決まる。模索過程を通じて価格が調整されていくのだが、その調整過程が安定的なのかどうかをアローらは分析していた。

ハウタッカーによってもたらされたアローとハーヴィッツの共同論文を読み、宇沢はたちまち引き込まれた。これも未発表の最新研究で、アローたちは、競争市場の安定性を数学を用いて証明することに成功していた。均衡解の存在の証明と同じく、一般均衡理論の基礎を固める重要な論考である。

ただし、アローたちの証明は、出発点となる価格が「均衡価格に十分近い範囲」に限定されていた。その場合にかぎって価格が均衡価格へと到達することを証明したので、「局所的な安定」の証明にとどまっていた。

宇沢は感心しながらも、これでは競争市場の安定性を完全に証明したことにはならないのではないかという疑問をもった。試行錯誤しているうち、アロー、ハーヴィッツとは別のアプローチが頭にひらめいた。その方法を用いれば、任意の価格から出発すると仮定しても、価格が均衡価格へと収斂することが証明でき、競争市場の安定性が完全に証明できる。結局、宇沢はアローとハーヴィッツの「局所的な安定」を超え、「大局的な安定」を完璧に証明することに成功したのである。

経済学の重要な課題を自分が解いたという充実感に満たされたものの、どこに所属しているわけでもないので発表のあてはなかった。それならいっそ、ケネス・アローに送ってみてはどうだろうか。読んでもらえるかどうか確信はもてなかったものの、思い立ったアイデアを実行に移した。あるいは、交流のあったハウタッカーのアドバイスや仲介があったのかもしれない。いずれにしても、これが世界に向けての、初めての発信となった。

マルクスの著作を哲学書を読むように読んでは解釈に頭を悩ませていた宇沢は、アローに触発されて数理経済学に目覚めてからというもの、泥沼に足をとられているような重苦しさから抜け出せた。もっとも、近代経済学者への道を歩みはじめたといっても、少人数の研究会に顔を出しているにすぎない。それどころか、大学院を退学する際に末綱教授に紹介してもらった統計数理研究所を1年勤めただけで辞めてしまっていた。

所属する部署のAという責任者が問題の多い人物だった。いまでいうセクシャル・ハラスメントをたびたび繰り返すような男で、ある日、被害を受けた女性社員がAに直接抗議した。すると、女性は閑職にまわされ、隔離されるように別の部屋に移されてしまったのだ。

見かねた宇沢は、自分の上司でもあるAを激しく批判した。すると、たちまち職場全体に波紋が広がった。統計数理研究所の所長をしていたこともある恩師の末綱教授に相談したりもしたのだが、収拾がつかない事態となり、ついに宇沢のほうが身をひくことになってしまった。「経済学者になる」と決意していたから、研究所を去ることにそれほど未練はなかった。かえって心配したのが末綱教授で、弥永教授に相談したらしく、今度は弥永教授が朝日生命保険を再就職先として紹介してくれた。啖呵を切ってやめた数学科のふたりの恩師から、2度にわたって就職の面倒をみてもらったのだから、宇沢としてもバツが悪かった。

朝日生命保険では、アクチュアリー（保険数理士）の資格試験を受けて合格者の最年少記録を破るという出来事もあったが、もとより保険会社に長くとどまるつもりはなかった。とはいっても、転職した年にはすでに26歳、「経済学者になる」という決意は空回りしたまま、まったく展望は開けていなかった。近代経済学者グループの研究会でいっしょだった同じ歳の小宮隆太郎は昭和30年（1955年）7月、弱冠26歳で東大経済学部の助教授になった。いまだ経済学者として認知されていない宇沢に焦りがなかったといえば嘘になる。

アローに「競争市場の安定性」を証明した論文を送る際、困ったのは論文に添えた手紙に記す肩書きだった。経済学の研究に没頭しているのは事実だけれども、あくまで身分は朝日生命保険の社員である。悩んだすえ、「東京大学数学科大学院生」と記した。数学科の大学院は退学していたから身分を偽っているといわれても仕方ないが、経済学者としての実績がなにもない以上、やむをえない「身分証明」である。

朝日生命保険での勤務は結局、2年ほどで終わった。またもや退社せざるをえなくなったのである。

宇沢が携わっていた仕事は、保険加入者からの支払い請求に備えて積み立てておく責任準備金を計算することだった。責任準備金の多寡は、社員への給与支払い額にも影響をおよぼすので、労働組合の賃上げ交渉の焦点となっていた。

会社の経営内容を詳しく知る立場にいた宇沢は、会社経営陣と労組幹部が結託して責任準備金の金額を多く装い、賃上げ交渉を乗り切っていることに気がついた。労働組合の集まりに出席したときに疑問を呈すると、慌てた組合幹部たちが責任をとって総辞職する騒ぎに発展した。新たな労組執行部を選出する投票が行われた結果、告発した宇沢が役員に選ばれてしまった。今度は宇沢が慌てる番だった。責任準備金の計算にごまかしがあることを暴露したことに対しては、「守秘義務に違反した」と会社側から逆に責められることにもなり、自ら退社することになったのである。

2度目の退職にも冷静でいられたのは、このときすでにアメリカに行くことが決まっていたからだった。ケネス・アローから手紙が届いたのは昭和30年（1955年）の秋も深まったころだった。意外なことに、論文を送ると予想外の早さで返事がきた。アローの文章を読み終えたとき、宇沢は感無量となった。スタンフォード大学に来ないかという誘いだったからだ。アローは論文を思いのほか高く評価してくれていた。手紙には、リサーチ・アソシエイト（研究助手）として1956年9月から1年間の契約で雇用したい旨と、具体的な報酬額まで記されていた。

なにしろ、あのケネス・アローからの招待状である。宇沢はすぐさま返事を書いた。突然失業して職探しをしなければならなくなったのは想定外だったが、気持ちのなかではすでに流浪の日々に終止符が打たれていた。

第4章

輝ける日々

アメリカへと旅立つ宇沢

スタンフォード大学は、アメリカの西海岸カリフォルニア州のパロ・アルトに広大な敷地をもつ全米屈指の名門私立大学である。アメリカ大陸横断鉄道の建設者のひとりでカリフォルニア州知事などもつとめたリーランドと妻ジェーンのスタンフォード夫妻が、15歳で亡くなった息子を弔うために1885年に設立した。

ケネス・アローに会うためにスタンフォード大学を訪れたのは2014年10月で、奇しくも宇沢が世を去ってから1ヵ月後だった。取材の日程を決めたあとに病臥していた宇沢が亡くなったため、はからずも弔いの意味合いを帯びることになった。インタビューの2年4ヵ月後、2017年2月21日にアローも世を去った。「経済学者宇沢弘文」の誕生に関わったもっとも重要な人物の証言を、ぎりぎりのタイミングで得ることができたということになる。

『ニューヨーク・タイムズ』はアローの訃報を伝えるなかで、「20世紀の経済学者のなかでもっとも重要な理論家」と故ポール・サミュエルソンが讃えていたこと、アメリカ経済学会の会長もつとめたフランクリン・フィッシャーが「すべての経済学徒はアロー教授の知的遺産の継承者」と語ったことを紹介している。「20世紀を代表する理論経済学者」というのが、アローに対する経済学界の評価である。

ケネス・アローの回想

アローのはからいで取材は2日間、1日目はアローの研究室で、2日目はファカルティ・クラブのレストランで食事をしながら話を聞くことになった。取材初日、かなり緊張しながら、私は研究室近くのロビーでアローが来るのを待った。

宇沢は人物を評する際、風刺画を描くように辛辣な言葉で語ることがめずらしくなかったが、アローの話をするときはまったく態度が違った。敬愛の念が滲んだ言葉、それもふだんより言葉少なに語るのがつねだったので、特別な存在であることはわかっても、ふたりの関係を推し量ることは容易ではなかった。宇沢が語っていたアロー像が、私のなかでひとりでに成長していたのはそのせいかもしれない。

灰色のスーツにストライプのネクタイという出で立ちの小柄な紳士は、ゆっくりと階段をのぼってやってきた。鋭い眼光、高い鷲鼻、なでつけた頭髪――93歳になるはずなのに、風貌は若いころの写真とほとんど変わっていないようにみえた。

いくぶんぎこちない挨拶を終えてアローの研究室に入ると、机をはさんで差し向かいに座った。まずふたりの出会いからたずねたのだが、半世紀も前の出来事なのに、アローは明瞭におぼえていた。「Hiro《ヒロ》」という聞き慣れない〝英語〟が、いやに新鮮に響いた。アメリカの友人たちが宇沢を呼ぶときの愛称である。

「東京にいるヒロから送られてきた論文を読んだとき、ただちに彼をアメリカに呼び寄せようと決めましたよ。彼の論文に私は圧倒されました。内容は、私がレオニード・ハーヴィッツと書いた論文に関するものでした。その当時われわれの論文はまだ公刊はされていなかったので、どうしてヒロが論文のコピーを手に入れたのかはわかりませんが……。

しばしばあることなのですが、いい結果を導いている論文でも、著者本人が本当はその意義を理解できていないことがある。彼の論文を読むと、完璧に理解していることがわかりました。なんとも見事な証明でしたよ。いまでもよくおぼえていますが、ヒロは手紙に、『私の論文には必ず誤りがあるはずなので、ご指摘いただければ光栄です』と控えめに書いていた。もちろん、誤りなどありませんでしたけどね。『東京大学数学科大学院生　宇沢弘文』と署名していました。そのころ、あまり多くはないけれども自由にできる研究費があり、その予算でヒロを呼ぼうと即決したのです。論文を読んだその日か、翌日にはヒロに手紙を出しましたよ」

宇沢が渡米した１９５６年、アローは弱冠35歳で計量経済学会の会長をつとめていた。翌年には40歳未満の優れた経済学者にアメリカ経済学会が授与するジョン・ベイツ・クラーク賞を受賞している。ノーベル賞に経済学部門が新設されて授賞が始まるのは１９６９年からだが、4回目にあたる１９７２年に51歳で受賞したのがアローだった。ノーベル経済学賞の最年少記録はいまだに破られていない。

アメリカに渡るまで、宇沢の経済学者としての実績は無きに等しかった。なにしろ生命保険会社の社員で、しかも経営幹部と労働組合との馴れ合いを告発して退社せざるをえなくなり、渡米直前には定職すらない状態だった。そんな宇沢がアローのもとで研究をはじめるやいなや、頭角をあらわしていく。華々しい出発は、一編の論文を読んだだけで才能を見抜いたアローの存在抜きには語れない。恩師アローについて、宇沢は盟友稲田献一と対談した際、こんな感想を語っている。

《彼は大恐慌の前後ニューヨークのブルックリンで育ったのですね。ユダヤ人で、社会的にものすごい不安定ななかで育った。

それで、いつか彼と話した時に、おまえのようなマイルドなところで育った人間には自分の悩みはわからないだろう、ということをアローが言ったのです。

ぼくはアローの経済学の原点にはそういうものがあると思う。貧しい人とか、あるいは虐げられた人、あるいは経済的に不遇な人たちに対する同感というもの。それがアローの経済学の出発点だと思うのです》（『エコノミスト』1988年11月7日号）

ケネス・アローは1921年にニューヨークで生まれた。両親はともに幼いころ、1900年ごろにルーマニアからやってきた移民だ。20世紀にはいってから第一次世界大戦が勃発するまでの時期、アメリカには多くの移民がやってきた。アローの両親のような東欧系ユダヤ人を含むこの時期の移民は、それ以前の移民と区別されて「新移民」とも呼ばれた。インタビューでアローが語ったところによると、ニューヨークでは、新移民より前に移り住んでいたアイルランド系移民の女性がユダヤ系新移民の子供たちを教えるケースが多かったという。移民の女性が就くことができる職業はきわめてかぎられていたので、優れたアイルランド系移民の女性教師がめずらしくなかったのである。

「わたしの父親は極端に貧しい家庭の出だった。父方の祖父は英語の読み書きも十分にできませんでした」

アローはそう語ったが、貧しい家庭に育ったアローの父親が大学まで進むことができたのも、さきほどのべたニューヨーク移民街特有の環境があったからである。

父親は事業家として成功し、アローは幼少のころまでは恵まれた環境で育った。父親も母親も知的好奇心が旺盛で、家庭にはたくさんの良書がそろっていたという。ところが、恵まれた環境は10歳のころまでしか続かなかった。大恐慌下の１９３０年代はじめ、父親の事業が破綻してしまったからである。その後の10年間、アローは極度の貧困のなかを生きざるをえなかった。

「I went to City College, which was free!」

「free（無料）」をアローはわざわざ2度繰り返したが、きわめて学業優秀だったアローがニューヨーク市立大学を選んだのは、授業料がタダだったからである。アローは高校、大学を通じて、数学や論理学に並々ならぬ関心をもっていた。本来は抽象的な思考が好きで得意でもあったが、貧困に苛まれた経験から失業への恐れをもつようになり、大学では高校の教職課程のほか年金数理計算や統計学など実学をおもに受講した。

１９４０年に19歳でニューヨーク市立大学を卒業したものの、高校教師の職は見つからず、大学院に進学することにした。コロンビア大学を選んだのは、数学者にして統計学者のハロルド・ホテリングが教鞭をとっていたからだった。ホテリングの講義を受けているうち、アローは数理経済学という学問に目覚めた。

4年間の軍隊生活をはさんだため、博士号を取得したときは30歳になっていた。すでにのべたように博士論文「社会的選択と個人的評価」が出版されると「アローの不可能性定理」はたちまちアカデミズムの注目を浴びた。その後、ジェラード・デブリューと著した「競争経済における均衡の証明」で一般均衡理論研究の第一人者となり、確乎たる地位を築いた。東京にいた宇沢を見いだしたとき、アローはすでにアメリカ経済学界を代表する数理経済学者だったのである。

セラハウスの前衛集団

スタンフォード大学での宇沢の研究生活は1956年9月から始まった。アローからあたえられた研究室が一風変わっていた。何の変哲もない2階建て家屋の2階にあるひと部屋だったのである。「セラハウス」と呼ばれるこの建物は、かつて初代学長デヴィッド・スター・ジョーダンが住んでいた邸宅で、大学の敷地内に移設され、研究棟として使われていた（現在も使用されているが、当時とは違う場所に移っている）。

初代学長邸を拠点に、少数精鋭グループを率いていたのがアローだった。教授は3人いて、アローのほかに哲学のパトリック・スーピス、統計学のサミュエル・カーリン。それぞれの教授の助手として宇沢弘文、リチャード・アトキンソン（のちにカリフォルニア大学総長）、ハーバート・スカーフ。宇沢が参加したころのセラハウスの住人は総勢6人だった。アローが当時の研究体制について解説してくれた。

「私はあまりいいオルガナイザーではありませんでした。私たちのグループでオルガナイザー役をつとめたのはスーピスです。私はよきオルガナイザーを見つけ出し、プロジェクトの運営を託すのがとても上手なのです。スーピスは哲学が専門ですが、数学的、実証的な研究を重視する哲学者でした。私たちがプロジェクトを進めていた拠点が、数理社会科学研究所（Institute for Mathematical studies in the Social Sciences）です」

一般均衡理論の研究も、社会科学に数学や統計学の方法を導入するという野心的なプロジェクトのなかで進められていた。アロー・グループは「経済学の数学化」を推進する前衛集団だった。実際、スタンフォード大学の数理社会科学研究所は数理経済学の世界的な拠点となっていくのである。

最初はリサーチ・アソシエイト（研究助手）として加わった宇沢は、セラハウスの2階のひと部屋を研究室として用意された。階段をあがってすぐが宇沢の部屋、バスルームをはさんでとなりがアローの部屋。住宅をそのまま使っていたので、宇沢が大声を出せば、アローの部屋まで届くような開放的なつくりだった。セラハウスではめいめいが論文を書いたら、メンバーたちに配り、意見を聞いたり討議したりするのが慣わしだったが、日本からやってきたばかりの宇沢もはじめから独立した研究者として扱われた。「助手と教授」から想像されるような上下関係は宇沢とアローのあいだにはなく、宇沢が一方的にアローから教えを受けるということもなかった。即戦力として期待されていたわけである。

「ヒロはとても熱心に研究をしていて、張りつめた緊張感をもっていました。決して引っ込み思案というわけではなかったけれども、最初のころは英語に強いなまりがあってね。もっとも、数理経済学者のコミュニティというのはつねにインターナショナルなんですけれども」

英語での会話に少々不自由しても、数学という言語を通じての会話ならなにも問題はない。ただ渡米したばかりのころ、宇沢は自分の話す英語がなかなか通じず、相手の話も十分聞き取れなかったりで苦労したらしい。アローがひとつのエピソードを披露した。

「自分のオブリゲーション（義務）は何かとたずねるので、『そうだね、1年にひとつかふたつ論文を仕上げることかな』と話したことがありました。ところが、彼はわたしの言葉をまちがって受け取り、『1週間にひとつの論文』と勘違いしていたのです。じつはわたしも何年か経ってから、彼が勘違いしていたことを知ったのですが」

セラハウスでの研究生活がはじまってまもなくすると、宇沢は精力的に論文を書きはじめた。「とてもプロダクティブだった」とアローは表現したが、ある時期、本当に1週間に1本に近いようなペースで論文を仕上げていた。しかも粗製濫造ではなく、ひとつひとつが力作なのでさすがのアローも舌を巻いた。やがてアメリカの経済学者たちは、優れた論文を次々と送りだしてくる無名の日本人研究者に注目するようになった。

宇沢自身の説明によれば、論文量産のきっかけはアローが話したエピソードとは別の出来事で、あるアクシデントが契機だったという。

セラハウスで研究を始めて2ヵ月ほどたったころだった。ある日、アローに呼ばれて部屋にはいると、真剣な面持ちでアローが机の引き出しから論文を取り出した。宇沢の論文と、太田久幸（仮名）という日本人が書いた論文。ふたつの論文を前に、厳かな口調でアローが告げた。

「内容がまったく同じだ」

学術誌『エコノメトリカ』に宇沢が投稿した論文が、太田の論文とそっくりだという。どちらかが盗作した疑いがあるということだ。

太田のことはよく知っていた。東京にいたとき、宇沢が研究会で発表した論文がむずかしくてよくわからないので教えてほしいと頼まれ、丁寧に解説したことがあった。その内容は、アローがいま手にしている論文そのものだった。

アローは『エコノメトリカ』の査読者だった。査読というのは、投稿された論文を読んで掲載に値するかどうか判断するレフェリーである。通常は論文の執筆者には名前を伏せ、匿名で査読を行う。となりの部屋で研究する宇沢に関わる重大問題だったので、匿名ルールを破って直接質したわけだ。

つたない英語で必死に釈明する宇沢に、アローは表情をかえず、「But, there is no evidence（しかし、証拠がありません）」と話を締め括った。突き放されたと感じた宇沢は動揺を隠せなかった。盗作の汚名を着せられたら、もうアメリカではやっていけない。こうなったら、実力で身の潔白を証明してみせるしかない。そう思い詰め、朝早くから夜遅くまで研究室にこもり、論文執筆に没頭するようになった。あまりにも速いペースで論文を書き継ぐ宇沢に対し、あるとき、アローは宣告した。

「That's enough!（もう十分だよ！）」

宇沢はようやく疑惑が解けたかとほっとした。わずか数ヵ月で20本を越える論文を書きあげていたという。

アローに取材した際、宇沢から聞いた盗作騒動の話を確認してみたところ、意外なことにまったくおぼえていなかった。はなから盗作したなどとは考えていなかったのである。宇沢はまったくの取り越し苦労をしていたことになるが、降って湧いた災厄のおかげで論文執筆に大きく弾みがついたのは事実である。

ケインズ『一般理論』の衝撃

アメリカ経済学界に宇沢の存在がすぐに知られるようになったのは、アローと親しい経済学者が学界の中枢で活躍していたという事情が関係している。そのひとりが、ロバート・ソローである。

１９２４年生まれのソローは宇沢より4歳上でほぼ同世代といっていいが、宇沢が渡米したころ、すでに記念碑的論文「経済成長理論への一貢献」で経済成長理論の第一人者に躍り出ていた。経済成長理論への貢献で１９８７年にノーベル経済学賞を受賞することになる。

ソローには２０１４年10月、ニューヨークのセントラルパークの近くにあるラッセルセージ財団のオフィスで会った。ソローも宇沢とはじめて会ったときの印象をはっきりとおぼえていた。

「ヒロがパロ・アルトに来てすぐぐらいだったのかな。ケネス・アローの紹介で会いました。なんと言ったらいいのか、なかなか適切な言葉が思い浮かびませんが……Miracle（奇跡）とでも表現したらいいでしょうか。ヒロはまだ20代後半だったとおもうけれども、彼はわれわれの前に突然現れた。まるで地面が割れ、地球のなかから飛び出てきたみたいに。本当に頭の回転がはやく、知性あふれる若者でした。少なくとも私は、10分間いっしょにいただけで、無限の可能性を秘めた人物だと気づきましたよ。ケネス・アローも、ヒロに対しては私とまったく同じ印象を抱いていた」

宇沢にとってソローは、アローとはまた違った意味で、特別な存在となる。ソローとぶつかることで宇沢は自分の進む方向を見定めていくのだが、経済学者としてのふたりの関係については章をあらためてくわしくみていく。ここではアロー、ソローと並び、もっとも早い時期に宇沢の存在を認め、評価したもうひとりの重要人物をさきに紹介しておきたい。ポール・サミュエルソン（１９１５―２００９）である。

サミュエルソンはソローといっしょに、マサチューセッツ工科大学（ＭＩＴ）の経済学部を主導して、全米屈指の経済学部に育てあげた。年齢的にいえばソローの兄貴分ということになるが、ふたりは研究室も隣同士で公私ともども厚い信頼関係で結ばれていた。サミュエルソンが早くから宇沢の論文を高く評価していたということを教えてくれたのは、ソローである。

第二次世界大戦後、アメリカが世界の覇権国になるのと軌を一にして、経済学の中心地もイギリスからアメリカに移っていった。戦後の新しい経済学を象徴する経済学者をひとり選ぶとすれば、ポール・サミュエルソンということになるだろう。

サミュエルソンは第2回ノーベル経済学賞（１９７０年）をアメリカ人としてはじめて受賞している。受賞理由はほかの受賞者のように特定分野への貢献ではなく、科学としての経済学の分析力を向上させたというものだった。経済学そのものを向上させたということである。

「現代の経済学を語れば、それは私自身のことを語ることになると言ってよいと思う」

サミュエルソン自身がかつてそう言い放ったことがある。たしかにある時期まで、経済学の代名詞といってもいいほどの存在感をもっていた。サミュエルソンを知ることは、宇沢を迎え入れた当時のアメリカ経済学界を知ることにつながる。

サミュエルソンはシカゴ大学経済学部を卒業したあと、１９３５年にハーバード大学経済学部の大学院に進んだ。１９３０年代後半から１９４０年代にかけてのハーバード大学経済学部は黄金時代だった。教える側にはヨーゼフ・シュンペーター（１８８３—１９５０）、ワシリー・

レオンチェフ（1906―1999）、エドワード・チェンバレン（1899―1967）などがいて、学ぶ側にはサミュエルソンやジェームズ・トービン（1918―2002）などがいた。1940年にはソローが経済学部に入学している。

ただし、若い経済学徒たちをとらえたのはハーバード大学の著名な教授たちではなかった。サミュエルソンたちに啓示を与えたのは、イギリスの経済学者ジョン・メイナード・ケインズである。

ケインズが1936年に出版した『雇用、利子および貨幣の一般理論』（以下『一般理論』と記す：引用する際は岩波文庫の間宮陽介訳）がハーバード大学の若い研究者たちに与えた衝撃は強烈なものだった。そのひとりだったサミュエルソンはつぎのように回顧している。

〈『一般理論』は、南海島民の孤立した種族を最初に襲ってこれをほとんど全滅させた疫病のごとき思いがけない猛威をもって、年齢35歳以下のたいていの経済学者をとらえた〉（『サミュエルソン経済学体系 9』勁草書房）

まるで疫病に感染するようにアメリカの経済学徒たちがケインズの支持者になったのは、大恐慌を身をもって体験していたからである。

アメリカの株式市場が暴落したのは1929年10月だった。次々と銀行が閉鎖され、街には失業者が群れをなした。1929年8月に3％だった失業率は1933年3月には25％まで跳ね上がった。4人に1人が失業者という異常事態である。その後も雇用状況は改善に向かわず、結局、恐慌が完全に終息するのは第二次世界大戦が始まってからだった。

大恐慌という現実に直面して、新古典派経済学が描く予定調和的な市場像はまったく説得力を失ってしまった。『大恐慌を見た経済学者11人はどう生きたか』（R・E・パーカー著、中央経済社）で、晩年のサミュエルソンがハーバード大学にケインズ『一般理論』がもたらされたときの様子を語っている。

〈1936年にケインズの『一般理論』が出たとき、偶然にも最も早くそれを知ることができたのです。ハーバードでカナダ出身のロバート・ブライスという学生（後にカナダの高級官僚になりました）と一緒でしたが、彼はケンブリッジでケインズの講義を受けており、その後ハーバードの大学院に来たのです。ブライスは出版されたばかりの本を手に入るように取り計らってくれました。私は最初その内容を受け入れることができず、拒否してしまいました。それは均衡の経済学とは違うものだったのです。市場が均衡しているのに、どうして非自発的失業が生じるのでしょうか。市場を均衡させるように物価が調整され、均衡が成り立ちます。すべての売り手に買い手がつき、労働者には雇用者がいます。しかし、現実はそのようなものとは全くかけ離れています。ある双子が全く同じように育ち、訓練を受けても片方は職につけず、片方は就けたとしましょう。職に就けない方は、たとえ給料が20％カットでも職につければ大変うれしく思うでしょう。しかし、フォードの工場やGMの門の前で「雇ってくれるまでここを動かないぞ、給料はそちらが決めてくれればそれで良い」というメカニズムはなかったのです。そのようなことは均衡市場で起こりません。

結局私が確信したことは、新古典派経済学からは『一般理論』の正当なミクロ経済的基礎は見出し難いということでした。もし物価と賃金が硬直的であるなら、ミスマッチが生じます。

名目賃金と実質賃金、それは幾分「伸縮的」ですが、恐慌が深刻で、長引くほど、その「伸縮性」はもっと大きくなるものです。しかしそれでも完全雇用を回復させる、あるいは失業率を低下させるのにさえ十分ではありませんでした。ここからそう遠くないニューイングランドの多くの町では、たった三人に一人しか働いていないという状態でした。なんの救済策もありませんでした、そう、州が破産していたのです。それは州の税収入の落ち込みからきたものでした、だから教師たちは給料をもらっていませんでした。彼らは仮証書で支払われるということがよくありました。このような例は私が直接経験したことではありませんが、ごく身近なところで起こっていました〉

市場メカニズムへの疑念

このインタビューでサミュエルソンは、夕食時に自宅のドアがノックされたので開けてみると、〈私たちは大変腹が減っています。ポテトか10セントのお恵みを〉と書かれた札をぶらさげた人が立っていた、という恐慌時の自分の体験談も紹介している。サミュエルソンの証言は、大恐慌の惨状を目のあたりにした若い経済学徒が新古典派経済学からケインズ経済学へと「改宗」する場面を鮮やかに伝えている。

ポール・サミュエルソン

『一般理論』が解明しようとしたのは、なぜいつまでたっても大量の失業者が存在しているのかという現実に起きている切迫した問題だった。ケインズは『一般理論』の最終章「一般理論の誘う社会哲学――結語的覚書」をこう書き起こしている。

〈われわれが生活している経済社会の際立った欠陥は、それが完全雇用を与えることができないこと、そして富と所得の分配が恣意的で不公平なことである〉

ただし、ケインズは資本主義を否定するために『一般理論』を著したわけでなかった。最終章でも、〈私はといえば、所得と富の著しい不平等でも、社会的・心理的に正当化できるものはあると思っているが、今日見られるような大きな不平等は別である〉と断っている。

新古典派経済学では、市場の不均衡は価格の調整作用によって解消される。大量に失業者がいれば、雇用主は安い賃金で働く労働者をたやすく見つけることができるので雇用は増え、いずれ失業者の数は減少していく。市場メカニズムが働くことで、労働市場は均衡状態に落ち着くはずだった。

ところが、サミュエルソンが語ったように、大恐慌の実態は「市場が均衡する世界」と著しくかけ離れていた。恐慌への対応に失敗したハーバート・フーバー大統領にかわって１９３３年３月、フランクリン・ルーズベルトが大統領に就任すると、銀行を休業させて統廃合を進めるなど、大胆な政策を次々と実行に移した。ルーズベルトは脳溢血で亡くなる１９４５年４月まで12年間も大統領をつとめた。大恐慌で大混乱する社会を前にして、「新規蒔き直し」のために打ち出した数々の社会経済政策は総称して「ニューディール」と呼ばれた。ＴＶＡ（テネシー川流域開発公社）を設立して、テネシー川流域でダムを建設したりするなど大規模な総合開発を行い、多くの雇用を生み出したことはよく知られている。連邦緊急救済局（ＦＥＲＡ）や公共事業局（PWA）を設置して道路や学校を建設することで失業者を救済したり、農民の購買力向上をはかるための農業調整法（AAA）を成立させたり、一時的に反トラスト法を停止して企業間で生産調整ができるような措置もとった。政府が広範な領域で民間経済に積極的に介入して、恐慌を鎮めようとしたのである。

ケインズが『一般理論』を出版したのはルーズベルトが大統領に就任して3年ほどが経ってからだったから、ルーズベルト大統領のニューディールがはじめからケインズに依拠していたというわけではない。ただ、ケインズ理論とニューディール政策が密接に関係しあっていたことは事実である。

ケインズは1934年にアメリカを訪問した際、ルーズベルト大統領と面談している。ケインズ研究者のロバート・スキデルスキーは、〈「ニューディール」政策の初期段階とのケインズの出会いとそれについての彼の記述がニューディール政策に及ぼした影響力は、これまで過小に評価されてきた〉（『ケインズ』岩波書店）と指摘している。ルーズベルト政権にケインズの考えが取り入れられるようになったのは、1930年代後半のニューディール第2期からである。

ジョン・メイナード・ケインズ

重要なのは、ニューディールが先か『一般理論』が先かという点ではなく、ルーズベルト大統領にニューディール政策を採用させ、ケインズに『一般理論』を書かせた時代状況があったということである。ケインズ『一般理論』をたんに経済理論の革新という視点だけでとらえていては、大きな流れがみえない。ニューディール政策、『一般理論』に通底する理念が時代精神となったのは、世界的な大恐慌があり、その後につづく第二次世界大戦が国家による介入を前提とする戦時経済を常態化させたことと深く関係している。

サミュエルソンがいたハーバード大学に話を戻すと、『一般理論』出版の翌年、ミネソタ大学からハーバード大学にアルヴィン・ハンセン（1887―1975）が移籍してきた。当時50歳だったハンセンは当初は『一般理論』に批判的だったが、『一般理論』に感化されてケインジアンへと改宗したばかりの若い研究者たちから学ぶようにしてケインズの考えを受け入れるようになり、最終的にはルーズベルト政権に影響を及ぼすほどのケインジアンとなった。サミュエルソンを筆頭とする若い経済学者たちによって、ハーバード大学はアメリカにおけるケインズ経済学の受け入れ拠点となっていたのである。

おおざっぱに整理すると、アメリカ発の世界恐慌という現実を踏まえ、経済運営は基本的に市場システムの自動調整機能に任せておけばよいとする新古典派経済学がすっかり説得力を失い、代わって新古典派経済学を是正するためにケインズが著した『一般理論』が、とりわけ若い経済学者たちをとらえた。経済学という学問のなかで、新古典派経済学 vs.ケインズ経済学という対立の構図が立ち上がり、後者が急速に勢力を拡大していったわけである。

なかでもサミュエルソンはケインズ革命がアメリカに移植される過程で多大な貢献をした「アメリカ・ケインジアン」の元祖である。しかしながら、サミュエルソンにはもうひとつ別の顔があった。「経済学の数学化」に貢献した経済学者という顔である。「経済学の数学化」という場合、経済学というのはおもに新古典派経済学のことを指している。

「新古典派総合経済学」の誕生

サミュエルソンが『経済分析の基礎』を出版したのは1947年である。ハーバード大学に提出した博士論文を書籍にしたものだ。第二次世界大戦の影響で出版が戦後に延びたという。サミュエルソンは経済学に取り組み始めた1930年代はじめをふりかえって、〈当時見識ある学術誌は微分積分学を含むような論文の掲載受諾を非常に厳しく制限していた〉（『経済学を変えた七人』W・ブレイト、R・W・スペンサー編、勁草書房）と語っている。文章で著した記述的な経済学が主流を占め、数学を用いた経済学は忌避されていたのである。

『経済分析の基礎』は、第二次世界大戦後の経済学の大テーマが「数学化」にあることを告げる号砲となった。経済分析のツールとして数学を大々的に導入するためにサミュエルソンが唱えたのが「対応原理」である。「比較静学」と「動学」は対応する関係にあるという考え方だ。

経済学の理論には、静学（statics）と動学（dynamics）がある。簡単にいえば、「時間」という要素を考慮にいれるかいれないかの違いである。静学では、「時間」という要素を考慮にいれない。価格と需要の関係を例にとれば、100円なら100単位となり、200円だと80単位になるというように価格と需要を単なる対応関係でとらえようとするのが、静学である。これに対して、時間の変化にともなって、価格と需要がどのように変化するかをみるのが動学である。

静学の場合、技術水準や制度、消費者の嗜好などを与えられた条件（「与件」と呼ぶ）として、価格が均衡する状態を分析する。与件が変われば当然、均衡値も変化する。与件の変化に伴う均衡値の変化を調べるのが「比較静学」である。

経済理論にはさまざまな分野がある。サミュエルソンは、消費者の行動に関する理論、生産者の行動に関する理論、国家間の貿易の理論、景気循環の理論などさまざまな理論には「形式的な類似性がある」と主張した。形式的な類似性に着目すれば、「意味のある定理」を導きだすことができるというのである。

効用を最大化しようとする消費者の行動と、利益を最大にしようとする企業の行動は、「最適化の原理」を適用することで、価格が均衡する条件を求めることができる。最適化の原理を用いて価格や数量などを分析するのは「比較静学」だが、比較静学の方法は広く応用できる。

他方、最適化の原理が適用できないタイプの経済現象もある。たとえば、景気の循環である。サミュエルソンによれば、たしかに景気循環に最適化の原理は適用できないけれども、理論によって定式化された体系が動学的に安定するための条件を調べることと、最適化の原理によって均衡条件を調べることとのあいだには「形式的な類似性」がある。体系の動学的安定性条件と比較静学のあいだの密接な関係を、サミュエルソンは「対応原理」と呼んだのである。「対応原理」を用いれば、ある体系が動学的に安定する条件をもとめる作業を、比較静学で均衡条件をもとめる作業で代替することもできる。このように静学と動学を総合する視点に立てば、経済学的に意味のあるさまざまな定理を導き出せるというのがサミュエルソンの発想である。むずかしく聞こえるかもしれないが、静学と動学はそもそも物理学から借りてきたアイデアであり、経済の分析に対応原理を持ち込めば、「経済学の数学化」が一挙に進展することはむしろ自然だ。サミュエルソン流の「経済学の数学化」によって、経済学が自然科学の色彩を強めることも理の当然である。

ともあれ、静学、動学ふたつの領域に網をかぶせる形で、サミュエルソンは経済理論全体に数学化の波を惹き起こした。第二次世界大戦後の経済学の大テーマが「数学化」であることを、『経済分析の基礎』が告げたのである。

『経済分析の基礎』は当時の経済学としては高度な数学を多用していたため、古い世代の経済学者からは反発もあった。だが、「経済学の数学化」を担うサミュエルソンの本当の問題は、むずかしい数学を用いているということより、ケインズ経済学との整合性だった。経済学に数学を導入する作業は、新古典派経済学の理論を精緻化することとほぼ等しいからである。「ケインズ革命」を受け入れてケインズ経済学に改宗したはずのサミュエルソンは、「経済学の数学化」に邁進するときには、新古典派経済学者の顔に戻っていたのである。どのように整合性を保っていたのだろうか。

結論からいえば、新古典派経済学とケインズ経済学、ふたつの経済学を折衷することで、サミュエルソンは「整合性」を維持したのだった。サミュエルソンの立場は「新古典派総合経済学」と呼ばれるようになり、アメリカ・ケインジアンたちの「ケインズ経済学」となっていったのである。その内容はつぎのようなものである。

政府は財政政策や金融政策を実施して適切に有効需要を管理して、完全雇用の状態を保つよう努力しなければならない。ただし完全雇用が達成されれば、そのあとは市場の自動調節機能が健全に働くようになるので、新古典派経済学が描くような世界があらわれる。こうした折衷案的な考えはサミュエルソンがひねりだした妙案とも言い切れない。ケインズの『一般理論』

の最終章にたしかにつぎのような記述がある。（ケインズが「古典派経済学」と呼んでいるのは「新古典派経済学」を意味する）

〈広く受容されている古典派経済理論をわれわれが批判するのは、それが分析上の論理的欠陥をもっているからではなく、その暗黙の仮定がめったにあるいは全く満たされず、その結果、現実世界の経済問題を解決することができないからである。中央統制が功を奏して、可能な範囲でほぼ完全雇用に近い総産出量を確立できたなら、そのとき以降、古典派理論はふたたび面目を取り戻す。産出量が与えられている、すなわち産出量が古典派の思考図式の枠外の諸力によって［すでに］決定され［てい］る場合には、古典派の分析に異存のあろうはずがない〉

新古典派総合の経済学は、生産手段の私有制を前提としているので、もちろん社会主義の理論ではない。しかし一方で、政府の役割を重視するので、新古典派的な自由放任主義は否定する。経済活動を支える民間部門と計画経済の要素をもつ政府部門の両方を重視するので、政策的には「混合経済体制」を志向しているといえる。

混合経済体制は第二次世界大戦を経て、資本主義への信頼が大きく揺らいでいたヨーロッパに広く受け入れられていった。『市場対国家（上）』（ダニエル・ヤーギン、ジョゼフ・スタニスロー著、日本経済新聞社）はつぎのように解説している。

〈今日では理解するのが難しくなっている点だが、西ヨーロッパでソ連経済が高く評価され、敬意をもたれていた。五か年計画による工業開発、「指令統制型」の経済、完全雇用の実現……、これが当時のソ連の主張であり、イメージであった。失業者があふれ、資本主義が失敗した一九三〇年代、ソ連は偉大なオアシスであり、解毒剤だとみられていた。ソ連がナチのきわめて効率的な軍隊の攻撃に耐えたことでも、ソ連型の経済モデルの名声がさらに高まった。これらの点から、社会主義の評判が高くなった。ソ連経済に対する敬意と称賛は、ヨーロッパの左派だけにみられた現象ではない。中道派にもみられ、保守派にすらみられた〉

『一般理論』のなかで社会主義をはっきり否定していることでもわかるとおり、ケインズは資本主義に対する見方を修正することで資本主義を救済しようとした。「ケインズ革命」は、政策面では完全雇用を目指す政策、財政均衡主義にとらわれない機動的な財政出動、そして、国家観としては夜警国家から福祉国家への転換を促すことになった。

こうした流れのなかで、ケインズ革命を機に、アメリカ経済学界の主流は新古典派総合の経済学へと移っていった。新古典派総合（＝アメリカ・ケインジアン）の経済学を世界に普及させたのは、やはりサミュエルソンである。サミュエルソンが著した教科書『経済学』は日本語をはじめ多数の言語に翻訳され、１９４８年に第１版が出版されて以降、何度も何度も改訂を重ねロングセラーとなった。ケインズ経済学の隆盛とともに、サミュエルソンの『経済学』が世界標準の経済学とみなされるようになったのである。

宇沢からサミュエルソンへの忠告

宇沢が所蔵していた資料を調べると、サミュエルソンからの最初の便りは１９５７年７月19日付となっている。渡米して１年足らずの時期だ。

〈『メンガー＝ヴィーザーの帰属理論に関する覚え書き』というあなたの論文を送っていただ

き、ありがとうございます。たいへん興味深い論文でした〉

そう書き出される手紙で、サミュエルソンは宇沢にある提案をしている。宇沢の論文を、サミュエルソンのまだ発表していない論文と同時に同じ学術誌で発表しないかという誘いだ。宇沢が論文のなかでサミュエルソンの未発表論文に言及していたからなのだが、サミュエルソンがいかに宇沢を高く評価していたかをうかがわせる提案だ。宇沢は返信（1957年7月29日付）で、《私の論文があなたの論文といっしょに掲載されることをうれしくおもいます》と謝意を伝えている。結局、サミュエルソンの提案は実現して、1930年創刊のウィーンの伝統ある学術誌『経済学雑誌』（1958年第18号）にサミュエルソンと宇沢の論文が並んで掲載された。

サミュエルソンは論文の同時掲載を持ちかけた手紙の「追伸」にこんなメッセージを添えていた。

〈あなたが最近発表されたたくさんの論文を感心しながら読ませていただきました。あなたがMITを訪れる日を楽しみにしています〉

サミュエルソンはすでにいくつもの宇沢論文に目を通していたのである。

アメリカ経済学界の顔ともいえるサミュエルソンに対して、〝新参者〟である宇沢はまったく臆するところがなかった。気後れどころか、「経済学の数学化」という大プロジェクトを展開する第一人者に傲岸ともいえる大胆な行動をとっている。誤りを指摘する内容の論文を著し、サミュエルソン本人に送りつけたのである。『エコノメトリカ』（1959年7月号）に発表した「Prices of Factors of Production in International Trade（国際貿易における生産要素価格）」は、自由貿易を理論的に考察した論文である。

サミュエルソンはあらゆる分野で業績を挙げたが、国際貿易の分野では「要素価格の均等化の命題」を証明したとして高く評価されていた。一般均衡分析を貿易に適用した研究なので、「新古典派経済学者サミュエルソン」の仕事といえる。

要素価格というのは生産要素の価格で、労働においては賃金、資本においては利子である。サミュエルソンは『レヴュー・オブ・エコノミック・スタディーズ』(1953年1月号)に発表した論文などで、すべての国が同じ生産技術をもつ前提のもと、財の貿易だけ(労働や資本などは移動しない)でも、貿易国のあいだで要素価格が均等化することを証明していた。たとえば、日本とアメリカが財の自由貿易をすれば、両国の賃金率、利潤率の格差はやがて縮小して同じレベルになるという理屈だ。財の自由貿易だけでも、労働や資本も国際間移動したのと同じような効果が得られることを意味する。

自由貿易は、新古典派経済学がもっとも得意とする研究分野である。現在のTPP(環太平洋パートナーシップ：Trans-Pacific Partnershipの略称)をめぐる議論もそうだが、「自由貿易の推進」という信条の背後には、新古典派経済学がもたらした命題が控えている。自由貿易の研究ではサミュエルソンの先行者にスウェーデンのベルティル・オリーン(1899—1979：国際貿易理論への貢献で1977年にノーベル経済学賞受賞)がいたが、オリーンは財の貿易だけでは要素価格の均等化は完全には達成されないとしていた。

宇沢は論文「国際貿易における生産要素価格」で、オリーンやサミュエルソンが扱った問題を経済厚生(economic welfare)を最大化するという視点をいれて分析し、異なる結論を導き出した。ひとことでいえば、「財の貿易だけでは要素価格は均等化しない」。サミュエルソンの結論を覆す内容だ。宇沢が数学を用いて厳密に検討したところ、財の自由貿易だけで要素価格が完全に均等化するには、各国の生産要素（労働や資本）の賦存量（存在している量）が、財だけでなく生産要素も国際間移動すると仮定したときの均衡状態における生産要素の量に等しくならなければならないことがわかったのである。

『エコノメトリカ』に発表するよりずいぶん前に、宇沢は草稿をサミュエルソンに送っていた。論文が発表されたあと、あるセミナーで顔をあわせたふたりは「要素価格の均等化」をめぐって議論を戦わせることになった。激しいやりとりになったのだろう、その後、サミュエルソンは宇沢の見解への疑問をわざわざ手紙に綴り、宇沢に送ったりしている。当代随一の数理経済学者は数学的な誤りを指摘され、いささか動揺していたようだ。

結果からみれば、軍配は宇沢のほうに上がった。のちに、ほかの経済学者がサミュエルソンの証明には問題があったことを明らかにしたからだ。宇沢が主張していたように、要素価格が均等化するためにはサミュエルソンの主張より厳しい条件が必要であることがわかったのである（ケネス・アローとフランク・ハーンが著した『一般均衡分析』〔岩波書店〕は一般均衡理論の基礎文献だが、同書も〈要素価格の決定に関するサムエルソンの条件は一つの誤謬を含んでいる〉と指摘している）。

このエピソードは、たんに宇沢の大胆さを示すものではない。盟友の稲田献一が大阪大学を定年退官するにあたり、ふたりで経済学をめぐる対談をした際、宇沢はサミュエルソンについて率直に語っている。

《それで、サミュエルソンのことですが、彼は経済学の新しい考え方とか深い洞察とかを与えるような仕事をしてきた人ではないように思うのですが、非常に頭脳明晰で、器用にいろいろなことをやるけど、なんか新しい見方とか、あるいは分析的な視点とかを、ほとんど出していないという感じを持ちます》(『エコノミスト』1988年11月7日号)

なぜこれほどサミュエルソンに厳しいのだろうか。理由のひとつは世代の違いにあるだろう。サミュエルソンは宇沢より13歳上、アローより6歳上である(アローの妹とサミュエルソンの弟が結婚したので、アローとサミュエルソンは親戚同士でもあった。アローの妹とサミュエルソンの弟のあいだに生まれたのが、クリントン政権で財務長官をつとめた経済学者のローレンス・サマーズである)。

第二次世界大戦後の「経済学の数学化」という一大プロジェクトは、サミュエルソンが『経済分析の基礎』で先行した。サミュエルソンを第一世代とすれば、アローや宇沢たちは第二世代ということになる。端的にいえば、第二世代のほうがより高度な数学を駆使するようになった。

宇沢はもともと数学者であり、東京大学時代いっしょに学んだ同世代の数学者、たとえば志村五郎がプリンストン大学教授となって国際的に活躍したように、数学者の道を選んでいたとしても国際的な数学者となっていただろう。数理経済学を構築するにあたってサミュエルソンは、「数学もまたひとつの言語である」旨をことさら強調しなければならなかったが、宇沢にいわせれば、数学が言語と同等以上のツールであることはいうまでもない話である。

渡米したばかりの時期、宇沢が数学者としての類い稀な能力をいかんなく発揮していたことは、最初の著作『Studies in Linear and Non-linear Programming(線形・非線形計画法の研究)』(ケネス・アロー、レオニード・ハーヴィッツとの共著、スタンフォード大学出版、1958年)を見れば一目瞭然である。同書に収録されている15本のうち共著を含め8本が宇沢の論文だが、いずれも当時の最先端の数理的な研究である。

ただし、「経済学の数学化」を推進した第一世代のサミュエルソンと第二世代であるアローや宇沢との違いを、数学の力量から見るだけでは十分ではない。私は宇沢に、「アローがどのような経済学者なのかをひとことであらわすとすれば？」とたずねてみたことがある。そのとき、宇沢はこう答えた。

「アローは、経済学によりディープな哲学的な見方、フィロソフィカルなものを持ち込む」

経済学の枠をこえて広く論議を呼び起こした「アローの不可能性定理」などは典型だろう。存在そのものが学際的であるアローは、そのために数学的思考を存分に活用した。アローが率いたセラハウスの精鋭部隊は、社会科学に数学的思考を導入する目的で結成された。「経済学の数学化」より大きな目的を掲げていたともいえる。

乱暴な言い方をすれば、サミュエルソンは物理学で蓄積された数学というひとそろえの道具を横滑りさせる形で経済分析に利用しようとした。そのため、広範な分野で数多くの業績を挙げることもできた。経済学に数学的思考を用いる点は同じでも、サミュエルソンとアロー、宇沢とでは数学の位置づけが異なっていたのではないだろうか。

宇沢はやがて、サミュエルソンが牽引した新古典派総合経済学（＝アメリカで展開されたケインズ経済学の数学的定式化）に違和感を抱くようになり、根源的な批判者に転じるが、その芽は自由貿易をめぐるサミュエルソンとの対決にあらわれていたともいえる。そしてもうひとつ、サミュエルソンへの違和感を呼び起こした要因として見逃せないのが、「思想」の問題である。

「社会主義」への憧れ

さきの稲田との対談で宇沢は、サミュエルソンとアバ・ラーナーを対比させながら、サミュエルソン批判を繰り広げていた。

アバ・ラーナーはロシアに生まれたが、幼いころ両親とともにイギリスに移り住んだ。いったん社会に出て働いたあと、20代半ばすぎ（1929年）にロンドン・スクール・オブ・エコノミクス（LSE）に入学、その後、LSEで教鞭をとるようになった。1930年代半ばにケンブリッジ大学に短期間在籍したおり、ケインズおよびケインズが『一般理論』を著すのに協力した「ケインズ・サーカス」の経済学者たちと交流したのを契機にケインズの経済学を学び、ケインズ・サーカスのメンバー以外ではもっとも早く『一般理論』の本質をとらえた経済学者ともいわれた。

1939年に渡米したラーナーは理論面でも政策提言でも数々の業績を挙げたが、代表作『The Economics of Control : Principles of Welfare Economics（統制の経済学：厚生経済学の原理）』（1944年）では、資本主義でも計画経済でもない、自由市場経済のもとで政府が必要に応じて市場に介入する「Controlled Economy（コントロールされた経済）」という概念を提出している。

新古典派経済学者のラーナーは、社会主義経済計算論争に巻き込まれるようにして関わることになり、ランゲ側に与した。宇沢は、「市場社会主義」への一番の理論的貢献者はランゲではなく、ラーナーだとみなしていた。一般均衡理論に惹きつけられた理由のひとつが市場社会主義への強い関心だったので、渡米してまもなくするとラーナーと親しく接するようになり、人柄についても知悉するようになった。さきの対談で、稲田にラーナーの印象を語っている。
《それにしても、ラーナーは、絶対にネクタイをしない人でしたね。いつもサンダルで、非常に自由な生き方をしていく。ぼくはラーナーは天才的な経済学者だったと思う》

じつをいうと、ラーナーは、サミュエルソンの功績として知られていた「要素価格均等化の法則」に関する論文とほぼ同じ内容の論文をサミュエルソンより10年以上も前に著していた。宇沢はその事実を知っていたので、１９６１年にサミュエルソンがアメリカ経済学会で会長講演をした際、みずからの業績として「要素価格均等化の法則」に触れたことが気にかかり、会長講演を聞き終えたあと、ラーナーと食事をしたおり直接たずねたという。対談で稲田につぎのように語っている。

《ぼくはそういう経緯を知っていたので、食事の時にラーナーに、「あなたは一九三二年にすでにサミュエルソンが一生でいちばん偉大な仕事だと思うことをやっていて、なぜ論文にしなかったか」と聞いたら、ラーナーは笑って「あれは経済学じゃない。ああいうトリビュアルな（瑣末な）ことを自分は論文にしたくなかった」という。そこがサミュエルソンとラーナーの違いです。ラーナーがゴミみたいだと思っているものを、サミュエルソンは自分の一生でいちばん大きな仕事と思っている。

それは論文を読むとわかりますが、サミュエルソンの論文はゴタゴタ計算していてほんとうにむずかしいんですよ。ところが、ラーナーは幾何学的にグラフをうまく使って、みごとにそ

の命題を証明して、しかも前提条件の限界を非常にはっきり出している》

サミュエルソンに対して少々厳しすぎるようにおもえるが、それはサミュエルソンがアメリカ経済学界で高い評価を得ていたのとは対照的に、ラーナーがアメリカでは業績にふさわしい待遇を受けていなかったからである。宇沢が説明している。

《サミュエルソンはアメリカのいちばん代表的な経済学者としてアカデミックなだけでなくて、社会的にも政治的にも非常に大きな影響力をもっている経済学者でしょう。これに対してラーナーは非常に不遇なんです。ほとんどまともな大学では教授職を得られなくて、不遇なうちに亡くなった。ルーズベルト・カレッジというシカゴにあった無名の大学でラーナーはずっと教えていた。

なぜラーナーがアメリカの経済学界、あるいは世間的に不遇だったか。ラーナーはユダヤ人で、生まれたのはポーランドだったと思います。若いころ、彼は洋服屋の職人をしていたのです。洋服屋当時、ロンドンは世界でいちばんいい洋服をつくるところで、そこの職人としてラーナーは働いていた。しかも、職人だったころのラーナーはかなりアクティブな社会主義者だった》（筆者注：ラーナーの出生地はポーランドではなく、ロシアである）

ラーナーは自分でも「社会主義者」と名乗っていたが、社会主義の内容は生産手段の国有化などとは異なっていた。第二次世界大戦時にヒトラーが率いたドイツの国家社会主義、ソ連の共産主義を目の当たりにして集産主義が全体主義に転じる危険を強く意識するようになってからは、民主主義や資源配分の効率性、公平性に重点を置いて「社会主義」を論じるようになった。「Controlled Economy（コントロールされた経済）」は、あくまでも市場メカニズムを活用したうえで平等な所得分配など民主主義的な社会を志向するという考え方なのである。ラーナーが唱えた「財政機能主義」（財政政策は景気循環の調整という機能面を重視すべきで、財政赤字や公債残高は問題にすべきでないという考え）をケインズが最終的には評価したことからも、ラーナーの「社会主義」が独自の理念であったことがわかる。

宇沢がラーナーを高く評価したのは、理論家としての能力とともに、思想的に共鳴するものがあったからだろう。一般均衡理論の研究をはじめたことでマルキシズムから脱することになったとはいえ、「社会主義」への関心は依然として持ち続けていたのである。ただし、ここでいう「社会主義」とはいまだ形の定まらない理念のようなものであり、宇沢自身その内容を理論経済学者として模索しつづけていた。経済学の研究は、いまだ定かでない理念をあきらかにしていく作業でもあったのである。

第5章

赤狩りの季節

スタンフォード大学の教会で青芳浩子と式を挙げる

結婚

「ヨセミテ公園に車で行こうということになって、誰かさがそうと。それで渡部経彦さんに声をかけたんです。車を運転できますから。渡部さんは奥さんといっしょだったので、わたしとお茶の水女子大から留学していた女性と渡部夫婦。渡部さんが連れてきたのが、彼でした」

宇沢とのなれそめを語る妻の浩子の言葉は照れ隠しもあるのかいくぶんそっけなかった。当時はまだ旧姓の青芳浩子だった。スタンフォード大学に留学していた経済学者の渡部経彦とは浩子が在籍していたカリフォルニア大学バークレー校に渡部が以前いたことがあり面識があった。ヨセミテ公園はカリフォルニア州の観光名所で、現在は世界遺産に指定されている。

車を出してくれそうな日本人を探していた浩子が渡部に声をかけると、「どういう人が好み?」と聞くので、「背の高い人がいいかな」と適当にこたえると、「今度くるのは背が高いよ」と渡部が嬉しそうに話した。当日やってきた日本人はほんとうにひょろっと背が高かった。青年は「宇沢弘文」と名乗った。

宇沢は、青芳浩子と初めて会ったときの印象を《好きな女優のイングリッド・バーグマンにそっくりの、はきはきした性格のように見えた》(『経済と人間の旅』)と綴っている。浩子はどうだったのだろうか。初対面の印象をたずねると、ずいぶん直截なこたえがかえってきた。

「ちょっと変わってるんじゃないかなあと(笑)。生活能力はなさそうかなとおもいましたよ」

浩子は宇沢より1歳下の昭和4年(1929年)生まれである。この世代でアメリカの大学に留学した女性はきわめてめずらしい。渡米したのは宇沢よりも1年早く、カリフォルニア大学バークレー校の政治学部で学んでいた。

アメリカへの留学は家庭環境によるところが大きかった。父親の青芳勝久（1883―1972）は著名な牧師で、多くの著書も著している。徳島県出身で、明治16年（1883年）に元木義三郎・カジの四男として生まれ、幼少のころに元木家の菩提寺に預けられた。

徳島県の師範学校を経て、東京のニコライ神学校を卒業した。卒業後は貧しい家庭の子供たちの教育に携わり、アメリカ人宣教師の知遇を得て、渡米することになった。プリンストン大学神学校で学んだ青芳勝久は、按手礼《あんしゅれい》を受けた。牧師や司祭など聖職に就く者を按手によって聖別して任命する、キリスト教の儀式である。

ほぼ同じ時期にプリンストン大学神学校で学んだ日本人に賀川豊彦（1888―1960）がいた。キリスト教社会主義者の賀川は労働運動、農民運動、生活協同組合の指導者となるが、自伝的小説『死線を越えて』を著すなど執筆活動も旺盛だった。ノーベル文学賞の候補となったことでも知られる。

青芳も賀川も、アメリカが第一次世界大戦に参戦する1917年に日本に帰国した。アメリカでの交遊について詳しいことはわからないが、浩子によると、ふたりはプリンストン大学神学校で出会い、帰国後も交流をつづけた。浩子も父親の友人である賀川とは何度も顔をあわせたという。

「しょっちゅう賀川豊彦さんがいる教会にはつれていかれました。わたしが直接賀川さんとお話しする機会はあまりなかったけど、父は賀川さんと二瓶要蔵さんと3人で雑誌を始めていました。ですから、賀川さんとは始終交流があったんです」

二瓶要蔵も牧師である。賀川が眼を患って失明の危機に瀕した際、世界文学全集を翻訳する仕事を父親の勝久が賀川にかわって引き受けたこともあったという。青芳自身もキリスト教関係の出版の仕事には熱心で、明治から大正にかけて活躍した牧師植村正久の著作集『植村正久全集』全8巻（1931年―1934年）の編集に携わったほか、『植村正久伝』（教文館）も著している。海外のキリスト教文献の紹介にも努めた。

青芳勝久は妻のとみ子とともに、大正期の新教育運動のなかで創設されたばかりの自由学園で教鞭をとった。自由学園は1921年（大正10年）、羽仁もと子と夫の吉一が設立した私立学校である。東京の富士見町教会の創立者である植村正久も創設を後押ししたといい、キリスト教的自由主義を奉じる自由学園では「思想しつつ、生活しつつ、祈りつつ」を標語として掲げていた。

青芳勝久は自由学園内に仕事場を借りて、『植村正久全集』の編集作業をしていたという。浩子の母である青芳とみ子は自由学園では和裁を教え、『和服裁縫　百時間教授の実際』（婦人之友社）という本も出版している。

青芳勝久・とみ子の四女である浩子も、自由学園で学んだ。洗礼こそ受けていないが、牧師の娘としてキリスト教の教えは自然と身についた。父勝久からは英語も教わった。

大学は成蹊大学に進んだ。新制大学となってからの1期生である。「アメリカを見てみたい」という願望をもっていたので、卒業後は日本航空に就職した。高倍率の試験を突破して国際線の客室乗務員の「1期生」となったが、留学のチャンスをつかむと、1年足らずであっさり退職してしまう。人事課長からは、「あなたは四百何十人受験したなかのズバ抜けたトップふたりのうちのひとりだったのに」と愚痴をいわれた。

常々自立した女性でありたいとおもい、留学の道も独力で切り拓いた浩子からみると、宇沢が生活力に欠けているように見えたとしても不思議ではないが、初対面ではやはり感じるところもあったようである。

「生き方が不器用な感じがしましたね。ただ、物事を深く考えることができる人だなっていうのはわかりました。わたしのこともわたしが理解している以上に理解しているようなところもありましたし」

ヨセミテ公園にみんなでドライブに行ったあと、日をあらためて宇沢が車で浩子に会いにやってきた。ふたりの交際が始まるのだが、宇沢はいつも持ち金があまりないらしく、デートではしばしば浩子が気をきかせて支払いを済ませた。そんなとき宇沢は律儀に、浩子が払ったお金を返すために日をあらためてわざわざ車で会いにやってきた。

返済しなくていいからと何度断っても、必ずお金を返すためだけにやってくる。会ったら会ったでお金のやりとりだけで別れるわけにもいかず、なんとなく交際はつづけられた。あるいは、宇沢なりに知恵を絞ったのかもしれない。

ふたりは1年ほどつきあって結婚するのだが、浩子はぎりぎりまで迷った。結婚すれば、生活はたいへんだろうとおもっていた。自分が養わなくてはならなくなるかもしれない、とさえ考えた。学者として目覚ましい活躍をはじめていることを、宇沢は口にしていなかったのである。

宇沢には結婚を陰ながら支援してくれていた人がいた。東大数学科時代の恩師、弥永昌吉だ。弥永はクリスチャンで、浩子の両親と面識があった。母親のとみ子から宇沢についてたずねられ、「宇沢くんはなかなかの好青年ですよ」と弥永は太鼓判を押した。もちろん、宇沢はまさか弥永が日本で結婚の後押しまでしてくれているとは思いもよらなかった。偶然なのだが、じつは弥永と宇沢は親戚となっていた。宇沢の妹の道子が結婚した相手の姉が、弥永の弟と結婚していたからだ。

宇沢は浩子の両親と初めて対面したとき、

「かなり浅薄《せんぱく》な女性ですが、好きになってしまったからしっかり彼女と暮らしていきたいともいます」

といって結婚の意志を伝えた。自分から熱心にアプローチしていた経緯を考えればずいぶんな言いぐさだが、母のとみ子は宇沢の言葉に感激していたという。浩子の父勝久が教会で式を挙げることを結婚の条件として挙げたため、宇沢弘文と青芳浩子は１９５７年12月、スタンフォード大学の教会で結婚式を挙げた。スタンフォード大学の教会で結婚式を挙げた日本人は宇沢夫妻が初めてだった。

恩師ケネス・アローの妻セルマは新婦の浩子に向かって、

「ヒロはまともに生活していけるか心配だったけど、あなたがついていれば大丈夫ね」

と語りかけた。まったくの社交辞令というわけでもなかった。

宇沢は、極度に集中すると、しばしばどこからともなく音楽が聞こえてくるという特異な体質をもっていた。宇沢の思考はどうやら身体性を伴っているようで、東京大学の数学科でヒルベルト空間を研究していたころには実際に空間が歪んで見えるようになってしまい、友人が心配したほどだった。

宇沢と同時期にスタンフォード大学で研究していた宍戸駿太郎によると、独身時代の宇沢は研究のあいまに柔道で息抜きをして、アメリカ人の大学院生を投げ飛ばしたりしていたという。大学構内で上半身裸になり、大きな木を相手に相撲の〝鉄砲〟、突っ張りを一心不乱に繰り返す姿を目撃されたりもしていた。

アイデアがひらめくと、夜中でも飛び起きてメモをとったり、灯りをつけて読書を始めたりするクセは、結婚してからも抜けなかった。経済学にはさまざまな研究領域があるが、とりわけ宇沢のように理論の構築を志す者は孤独に耐える強い精神力が要る。俗に、「紙と鉛筆さえあれば研究できる」といわれるが、裏をかえせば、頭のなかではつねに思考をめぐらせていなければならない。そんな精神の営みは、傍から見れば奇行ともとられかねないような行動をしばしば誘発する。浩子がさしておどろきもせず平然と受けとめることができたのは、聖職にたずさわる家庭に育ったからでもあるのだろう。

アメリカ時代の宇沢にとって、浩子は人生の伴侶というだけでなく、有能なプロデューサーでもあった。というのは、アローも証言していたように宇沢はアメリカで生活するようになってからしばらくのあいだ、読み書きはできても、英語での会話には苦労していた。経済学者同士で信頼関係を築くには、家族も交えた食事やパーティーでのつきあいが欠かせない。学問上の重要なやりとりがこうした私的な集まりで交わされることもめずらしくない。

宇沢が英語での会話に苦労していたころ、横に寄り添う浩子が絶妙なタイミングで場をつなぐことがしばしばあった。宇沢が話す内容を頭で整理しているあいだ、阿吽の呼吸で相手をもてなすのである。感心したアメリカ人の経済学者から、「君たちはヒロとヒロコで一人前なんだね」とからかわれたこともあった。宇沢が日本人としてかつてないほどの人脈をアメリカ経済学界に築くことができたのは、生来の物怖じしない性格にくわえて、浩子の献身的なアシストがあったからなのである。

赤狩り——アメリカの陰

浩子という伴侶を得て、宇沢は日本にいたころの閉塞感からすっかり解き放たれ、カリフォルニアの強い日差しのなかでのびのび研究に没頭することができた。1959年には長男の達《とおる》が誕生、翌年には次男の聡《さとる》が生まれ、シカゴ大学に移籍してからは長女まりに恵まれた。生来話し好きで人見知りしない宇沢には、学者同士の家族ぐるみでのにぎやかな交際は性にあっていた。しかし、だからといって、アメリカ社会にひそむ陰の部分に触れることがなかったわけではない。いやむしろ、宇沢は早くから気づいていた。

スタンフォード大学に着いたばかりの1956年の夏、大学新聞『スタンフォードデイリー』に目を通していて、ひとつの記事に目がとまった。海洋学部の教授が自殺したというニュースだった。その教授は非米活動委員会に召喚されることが決まっており、それを苦にして自殺したのではないかと記事は伝えていた。自殺の理由が「赤狩り」だと知り、宇沢は驚いた。「マッカーシズム」はずいぶん前に終わったものとおもっていたからだ。

「マッカーシズム旋風」は1950年2月、ウィスコンシン州選出の上院議員ジョセフ・マッカーシーが「国務省内に205人の共産主義者がいる」と発言したことから始まった。『マッカーシズム』（岩波文庫）を著したジャーナリストのリチャード・ロービアは、「アメリカが生んだもっとも天分豊かなデマゴーグ」とマッカーシーを評したが、実際、マッカーシーの告発は根拠がはっきりしなかった。にもかかわらず、「赤狩り」がアメリカ全土で反共ヒステリーと呼ばれる状況まで高揚したのは国際情勢によるところが大きい。

マッカーシズムが始まる前年に毛沢東を指導者とする中華人民共和国が誕生、ソ連が原爆の実験をしていることも明らかになった。マッカーシー発言の直後の1950年6月からは朝鮮戦争が始まっている。

東西冷戦の激化を背景に、「共産主義者はソ連のスパイである」との見方が一定の説得力をもって受け入れられるようになり、赤狩りの対象者は政府や軍の関係者にとどまらず、労働組合、マスメディア、映画界、大学などへと広がっていった。喜劇俳優のチャーリー・チャップリン、原子爆弾の開発プロジェクト「マンハッタン計画」の責任者だった物理学者のロバート・オッペンハイマーなど、赤狩りの対象となった著名人は枚挙にいとまがない。

マッカーシー本人は毀誉褒貶のはげしい人物で、1954年12月に上院から非難決議を受けると完全に失墜し、それから3年もたたないうちに48歳の若さで死去している。宇沢が驚いたのも、すでにマッカーシー本人が失脚しているにもかかわらず、マッカーシズムの被害者の悲報に触れたからである。

たしかにマッカーシズムの火つけ役はマッカーシーだったが、マッカーシーが失脚したからといって「赤狩り」が終焉したわけではなかった。共産主義思想を取り締まる法律にもとづく実行組織はそのまま存続し、むしろ「赤狩り」は日常的に続けられていた。上院では司法委員会に設置された国内治安小委員会と政府業務委員会のなかの常設調査小委員会、下院では非米活動委員会、また、州レベルでも非米活動委員会が活動していて、ケースに応じて互いに連携をとりながら取り締まりを続けていた。

スタンフォード大学教授の自殺の報道から半年あまりしかたたない1957年3月、宇沢にとって衝撃的な出来事が起きた。ハーバード大学を訪れていた日本人の経済学者が突然、上院の国内治安小委員会に召喚されたのである。赤狩りの対象となったのは、都留重人だった。

都留はハーバード大学経済学部の黄金時代を体験した唯一の日本人である。ハーバード大学で知遇を得たポール・サミュエルソンやケネス・ガルブレイスなどとは一生を通じて親しい間柄にあった。その都留がなぜ赤狩りの対象とされたのか。背景を掘りさげると、当時のアメリカ社会の一つの断面が浮かび上がってくる。

都留重人は明治45年（大正元年、1912年）に東京で生まれた。19歳で渡米して30歳までの11年間をアメリカで過ごした。ハーバード大学経済学部で博士号を取得した後、真珠湾への奇襲で日本とアメリカが交戦状態に入ったため、昭和17年（1942年）に帰国している。

外務省に勤務していた都留は敗戦直後、のちに首相となる吉田茂外務大臣の推薦で連合国軍最高司令官総司令部（GHQ）の経済科学局に転じ、昭和22年（1947年）4月の総選挙で社会党が第一党となって片山哲内閣が誕生すると、経済安定本部の次官級幹部に抜擢されて第1回の『経済白書』の執筆にもあたった。

30代の若さでGHQ、政府の要職を歴任した都留はその後、一橋大学の経済研究所教授に就任する一方、岩波書店の吉野源三郎の呼びかけで結成された「平和問題談話会」に参加するなど言論人としても活躍した。平和問題談話会は対日講和問題などを論じて声明を発表するなど時論をリードしたが、都留は丸山真男などとともに事務局の役回りをつとめた。それ以前より、実業家の大原総一郎といっしょに日本フェビアン研究所(代表理事は有沢広巳、理事に都留のほか木村健康もいた)を立ち上げたり、丸山真男、武谷三男、鶴見俊輔などが編集同人となった雑誌『思想の科学』に関わるなどしていて、丸山らと並んで左派知識人の論客とみなされるようになっていた。

アメリカの議会に突然召喚された1957年3月、一橋大学教授として都留は日米知的交流委員会の招きでハーバード大学に滞在していた。滞米中に赤狩りにあったわけである。上院の公聴会では、かつてハーバード大学に在籍していたころの左翼的な活動について厳しい追及を受けることになった。尋問者の狙いは、巧みな訊問で「共産主義者」の名前を割り出し、人物を特定することだった。

都留重人

都留が証言した1週間後、都留証言のなかで名前が言及されていた、著名な日本研究者でもあるカナダの外交官ハーバート・ノーマンが自殺したため、都留の喚問は日本の言論界にも波紋を広げることになる。

都留は3月26日、27日と2日間にわたって上院の国内治安小委員会の公聴会で証言させられることになった。委員会の一番のターゲットは、その場にはいないハーバート・ノーマンだった。カナダ人のノーマンは当時カイロ駐在のカナダ大使だった。アメリカ議会は、他国の政府職員を赤狩りの対象にしていたわけである。都留も一橋大学教授で国家公務員だから、本来なら、喚問に応じる義務はないはずだった。

赤狩りの常套手段なのだが、はじめに都留を共産主義者であると認定して、次に都留と仲間だったノーマンは共産主義者だと認定する——それが委員会の法律顧問ロバート・モリスらの立証方針だった。

ノーマンは日本と縁が深い。父親がメソジスト教会の宣教師として布教活動をしていた関係で1909年に軽井沢で生まれ、17歳まで日本で過ごした。カナダのトロント大学、イギリスのケンブリッジ大学で学んだあと、ハーバード大学燕京研究所で日本史と中国史を研究しているとき、経済学部で学んでいた都留と親交を深めた。

ノーマンが共産主義思想に近づいたのはケンブリッジ大学トリニティ・カレッジ時代である。ドイツでヒトラーが政権を掌握したばかりだった。その後のスペイン内戦では、ナチス・ドイツ、イタリアと対決した人民戦線側をソ連が支援していた。ファシズムへの危機感からマルクス主義や共産主義に傾倒する学生が少なくなく、ノーマンもそのひとりだった。ケンブリッジ大学在学中の一時期、ノーマンがイギリスの共産党に在籍したことがあったのは事実である。

ハーバード大学で都留と交際したのは１９３０年代後半で、『日本における近代国家の成立』を執筆していた時期にあたる。戦後に日本語に翻訳されて高い評価を得た著書だが、執筆の過程では都留がおしみなく協力していた。ノーマンは兄にあてた手紙で、「おそらく僕が知る限りでは最も知識を備えたマルクス主義者です」と都留を称賛している。

結局、ノーマンとの関係が国内治安小委員会から召喚を受ける理由ともなったのだが、召喚前、委員会は都留に関する膨大な資料をすでに入手していた。日本海軍の真珠湾攻撃で日米戦争が勃発したため、あわただしく日本に帰国した都留がアパートに残した書籍や手紙などをＦＢＩ（連邦捜査局）が押収していたのである。

上院に召喚された都留は初日の公聴会が始まる前、非公開の場でいきなり一束の証拠書類をつきつけられた。ハーバード大学在学中、季刊誌『サイエンス・アンド・ソサエティ』をめぐって友人らとやりとりしていたときの手紙などだった。マルキシズム思想の普及を目的とした同誌がアメリカ共産党の文化部と関係していることに当時の都留は気づいていたが、創刊時から関わった。共産党に親近感をもったのはノーマンと同じく、スペイン内戦で人民戦線がファシズム陣営に勝利したからだった。

都留自身は入党していたわけではなかったが、都留が当時著した文章には「フラクション」など共産党員が用いる言葉が多用されていた。国内治安小委員会は、じつは、都留に関する別の重要資料も入手していた。１９５１年にパリで開催された学会に出席するため飛行機に乗った際、都留に奇妙な出来事が起きた。中継地アンカラで突然、スーツケースがなくなってしまったのである。公聴会のときはじめて都留は、スーツケースを秘かに降ろしたのがＦＢＩで、なかに入れていた住所録などが調べられていたことを知った。いかに赤狩りが徹底していたかをうかがわせるエピソードだ。

20年も前に書いた文章などを材料に追及された都留はなすすべがなく、尋問者に誘導される格好で関係した個人の名前が次々と特定されていった。とりわけノーマンに関する質問は執拗だった。証言から1週間後、カナダ大使としてカイロに駐在していたノーマンは、スウェーデン大使の住居が入るビルの屋上から身を投げて自殺する。兄にあてた遺書には、「ここまで大きくなった連想の罪（guilt by association）が私を押しつぶしてしまいました」と綴《つづ》られていた。工藤美代子が著した『スパイと言われた外交官』（ちくま文庫）によると、ノーマンは都留の証言内容を知らないまま自殺したという。

「間違っているのはお前だ」

都留の喚問は経済学界にも衝撃を与えた。証言のなかに数多くの経済学者の名前が登場したからである。宇沢の同僚であるスタンフォード大学教授もふくまれていた。動揺した大学当局は、経済学部に釈明を求めた。具体的に問題になったのは、ローリー・ターシス（1911―1993）、ポール・バラン（1910―1964）などである。いずれもかつて都留と親交をもっていた、都留の友人だ。

カナダ出身のターシスはかつて、サミュエルソンの教科書『経済学』に先駆けてケインズ経済学の内容を盛り込んだ教科書を出版していた。好評を博したにもかかわらず、出版社には抗議や批判の声が届いた。ケインズの経済学を共産主義思想と同類とみなす者が少なくなかったからである。都留の喚問で名前が挙がったことで、ターシスはふたたび「危険思想の持ち主」とみなされかねない状況に陥った。

経済思想史が専門の根井雅弘の論文「ケインズ経済学とアメリカ ロバート・ブライスとローリー・ターシス」(『経済論叢』2001年10月号)によれば、ケインズの経済学を広めることに使命感を燃やしていたターシスは、すぐあとで触れるポール・スウィージーなどとともにニューディール左派の政策提言ともいうべき『アメリカの民主主義のための経済綱領』を1938年に公刊した。ターシスたちの政策提言の結論部分を根井論文から引用(根井訳)しよう。

〈ここアメリカでは、私たちは、私たちの自由で民主的な機関を、私たちの国民所得を拡大するために使うことによってのみ、それを救うことができる。なぜなら、民間企業は、自由放任に任せる限り、もはや私たちの人的および物的資源の完全雇用に近づくことを達成できないからである。これは、過去十年間の経験が私たちに教えたことである。何人もこのような事態に責任があるわけではない。というのは、その説明は、私たちがすでに分析した資本主義世界の経済における構造的変化に存するからである。……そして、いまや明瞭となったのは、国民所得をもっともっと高い水準に引き上げるのに十分な投資と消費への支出は、意識的な社会的努力によってのみもたらされるということである〉

大恐慌を体験したアメリカでケインズがどのように位置づけられていたか、ターシスらが作成した綱領から読み取ることができるだろう。「意識的な社会的努力」をせず、市場機構の自動調節機能に任せておくだけでは、危機的状況から脱することはできない。そんな切迫感が伝わってくる。ケインズが受容された当時のアメリカの社会状況を知らなければ、そのバックラッシュといえる1970年代以降の新自由主義の台頭、それを支えた経済学者たちの際立った〝攻撃性〟を理解することはできないだろう。

スタンフォード大学に話を戻すと、都留喚問で名前が言及されたポール・バランはタージスよりさらに強い逆風にさらされた。アメリカの有名大学の教授のなかで唯一といっていいマルクス経済学者だからである。赤狩りが再燃すると、バランは当然のように批判の矢面に立たされることになった。

宇沢は都留と面識はなかったし、なぜ議会で証言させられたのかについてのいきさつも知らなかった。ただ、ターシスやバランをはじめ多くの人々を危険にさらす証言をしたことに怒りをおぼえていたので、スタンフォード大学経済学部の教員の集まりに出席した際、都留を厳しく批判したあと、「同じ日本人として、お詫びします」とみんなに陳謝した。すると、都留の友人でもあるポール・バランから意外な言葉がかえってきた。

「お前のいうことはまったく間違っている。謝罪しなければならないのは私たちの方だ。かれにあのような証言をさせた非米活動委員会の存在を許しているアメリカ自体こそ非難されなければならない」

マルクス経済学者であるがゆえにバランは、日頃から大学当局の圧力を受けていた。それをよく知っていただけに宇沢は、都留をかばうバランの姿に感動をおぼえた。都留証言は宇沢に、ポール・バランと彼の周辺にいるマルクス主義者たち、アメリカ経済学界のマイノリティと親密になるきっかけを与えたのである。

ポール・バランは、宇沢がスタンフォード大学を去ったばかりの1964年3月、心臓麻痺により53歳で急逝しているが、数奇な運命をたどった経済学者だった。

1910年、現在はウクライナの都市となっているニコラーエフのユダヤ人家庭に生まれた。父親は医師で、ロシアの十月革命後に「反革命派」となったメンシェビキに属していたため、いったん出国してふたたび帰国するなど不安定な生活を送った。経済学の博士号は、ドイツのベルリン大学でエミール・レーデラー（1882―1939）の指導のもとで取得している。レーデラーは第一次世界大戦後、ワイマール憲法に社会権規定が盛り込まれる際に中心的な役割を果たした社会民主主義者で、著名なマルクス経済学者である。

レーデラーはナチスが政権を掌握するとアメリカに亡命、亡命者の受け入れに積極的だったニューヨークのニュー・スクール・フォア・ソーシャル・リサーチ（The New School for Social Research）に受け入れられたが、56歳で亡くなっている。バランも1939年にアメリカに逃れ、翌年にハーバード大学に入学、都留と出会った。

当時のハーバード大学には、のちにバランとともにアメリカを代表するマルクス経済学者となるポール・スウィージー（1910―2004）がいた。バランは、社会主義経済計算論争の主役のひとりで当時シカゴ大学に在籍していたオスカー・ランゲに紹介状を書いてもらい、スウィージーに会いにいった。ランゲは、バランとスウィージーの共通の友人だったのである。バランの死後に出版された『独占資本』（岩波書店）がスウィージーとの共著であることからもわかるように、バランとスウィージーは共同研究者であり無二の親友だった。

宇沢はバランからスウィージーを紹介され、スウィージーとも親しく交わるようになった。ポール・スウィージーは、黄金期のハーバード大学で博士号を取得している。スウィージーと親しかった都留によると、もともとは「ニューディール左派」に近い考えをもっていたが、都留のマルクス経済学の知識に刺激を受け、マルクスの研究に没頭するようになったという。

ヨーゼフ・シュンペーターから高く評価されていたスウィージーが大学に残れなかったのは、マルクス経済学を専攻するようになったためだった。在野の研究者に転じたスウィージーは第二次世界大戦後、『マンスリー・レビュー』という社会主義者のための雑誌を創刊した。


サミュエルソンたちが活躍していた1930年代はハーバード大学の黄金時代だったと前にのべたが、黄金期のハーバード大学にはのちに赤狩りの被害者となる都留もいたし、アメリカを代表するマルクス経済学者となるスウィージーやバランも在籍していた。都留が『近代経済学の群像』（岩波現代文庫）で当時のハーバード大学の様子を描いている。

〈一九三七年から三八年へかけての不況は、アメリカのニュー・ディール政策のうえでも、「誘い水」政策から「スペンディング恒久化」政策への転機を招くことになったが、それに先立ってケインジアンが根をおろすようになったハーヴァードでは、この時期がやはり、思想的角逐においても、いちばん波瀾の多かった時代である。

大不況の現実は、アメリカでも現実肯定的な社会科学に対する不満を広くよびおこし、一九三六年の暮れには、マルクス主義方法論を旗印とした学会誌『サイエンス・アンド・ソサエティー』が誕生したが、ハーヴァードに席をおいた若い学者の何人かが、その編集の仕事で重要な役割りをになっていた。また、この雑誌とは独立に、「資本論研究会」なども開かれるようになり、大学に近接して、左翼出版物専門の一書店（ホリオク書店）が店を開いて、かなりの繁昌をする状態でもあったし、ハーヴァード関係者を中心とした教師組合も組織された〉

都留が描いているハーバード大学は、前章で都留の親友でもあるサミュエルソンが証言したケインズ『一般理論』がもたらされた時期の、黄金時代のハーバード大学である。激動する社会そのものが新たな思想状況を生み出すなかで、経済学という学問でもケインズ経済学の受容という現象が起きたのである。都留が当時の状況を証言している。

〈ナチスの迫害をのがれてアメリカに渡る学者の数も多く、スペイン内乱の衝撃もあり、さらにはこの三七年に日支事変が勃発するなど、ハーヴァードでも、象牙の塔の静寂を守りきることはできなかった。アンドレ・マルローの来学もこの年のことであったが、スペイン内乱について語ったかれの講演会はニュー・レクチュア・ホールをぎっしりうめて、異常な感動をまきおこしたものである。たしかに、あわただしい時代であったのだが、学問としてのマルクス主義は、それほど深くは追求されなかった。それというのも、これという先進の学者がいなかったためであろうか。政治的に左翼の立場をとった人たちよりも、シュンペーターやレオンチェフのほうが、事実、マルクスの古典にはより通じていたし、たまたま滞米中だったオスカー・ランゲなど、マルクスについての造詣をふせてケインズ論に力を注いでいたのである〉

危険視されたケインズ経済学

1950年代にはいってから、ヨーロッパ中世の魔女狩りを連想させるような赤狩りの嵐がアメリカに吹き荒れるが、こうした動きは第一次世界大戦、大恐慌をへて生まれた新たな思想動向に不満をもつ人々が少なくなかったことを物語ってもいる。ジャーナリストのジョン・ガンサーは『回想のローズヴェルト』(早川書房)で、ルーズベルト大統領のニューディール政策に対してきわめて大きな反発があったことを書き留めている。

〈ニュー・ディールは、全国の実業界、有産階級の大部分、新聞のおよそ八十パーセント、大部分の富豪、保守的人物、特権階級などの反感を買った。その主要な理由は二つである。第一は、ローズヴェルトの「赤字支出」は、政府予算をいつまでも不均衡にし、国家の財政を危機にみちびくおそれがあること。第二は、たえず上昇する租税に対する憤懣であった。「金のあるものから税をとれ」ということが、正直にいって、FDR(筆者注:フランクリン・ルーズベルト)の政策の基調であった。そのほか、まじめで、穏健で、そして、くにを愛する市民たちのなかにも、もし、ニュー・ディールがあらゆる面に滲透して遂行されるようになれば、アメリカの社会機構の根底におそるべき革命的変化がおこるという憂慮を感じたものが少なくなかった。ニュー・ディールの人々は、「アメリカをつくり変えよう。利益のためにではなく、実用のための生産機構を築きあげよう」という。しかし、反ニュー・ディールの人々のいうところによると、それは、結局のところ、国民の軍隊化、社会主義化、自由企業の崩壊、そして、個人主義と自由競争を基礎にして各人が報酬を得るというアメリカの美しい夢に終末を告げさせることにほかならない。

ほとんどすべてのアメリカ国民は、それが運営できるかぎりにおいては、自由企業の組織に信仰をよせている。結局、ローズヴェルトに対する猜疑や恐怖が、あれほどに根を張ったのは、彼が国民精神を抹殺して、自由企業がふたたび有効に活動し得る機会をなくしてしまうであろう、とおそれたからである〉

アメリカ議会の喚問に応じたことが都留の不用心だったとすれば、1930年代と1950年代のアメリカ社会の様変わりぶりを十分には理解できていなかったことに原因があるのかもしれない。

都留が喚問された1950年代後半、すでにパックス・アメリカーナが確立されていた。パックス・アメリカーナとは、圧倒的な経済力と軍事力を誇る超大国アメリカの覇権によって維持されている平和という意味である。第二次世界大戦後、アメリカは「マーシャル・プラン」と呼ばれるヨーロッパ支援計画を実施して、疲弊し切っていた欧州諸国を支援した。1950年時点で、アメリカは世界の総生産の4割を占める超大国となっていた。1950年代を通じて、世界の開発援助額の半分以上をアメリカが占めるという圧倒的な存在感をもっていた。

都留は大恐慌後に生まれた、この時期に特有のアメリカ的なリベラリズムの高揚を体験していた。たしかに、ルーズベルト大統領のニューディール政策は社会保障制度を充実させ、全国労働関係法（ワグナー法）を成立させるなどして労働者の団体交渉権や最低賃金などを保障し、労使関係を大きく改善させた。

その後、アメリカは産業民主主義の社会へと変化していく。ニューディール政策のあと、経済の復調とともに、フォーディズムの時代に入っていくのである。フォーディズムは、もともと自動車会社フォードの創業者ヘンリー・フォードが唱えた、大衆車の大量生産、大量販売を説く経営思想を指す言葉だ。転じて、大量生産、大量消費によって経済成長を遂げたこの時期の経済体制そのものを意味するようになった。ジャーナリストのガンサーが、アメリカ国民のほとんどが「自由企業の組織に信仰をよせている」と表現したのは、こうした産業民主主義を信奉する国民性を指摘したものだ。

マッカーシズムを壮大な社会実験と捉えるならば、大恐慌後の「リベラリズム」の時流のなかで形成されたアメリカ特有の産業民主主義は、都留を襲った「赤狩り」とそれほど齟齬はない。むしろ、案外相性がいいということが〝実証された〟といえるのかもしれない。

スタンフォード大学で研究生活を送っていた宇沢は、アメリカのリベラリズム思想が産業民主主義の勢いに押されてしまっていることに釈然としない思いを抱いていた。数理経済学者として名を馳せるようになっていた宇沢が、マルクス経済学者であるポール・バランやポール・スウィージーらと積極的に交際していた背景でもある。

バランは1949年に准教授としてスタンフォード大学経済学部に着任、2年後には教授に昇格した。スウィージーらが創刊した『マンスリー・レビュー』誌にはじめは匿名で執筆していたが、都留がアメリカ議会で証言する前年頃から実名での寄稿が目立つようになっていた。学術誌とはいえ、社会主義を支持する雑誌への寄稿がスタンフォード大学当局を刺激したことはいうまでもない。

スウィージーは一時期、スタンフォード大学で客員教授として講義をしていた。このころ、バラン邸では頻繁に会合が催された。バランと親しくなり、バラン邸を訪れるようになった宇沢も期せずして参加することになった。

《その頃、スウィージーはしょっちゅうスタンフォードにきていた。スウィージーがくると、いつも、バラン家の広い地下室にみんな集まって、夜おそくまで語り合うのが常であった。マルクスの『資本論』を大事そうに抱えた学生も加わることがあった。みんなからすこし離れたところで、スウィージーからうやうやしく、ページを繰って、細かいところの意味について教えを受けている光景が昨日のように鮮明に思い出される》(『ヴェブレン』岩波書店)

宇沢はあるとき、教授になってから何年にもなるのにバランの給与がほかの教授よりずいぶん少ないらしいことに気づいた。バランが1957年に出版した『The Political Economy of Growth(成長の経済学)』は日本語をふくめ9ヵ国語に訳され、とりわけ南米諸国の研究者には影響を与えた。そうした業績を考えるとバランは不遇といえ、その理由がマルクス経済学を専攻しているという一点にあることはあきらかだった。バランの親友スウィージーにいたっては大学を事実上追放され、在野の研究者に甘んじたままだった。マルクス経済学者との交遊を通じて宇沢は、自由闊達にみえるアメリカ経済学界にも禁忌の領域があることを知った。

ケインズの『一般理論』がハーバード大学を拠点に流布されていく過程では、ケインズ経済学がマルクス経済学と同じように異端視、危険視された時期があった。都留は『現代経済学の群像』(岩波現代文庫)のなかで、1950年代の初め、経済学部がケインズ思想に毒されているとして、ハーバード大学卒業生の集まり「母校訪問委員会」が大学に抗議する文書を提出したというエピソードを紹介している。

マッカーシズムの最盛期には、赤狩りの被害はケインズ経済学者にも及んだ。よく知られているのが、ローレンス・クライン（１９２０―２０１３）のケースである。

クラインは計量経済学を実際の経済予測に応用したことで知られ、１９８０年にノーベル経済学賞を受賞している。黒川修司『赤狩り時代の米国大学』（中公新書）によると、20代のころ、クラインは共産党が関係するボストンとシカゴの学校でケインズに関する講義を数回行ったことがあった。マッカーシズム旋風が吹き荒れた１９５２年、下院の非米活動委員会に召喚されたが、憲法の修正第５条を盾に証言を拒否した。そのため、翌年にミシガン大学での教授への昇進人事を学長に拒否されてしまった。

クラインは１９５４年にふたたび下院の非米活動委員会に召喚された際には証言を拒否せず、その翌年、ミシガン大学の経済学科は16対２でクラインの教授昇格を決定した。ところが、反対票を投じた教授がクラインの解雇を要請、大学の理事会は解雇こそしなかったものの、ＦＢＩにクラインを調査させた。ＦＢＩは問題なしとしたが、大学の理事会には慎重意見が多く、クラインはすぐには教授に昇格できなかった。イギリスのオックスフォード大学で研究中だったクラインは失望して１９５５年11月、ミシガン大学を退職した。ペンシルバニア大学に着任するためアメリカに帰国したのは１９５８年である（トーマス・カリアー『ノーベル経済学賞の40年（上）』（筑摩選書）は、クラインはシカゴで共産党関連の団体から頼まれて講義をする際、講義するには共産党員になる必要があるといわれて入党し、１９４５年から２年間は党員だったとしている）。

クラインのケースもそうだが、憲法修正第5条は刑事事件において自己に不利益となる供述を強制することを禁じているが、修正第5条を盾に証言を拒否しても拒否した行為そのものが「罪」を認めたものとみなされ、社会的生命が絶たれる場合がめずらしくなかった。召喚されただけで解雇される危険さえあった。かといって、証言台に立てば厳しい追及を受け、同僚や友人を巻き込むことになりかねない。召喚を受けた者が自殺するという事件が起きたのも、召喚状そのものが大きな脅威を与えたからだった。

『赤狩り時代の米国大学』は、フォード財団が1955年春に実施した調査を紹介している。マッカーシズムが大学に与えた影響に関する調査には165大学の2451名が協力し、25％の教授が「研究あるいは個人生活において自己規制をしている」、28％の教授が「自分自身がなんらかの政治的告発を受ける可能性があるが、同僚の支援は得られないだろう」と回答している。1950年代半ばになってもなお、リベラルな思想傾向をもつ教授の多くが「赤狩り」の恐怖を感じていたのである。

〝異端者〟との邂逅

宇沢が浩子と結婚して新たな生活をはじめる際、スタンフォード大学敷地内にある学生や教員のための宿舎には空きがなく、大学と道をへだてたとなりの住宅街パロ・アルトで借家を探さなければならなかった。宇沢浩子が当時をふりかえった。

「そのころはまだ人種的な偏見があって、パロ・アルトには日系人が土地を所有することを禁じる法律があったんです。日本人に家を貸してくれる人がなかなかみつからなかったのですが、アン・シムズさんという方が貸してくれるということがわかって、さっそく見にいきました。家は2軒あって、ひとつは南向きの斜面に大きなロッジみたいな家。そこにアンさんと息子さんがふたりで住んでいました。その北側のコテージみたいな家をわたしたちに貸してくれたのです」

広い敷地にはレッドウッドと呼ばれるスギ科の巨木がそびえ立ち、向かい側の広い牧草地には牛が放し飼いにされていて馬も数頭いた。牧草地のとなりの森の小径を歩いて抜けると、スタンフォード大学の敷地のはずれにあるセラハウスにたどりつく。宇沢のお気に入りのコースとなった。

日本人夫婦に快く家を貸した家主アン・シムズは熱心な平和主義者で、近くの「ケプラー」という書店で集会を催したりしていた。アンにさそわれ、宇沢も集会に顔を出すようになった。ケプラー書店の書棚には社会主義、平和主義に関する本がたくさん並んでいた。書店のとなりは映画館で、上映開始までの時間待ちをしているとき、夫婦ふたりでケプラー書店に顔をだすこともよくあった。

「ケプラーの店主は反戦主義者として知られていた人でした。罰金を科されるとわかっていながら、軍事費があまりに多いといって税金の支払いを拒否して、毎年罰金を払ったりしていて。この店主に会うためによくケプラーを訪れていたのが、バエズでした」(浩子)

ケプラー書店にしょっちゅう出入りしていた宇沢は、サンドパールという名の店主と顔なじみになった。それほど広くない書店の床にそのまま座り込むような集会で、ときどき歌を歌っている少女がいた。高校生とはおもえないほど上手で、いつも店主が聞き惚れていた。無名の高校生歌手はまもなくすると、「花はどこへ行った」という楽曲で全米に知られるようになる。公民権運動や反戦運動の象徴ともなった、１９６０年代を代表するフォーク歌手、ジョーン・バエズである。

しばしば家主のアンから平和集会に誘われるようになった宇沢が、ある日、「大学では経済学を研究しています」と話したところ、「私の父も経済学者だったのよ。ソースティン・ヴェブレンというんだけど」とアンがつぶやいた。宇沢は耳を疑った。異端の経済学者として紹介されることも多いが、ソースティン・ヴェブレンといえば、経済学者なら誰もが知るアメリカを代表する経済学者だ。ちょうどこのころ、ヴェブレンの存在の大きさに気づきはじめたばかりだったので、あまりの偶然に心底びっくりしてしまった。

アン・シムズは、ヴェブレンが再婚した20歳下の女性アン・ブラッドレー・ベヴァンズの連れ子のふたり姉妹の妹だった。子供のころは母親の再婚に抵抗があってヴェブレンになかなか懐かなかったらしいが、宇沢夫婦が知り合ったころには父ヴェブレンを深く尊敬するようになっていた。アンが熱心な平和主義者になったのは、母親が社会主義思想に関心をもつ婦人参政権論者だったということだけでなく、ヴェブレンの思想に感化されたためなのかもしれない。

ケネス・アローとの出会いもそうだったが、宇沢が決定的な出会いをするとき、縁としかいいようがない偶然が作用する。ヴェブレンの娘との出会いがまさにそうだった。このころ、宇沢はスタンフォード大学でもヴェブレンを強く意識せざるをえなくなる体験を重ねている。

宇沢は、日本では体系だって経済学を学んでいなかった。アメリカ経済学界で注目を浴びるようになったのはたしかだが、それは数理経済学者としてで、業績は数学者としての能力に負うところが大きかった。経済学という学問全体を俯瞰できるような知識が不足していることを痛感するようになっていた宇沢は研究のかたわら、スタンフォード大学経済学部の講座「経済学原論」を授業料を払って受講するようになった。経済学部の長老バーナード・ヘイリー（1898―1993）の講座である。

経済学術誌『アメリカン・エコノミック・レビュー』の編集責任者もつとめるヘイリーの講義はとても丁寧でわかりやすかった。わずか5人ほどの受講者はみんなラフな服装をしていたので、いつもきちんとネクタイをしめて授業にのぞむ宇沢がかえって浮いた存在にみえた。ヘイリー教授は、ヴェブレンの『有閑階級の理論』を解説しているとき、いきなり宇沢のネクタイをひっぱるようにしてみんなに見せ、「これが顕示的消費、見せびらかしの消費のいい例じゃないか！」といってみんなを笑わせた。

宇沢にとって意外だったのは、ヴェブレンがきわめて重要な経済学者として位置づけられていることだった。じつをいうと、経済思想史を講じるヘイリーの講座はヴェブレンがスタンフォード大学に在籍していたときに担当していた講座の流れを汲むものだった。かつて一高で学んでいるときに『有閑階級の理論』を教養書として読んだことはあったけれども、ヘイリーの講義を聴講してはじめて、「経済学者ソースティン・ヴェブレン」と出会ったのである。

ヘイリーの講義を2年続けて3学期にわたり熱心に受講したというから、よほど感銘を受けたのだろう。アローに取材した際、ヘイリーの人物像についてたずねると、当時の経済学部教授陣のなかでは指導的立場にいた重鎮だったといい、飛び抜けた業績を残したわけではないけれども、学生を教えることにかけては類い稀な能力をもっていたと評した。ときには机のうえに飛びのって熱弁することもあったらしく、「私にはとても真似できない、優れた教師だった」とアローは語っていた。ヘイリーと親しくなった宇沢は、『アメリカン・エコノミック・レビュー』に投稿された数理経済学の論文の査読をヘイリーから頼まれるようになり、書評の執筆を依頼されるようにもなった。

ヴェブレンとのもうひとつの縁は、研究拠点のセラハウスである。初代学長のデヴィッド・ジョーダンが邸宅として使っていた建物なのだが、スタンフォード大学にヴェブレンを呼び寄せた際の学長がジョーダンだった。ジョーダン学長は、経済学者としてのヴェブレンの能力を高く評価していたのである。

宇沢夫妻がアン・シムズの貸家に住んだのは半年ほどだったが、一時期は住む家も仕事場もヴェブレンゆかりの地だったことになる。ヴェブレンに並々ならぬ関心をもつようになった宇沢は、スタンフォード大学の図書館で入手できるかぎりのヴェブレンの著作を取り寄せ読み漁った。文章は難解だし、哲学、社会学、文化人類学など経済学以外の学問も駆使して縦横無尽に駆け巡るような独特の理論は、宇沢が得意とする数理分析の範疇にはおさまりきらない。だが、読めば読むほど魅力が増す不思議なテキストだった。

アローから遠く離れて

宇沢の経済学に変化が訪れるのは、アメリカに新しい政治指導者が現れた時期と重なっている。1961年1月、ジョン・F・ケネディが史上最年少となる43歳で大統領に就任したとき、宇沢は32歳だった。

「国家があなたに何をしてくれるのか問うのでなく、あなたが国家のために何をなし得るかを問いなさい」

「ニューフロンティア」を合い言葉に掲げたケネディ大統領は合理主義の精神を重んじる点で、大恐慌や第二次世界大戦を体験した世代の政治家とは異なっていた。ケネディは民主党出身だが、かつてマッカーシズムに対して明確には反対の立場をとらなかったため、党内の旧世代のリベラル派を代表するエレノア・ルーズベルト（フランクリン・ルーズベルト元大統領夫人）たちからは支持されていなかった。ジャーナリストのデヴィッド・ハルバースタムは『ベスト&ブライテスト（上）』（朝日文庫）で、ケネディがどのような政治的土壌から生まれたのかを解説している。

〈世界における最大の脅威は、全体主義的、非民主的、反ビジネス的共産主義者であり、これを阻止するには、敵の理解する唯一の言葉、すなわち力による以外にはない、と彼らは信じていた。なかんずくこのグループは現実主義的であった。彼らは、力がもつ意味を理解していた。当時流行した表現を使えば、彼らは開き直っていたのである。このグループのおもだった人たちは、その反共主義にもかかわらず、マッカーシー時代に手痛い火傷をしており、二度と再び、共産主義に対し生ぬるい姿勢を見せまいと心に決めていた。冷戦の発生を彼らは別に異としなかったし、喜んで冷戦の旗印のもとに馳せ参じていた。

このグループの主張は、国防費の増強であった。一九五〇年代、概して民主党は、この路線を歩んでいた。議会の有力者の中でこれに異論を唱えたのは、軍縮を主張したヒューバート・

ハンフリーぐらいのものであった。実際、民主党は共和党以上に軍備費支出の増大にコミットしていたのである。国防機構の強大化、肥大化を望んだのは民主党であった。当時、議会で指導的立場にはなかったが、ケネディもこの動きに一枚嚙んでいた〉

ケネディは若さと行動力をアピールした大統領だが、対外的には反共主義にもとづく外交、軍事力という力による外交を継承していた。事実、ケネディが大統領に就任した1961年には、東西冷戦の緊張が一層高まった。最初の焦点となったのがキューバである。

フィデル・カストロ率いるキューバ革命軍がバチスタ政権を倒したのは1959年だった。ケネディが大統領に就任する直前、アイゼンハワー政権はキューバとの国交を断絶していた。ケネディ大統領はアイゼンハワー大統領からカストロ政権の転覆計画を引き継いだ。CIAの支援のもとで亡命キューバ人たちがピッグス湾からキューバに上陸作戦を展開したが、作戦は失敗に終わった。

ピッグス湾事件後の62年10月、キューバとアメリカの緊張関係は頂点に達する。ソ連がキューバにミサイル基地を建設している、としてアメリカ軍がキューバの海上を封鎖したからだ。アメリカはキューバを介してソ連と対峙することになり、核戦争が起きかねない一触即発の状態に陥った。キューバ危機である。

ソ連がミサイルを撤去してキューバ危機が終息すると、63年8月にはアメリカ、ソ連、イギリスが部分的核実験停止条約に調印した。それからまもない11月、ケネディ大統領はダラスで凶弾に倒れる。

暗殺された現職大統領のあとを副大統領のリンドン・ジョンソンが継いだが、ケネディ＝ジヨンソン政権時代（1961年―1969年）はひとことでいえば、ベトナム戦争の時代である。ケネディ大統領がベトナムに積極的に政治介入したあと、ジョンソン大統領が泥沼化する戦争を継続した。戦争はアメリカの社会を揺るがし、膨張する戦費によってそれまで順調だったアメリカ経済も変調をきたすようになる。

宇沢のターニング・ポイントもケネディ大統領が誕生するころやってきた。1960年9月から1年間、年齢でいうと32歳から33歳にかけて、助教授としてカリフォルニア大学バークレー校の経済学部と数学科に籍を置くことになった。アメリカで研究生活をはじめて以来、はじめてケネス・アローのもとを離れることになったのである。

とはいっても、スタンフォード大学を離れる理由は不本意なものだった。宇沢は次々と注目される論文を書き、アローはもとよりサミュエルソンやソローなど気鋭の経済学者たちから高く評価されるようになっていた。イギリスやフランスの経済学者たちにも知られる存在となり、全米でも指折りの数理経済学者となったのだが、スタンフォード大学経済学部内での肩書きは依然、助教授のままだった。アメリカの大学では、博士課程を修了した研究者は助教授(Assistant Professor)として実績を積み、大学に認められれば「テニュア」と呼ばれる終身在職権をもつ准教授（Associate Professor）に昇格する。終身在職権を得られるかどうかが、研究者としての分岐点である。

宇沢は終身在職権を獲得するには十分すぎるほどの実績をすでにあげていたのに、准教授への昇格のめどはたっていなかった。渡米して4年ほどしかたっていなかったから遅すぎるとはいえないが、研究実績からいえばあきらかに不遇といえた。当時の状況を宇沢浩子はつぎのように語っている。

「ポール・バランさんはマルクス経済学者ということで、経済学部ではなくて大学当局に、在籍していることに反対する人がいました。スタンフォード大学はコンサバティブな人たちが影響力をもっていたのですが、そういう人たちからすると、経済学部はマルキストのバランを抱えているのに、さらに旧敵国の日本人を仲間に入れるのかと。それは許さないということで、ボード（大学の理事会）で反対があったようですね」

ケネス・アローは私のインタビューのなかで、スタンフォード大学の卒業生から「バランが在籍しているかぎり寄付はしない」という声が実際に大学側に届いていたと証言した。私はかつて宇沢から、バランが窮地に陥った際には宇沢が率先してバラン擁護の論陣を張っていたこと、そういう場面では必ずアローもバラン擁護の側に与したという話を聞いていた。

しかしながら、妻の浩子の証言からもわかるように、宇沢自身の立場も微妙なものだった。アローは断定的な口調では言わなかったけれども、准教授への昇進が滞っていたのは日本人であるからというだけではなく、左翼的な思想の持ち主とみなされていたことも影響していたようだ。華々しい研究実績に照らせば宇沢の給与は低すぎるといってもいいくらいで、大学に厚遇されているとはとてもいえない状態だった、とアローは明言していた。宇沢はマルクス経済学者のバランと親しくしていたし、家主アン・シムズが地元で主催する平和集会に参加したりもしていたから、「好ましからざる日本人」とみなす大学関係者がいたとしても不思議ではないだろう。

カリフォルニア大学バークレー校への移籍には、スタンフォード大学内の状況を打開するという隠された目的があった。宇沢を終身在職権をもつ准教授に昇格させるためだったのである。1年間の期限でカリフォルニア大学に赴任させ、1年後にスタンフォード大学に准教授として呼び戻すという計画である。アローはカリフォルニア大学経済学部と話をつけ、スタンフォード大学経済学部内でも内諾をとりつけていた。宇沢の学界での評価は高まっていたから、いったん他の大学に出てから呼び戻すのは容易だった。迂遠なやり方だが、そうした手順を踏めば、自然な形で准教授に昇格させることができる。

アローは宇沢の境遇を憂慮して一時的に移籍させるという奇手を用いたわけだが、所属する大学で昇格するためにほかの大学に移らなければならないというのは本末転倒な話である。人種の問題、思想の問題という、宇沢が気にかけるようになっていた問題が自分の身にもふりかかってきたともいえる。怒りを感じていなかったのだろうか。疑問を宇沢浩子にぶつけてみると、「怒ってもしょうがないですから」とこたえ、「わたしはちょうど次男を出産する時期だったんですけど、宇沢はバークレーでは大歓迎を受けていましたよ」と淡々とふりかえった。

第6章
カリフォルニアの異邦人

宇沢に大きな転機を与えたJ・ロビンソン（右）

宇沢2部門モデル

アメリカの経済学界に宇沢が確乎たる地位を確立したのは、英国の経済学術誌『レヴュー・オブ・エコノミック・スタディーズ』に「On a two-sector model of economic growth（経済成長の2部門モデルについて）」（1961年10月号）を発表したときである。厳密にいえば、発表前のディスカッションペーパーの段階ですでに学界の注目を集めていた。

「Uzawa's 2 sector model（宇沢2部門モデル）」と呼ばれるようになった分析モデルは多くの経済学者に影響を与え、大学院生や若い研究者たちはこぞって宇沢2部門モデルを用いて論文を書いた。意外なところでは、台湾の総統をつとめた李登輝もアメリカの大学に留学中、農業経済の分野で宇沢2部門モデルの論文を著している。

宇沢2部門モデルの隆盛をふりかえって、宇沢の恩師であるアローはこう語っていた。

「ヒロの2部門モデルの論文は大きなインパクトを与えました。多くの人が彼の論文を支持しました。それほど大きな影響力をもったのは、私といっしょに研究していたものをふくめ、彼がそれまで手がけていた研究にくらべて、より経済学の中心的なテーマである経済成長の問題を扱っていたからです。くわえて、数理的な分析が盛んになってきていたことも理由としてあげられるでしょう。いわば、2部門モデルによって、ヒロは彼自身の信奉者（audience）をつくりだしたのですよ。経済成長理論ではすでにボブ・ソロー（ロバート・ソロー）が活躍していたので、関心をもつ経済学者はたくさんいました。大学院生、学部生のなかに成長理論に関心をもつ人々がたくさんいたからこそ、『これは新しい発想だ』『新しい問題の提起だ』と評価され、たくさんの人々を引きつけたのです」

アローの言葉で印象的だったのは、「信奉者 (audience)」という表現である。わかりやすくいえば、弟子である。宇沢2部門モデルが高い評価をうけるようになると、宇沢のもとにたくさんの若い研究者が教えを乞うて集まってきたのである。

それまでの宇沢は、セラハウスに集うアロー・グループの中核メンバーのひとりだった。しかし、宇沢2部門モデルを発表して以降は、宇沢グループのヘッドとなっていくわけである。研究者人生に画期を与えた宇沢2部門モデル論文を、宇沢はアローから離れ、カリフォルニア大学にいるときに完成させている。

経済成長という研究分野は、経済分析のなかでもっとも長い期間を担う。いわば資本主義のメカニズムそのものを解明する作業であり、経済学が本格的な学問として登場してきたとき、つまり、古典派経済学の最重要テーマだった。

アダム・スミスにはじまる古典派経済学を代表する理論家が『経済学および課税の原理』を著したデヴィッド・リカードである。イギリスの経済学者であるリカードは、産業革命によって大量の労働者が生まれ、フランス革命後に起きた対仏戦争でヨーロッパが混沌としている時代を生きた。ナポレオンによる大陸封鎖で穀物価格が上昇し、イギリス経済が大きな打撃を受けた時期である。

リカードは、地主、資本家、労働者の三つの階級のあいだで富がどのように分配されるのかを分析した。労働者の賃金は生存に必要な最低水準に収斂するとした賃金生存費説、さらには、新古典派の限界生産の考えを先取りするような差額地代論をもとに、「人口と資本が増加すれば、肥沃でないやせた土地まで耕作するようになるので、資本の利潤率は低下していく」と唱えた。

経済成長論の開祖ともいえるリカードは、利潤率がゼロになって労働者の実質賃金は生存ぎりぎりまで低下し、人口増加も経済成長もない社会が訪れる、という悲観的なビジョンを描いた。

リカードの論敵が、『人口論』（1798年）で知られるロバート・マルサス（1766―1834）だった。食料が等差級数的にしか増えないのに人口は等比級数的に増えるとして、人口過剰による経済の停滞を唱えた。穀物法論争では、農地を所有する地主を擁護するマルサスに対して、リカードは産業資本家を擁護する立場に立って輸入穀物の価格引き上げに反対した。リカードとマルサスは、階級間の対立をそのまま反映した形で論争していたわけだ。

階級闘争といえば、カール・マルクスがよく知られているが、リカード、マルサスのあとに登場してきたマルクスは労働者階級を分析の中心にすえ、労働者階級に対する資本家の搾取を強調した。独自にマルクス経済学という学派を築いたという見方も成り立つが、分析の方法からみれば、古典派経済学者に分類できる。

限界革命によって、古典派経済学は新古典派経済学に主役の座を譲ることになるが、新古典派経済学は階級間の対立という経済観を引き継がなかった。第3章で触れたように、微積分の数学を用いる限界分析を基本にすえ、「経済合理性に基づき判断を下す個人」から構成される社会を想定した。経済主体は究極的には経済合理性をもつ個人に還元されるので、階級という概念は消え去り、階級間の富の分配問題も後景へと退くことになった。限界革命は、経済学が描く社会のビジョンを塗り替えたのである。

古典派経済学の重要テーマだった資本主義のダイナミズムを調べる経済成長の研究は、第二次世界大戦後、新古典派経済学の主要テーマとして呼び出されてきた。開拓者がロバート・ソローであり、ソローらの活躍によって経済成長理論は脚光を浴びるようになった。宇沢はソローの理論に刺激を受け、真正面からソローに挑むことによって新たなモデルを構築するのだが、まずは宇沢の親友でもあるソローの歩みから紹介しよう。

ロバート・ソローは1924年にニューヨークのブルックリンに生まれた。両親ともに移民の子供で、家族のなかで大学に進学したのはソローの代がはじめてだった。成績優秀だったソローは16歳でハーバード大学に入学したが、戦争が始まったため1942年に軍隊に入り、ふたたび大学に戻ったのは第二次世界大戦が終わってからだった。

サミュエルソンが学んでいたハーバード大学の黄金期には若い研究者たちがケインズ革命で沸きかえっていたけれども、少し遅れてハーバード大学で学んだソローのころはサミュエルソンたちが体験したほどの熱狂はなかった。

興味深いことに、ソローはハーバード大学ではははじめ、ポール・スウィージーに教わっていて、優れた教師としてスウィージーを尊敬していたという。アリオ・クラマーが聞き手をつとめたインタビュー集『The New Classical Macroeconomics』(1984年)では、スウィージーを尊敬していたころ、かなり左翼的な考えの持ち主だったと自分をふりかえっている。スウィージーに教わっていたころといまとでは思想が変わったのかとたずねられ、「『はい』でもあり『いいえ』でもあります。わたしはいまだにまんなかの人よりは左寄りだと自分ではおもってますよ」とソローは答えている。

ハーバード大学で経済学に本格的に取り組み出すのは、ワシリー・レオンチェフの指導を受けてからだった。レオンチェフは産業連関表（各産業が生産した財やサービスがどの部門に配分されたかを表にしたもの）を開発したことで知られ、１９７３年にノーベル経済学賞を受賞している。本格的に経済理論を学ぶようになったソローは、一般均衡理論に関心をもつようになったという。

博士号はハーバード大学で取得しているが、奉職先として選んだのはマサチューセッツ工科大学（ＭＩＴ）だった。１９５８年に教授となって以降、ポール・サミュエルソンとともにＭＩＴを代表する経済学者として、アメリカ経済学界を代表するケインジアンとして、活躍をつづけた。後進の育成にも熱心で、ジョセフ・スティグリッツなど多数の経済学者を育てた。

研究室が隣同士のサミュエルソンとは公私にわたり親密で、サミュエルソンが亡くなるまでふたりの協力関係は続いた。ソローは影響を受けた経済学者として、サミュエルソンのほかにジェームズ・トービンの名をあげている。ソローは、サミュエルソンとトービンの貢献で経済学は人文学的な学問から「モデルを組んで分析する」という科学的な学問へ変身をとげたとのべているが、ソロー自身、経済成長の研究に本格的なモデル分析を導入した草分けだから、ソローの言い方を借りれば、「経済学の科学化」に貢献したのはソロー、サミュエルソン、トービンだともいえる。

３人はいずれもノーベル経済学賞を受賞したアメリカ・ケインジアンであり、ケインズの経済学と新古典派経済学を統合した「新古典派総合」の経済学を構築した立役者である。

新古典派総合の立場を要約すれば、完全雇用が達成されていない状態ではケインズの経済学を適用するが、完全雇用が達成された状態では新古典派経済学を適用できるとする、いわば折衷主義の立場である。経済成長という長期分析においては、新古典派経済学の考え方を採用するということだ。では、ケインズの経済学のなかでは、経済成長という長期分析はどのような位置づけになっていたのだろうか。

資本主義は不安定である

ケインズは1930年代の世界的な大恐慌、大不況への対応、とくに大量の失業者を念頭において『雇用、利子および貨幣の一般理論』を著した。このため、『一般理論』に基づくケインズ経済学は短期の分析が中心となった。

経済分析では、どれくらいの期間を前提に分析を進めるのかということがきわめて重要である。短期では人口や資本設備、技術水準などには変化がないとみなせるが、長期になると短期では変化しなかった要素の変化も考慮しなければならない。時間の経過にともなって諸変数がどのように変化するかを分析するので、長期の経済分析を動学とも呼ぶ。

ケインズ経済学の動学化にはじめて取り組んだのが、ケインズの高弟ロイ・ハロッド（1900—1978）である。『一般理論』が出版されてから3年後、「動学理論に関する一試論」という論文を『エコノミック・ジャーナル』に発表し、のちに動学理論を『経済動学序説』（1948年）にまとめた。

ケインズの『一般理論』が登場するまで主流派だった新古典派（ケインズは「古典派」と呼んでいる）とケインズ経済学の違いが明瞭にあらわれるのは、失業に対する見方だ。

ケインズ経済学では、投資と消費をあわせた「有効需要」の水準で生産が行われ、その生産の水準にあわせて雇用される労働者の数が決まってくる。労働市場ではなく財市場の均衡にあわせて雇用される労働者の数が決まるので、雇用の決定要因は労働市場ではなく、財市場にある。完全雇用の状態で実現する需要を有効需要が下回っていれば、労働市場では失業者が発生したままの状態となる。ケインズの経済学は、「非自発的失業」の原因を分析する経済学である。

ケインズが批判した新古典派経済学では、労働市場の需要と供給の均衡点で雇用される労働者の数が決まると考えた。労働市場だけをみるので、失業が発生するのは労働市場の需要と供給の均衡点より実質賃金率が高くなってしまっているためだと解釈する。たとえば、労働組合の賃上げ交渉などによって賃金が市場で決まる本来の価格より高止まりしていることが失業発生の原因、と考えるわけだ。新古典派の立場に立てば、労働市場でマーケットメカニズムが十分に機能すれば、原則的に失業は存在しない。そもそも「非自発的失業」という概念自体を受け付けないわけである。

労働市場が不均衡状態を保ったままとなる現象に切り込んだケインズ経済学の本質は「不均衡の経済学」であり、それまでの新古典派経済学という「均衡の経済学」が導く「自由放任主義」を否定するものだった。ケインズの革新性は、単なる経済分析にとどまらず、理論が導く経済思想においても、従来の経済学の自由放任主義をくつがえす内容をもっていたことである。ただし、分析期間がもっぱら短期（人口や資本設備や技術水準が変化しない期間）だったので、長期分析は空白状態となっていた。この課題を追うのが、経済成長の研究である。

ケインズの経済学において、長期分析の鍵を握るのは投資である。雇用は有効需要（＝国民所得）の水準に従って決まるが、有効需要は投資と消費を足し合わせたものである。投資は需要の構成要素であると同時に、供給能力（生産能力）を高める役割も果たす。短期では生産能力の高まりはまだ実現していないと考えて無視できるが、長期分析では生産能力の増強を考慮する必要がでてくる。投資は需要サイドにも供給サイドにも影響を与えるので、「投資の2面性」などとも呼ばれる。

ケインズ経済学の動学化を試みたハロッドは、投資による供給能力の高まりが、需要サイドとうまくバランスするのかどうかに注目した。資本主義は長期的にみて安定的なのか不安定なのかという問題である。ハロッドの理論の要点はつぎのようなものだった。

ハロッドは、投資する企業家にとって適切な投資量（需要と供給が一致する投資量）のもとで達成される経済成長率を「保証成長率（warranted rate of growth）」と呼んだ。投資は、新たな資本財に対する需要となる。投資が貯蓄の量と等しければ、新たな資本財の需要と供給は一致する。しかし現実には、投資はそれぞれの企業の判断で実行されるので、投資の総量と貯蓄の総量が一致するとはかぎらない。

ハロッドの経済成長理論では、現実の成長率が保証成長率よりも大きい場合、資本ストック（生産設備の総量）に不足が生じる。そうなると、企業家は資本ストックの不足を解消しようとさらに投資することになり、現実成長率はさらに保証成長率を上回るようになる。反対に、現実成長率が保証成長率より小さい場合、資本ストックが過剰となる。今度は企業が投資を抑えるようになるので、現実成長率はさらに保証成長率より小さくなっていく。

このようにハロッドの理論においては、現実成長率と保証成長率がいったん乖離すると、時とともに両者はどんどん乖離していく。「不安定性原理」とハロッドは呼んだが、バランスがとれた状態で経済が成長をつづけることは偶然に等しいほどの可能性しかないというのが、ハロッドの結論だった。

「バランスがとれた状態での経済成長」というのは労働、資本ストック、産出量がすべて一定比率で年々増加する状態で、均斉的成長あるいは均衡成長などと呼ばれる。時間とともに均斉的成長がたどる軌跡が均斉的成長径路である。ハロッドの理論によれば、均斉的成長径路をたどるのは「ナイフの刃のうえを歩くようなもの」であり、奇跡的にしか起こりえない。つまり、資本主義は不安定性を特徴とするということだ。のちにエブセー・ドーマーという経済学者が同じような理論を唱えたことから、ハロッド型の経済成長理論はハロッド＝ドーマー理論とも呼ばれるようになった。

短期はケインズ、長期は新古典派

１９５０年代半ば、ハロッドが開拓した経済成長理論の分野に彗星のごとく登場したのが、ロバート・ソローだった。ソローはそもそも問題に取り組みはじめる前から、「資本主義は本質的に不安定である」と宣言するようなハロッド＝ドーマー理論に疑問をもっていた。ノーベル賞受賞記念講演でソローが語っている。

〈ハロッドの最初の「動態理論」の論文は一九三九年に、ドーマーのやはり最初の論文は一九四六年に発表されたことを念頭に入れておいていただきたい。成長理論はマクロ経済学の他の多くの分野と同様、一九三〇年代の大不況とやがてそれを終わらせた世界大戦の産物であった。そして私自身もその時代の産物にほかならないのである。ところがそうであるのに、私にはハロッド＝ドーマー・モデルで語られている話が間違っているように思われた〉

ケインズの『一般理論』から派生したハロッド＝ドーマー理論は、『一般理論』と同様、1930年代の大不況と第二次世界大戦の産物だとソローはみなした。「私自身もその時代の産物」というのは、1924年生まれのソロー自身、大恐慌と戦争を体験しているということだ。

第二次世界大戦が終結して10年もすぎると、世界の資本主義国は経済復興を経て成長期へとはいっていった。ソローには、大恐慌のトラウマにひきずられたような成長理論は時代感覚としてずれているように感じられた。そこでソローは分析モデルをつくる際、ハロッドらと異なる前提条件を置いた。意図的に、新古典派経済学に準拠する前提を採用したのである。

ハロッドらのモデルでは、ある一定の産出量を生産するのに必要とされる労働の雇用量と資本ストックは固定されていた。ソローは、生産要素である資本と労働には代替性があると仮定したのである。たとえば自動車を製造する際、ある工程でロボットを導入したほうが労働者を雇用するより生産費が安くすむ場合、労働者の雇用がロボットに置き換わる。こうした代替が時間をかけず、速やかに実現すると仮定するわけである。いいかえると、つねに財や労働の市場が均衡状態の達成に向けて十全に機能していると考えるのが、新古典派的な前提である。

ロバート・ソロー

ソローが導いた分析結果は、当初の目論見どおり、ハロッド

＝ドーマー・モデルが導いた悲観的な結論を退けた。「均斉的成長の径路は安定的となる」、いいかえると、「資本主義は安定性を特徴とする」というソローの理論は、新古典派成長理論と呼ばれるようになった。主流派経済学における「資本主義観の転換」といってもいいほどの場面転換である。

ここで素朴な疑問が頭をもたげる。ソローは盟友サミュエルソンと並んでアメリカ・ケインジアンの代表とみなされていたし、ソロー本人もケインジアンであると公言していた。だとすると、新古典派経済学の成長理論を確立したことと矛盾しないだろうか。ソローはこう釈明する。〈私が長い間考え続けてきたことは、私の考えを新古典派的な均衡体系に少しでも近づけることはできないのかということです。その新古典派的な均衡体系とは、単純に競争的な均衡ということではなくて、短期から中期にかけて、ケインズが主張したような硬直性や多様性などが混在しているような状態を意味しているのです〉（『マクロ経済学はどこまで進んだか』B・スノードン、H・R・ヴェイン著、東洋経済新報社）

短期、中期ではケインズの考察が有効だが、長期的にみれば経済は均衡状態を回復するとみなすことができるので、新古典派経済学を適用することができる。これが「ケインジアン」としてのソローの立場なのである。

ロバート・ソローの述懐

資本主義の性質の探究の意味合いを帯びる長期分析の研究で、ソローらアメリカ・ケインジアンたちは、「資本主義は不安定性を特徴とする」というケインズ直系のハロッドの成長理論を葬ったわけである。ところが、彼らに挑むように奇妙な分析モデルを引っさげ突如、登場した人物がいた。宇沢弘文である。

ソローを驚かせたのはまず、宇沢が「2階級、2部門」の経済を想定して分析していたことだ。「2階級」とは資本家階級と労働者階級である。宇沢は、「資本家は所得（利潤）をすべて蓄積して、労働者は所得（賃金）をすべて消費する」という仮定を置いていた。

もうひとつの「2部門」は、資本財と消費財である。資本財というのは、富を生産するために用いられる財で、代表的な例として機械装置のような固定資本が挙げられる。一方、消費財は消費を目的としておもに家庭が購入する財である。

ソローの分析モデルは、経済にはひとつの財しか存在しないと仮定する1財モデルであり、もちろん階級制社会は想定していない。モデルの前提以上にソローは、宇沢が導いた結論に、違和感というより不安をおぼえた。宇沢が開発した2部門モデルは基本的に新古典派の前提を踏襲した新古典派経済成長モデルであるのにもかかわらず、ソローが否定したハロッドを支持するような結論を導き出していたからである。

非常に興味深いエピソードがある。「2階級、2部門」を前提とした2部門モデルという着想を、宇沢はカール・マルクスの『資本論』から得たというのである。新古典派経済成長モデルを構築するのに、マルクス『資本論』が一役買っていたというのは奇妙だ。私のインタビューで宇沢は、『資本論』第2巻の資本蓄積過程の分析をなんとかして数理的に定式化して、新古典派経済学に移植できないかと考えていたといい、「その話をソローにしたら、とても驚いていたよ」と笑っていた。

ロバート・ソローに取材した際、このエピソードについてたずねると、それまで穏やかに話していたソローがおおげさともおもえるほど声を大きくして答えた。

「もちろん、ヒロの説明にびっくりしたことはいまでもはっきり覚えているよ！　そのときは、『私は正しい！　ヒロはまちがってる！』とおもいましたけどね。実際のところ、ヒロの2部門モデル分析は、マルクスの経済学とはまったく関係がないんですよ。たとえていうなら、モーツァルトにインスピレーションを得て作曲した音楽が、モーツァルトの音楽とは似ても似つかない曲になるようなものです」

モーツァルトの喩えはわかりやすい。宇沢の論文はたしかに資本家が利潤をすべて蓄積して、労働者はすべての賃金を消費してしまうという「マルクス的な仮定」になっているけれども、分析モデル自体は新古典派経済学の枠組みにおさまっている。ソロー・モデルと同じように資本と労働の代替性を仮定していて、はっきり新古典派に分類されるタイプの成長理論だ。

ただし、「マルクスの経済学とはまったく関係がない」というのは言い過ぎである。経済分析家としてのマルクスをリカードの系譜に連なる古典派ととらえるなら、話が違ってくるからだ。経済学の門外漢にはなかなか理解がむずかしい話を、宇沢の師であるアローがきわめて平易な言葉で解説してくれた。

「ヘーゲル主義を批判的に継承しての革命論とか、階級闘争の考え方とか、そういうマルクスの『思想』ではなくて、『経済学』においてマルクスが何をなしたかをみれば、実際のマルクスの経済学の内容というのはきわめて『古典派的』なのですよ。2部門を構成要素とする、とても古典派的な枠組みです。マルクスが考えたことと、デヴィッド・リカードやほかの（古典派の）伝統的な経済学者が考えたことは、異なる部分はあるけれども、すべてが相反するというわけではない。とりわけリカードは、確実にマルクスに影響を与えています。マルクス自身がそういってますからね。

ヒロが2部門モデルでやったことは、（生産財を）資本財と消費財に分けるという、マルクス、そしてリカードのアイデアを、近代経済学の理論で解釈し直すことでした。そうすると、驚くべき結果が導かれたわけです。（ソロー流の1部門分析の）ちょっとした修正といった類いのものではなく、実際、本当に新しい分析結果であり、きわめて重大な意味をもっていました。宇沢2部門モデルの論文があんなに有名になったのはそのためです。わたしは彼（の取り組み）は正しかったとおもいますよ」

アローは、宇沢が2部門モデルによって、新古典派的な分析に古典派経済学的な分析の視点を持ち込んだことを高く評価していた。ソローの1財モデルに対して、宇沢が資本財、消費財という2部門モデルを打ち立てたことは、ソロー・モデルの微修正などではなく、根本的な発想の転換だというのがアローの解説である。ソローもこういう説明なら、マルクスと宇沢の関連性を認めるだろう。

では、宇沢2部門モデルは、経済成長理論にどのような影響を与えたのだろうか。成長論の第一人者であるソローにたずねると、「うーん、それはとてもむずかしい質問だね」というようにつぶやいて黙り込み、しばらくしてからおもむろに説明を始めた。

「(宇沢が2部門モデルを発表した) 1961年以降、2部門モデルが1部門モデルにとって代わったわけではありませんでした。事実として、1部門モデルは重要であり続けたのです。なぜなら、1部門モデルで分析したら深く考察できる問題が、2部門モデルを用いるとそれほどうまくは分析できないといったことがあったからです。

しかしながら、2部門モデルは経済学に新たな問題の数々を提起することになりました。いわば、ひとそろいの問題群ですね」

ソローが言わんとしたのは、ソローモデルと宇沢モデルとでは、考察しようとする事柄が異なっていた、つまり、そもそも研究の狙いが違ったということだ。あとでくわしく触れるが、ソローは経済成長にとって技術革新が決定的に重要であることを明らかにした。一方、宇沢はロイ・ハロッドが示したような資本主義の不安定性を示唆する結論を導くことになった。

経済成長という長期分析は、資本主義のビジョンを描くことにもつながる。宇沢はソローと議論を戦わせるなかで自らの研究の方向性を見定めていくのだが、ふたりの立場の違いをくわしく見る前に、宇沢が独自の2部門モデルを開発した経緯をみてみることにしよう。

宇沢モデルの源流

宇沢は、マルクスの『資本論』が宇沢2部門モデルのヒントになったと説明していたが、そもそものきっかけとなった別の論文がある。日本人の経済学者が著した「資本と労働の均衡成長」という論文だ。著者は大阪大学に在籍していた新開陽一である。『インターナショナル・エコノミック・レビュー』創刊号(1960年5月号)に掲載された。同誌は大阪大学経済学部附属の社会経済研究所とペンシルバニア大学が共同で立ち上げた学術誌で、大阪大学側は森嶋通夫、ペンシルバニア大学側はローレンス・クラインが中心になっていた。

新開論文は、資本財と消費財の2部門モデルを用いて経済成長を分析していた。財を2部門に分けて考える発想は、宇沢とまったく同じである。「労働者は消費するが貯蓄しない。資本家は消費せず貯蓄だけをおこなう」という前提も、宇沢2部門モデルと同じだ。

じつは、宇沢は新開をアメリカに呼び寄せようとまでしていた。1960年9月からカリフォルニア大学バークレー校に移籍することが決まり、準備をしていたころだ。カリフォルニア大学バークレー校のロイ・ラドナーに手紙（1960年6月26日付）を出している。新開の「資本と労働の均衡成長」を紹介したうえで、宇沢はのべている。

《シンプルですが、すばらしい論文です。このところ日本の若い数理経済学者による経済学への貢献はわずかしかありませんが、そうしたなかで新開の論文は最良のものだとおもいます。来年度のあなたの研究プロジェクトに彼を参加させることはできないでしょうか》

ラドナーも優れた数理経済学者だ。だが、新開を招聘しようとした目的は、宇沢自身が彼と共同研究することにあった。結果的には、新開の招聘は実現していない。宇沢はラドナーに手紙（7月25日付）で、《モリシマから、新開氏の健康状態が悪いために訪米できない旨の手紙をもらいました》と報告している。「モリシマ」とは、森嶋通夫である。新開を招聘するための予算がすでに用意されていたので、宇沢は新開に代わる別の日本人経済学者の名前を複数あげているが、《新開を呼び寄せたいとおもったほどには熱心になれません》と落胆している。

ところで、新開論文には隠れた主役がいた。イギリスの女性の経済学者、ジョーン・ロビンソンである。新開の研究は、ロビンソンが著した『資本蓄積論』（原著の出版は1956年）の問題意識をそのまま引き継いだものだった。ロビンソンはケインズの高弟で、『資本蓄積論』はケインズの『一般理論』の動学化（長期化）を試みた研究だった。

ロビンソンは労働価値説は否定していたものの、マルクスの動学的な分析には学ぶところが多いと考えていた。『資本蓄積論』の基本的な分析モデルとなったのも、マルクスの拡大再生産表式にならった2部門モデルだった。資本財部門と消費財部門からなる2財の経済を想定し、経済は労働者と資本家の2階級で構成される。労働者は賃金をすべて消費し、資本家は利潤をすべて貯蓄して投資にまわす。新開の2部門モデルは、ロビンソンの「2階級、2部門の経済」をそのまま踏襲していた。「われわれのモデルの均衡成長がロビンソン夫人の『黄金時代』（ただし技術進歩がない場合）に該当することも明らかである」と新開は論文ではっきりのべている。

新開の論文に触発された宇沢は、ロビンソンの『資本蓄積論』にまっすぐ入っていった。そして、ごく短期間のうちに、「中立的技術進歩と均斉的成長の安定性」という論文を書きあげている。宇沢2部門モデルの論文の前に、助走となる別の論文を書いていたのである。

「中立的技術進歩と均斉的成長の安定性」で取り組んだのは、ロビンソンが「黄金時代（golden age）」と呼んだ概念を厳密に定式化することだった。ロビンソンは、資本と労働が一定の比率で増加する理想的な経済成長を「黄金時代」と名づけた。現実にはありえないことを含意しているのだが、ロビンソンは図示するだけにとどまっていた。宇沢は「黄金時代」を数学的に定式化した。「ジョーン・ロビンソンの定理」と名づけたのだが、経済学者に利用できるよう定式化したのは宇沢なので、「宇沢の定理」とも呼ばれた。

宇沢はこの論文を１９６０年６月28日付で『レヴュー・オブ・エコノミック・スタディーズ』の編集責任者アーシュラ・ヒックスに送っている。驚くべき短期間でロビンソンの論文を渉猟し、「中立的技術進歩と均斉的成長の安定性」を仕上げたことになる。つづいて宇沢２部門モデルの誕生を告げる論文「経済成長の２部門モデルについて」を発表するわけだが、この論文は１９６０年11月末にアーシュラ・ヒックスのもとに届いている。つまり、カリフォルニア大学バークレー校に着任早々、完成させていたことになる。新開の論文に刺激を受けてからわずか半年ほどで、二つの重要論文をものしていたわけだ。

宇沢は１９８３年にロビンソンが亡くなったときの追悼文で、宇沢自身の成長理論研究の出発点となった『資本蓄積論』がどのような位置を占める研究かを解説している。

ジョーン・ロビンソン

《アメリカ・ケインジアンとは対照的に、ジョーン・ロビンソンはマルクス経済学者によるケインズ解釈に同情的なものを多くもっていた。とくにそのなかでも、ポーランドの経済学者カレツキーの理論をきわめて高く評価し、カレツキーこそケインズ理論を正しく理解し、その発展に重要な貢献をしたと考えた。ケインズは『一般理論』を書いたとき、マーシャルの影響から逃れるために長い間苦闘をつづけなければならなかったと述べているが、カレツキーはマルクスの二部門分析から出発したため、問題の所在を誤りなくとらえることができ、投資決定のメカニズムと総雇用量との関係について、ときとしてはケインズよりも正確な分析を展開したとジョーン・ロビンソンは述べている。

しかし彼女は、カレツキーの分析においては資本に対する利潤率がどのように決まってくるのかという問題が未解決のまま残されていることを指摘する。同じ問題は、ハロッドが『経済動学序説』（一九四九年、高橋長太郎・鈴木諒一訳、有斐閣）で試みたケインズ理論の動学化についても存在するが、ジョーン・ロビンソンは資本の一般的理論の構築をはかり、経済発展の長期的分析という古典派経済学の主要問題に立ち返って考察を進めた。それは『一般理論』の動学化ないしは一般化を意味するものであって、やがて一九五六年に出版された大著『資本蓄積論』（杉山清訳、みすず書房）という形で集大成された》（「ジョーン・ロビンソンとその思想」『近代経済学の転換』岩波書店）

ミハウ・カレツキー（1899―1970）は『一般理論』と類似する内容の論文を、ケインズとはまったく独立に著したポーランドの経済学者だ。しかも、『一般理論』より3年も早く発表していた。カレツキーは経済学を始めたころから、マルクスの再生産表式に関心をもっていたという。ロビンソンがカレツキーと知り合うのはケインズが『一般理論』を刊行したあとだが、ロビンソンのマルクスへの関心はカレツキー経由という面があった。

宇沢が解説しているとおりカレツキーの2部門分析にロビンソンは注目したわけだが、じつはケインズの理論でも資本財の分析は理論の要となっている。

ケインズの『一般理論』は、有効需要の不足によって非自発的失業が発生するメカニズムを明らかにした。一方、新古典派経済学は理論上、非自発的失業の存在を認めない。その根拠が「セイの法則」である。経済学ではケインズが登場するまで、「供給はそれ自身の需要をつくりだす」という「セイの法則」が成立することを大前提にしていた。

フランスの経済学者ジャン＝バプティスト・セイ（1767―1832）は、部分的に生産物が過剰になることはあっても、経済全体としてみれば過剰な生産物は存在することはなく、供給は必ず需要をつくりだすという学説を唱えた。ケインズ『一般理論』のもっとも大きな貢献は、それまでの経済学が受け入れていた「セイの法則」を否定したことにあった。

森嶋通夫の『思想としての近代経済学』（岩波新書）によると、セイの法則は資本財が需要されなくなることで成立しなくなる。資本主義の初期段階では投資の機会がたくさんあったので、資本財は供給されれば需要された。だが、経済が発展して投資機会が少なくなると、資本財が供給されても必ず需要されるとはかぎらなくなった。こうした段階に入ったのは、第一次世界大戦の前ぐらいからではないかと森嶋はいっている。

セイの法則が成立しなくなると、資本財が供給されても需要されない事態が起きる。供給が過剰になると、資本財市場を均衡させるためには価格による調整ではなく、数量による調整が必要になってくる。資本財の供給が抑えられると、資本財産業における労働需要は減少する。このとき、労働市場で価格による調整が行われて過剰な労働供給が一掃されるなら、失業が発生する。森嶋はつぎのように解説する。

〈労働の場合、こうして一掃された過剰労働は、一見したならば、賃金下落により労働意志をなくして自発的に市場から退場した自発的失業者のように見えるが、それはもとをただせば、資本財に対する有効需要が少ないことにより、資本財供給を数量調整した結果生じた失業である。ケインズはこのような有効需要の不足に基づく失業は、一見自発的に見えても、彼のいう失業、すなわち非自発的失業として取り扱う〉

資本主義経済の安定性を調べる際、資本財の分析はきわめて重要なのだ。ソロー流の1部門分析が主流だった新古典派経済成長理論のなかで、新たに登場した宇沢の2部門分析が異彩を放った理由でもある。

もちろん、ソローが説明したように、ひとつの財だけを前提にすることで、焦点を絞ることができる問題がある。ソローは、経済成長の要素を資本ストックの増加、労働人口の増加、技術の進歩の3要素に分け、経済成長を達成するためには技術の進歩がきわめて重要であることをモデル分析によって明らかにした。それまで資本ストックの増加に注目が集まりがちだったので、技術の進歩が果たす役割の大きさを説得的に示したことは大きな貢献だった。

ソローの成長理論からは、「成長会計」と呼ばれる技術進歩率を推計する手法も生まれた。経済成長率から資本に起因する成長率と労働に起因する成長率を差し引いたものを「全要素生産性の増加率」として、技術進歩率を推計する手法である。全要素生産性の増加率（＝技術進歩率）は「ソローの残差」と呼ばれるようになった。ソローへの高い評価は、分析結果が有益な発見をもたらしたからなのである。

ケンブリッジ資本論争

宇沢の2部門モデルの論文を読んでソローが気がかりだったのは、論敵ジョーン・ロビンソンの濃い影が見えたことである。

ロビンソンが大著『資本蓄積論』を出版したのは1956年である。一方、ソローは「経済成長理論への一貢献」(1956年)、「技術の変化と集計的生産関数」(1957年)という2本の論文で経済成長理論の第一人者に躍りでた。ふたりは同じ時期、まったく異なる資本主義経済の分析を提示したわけである。

ロビンソンは、ケインズの理論を動学化するために、マルクスを介して古典派経済学の視点に立ち戻ろうとした。ソローは、ケインズの理論を完成させるためには長期分析に新古典派経済学を持ち込む必要があると確信していた。ケインズの高弟ジョーン・ロビンソンとアメリカ・ケインジアンのロバート・ソロー。両者は対決を避けることができない運命にあった。

しかも、長期分析をめぐる対立はふたりの確執をはるかに超え、イギリス経済学とアメリカ経済学の対決という様相を呈するまでになった。長期間にわたる論争の主役が、アメリカ側はマサチューセッツ州ケンブリッジのMITに在籍するソローとポール・サミュエルソン、イギリス側はケンブリッジ大学のロビンソンらだったことから、「ケンブリッジ資本論争」と呼ばれるようになる。

宇沢がロビンソンと初めて会った場所は、カリフォルニア大学バークレー校である。アメリカを訪れたロビンソンは、主要な大学で講演して回っていた。ケンブリッジ資本論争で、すでにソローやサミュエルソンたちと激しく対立していた時期である。宇沢は、ロビンソンの『資本蓄積論』に触発されて2部門モデルの論文を書きあげたばかりだったので、ロビンソンに強い関心をもっていた。出会いの情景を宇沢が回想している。

《一九六一年、ジョーン・ロビンソンは数カ月間にわたってアメリカの諸大学を訪ね、多くの経済学者たちと議論をする機会をもった。そのなかで、MITのサミュエルソン、ソローたちとの間に交された意見の交換は、彼女に強い衝撃を与えた。彼女はまず「生産関数の使用と濫用」と題するセミナーをおこなって、短期生産関数の意味について根元的な疑問を提起し、サミュエルソンたちに回答を迫ったのである。サミュエルソンはそれに誠実に答えることなく、逆に彼女に対して、揶揄的な言辞を弄したのであった。それを彼女がきびしくたしなめるという一幕もあった。

そのあと、ジョーン・ロビンソンはバークレーを訪れて、資本の計測性についての有名なセミナーをおこなった。当時私もバークレーにいて、これに出席した。彼女のセミナーは比較的小さなファカルティー・ルームでおこなわれたため、立錐の余地もない聴衆は、異様な緊張感につつまれていた。あとで知ったことだが、MITでの様子がすでにここにも伝わっていて、バークレーの若い人たちの間に、ジョーン・ロビンソンに報復しようという気運が澎湃として拡がっていたのであった。彼女が話し終えた途端に、デール・ジョルゲンソンが立ち上って、聞きとれないほどの早口で彼女の論点を批判し、問題点を指摘した。それは基本的視点にかかわるものではなく、むしろ枝葉末節にわたるものであったが、いかにもロビンソンの論点全体に欠陥があるかのような印象を与えた。彼女はそれに対しては必ずしも説得力をもった答を与えなかった。

セミナー終了後、私はジョーン・ロビンソンをキャンパス内の宿舎まで案内したが、途中、彼女がいかにもさびしそうに、なぜアメリカの若い人々はあのようなアグレッシブな態度をとるのだろうか、アメリカの社会的雰囲気を反映したものなのだろうか、と話していたのがいまでも強く印象に残っている。暮色濃いなか、うっそうとした巨木に囲まれたバークレーの小径を、彼女がインド式の肩掛けかばんを掛けて歩いていた姿がつい昨日のように思われるが、数えてみればすでに二五年も前のことになる》(『近代経済学の転換』)

カリフォルニアのロビンソンはまさしく異邦人だった。日ごろ親しくしている同僚のデール・ジョルゲンソンがまるで異教徒を排斥するような態度でロビンソンに食ってかかったことに宇沢は驚かされた。

このあと詳述するように、「資本の可測性」「生産関数」の問題は、ロビンソンが執拗に指摘していたアメリカ・ケンブリッジ側のウィーク・ポイントだった。アメリカの大学を訪れた際にもこの問題を指摘したのだが、サミュエルソンやジョルゲンソンたちからは感情をあらわにした反発がかえってきただけだった。

さびしそうに宿舎にひきあげるロビンソンに付き添った宇沢は、ケンブリッジ論争が単なる学問論争ではないらしいことにはじめて気づいた。

ジョーン・ロビンソンは不思議な経済学者である。経済学という学問に貢献したという点では誰からも偉大な研究者と認められながら、とりわけ晩年は「異端」、もっといえば「エキセントリックな研究者」とみなされることさえ少なくなかった。ロビンソンの立ち位置の複雑さを物語るのが、ノーベル経済学賞にまつわるエピソードだろう。経済学者トーマス・カリアーが、何度かノーベル経済学賞候補として名前が挙がりながら、ロビンソンがついに受賞しなかった事情を解説している。

〈ジョーン・ロビンソンは政治色が強すぎたから、あるいはせっかくの賞を辞退する恐れがあったために、経済学賞を逃したのではないかと一部では憶測された。選考委員会の委員長を務めたアサール・リンドベックはロビンソンが除外された理由をつぎのように打ち明けた。「賞を辞退する恐れもあったし、脚光を浴びる機会に乗じて主流派経済学を非難する可能性も考えられたからだ」。しかし、どちらの理由もロビンソンの経済学への貢献とは関係ないし、ほかの受賞者にこのような基準は適用されていない。辞退する恐れのあったジャン・ポール・サルトルはノーベル委員会から文学賞の受賞者に選ばれ、予想通り辞退している。理由はどうあれ、二十世紀最高の経済学者のひとりに数えられ、たまたま女性だった人物が、ノーベル賞を授与されなかったということだ〉(『ノーベル経済学賞の40年(上)』)

たしかにロビンソンなら、ノーベル経済学賞を受賞したからといって主流派経済学批判をやめることはなかっただろう。「経済学を学ぶ目的は、経済学者たちにだまされないための方法を修得することにある」などと警句を発するほど、主流派の経済学者を手厳しく批判していたからだ。20世紀最高の経済理論家であると同時に、主流派経済学の理論的な欠陥を指弾して止まない反逆者でもあった。

宇沢の心をたちまちのうちに摑んでしまったジョーン・ロビンソンとはどのような道を歩ん

できた経済学者なのだろうか。

反逆者の血

ジョーン・バイオレット・ロビンソンは1903年にイングランドのサリー州に生まれている。父親のフレデリック・モリスは第一次世界大戦でヨーロッパ派遣軍の参謀長（Major General）を務めたが、戦況を伝える政府の発表が実際の被害を過小評価していることを批判したため、ロイド・ジョージ首相に罷免された。ロビンソンの曾祖父ジョン・フレデリック・デニソン・モリスは、ロンドン大学で神学を講じる教授だった。キリスト教社会主義運動の指導者で、ロンドンに労働者大学を開校するなどした。「永遠の刑罰」を否定したために「危険な教説」を説いたと批判され、職を追われたという。ロビンソンは、権力や権威に屈しなかった一族を「反逆者の血」と表現してむしろ誇りとしていた。

ロビンソンはロンドンのセント・ポールズ女学院を卒業後、1922年にケンブリッジ大学のガートン・カレッジに入学した。セント・ポールズではおもに歴史を勉強していたのに大学で経済学を選んだのは、貧困や失業に関心をもっていたからだという。

ガートン・カレッジ入学当時をふりかえり、マーシャルの『経済学原理』が聖書のようだったとロビンソンはのべているが、実際、1920年代の経済学はアルフレッド・マーシャルの圧倒的な影響のもとにあった。ロビンソンはやがてマーシャル経済学から離れ、ケインズ革命に身を投じることになるのだが、最初に吸収したのがマーシャルの経済学であったという事実は重要である。

マーシャルは1890年に主著『経済学原理』を著し、1903年にはケンブリッジ大学に経済学部を創設した。「ケンブリッジ学派」の創始者となったマーシャルは英米の経済学者に広く影響を与え、この時代を代表する経済学者となった。

他国に先駆けて近代産業が勃興したイギリスでは、経済学の始祖アダム・スミスに始まり、本格的な分析家デヴィッド・リカード、先人の業績を見事に総合したジョン・スチュアート・ミルが古典派経済学を築き上げた。

マーシャルが『経済学原理』を出版した1890年にはジェボンズらの限界効用学説はすでに世に出ていたが、限界分析という新たな分析手法がすぐに浸透したわけではなかった。新旧の学説がせめぎ合い、ヨーロッパからはドイツ歴史学派の影響を受けるなど、経済学界は混沌とした状態にあった。限界革命の主役のひとりであるカール・メンガー率いるオーストリア学派と、グスタフ・フォン・シュモラー（1838―1917）などのドイツ歴史学派は、経済分析の方法をめぐって「方法論争」を繰り広げた。経済学は統計データや歴史資料を駆使しながら、帰納的に展開されるべきと考える歴史学派に対して、オーストリア学派は理論に基づく演繹が肝要だと説いた。

混乱した事態を収束させ、標準的な経済学を打ち立てたのがマーシャルである。『経済学原理』は限界革命の成果を取り入れながらも、ジョン・スチュアート・ミルまでのイギリス経済学の引き継ぐべき遺産を引き継ぎ、まさしく「新しい古典派」として著された。

ところが、『経済学原理』の出版をきっかけに、マーシャルを敵視するようになった経済学者がヨーロッパ大陸にいた。一般均衡理論の始祖ワルラスである。

マーシャルとワルラスの対立は、「部分均衡理論」と「一般均衡理論」という理論的な立場の違いに起因していた。ワルラスの一般均衡理論はすべての市場の相互依存関係を同時に考察しようとする。ワルラスと同様に限界分析の知見をもつマーシャルは、ワルラスのようなアプローチはあえて採用しなかった。マーシャルの分析は、部分均衡理論と呼ばれる。ある特定の市場（生産物市場や生産要素市場）のみを分析の対象として、価格や数量がどのようなメカニズムで決定されるのかを分析するからである。

一見すると、部分均衡分析は一般均衡分析に含まれているようにみえるがそうではなく、マーシャルは、現実に即した理論を構築するためにあえて「多数市場の相互作用」を一挙に把握するのではなく、特定の市場だけに焦点をあてる部分均衡分析を選んだのである。

マーシャルは、現実の時間の流れのなかで市場がどのように変化していくかに強い関心を寄せていた。マーシャルを乗り越えるために『一般理論』を著したケインズも、現実を重視して経済を分析するという点では、マーシャルの流れを汲んでいた。現実を重視する態度は、イギリス経験論の伝統に基づく姿勢といえるかもしれない。

一方、一般均衡分析の生みの親であるワルラスは、経済学を物理学や天文学のように数理的な科学として発展させなければならないと考えていた。ワルラスとマーシャルの対立、一般均衡分析と部分均衡分析の対立は、アメリカの経済学とイギリスの経済学の違いをみるときにも念頭に置いておいたほうがいいかもしれない。

ロビンソンが経済学を学びはじめたころ、経済学といえばマーシャル経済学だった。経済学徒はマーシャルが著した『経済学原理』によって限界分析を学ぶことができるようになった。ロビンソンもマーシャルの『経済学原理』を徹底的に習得して、1925年にケンブリッジ大学のガートン・カレッジを卒業した。翌年、ケンブリッジ大学で講師をしていた経済学者のオースティン・ロビンソン（1897—1993）と結婚した。オースティンがインドの若いマハラジャの家庭教師をつとめることになり、ロビンソン夫妻は結婚してから2年あまりをインドで過ごすことになった。ジョーン・ロビンソンのインドをはじめとする発展途上国への関心はこのころから始まる。

インドから帰国後、夫妻はともにケンブリッジ大学で研究生活を送る。ジョーン・ロビンソンは弱冠29歳で『不完全競争の経済学』（1933年）を著して、学界の注目を集めた。同時期にアメリカのエドワード・チェンバレンが著した『独占競争の理論』と並び、価格理論の古典的な業績となっている。

ロビンソンを不完全競争（完全競争が成立していない市場の状態）の研究に向かわせるきっかけを与えたのが、イタリアの経済学者ピエロ・スラッファ（1898—1983）だった。スラッファはマルクス主義者で思想家のアントニオ・グラムシと親交があり、グラムシがムッソリーニに投獄された後も支援していた。イギリス経済学界にスラッファの名が轟いたのは、ケインズが編集に携わっていた『エコノミック・ジャーナル』（1926年12月号）に「競争的条件の下での収穫の法則」を発表したときである。

スラッファは、競争市場の分析枠組みを用いて「収穫逓増」「費用逓減」を特徴とする規模の経済を説明していたマーシャルを批判した。権威が確立していたマーシャルの理論的な弱点を指摘したことが経済学界に衝撃を与えたのである。ケインズの招きを受け、スラッファはケンブリッジ大学に移った。インド滞在中のロビンソンもスラッファの論文に刺激を受けたひとりだった。帰国後に交流を深めるようになり、スラッファの影響のもとで『不完全競争の経済学』を著したのだった。

ロビンソンはその後、『不完全競争の経済学』の分析手法に不満をおぼえるようになった。マーシャル経済学の影響から完全には脱しきれていなかったからである。ちょうどこのころ、ケインズが著したばかりの『貨幣論』（1930年）を批判的に検討する少数の研究者グループが形成された。メンバーはジョーンとオースティンのロビンソン夫妻、ピエロ・スラッファ、リチャード・カーン（1905―1989）、ジェームズ・ミード（1907―1995）などで、「ケンブリッジ・サーカス」「ケインズ・サーカス」などと呼ばれた。若い研究者たちはケインズと頻繁に交流しながら、『一般理論』の執筆を手助けする役割を担うようになった。ケインズ革命を惹き起こす『一般理論』は、ケインズとケインズ・サーカスの協同作業によって生まれた作品だったのである。なかでもジョーン・ロビンソンとリチャード・カーンの理論的な貢献は大きかった。

ケインズ革命に加わったロビンソンは、『一般理論』が出版されるとすぐにケインズ理論の真髄をわかりやすく説いた『雇用理論入門』（1937年）などを著し、ケインズ経済学の啓蒙家としても活躍した。そんなロビンソンがカール・マルクスの著作を本格的に読み始めるのは、『一般理論』刊行から4年ほどが過ぎたころからである。すでに紹介したようにミハウ・カレツキーとの出会いによるところが大きかった。

「資本とはなにか」

マルクスの著作を渉猟しながら古典派経済学の重要問題へと立ち返っていったロビンソンは、「マルクス経済学に関するエッセイ」（1942年）のなかでのべている。

〈マルクスは、主として長期動態分析に関心をもっていたが、この分野はまだ未開拓のままである。正統派近代経済学派の分析は、均衡の概念と結びついていて、これにあまり貢献するところがない。そして、近代の理論は、短期の範囲をあまり出ていない〉

ロビンソンの問題意識は、『資本蓄積論』に結実した。ケインズ理論の動学化にはじめて挑んだのはロイ・ハロッドだが、ロビンソンはハロッドに触発されながらも独自の道を歩んだ。〈私は古典派を研究することによって、これらの考え方に到達したのではなかった。問題の提起は、私には「一般理論」の一般化として、すなわち、ケインズの短期的分析を長期の発展に拡充することとして、起ってきた〉

これは『資本蓄積論』（杉山清訳、みすず書房）の序文の言葉だが、ケインズの不均衡分析には古典派経済学に通じる問題意識があったともいえる。事実、ロビンソンはリカード（『政治経済学および課税の原理』）についてのピエロ・スラッファの考察に教えられるところが大きかったとも記している。端的にいえば、ケインズの『一般理論』を動学化する際、リカードやマルクスの古典派的な分析の視点が有効になるということだ。

ロビンソンはかなり早い時期（『一般理論』の出版前）から、新古典派経済学の限界生産力の考え方には疑問を抱いていた。

新古典派経済学は労働価値説を否定して、生産物の価格は需要と供給が等しくなるところで決まると考える。資本、労働、土地という生産要素の価格も、需要と供給によって決まる。生産要素の需要を説明する理論が限界生産力説である。資本の限界生産力（資本を一単位追加したときの生産力の増加）が利子率よりも大きい場合、企業は資本を増やしたほうが利益が出るので、投資をして資本を増加させる。企業は利益が出るかぎり、つまり、資本の限界生産力が利益率と等しくなるまで資本を増やすだろう。同じ理屈で労働の限界生産力は賃金率、土地の限界生産力は地代とそれぞれ等しくなるように定まる。

しかし、資本、労働、土地を同じように扱う限界生産力説には難点がある。新古典派は資本を物的な量として捉えるが、労働や土地と異なり、資本はそれ自体が生産物から構成されている。限界生産力を求めるには資本の量を測る必要があるが、資本に投入される生産物の価格は利子率が変化すると変化してしまう。逆に、資本の量が変化すると、利子率は動く。つまり、資本の量を求めるには利子率を確定しなければならないが、利子率を知るには資本の量を知る必要がある。イタチごっこのようになって結局、資本の計測ができないのだ。これが「資本の可測性」の問題である。

こうした問題に最初に着目したのはスウェーデンのクヌート・ヴィクセル（1851―1926）だが、ロビンソンはケインズ理論の動学化を試みるなかであらためて「資本とはなにか」という難題にぶつかった。新古典派経済学の資本理論、限界生産力の考え方を公に批判したのは『資本蓄積論』を上梓する3年前で、『レヴュー・オブ・エコノミック・スタディーズ』（1953年1月号）に発表した「生産関数と資本理論」においてだった。

〈資本の定義は、それ自体としては純粋に形式的な問題にすぎない。しかし、その意味するところは重要である。「リーツ」という概念によって、新古典派の経済学者たちは、自由放任主義に対する弁護を復旧し、『一般理論』を去勢してしまったからである。さらに、市場の自由な働きによって、効率だけでなく社会的公正までも保証されるという教義まで再確立したのである。これは非常に悲しいことだと思う。ケインズによって射し始めた曙の光が覆われてしまったのだ〉(『資本理論とケインズ経済学』山田克巳訳、日本経済評論社)

「リーツ(leets)」とは、新古典派経済学者が想定する資本の測量単位のことである。資本の計測問題では、かつてケインズ・サーカスでロビンソンの仲間だったジェームズ・ミードが、さしあたって「steel(鉄鋼)」を計測単位とすればどうかと提案していた。ロビンソンは「steel」を単位に資本が計測できるなどというのはナンセンスだと批判して、綴りをひっくり返して、「leets」と呼んで揶揄したのである。

ロビンソンによれば、新古典派が採用する資本の定義は、ケインズが編み出した不均衡を分析する視点を失わせ、『一般理論』以前の自由放任主義を支持する経済学を復活させることにつながる。ロビンソンの「生産関数と資本理論」は、ケンブリッジ資本論争の始まりとされている。

「資本とはなにか」という問題をめぐって、ロビンソンはアメリカ経済学界を代表するサミュエルソンやソローたちと闘わざるをえなくなった。資本論争は、ソローたちが長期分析に用いる集計的生産関数を、ロビンソンたちが糾弾するという展開になった。集計的生産関数は、多種多様な資本設備をすべて足し合わせた集計的資本という概念を前提にしなければ成り立たない。ロビンソンが『異端の経済学』(宇沢弘文訳、日本経済新聞社)で説明している。

〈ケインズ革命の核心は、人間の生活は時間を通じて行なわれるということをはっきり認識したことであった。すなわち、変えることのできない過去とまだ未知の将来との間に、たえず動きつつある瞬間において人間は生活しているのだということをはっきり認識したことであった。ところがケインズ以後において、前ケインズ的な理論を復活させるために時間を廃止してしまうことが必要となってきた。このことは、「資本はいつでも自由にそのかたちを変えることができる」という仮定を通じて行なわれた。すなわち、ある特定の産出物をある特定の技術によって生産する生産能力に対する設備投資が、どの時点でも、他のどのような産出物をどんな技術を使って生産する設備になんのコストもかけないで自由に変えることができるということである。

二〇年間にわたって、このような見方は、「資本の可測性」にかんする論争にすり変えることによって守られてきた。しかし、この問題は可測性または「資本」とはまったくかかわりのないことである。それは、過去と将来との間になんの差異も存在しないという仮定のもとで、成長の問題を考えようとするための手段にすぎなかったのである〉

サミュエルソンやソローたちの活躍によって、ケインズの理論と新古典派理論を折衷した「新古典派総合」を標榜する経済学が主流を占めるようになった。ロビンソンは、新古典派総合経済学を唱えるアメリカ・ケインジアンたちを「バスタード・ケインジアン（似非《えせ》ケインジアン）」といってなじった。ロビンソンはケインズが『一般理論』を執筆する手助けをしたケインズ・サーカスの中心人物であり、ケインズの思考過程をもっともよく知る理論家だ。「バスタード・ケインジアン」と批判されれば、サミュエルソンやソローたちも黙っているわけにはいかない。

とりわけソローは新古典派経済成長理論のパイオニアであり、主流派経済学の主要テーマにまで引き上げた立役者である。20年あまりにわたるケンブリッジ資本論争は多くの経済学者を巻き込むことになったけれども、両陣営から代表ひとりをあげるなら、イギリス側はジョーン・ロビンソン、アメリカ側はロバート・ソローである。

ソローにインタビューする際、ぜひとも聞きたかったことがあった。ケンブリッジ資本論争について宇沢とどんな議論を交わしていたのかということである。というのも、資本論争でロビンソンと激しくやりあっているとき、ソローは宇沢と経済成長理論をめぐって濃密な議論を重ねていたからだ。資本論争に対する宇沢の本音を知ることができるかもしれないと期待しながら質問すると、ソローから予想外の言葉がかえってきた。

「その問題については、ヒロとはほとんど話すことはなかったね。もちろん、彼がロビンソンと親しいことは知っていましたけれども」

不思議なことに、ケンブリッジ資本論争の主役であるロバート・ソローとジョーン・ロビンソンはともに宇沢弘文が敬愛する経済学者であり、ともに宇沢の親密な友人でもあった。資本論争に関してはさまざまな解釈があるが、少なくとも、当事者であるロビンソン、ソローにとっては実りのある論戦とはいえなかった。長いあいだ激しく論を戦わせたにもかかわらず、ふたりは最後まで理解しあうことはなかったからだ。

しかし、これが二つ目の不思議なのだが、宇沢独自の経済学が、ロビンソンとソローの深い断絶のなかから生まれたことも確かなのである。

第7章

別れ

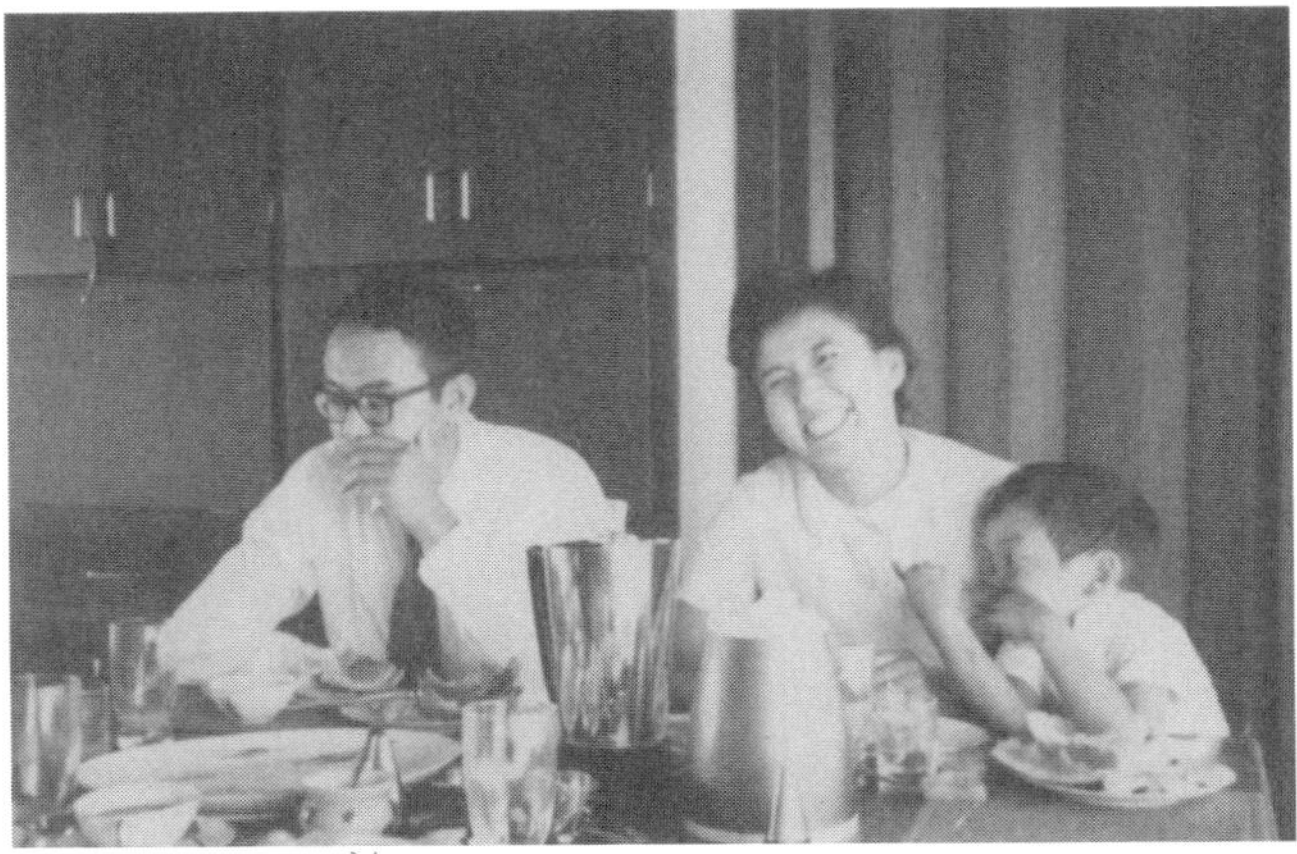

家族との団欒《らん》の一時に、しばし考え込んでしまうことも

イギリス経済学 vs.アメリカ経済学

20世紀後半に理論経済学者として活躍した日本人といえば、まずはふたりの名が挙がる。宇沢弘文と森嶋通夫。イギリス経済学界で活躍した森嶋は、宇沢より5歳上である。あたかも棲み分けするようにそれぞれアメリカとイギリスで活躍して、国際的に認められるようになった。

1923年に大阪市で生まれた森嶋は、京都大学経済学部で青山秀夫に師事した。青山は東北大学の安井琢磨とともに「東の安井、西の青山」と称される数理経済学者だった。青山の勧めでジョン・ヒックス（1904―1989）の『価値と資本』に取り組むようになった森嶋は数理経済学者として頭角をあらわすが、人事をめぐるゴタゴタが原因で助教授のときに京都大学を去り、大阪大学に移った。

阪大では社会経済研究所の前身である社会経済研究室に在籍した。同僚には、宇沢の盟友稲田献一もいた。社会経済研究所は安井琢磨を所長として迎え入れたが、数理経済学の拠点となっていくうえで森嶋の存在は大きかった。ところが、またもや人事をめぐる確執が原因で1960年代末に大阪大学を去ることになり、イギリスのエセックス大学に移った。1970年にロンドン・スクール・オブ・エコノミクス（LSE）の教授に就任して以後、LSEの理論経済学者としてイギリスで活躍した。

日本の経済学界を脱出する際、なぜアメリカではなく、イギリスを選んだのか。その理由を自伝『終わりよければすべてよし』（朝日新聞社）で森嶋が語っている。

イギリスに渡るころ、森嶋は、ヒックスの『価値と資本』の体系を数学化するという研究上の課題をほぼ成し遂げていたという。数理経済学者として歩んでいた森嶋は、ヒックスの『価値と資本』には惹きつけられたけれども、ポール・サミュエルソンの『経済分析の基礎』にはほとんど感銘を受けなかった。

経済学の数学化に多大な貢献をしたと評される『経済分析の基礎』だが、森嶋にとっては、役に立つか立たないかわからない分析の道具が展覧されているだけで、「玩具箱を引っ繰り返したような書物」にすぎなかった。サミュエルソンについての森嶋の解説は専門的でむずかしいが、アメリカ経済学の特質に触れていること、さらにいえば、宇沢のサミュエルソンに対する評価が一貫して厳しかった理由を考えるうえでも参考になるので紹介しておく。

〈専門家のためについでに言っておくと、なるほど彼は、revealed preference の公理を導入して、ヒックスの限界代替率という概念を追放し、ワルラスが「効用理論」から導き出そうとした全てを導き出して消費者理論を完成させた人だということも出来る。確かにそうだが、この公理は同時に限界代替率を不要にするので、代用財、補完財を定義できなくなり、経済分析を薄っぺらなものにしたという弱点を持つ。たしかにアメリカの形式的なモデル分析は、平明で操作しやすいが、人間行動の深層や社会経済という巨大な機構の詳細を見ないで済ますという弱点を持っている。私は、このように大学院修了以後ほぼ一貫して考えていたから、当時興隆しつつあったアメリカには興味を持たず、落日のイギリスから学ぼうとしたのかもしれない〉

ジョン・ヒックスをはじめ、ロイ・ハロッド、ジョーン・ロビンソン、ニコラス・カルドアなどから認められてイギリスの経済学界に迎え入れられた森嶋は、ケンブリッジ資本論争では、ロビンソンらイギリスのケンブリッジに賛同していた。

森嶋通夫

社会全体の経済成長を明らかにするためには、個人や個々の企業の動きをまず分析しなければならず、あらかじめ社会全体の生産関数や貯蓄関数を仮定する行為は、大きな誤差が生まれる原因となる。ロビンソンのソローに対するこうした批判は、森嶋によれば、ケインズ理論の動学化を初めて試みたハロッドも共有していた問題意識であり、森嶋自身も同じ意見だった。

資本論争にからめた経済成長理論についての森嶋の解説で目を引くのは、アメリカでは簡単な1部門、2部門のモデルを仮定することで、モデルの経済の動きについて法則ないし定理を導き出していると指摘しながら、2部門モデルの開発者である宇沢をはっきりと「アメリカの経済学者」に分類していることだ。

経済学界の中心がイギリスからアメリカへと移ったことに関連して、森嶋は、イギリスの経済学の全盛期は1960年代半ばまでだったとのべている。一般的な見方より全盛期が長いのは、イギリスの経済学を評価していたからだろう。それはともかく、経済学の中心がアメリカへと移っていく際、イギリスの経済学者たちがどのように反応したかをイギリス経済学界にいた森嶋が語っている。

〈経済学におけるパクス・ブリタニカの時代は終わろうとしており、イギリスからアメリカに支配権がバトン・タッチされることは明白であった。当然のこととしてイギリスの経済学者は挫折感と共に焦燥感を募らせていた。したがって彼らは、先に見たロビンソンが顕著にそうであるように、アメリカ経済学に批判的であった。ケインズ左派の彼女だけではない。右派のハロッドもすぐ後に見るように、彼の領域でのアメリカの立役者であるソローに批判的であった。主権の交替に超然としているかに見えたヒックスでもアメリカの新進気鋭と一緒になって競争する気はあまりなかったように思える〉

森嶋がイギリス全盛時代の終わりとしている１９６５年時点の年齢をみると、世代の交替ぶりがはっきりとわかる。イギリス側はジョーン・ロビンソンが62歳、ハロッドは65歳、ヒックスは61歳、ジェームズ・ミードは58歳。一方、アメリカ側はサミュエルソンが50歳、トービンは47歳、アローは44歳、ソローは41歳、そして宇沢はまだ37歳である。

後に詳しく触れるが、１９６６年秋から1年間、宇沢はケンブリッジ大学で研究生活を送る。森嶋の解説に照らせば、英国経済学の全盛時がちょうど終焉したころである。いいかえると、ジョーン・ロビンソン、リチャード・カーン、ジェームズ・ミードたちから、宇沢はぎりぎりのタイミングでイギリス経済学界の学問的、精神的な遺産を引き継ぐことができたわけである。

凋落していくイギリス経済学の側からみれば、ケンブリッジ資本論争が、たんに経済理論上の対立であるだけでなく、経済学の覇権がイギリスからアメリカへと移る過程で起きた、ふたつの経済学界の摩擦現象でもあったことがよく見える。

ソローの説得

宇沢がカリフォルニア大学バークレー校からスタンフォード大学に戻ったのは、「宇沢2部門モデル」誕生を告げる論文を『レヴュー・オブ・エコノミック・スタディーズ』(1961年10月号)に発表したころだった。発表前のディスカッションペーパーの段階から反響は大きかったから、1年前にスタンフォード大学にいたころとは別人のような知名度を獲得して戻ってきたことになる。しばらくすると、ソローがスタンフォード大学に隣接する研究所で長期滞在することになり、ふたりは頻繁に会って議論を交わすようになった。議題はもちろん、経済成長理論である。

焦点のひとつが、「報酬すべてを消費する労働者」「報酬すべてを貯蓄する資本家」という、宇沢の2階級の前提だった。根拠が薄弱であるとソローに指摘され、宇沢は認めざるを得なくなった。

だが、ソローのほうも内心驚いていた。宇沢は、新古典派経済学と古典派経済学の基本的な違いに無自覚といっていいほどの注意しか払っていない。それが意外だったのだ。ソローは私のインタビューのなかで、意味深ないいまわしで若き日の宇沢を語っていた。

「ヒロは本当に非凡な人間だったとおもいます。ただ、若いころは、彼に経済学の知識が豊富にあったというわけではありませんでした。彼自身がいっていたけど、どうやら日本にいたころはマルクス経済学を勉強していたようですね。だけど、彼は経済学を学ぶことに対してほんとうにイノセントでした。驚くべき早さで、経済学の知識を吸収していったのですよ」

驚くべき早さで知識を吸収していったというのは掛け値なく褒め言葉だが、裏を返せば、渡米したばかりのころの宇沢の経済学の知識はバランスを欠いていた、もっといえば十分ではなかったということにもなるだろう。

経済成長理論をめぐる宇沢とソローの度重なる意見交換は濃密な対話となり、ときに激しいやりとりにもなったけれども、基本的にはソローが宇沢を説得する形で進行した。結局、宇沢はソローの批判を受け入れ、マルクス的な2階級の前提を放棄した。『レヴュー・オブ・エコノミック・スタディーズ』（1962年6月号）に発表した「On a two-sector model of economic growth, II」で、宇沢2部門モデルの新たなヴァージョンを提示したのである。

のちに宇沢は、最初の2部門モデルを「マルクス的な経済成長理論」と呼んだりしているが、改良されたモデルはより明確に「新古典派の2部門モデル」となり、世界の新古典派経済学者たちがこぞって利用するようになったのもこちらのモデルである。

宇沢の2部門モデルでは、消費財を生産する部門と資本財を生産する部門に希少な生産資源をどのように配分すれば、どのように経済が動くかを分析できる。すでに説明したように、資本主義の安定性を調べる際、資本財の市場が鍵となる。実際、新たなヴァージョンの2部門モデルでも、宇沢は旧モデルと同じように資本主義の不安定性を示唆する結論を導いている。

1部門だけのソローのモデルでは資本財の市場に焦点をあてた分析はできないから、アローが高く評価していたことからもわかるように、改良されても宇沢2部門モデルが意義を失ったわけでない。ただ、もともとロビンソンの『資本蓄積論』から出発して開発された経緯を考えると、より新古典派的なモデルに改良したことは、古典派経済学の問題意識に立ち返ることでケインズの理論を動学化しようとしたロビンソンの立場からは遠のいたといえる。「ソロー vs. ロビンソン」の構図でいえば、宇沢はソロー側に引き寄せられたわけである。

ソローは当時の宇沢について、「経済学を学ぶことに対してほんとうにイノセントでした」と語っていたけれども、この言葉はお世辞ではない。宇沢は、ソローの説明に正当性があるから、批判を受け入れて態度を改めた。「イノセント」であるがゆえに、自分が「新古典派経済学者」にほかならないことを強く再認識させられたのである。

後年、宇沢はロビンソンと対談したおりにこのころの心境を素直に語っている。紹介するやりとりは1973年2月に箱根で行われた対談からで、宇沢はすでに新古典派経済学を批判する立場を鮮明にしていた。

〈**ロビンソン**　宇沢教授に一つ伺いたいが、あなたはモデル・ビルディングにすぐれた経済学者として令名が高い。しかし、現在ではそれが不毛であると自覚されているような印象を私は受けた。そのきっかけはどのようなところにあったのですか。

宇沢　私がいわゆる経済成長の「二部門モデル」を定式化した論文を書いたときのエピソードをお話するのがいいと思います。そのモデルは、経済は資本家と労働者という二つの対立する階級から成り立っており、労働者の関心は自らの生計を維持するための所得を得ることにあり、資本家の関心はできるかぎり投資を増大することにある。つまり、資本は自己増殖に関心をもつある種の組織体もしくは動物としてとらえられていたのです。

この論文に対する当時の同僚の大部分は、モデルの前提に当惑を示して、とくにサミュエルソンとソローはもっとも批判的でした。そのとき私は経済に対する見方にきわめて著しい違いがあると感じたわけですが、私自身、アローやソローのもとで長い間研究をつづけ、あまりにも一般均衡分析的なアプローチに染まりすぎていたと認めざるをえません。

ところで、この二部門モデルは、資本主義経済に固有の多くの問題を考えるための一つのパラダイムを意図していたのですが、分析方法があまりにもワルラス的だったために意図に反した反応を招くことになったし、また、その後この考え方に沿った研究の多くも、経済学的な意味を検討することなく、モデルの数学的側面の拡張が中心におこなわれていった〉(『現代経済学への反省』岩波書店)

「私自身、アローやソローのもとで長い間研究をつづけ」という宇沢の発言は、“I have to confess that I was a student of Arrow and Solow for a number of years.”を訳した文章だ。「経済学という学問をアローとソローから学んだ」という気持ちを強く持っていたことがうかがえる。

スタンフォード大学に呼び寄せてくれたアローが恩師であることはわかるが、なぜソローが「先生」だったのか。この疑問は、当時の経済成長研究の特質を踏まえなければ解けない。

アメリカの経済学界では、影響力のある理論経済学者が発展途上国の問題に専心する事例はまれだった。第二次世界大戦後、アメリカは順調な成長軌道に乗っていた。第二次世界大戦後からベトナム戦争が始まるまでの時期は、超大国へと成長したアメリカが圧倒的な経済力と軍事力で「パックス・アメリカーナ」を実現させた時代である。

関心が発展途上国に向かなかったもうひとつの理由として、経済学の重要課題が数学化の進展にあったことがあげられるだろう。宇沢もそのひとりなのだが、この時期、経済学界の「先頭集団」はおしなべて数学化を推し進める作業に注力していた。発展途上国の問題に取り組む経済学者は高度な数学は用いず、文章表現が中心の「記述的な経済学」を展開する傾向にあった。発展途上国の経済発展はその国特有の事情に左右されやすく、質の問題より量の問題を重視する数理的モデル分析はあまり効果を発揮しないという事情もあった。

端的にいえば、経済成長理論はおもに先進国を対象とする「経済成長の研究」、発展途上国を念頭においた「経済発展、経済開発の研究」に二分された状態になっていた。ちなみに、「低開発国（underdeveloped countries）」「後進国（backward countries）」などいろいろな呼び方をされていた国々は、やがて「発展途上国（developing countries）」と呼ばれるようになる。

先進国と発展途上国の格差問題は、先進国の多くが北半球にあり、発展途上国は北緯30度以南に多かったことから、「南北問題」と呼ばれた。長期分析の研究領域は、まさに南北問題がそのまま反映されるような状況になっていたわけである。

ソローの関心は明瞭だった。「一般均衡理論の動学化（長期化）」である。分析対象はもっぱら自国アメリカだ。「技術の変化と集計的生産関数」（１９５７年）は、アメリカの経済成長の要因を「資本の蓄積」「労働力の増加」「技術の進歩」の三つに分解して、それぞれの要因がどれだけ成長に貢献したかを実際に計測する画期的な研究だった。経済統計に基づいて20世紀前半のアメリカにおける「集計的生産関数」を実際に計測し、技術革新がきわめて大きな役割を果たしていることを実証したのである。

ケネディ大統領のブレイン

ソローの実践的な態度は、現実の政治にコミットする動機ともなった。アメリカでは1961年1月、史上最年少(43歳)のジョン・F・ケネディ大統領が誕生した。ルーズベルトが「ニューディール」を掲げたように、ケネディは「ニューフロンティア」政策を唱えた。西部開発時代の開拓者精神の復活をイメージさせるキャッチフレーズだが、ケネディ政権時代、「ニューフロンティア」にひっかける形で「ニュー・エコノミクス(新しい経済学)」という言葉が生まれた。ケネディ大統領のブレイン組織である大統領経済諮問委員会(CEA)に気鋭の経済学者が招集され、成果を挙げたからである。CEAで活躍したひとりが、ロバート・ソローである。

ケネディ大統領のCEAの委員長はウォーター・ヘラー(1915―1987)で、メンバーはロバート・ソローのほか、ジェームズ・トービン、アーサー・オーカン(1928―1980)などアメリカ経済学界の精鋭が結集していた。CEAにはケネス・アローも関わっていた。

ケネディ大統領のニューフロンティア政策には、ソローの専門領域である「経済成長の促進」という目標が掲げられていた。ソローは、CEAの若手スタッフを指導して、完全雇用の状態を達成するためにはどれくらいの投資水準が必要なのかなど、ケインズ経済学を現実に適用する形で具体的な数字をはじき出し、政策の運営指針を与えた。

ソローは1961年から1962年にかけて、MITを離れてフルタイム(常勤)でCEAの仕事をしていた。ケネディ大統領のブレインに選ばれた際、ソローは宇沢に、「どういう内容であれ、君が論文を書いたら必ず送ってほしい」とわざわざCEAの住所を伝えてから首都ワシントンへと旅立った。2部門モデル分析の進捗状況が気になっていたようだ。

ソローがスタンフォード大学近隣の研究所に滞在して宇沢と濃密な対話を交わすようになるのは、CEAでフルタイムの仕事を終えてからである。ソローはその後も顧問のような立場でCEAと密接に関わり、結局、ジョンソン大統領の任期が切れる間際の1968年まで大統領のブレイン組織で活動した。

宇沢の「先生」役をつとめたソローは、経済成長理論の第一人者というだけでなく、アメリカ大統領のブレインでもあったのである。政権と関わっていたのは、ソローだけではない。ケネディ大統領誕生とともに、宇沢の周囲の経済学者たちは急にあわただしくなった。ケネディ大統領のCEAは経済学界の選りすぐりを集めたような顔ぶれだったので、宇沢からすると、ソローやアローのように親しい友人であったり、学問上でつきあいのある顔なじみが多かった。

CEA委員長に就任したウォーター・ヘラーとも知り合いだった。ミネソタ大学の経済学部長だったヘラーが、ヘッドハンティングしようとして宇沢に接近していたからだ。宇沢がカリフォルニア大学に移る直前だった。「ミネソタ大学経済学部准教授の椅子を用意しているのでぜひ来てほしい」旨の書簡をヘラーは宇沢に送っている。

ミネソタ大学には宇沢の親友レオニード・ハーヴィッツがいたので、スタンフォード大学を離れるという話をいち早く聞きつけたのだろう。宇沢は断ったが、ヘラーの勧誘は執拗だった。話を打ち切ったすぐあとにヘラーがCEA委員長に就任したので、宇沢も驚いたにちがいない。

ケネディのCEAには経済学界の精鋭が集まったとのべたが、サミュエルソンは正式メンバーではなかった。ケネディ大統領は当初、サミュエルソンをCEA委員長に据えようとしたものの固辞されたため、ヘラーが就任したといわれている。サミュエルソン本人もつぎのように語っている。

〈モーゼのように、PAS（筆者注：サミュエルソンを指す）がポトマック川を越えて約束の地に渡ることはなかったが、黒幕としてケネディ経済諮問委員会のウォルター・ヘラー（Walter Heller）、ジェームズ・トービン（James Tobin）、カーミット・ゴードン（Kermit Gordon）のような偉大なヨシュアを、背後で操作することを楽しんだ〉（『経済学を変えた七人』）

サミュエルソンはあえて名前を挙げていないが、MITでは研究室が隣同士で公私ともども親しいソローと常時連絡をとりあっていただろうことは想像に難くない。つまりは、ケネディ大統領のブレイン組織を担ったのはアメリカ・ケインジアンたちであり、彼らの経済学が「ニュー・エコノミクス」と広く呼ばれるようになったのである。

もとよりCEAの考えがすべて政策として実現するわけではないが、第一線の学者が大統領ブレインとして影響力をもったことはアメリカ経済学界、とりわけアメリカ・ケインジアンにとっては大きな出来事だった。ケネディ政権滑り出しの時期、ソローなどといっしょにCEAを支えたジェームズ・トービンが回顧している。

〈一九六二年一月の『経済白書』は、われわれの理論を当時のアメリカ経済、世界経済の状況に応用したものであり、いわばわれわれの経済学の宣言《マニフェスト》である。報道関係者はそれを「新しい経済学」と呼んだが、それは基本的には、一〇年前からわれわれが開発し練り上げてきたケインジアンと新古典派経済学の統合であった。白書は、ヘラー、ゴードン、ソロー、オーカンそしてトービンを主な執筆陣とした集団的努力の結晶であった。それは私の個人的著作目録には入っていないが、公文書であると同時に専門的な経済学の仕事でもあると誇りに思っている〉(『経済学を変えた七人』)

ケネディ大統領はニューフロンティア政策で経済成長の促進や貧困対策を謳っていたが、ケネディ政権誕生後、実際に実質国民総生産が伸び、失業率が低下して貧困層の割合も減少した。そのため、CEAの経済学者たちが掲げた「ニュー・エコノミクス」も高い評価を受けたのである。ソローらの活躍はアメリカ・ケインジアンが経済学のスタンダード、主流派となったことを世界に印象づけることにもなった。

成長理論と「南北問題」

宇沢が2部門分析モデルを手にして経済成長理論の研究を始めたころ、ケネディ政権のブレインとなったアメリカ・ケインジアンたちは政治との関係においても絶頂期だった。そうした時期に、アメリカ・ケインジアンと闘っていたのが、ジョーン・ロビンソンだった。落日のイギリス経済学界からやってきたロビンソンを、サミュエルソンをはじめとするアメリカの経済学者たちがまるで異教徒を排撃するように攻撃したことは前章で触れたとおりだ。

ロビンソンとソローの対立が抜き差しならないものになったのは、そもそも経済分析に取り組む目的が異なっていたことも一因だった。

ロビンソンは、早くから発展途上国の問題に目を向けていた。23歳でオースティン・ロビンソンと結婚した際、オースティンの仕事の関係で2年あまりインドで生活した経験が契機になったといわれている。実際、その後もインドには度々足を運んでいる。

ロビンソンは、先進国と発展途上国をはっきり分けて考えていた。先進国は、資本の成長率が人口の成長率を上回る傾向にあり、課題は資本設備の過剰だ。これを解決するためには、政府が有効需要を創出するケインズ政策は有効である。しかし、発展途上国の場合、そうはいかない。人口の成長率が資本の成長率を上回る傾向にあり、いわばマルサスが指摘した人口問題を想起させるような状況下では、ケインズ政策は効果を発揮しない。資本の過剰ではなく、むしろ資本の不足が問題となるからだ。

工業化が遅れている発展途上国の経済を発展させるためには、社会主義的な計画経済が有効だとロビンソンは説いた。政府が主導して、先進国の工業化の過程を最短距離でたどることができれば、いちはやく工業化を果たすことができるという理屈である。こうした考えは、発展途上国の問題に取り組む研究者のあいだでは珍しい見解ではなかった。

経済成長論が先進工業国を対象とする経済成長理論、発展途上国を対象とする経済発展理論に分化するなかで、ソローがアメリカの成長問題に実践的に取り組んだのに対して、ロビンソンは資本蓄積論で発展途上国をも視野に入れた理論の構築を目指していたといえる。

こうした背景を考えると、ソローの成長理論が経済成長の安定性を強く主張し、ロビンソンの分析が安定性を否定する傾向をもったことも理解しやすい。ソローの分析は史上かつてないほどの順調な成長を続ける第二次世界大戦後のアメリカあるいは先進工業国を念頭においたものであり、一方、ロビンソンは地球規模での経済的格差、いわゆる「南北格差」を分析対象にしようとしていたとも解釈できるだろう。

新古典派と古典派の分析方法の違いについて、ロビンソンは強いこだわりをもっていた。限界分析を用いる「限界革命」によって、経済学の主流は古典派から新古典派に交代した。通常、この移行は発展として語られるが、ロビンソンは独自の解釈をほどこした。

ロビンソンによれば、新古典派が古典派に勝利したのにはふたつの原因がある。ひとつは、「水とダイヤモンドのパラドックス」に象徴される純粋に理論上の理由である。古典派に解けなかった問題が限界効用の分析で説明できたということだ。

ロビンソンが指摘するもうひとつは、政治的あるいはイデオロギー上の理由だ。ロビンソンはこちらのほうが新古典派の勝利に貢献したと強調する。ジョン・イートウェルとの共著『現代経済学』ではつぎのように解説している。

〈しかし、古典派の支配に終焉をもたらしたものは、純粋理論の弱点であるというより、政治的環境の変化であった。古典派の学説は、もっとも自由主義的なかたちでも、社会階級の経済的役割と階級間の利害対立を強論した。19世紀の終り頃には、社会的対立の焦点は、資本家と地主の敵対関係から、資本家に対する労働者の抵抗に移っていった。マルクスの著作が惹き起こした不安と恐怖は、ヨーロッパ全土に及んだ１８７１年のパリ宣言の影響を通じて、いっそう激化していった。対立を示唆するような学説はもはや望ましいものではなくなり、社会階級の敵対関係から注意をそらすような理論が大いに歓迎されたのである〉〈新しい経済学でも、社会階級の存在は完全には無視することができなかったが、議論の要点は、個人の立場に集中され、判断の基準は、個人主義にもとづいて構成されていった〉（『現代経済学』宇沢弘文訳、岩波書店）

新古典派成長理論への疑問

経済の長期分析が先進資本主義国をおもな対象とした新古典派的な成長理論と発展途上国を対象とした経済発展論に分岐したという話をしたが、ソローとロビンソンの立場は両者の関係に対応しているともいえる。いささか奇妙なのが、宇沢の立場である。

宇沢は、新古典派成長理論に分類される2部門モデルをソローと切磋琢磨するなかで深化させた。だが一方で、経済発展論や南北問題にも強い関心を寄せていた。むしろ、関心の比重は後者にあった。ソローの説得を受けながらも2部門モデルにこだわりつづけ、やがて発展途上国を念頭において、最適な経済成長を探るための2部門モデルを開発することに成功する。

宇沢の独特の立ち位置を見る際、アメリカの著名な開発経済学者ホリス・チェネリー（1918—1994）との交流は見逃せない。私のインタビューで、宇沢はチェネリーについてつぎのように語っていた。

「ホリス・チェネリーは戦後ヨーロッパで経済発展の計画の最初のモデルをつくった人。イタリアの経済発展のモデルなんだけど、おもしろいのは、当時のイタリアにとってどういう産業構造が望ましいのかというのを計量的にとらえようとした。将来まで考え、最適な資源配分のパターンをどうしたらいいか。そのためにレオンチェフ（の産業連関表）を使う。非常に感服したのは、イタリアはひとつの国じゃないとして、北イタリアと南イタリアに分けた。あたかも北イタリアと南イタリアが貿易をしているように見立てて、全体として最適な経済を考える。（共同研究をした際は）ぼくが計算してモデルをつくっていた。チェネリーは数学はまったくできなかったけど、どういう数字をあてたらいいかという、そういう直感的な勘も持ってる。
じつは、チェネリーはケネディ政権で対外経済援助の総責任者になった。ぼくはチェネリーとはそういう関係があったものだから、対外援助で外国に行く若い経済学者はだいたいスタンフォード大学のぼくのところに寄ってから行った。おもしろいのは、ぼくはやっぱりちょっと異質な生き方というか、発展途上国の生き方を身につけているというか……考え方もね。スタンフォードの施設に泊めて1週間ぐらいかな、ぼくがひとりひとりと毎日会う。そういう若い人が1年とか2年、インドとかへ行って、帰ってきたら必ずまたスタンフォード大学に寄ってぼくと会う。そのときはもうまったく違っていてね。アメリカン・ウェイ・オブ・ライフを広めるといって出て行ったのに、インディアン・ウェイ・オブ・ライフに完全にやられて帰ってくるんだよ（笑）」

アロー、ソロー、ミンハスとともに「CES生産関数」と呼ばれる生産関数を考案したチェネリーは、実践的な開発経済学者として知られ、世界銀行でも副総裁として活躍した。

チェネリーが宇沢に与えた影響は、学問的なものにとどまらなかった。ケネディ政権時代に政治の舞台でも活躍していたからだ。

ケネディが民主党候補として共和党候補のリチャード・ニクソンと大統領選挙を戦った際、争点のひとつが対外援助政策だった。1961年1月に大統領に就任すると、ケネディは対外援助法を成立させ、米国国際開発庁（USAID）を設立、発展途上国にボランティアを派遣する「平和部隊（Peace Corps）」を設けたりもした。

チェネリーはUSAIDの要職に就き、アメリカの対外援助政策に関わることになった。対外援助プログラムで派遣される要員には若い経済学者もいて、チェネリーのはからいで、派遣前にスタンフォード大学の宇沢を訪れるというコースがいつしかできあがった。

「アジア人と話すことで心の準備ができると考えたのだろう」と宇沢は冗談まじりに回顧していたが、実際、経済学を教えるわけでもなく、これから旅立つ若者とあれこれ雑談するのが宇沢の務めだった。「(自分は) 発展途上国の生き方を身につけている」という宇沢の言葉はまんざら冗談でもなかった。

敗戦直後の焦土と化した東京で青春を送り、高度経済成長が本格的に始まる前に日本をあとにした宇沢は、渡米したばかりのころ、肉料理を食べても牛肉なのか豚肉なのかさえ区別がつかないほどだった。当時のアメリカの所得水準は優に日本の10倍を超えていた。日本はまだIMF (国際通貨基金) の8条国ではなく、円を自由にドルに替えることもできなかった。

ケネディ政権の対外援助は、東西冷戦下、自陣営に発展途上国を引き込むための働きかけでもあり、ソ連との対外援助競争という趣があった。宇沢は、海外に派遣された若者を通じて援助の実態を知ることになった。発展途上国での生活を体験して帰ってくる若者は、以前と考えがまったく変わっていることがしばしばあった。欧米流の民主主義や新古典派経済学の考えを伝道する意気込みで旅立った若者が、帰国したときにはすっかり考えを変えている。インド社会の現実を目の当たりにして、アメリカの援助のあり方、アメリカ社会に批判的になっていたりするのを「教育係」の宇沢は深く感じ入りながら見ていた。とりわけ新古典派経済学の有効性に疑問をもつようになった若い研究者と話すと、我が身を振り返らざるを得なかった。

経済成長理論にひきよせて話をすれば、ソローの成長理論について宇沢は、経済学者の模範となるモデル分析だと感心していたし、理論家ソローを尊敬してもいた。ただ、新古典派成長理論の対象があきらかに先進資本主義国に偏っていることに疑問を感じていたこともたしかなのである。

独り立ち

はじめてケネス・アローのもとを離れ、カリフォルニア大学バークレー校で過ごした1年は、宇沢にとって特別な時間となった。なにかが変わった。

《スタンフォードはどちらかと言うと、お金持ちの子弟が行く大学で、保守的なところがある。これに対しバークレーは庶民的で牧歌的なところがあり、私にはバークレーの方が居心地が良かった》（『経済と人間の旅』）

アメリカの大学がようやくマッカーシズムの影響から脱しようとしていたこの時期、カリフォルニア大学バークレー校は新しい左翼運動の拠点のひとつとなっていた。『アメリカの革命』（高橋徹編著、平凡社）は1960年をつぎのように解説している。

〈しかし、五〇年代の終わり頃から、こうした「飽食のニヒリズム」に疑問を抱き、大勢順応主義の風潮から身をひきはがし、「豊かな社会」における貧困の問題や、「民主的社会」における不平等の問題や、「官僚制化された大衆社会」における人間疎外の問題などを追求する若い知識人が、少数ながら、育ちつつあった。こうした傾向の醸成に力を貸したのは、公民権運動の擡頭、イギリス新左翼およびフランス実存主義の影響、文化的離反者たるビートの成長等であるが、その活動の中心にあったのはウィスコンシン、バークレイ、シカゴ等の学園内の若い

知識人たちだった〉

カリフォルニア大学バークレー校では１９６０年代半ば、ビラ撒きをしていた学生が逮捕された事件をきっかけに「自由言論運動（Free Speech Movement）」が起きる。人種差別の撤廃を謳った公民権法が成立するのは１９６４年だが、宇沢がバークレーに滞在していたころ、マーチン・ルーサー・キング・ジュニア牧師に象徴される公民権運動は盛り上がりを見せ始めていた。

カリフォルニア大学に通うようになったばかりのころ、宇沢はキャンパス内で偶然、黒人の公民権運動指導者マルコムＸの演説を聴くことになった。

《この大学と社会との矛盾を象徴するような状況を私自身直接体験したことがある。それは一九六〇年、カリフォルニア大学のバークレーで、学生たちがマルコム・Ｘを呼んで講演会を開こうとしたときのことである。周知のように、マルコム・Ｘは、第二次世界大戦後、あるいはアメリカ全歴史を通じてといってよいかも知れないが、アメリカの生んだもっとも偉大な黒人指導者の一人である。ニューヨーク・ハーレムの貧民街に育ち、小学校すら出たことのない人であるが、一〇代にさまざまな犯罪を犯して投獄され、そこでものを考え、文字を読み、文章を書くことを学んだ。そして、白人社会に同化されることを指向していたそれまでの黒人運動の方向を一八〇度転換して、黒人自身の文化的、歴史的条件のなかから、新しい生き方を求め、そのためには体制自体の変革を求めなければならないということを主張していった人である。白人によって形成された政治的、文化的秩序を真正面から批判し、否定していったという点で、キング師とは対照的な考え方を展開していったため、いわゆる体制側からは忌避されつづけた。

このマルコム・Xに対して、バークレーの大学当局は当然のことながら講演会場に予定されていた教室の使用を許可しなかった。学生たちは、教室の建物の外の芝生に集まって、拡声器を通じて、マルコム・Xの講演を聞いたのであるが、マルコム・Xの徹底したアメリカの白人社会に対する批判と黒人文化の自立的形成に対する訴えとに対して、学生たちがしんとして声もなく聞き入っていた光景を、私はいまでも昨日の出来事のように鮮明に思い出す。それは、アメリカの社会が新しい局面に入っていったことを示す象徴的な事件であったとも言うことができよう。マルコム・Xの悲痛な訴えに対して、もし耳を傾けないものがあったとすれば、それは救いようのない倫理的退廃そのものに他ならないとさえ感じられたのである》(『近代経済学の転換』)

カリフォルニア大学バークレー校での1年を振り返って、宇沢は印象的だった出来事をふたつあげている。ひとつはジョーン・ロビンソンとの出会い、そして、このマルコムXの野外演説である。

ロビンソンとソローの狭間にいた宇沢は、やがてはっきりとロビンソンの側に身をよせるようになっていく。その理由を学説の内容だけに求めるのは無理があるのかもしれない。ジョーン・ロビンソンへの追悼文を宇沢はつぎのように結んでいる。

《追悼式に参加した人々の心のなかには、ジョーン・ロビンソンが残した経済学における偉大な業績とともに、その生涯を通じて、弱いもの、虐げられたものに対して深い人間的愛情を注ぎ、傲岸なもの、卑劣なものに対しては、激しい憤りをもってたたかったジョーン・ロビンソンの姿がつよく刻みつけられていたに違いない。私たちの心の目を開かせてくれた、一人の人間としての崇高かつ誠実な彼女の生き方は、彼女と親しくし、また彼女の教えを受けた人々の心のなかに永く残り、私たちが経済学の考えを進めるにさいしてつよい力を与えつづけている》（『経済学の考え方』岩波新書）

１９６１年9月、スタンフォード大学に戻ると、宇沢は終身在職権がある准教授へと昇進した。全面的にバックアップしたケネス・アローは、カリフォルニア大学バークレー校に在籍しているあいだに宇沢の評価が2部門モデルの業績で著しく高まったことを嬉しくおもっていた。ところが、皮肉なことに、それが宇沢との別れを促すことにもなった。

宇沢は、ケンブリッジ資本論争には直接的には関わらなかったけれども、論争でロビンソンが提起した問題を真正面から受けとめていた。アメリカの経済学とイギリスの経済学のはざまで沈思黙考している過程で、「アメリカ経済学」を相対化する視点を獲得していた。

スタンフォード大学での2日間にわたるアローへのインタビューでもっとも印象的だったのは、「宇沢弘文はなぜシカゴ大学に移ったのですか」とたずねたときに見せた表情だった。穏やかな笑みを浮かべていたアローが一瞬、鋭い痛みを感じたかのように顔を歪ませ、組んでいた両手の指をせわしなく動かしはじめた。

「どうも、わたしの『影』になってしまっているというような思いもあったようですね……」

マルコムX

宇沢がシカゴ大学に移ったのは1964年3月で、35歳のときである。じつは、アローのもとを離れる際、事前にはいっさい相談していない。カリフォルニア大学の1年を除いても7年間もセラハウスで研究生活をともにしてきた恩師であり共同研究者なのに、である。

歯切れの悪い答えを聞いたあと、言葉を促すため、私は宇沢が英語の自伝的エッセイに綴っていた一文をアローの前で読みあげてみた。

《アロー教授との関係はとても親密だったし、たいへん実り多いものでもあった。けれども一方で、私は次第に、学問的にもあるいは人間的にも、アロー教授の存在に圧倒されるような気持ちを抱きはじめてもいた。私は、私自身のアイデンティティを確立するために、彼のもとから去らなければならなかったのである》（「Born in the Shadow of the Mountains」・『THE MAKERS of MODERN ECONOMICS vol.IV』、筆者訳）

「たしかにヒロはまったくそのままのことを私に言いましたよ！」

興奮気味にそういったあと、小さな声でアローがつけくわえた。

「なにか私が申しわけないことをしてしまったのかなという気持ちもないわけではないのだけれども……」

唐突な別れはアローを驚かせ、悲しませた。別れを切り出すまで、宇沢がいっさい何も伝えなかったからばかりではなかった。向かう先がよりによって、あの「シカゴ大学経済学部」だと聞かされたからである。

第8章

シカゴ大学「自由」をめぐる闘争

宇沢をシカゴ大学に招聘したL・メツラー教授夫妻と

〈経済学者や政治哲学者の思想は、それらが正しい場合も誤っている場合も、通常考えられている以上に強力である。実際、世界を支配しているのはまずこれ以外のものではない。誰の知的影響も受けていないと信じている実務家でさえ、誰かしら過去の経済学者の奴隷であるのが通例である〉

ジョン・メイナード・ケインズが『雇用、利子および貨幣の一般理論』(1936年)の結び近くで放った警句である。第二次世界大戦後、ケインズ自身がまさにそのような影響力をもつ経済学者となった。資本主義はそのまま何もせず放置すれば不均衡、不安定に陥る危険をはらんでいるから、政府は状況に応じて市場に介入しなければならない。それがケインズのメッセージであり、その理論的な根拠が『一般理論』だった。

1970年代後半以降、とりわけ20世紀終わりから、ケインズの思想を否定して、ケインズにかわり絶大な影響力をふるったのがミルトン・フリードマンである。市場システムへの絶対的な信頼のもと、「小さな政府」「規制の緩和、撤廃」「国営・公営事業の民営化」などを掲げ、市場での競争を阻害するあらゆる存在を批判し、政府の市場への介入を徹底的に戒めた。啓蒙書『資本主義と自由』(1962年)、『選択の自由』(1980年)はあまたのマーケット信奉者を産み落とすことになった。イギリスのマーガレット・サッチャー首相、アメリカのロナルド・レーガン大統領がそろってフリードマンの経済思想を受け入れた1980年代以降、フリードマンの思想は世界中に普及していった。

ケインズからフリードマンへという流れは、たんに主流派経済学の方向転換にとどまらず、現実の政治とも複雑にからみあいながら展開されていった。アメリカ・ケインジアンを主役の座からひきずり下ろしたフリードマンは、20世紀後半に起きた時代精神の転換にもっとも貢献した人物であり、新たな時代精神を象徴する人物でもあった。

宇沢は、1946年に亡くなったケインズとは面識がなかったが、フリードマンはごく身近にいる同僚だった。シカゴ大学でしばしば議論を戦わせたが、しょっちゅう熱心に対話している様子は、はたからみれば親友同士のようにも映った。アローのもとで数理経済学者として頭角を現した宇沢は、シカゴ大学に移ってフリードマンの〝友人〟となることで、「経済学と思想」という難問に正面から向き合わざるを得なくなった。

フリードマンの生い立ち

ミルトン・フリードマンは1912年にニューヨークのブルックリンで生まれた。両親はオーストリア＝ハンガリー二重帝国下のハンガリー出身のユダヤ人で、ともに10代で米国に渡った移民である。ニューヨークにハンガリー系ユダヤ人の大きなコミュニティがあり、ふたりはそこで出会ったという。

フリードマンは12歳ごろまで熱心なユダヤ教徒だった。食事のしきたりをはじめとしたユダヤ教の教えに論理的な一貫性が見いだせないと感じてユダヤ教から離れ、13歳ごろには「不可知論者」（物事の本質は人間には知り得ないとする立場）になったという。

フリードマンは15歳のときに父親を亡くしている。奨学金を得てニュージャージー州のラトガース大学に進学するが、子供のころについては多くを語っていない。フリードマンの評伝『最強の経済学者　ミルトン・フリードマン』（日経BP社、以下『最強の経済学者』）を著したラニ

ミルトン・フリードマン

ー・エーベンシュタインがつぎのように指摘している。

〈ハンガリー時代の両親について、なにも知らないに等しいフリードマンだが、自分の子供時代についても、あまり鮮明な記憶はない。思春期の頃でさえ、とくにこれといった思い出はないという。この時期が人生で一番辛かったことも関係しているのかもしれない〉

フリードマンの妻ローズは『ミルトン・フリードマン　わが友、わが夫』（東洋経済新報社、以下『わが友、わが夫』）で、「ミルトンの家庭は、現在のアメリカの基準からすれば、まさに貧困家庭と称してよいものでした」とのべ、苦学生のころの生活ぶりに触れている。

〈奨学金は授業料だけのものでしたので、ミルトンは生活費の一部をまかなうため、近くのレストランでボーイのアルバイトをしました。ただで食べられる昼食が給料というわけです。この昼食こそ、ミルトンの主な栄養源でした。教室に遅れないために、彼はこの昼食を大いそいで胃袋に入れることを学びました。このためミルトンは今日でも、食事をすることが人一倍早いという特技を持っています〉

ラトガース大学では数学と経済学を専攻、卒業する1932年は大恐慌のさなかだった。経済学の道に進んだ経緯をフリードマンがふりかえっている。

〈ラトガーズ大学を卒業したとき、幸運にも二つの奨学金の口がありました。一つはシカゴ大学から経済学で、もう一つはブラウン大学から応用数学でということでした。シカゴ大学に行くことを選択した理由は、大きな恐慌の真っ只中で経済学は応用数学よりも緊急かつ重要であるということが明らかであったからだ、と思います。間違いありません。これは一個人としての私に大恐慌が与えた主な影響であったと思います〉（『大恐慌を見た経済学者11人はどう生きたか』）

シカゴ大学の大学院では妻となるローズとの出会いがあった。1年間学んだあと、コロンビア大学の特別研究員として1年間を過ごし、再びシカゴ大学へと戻った。「シカゴ大学のフリードマン」として知られるが、学生（大学院生）として学んだ期間は合計しても2年に満たない。第二次世界大戦後に教授として過ごした時間がほとんどなのである。

大恐慌のなかで経済学を本格的に学び始めたフリードマンは、3歳下のポール・サミュエルソンたちと違い、ケインズの『一般理論』に衝撃を受けるような体験はしなかった。シカゴでの大学院時代をフリードマンが回想している。

〈私は1932年の秋学期に大学院生として勉強を始めたのですが、そのとき、大恐慌はまだ完全に治まっていませんでした。私の先生たち、ヤコブ・ヴァイナー、フランク・ナイト、そして、ロイド・ミンツといった人たちでしたが、先生たちは私たちに、連邦準備制度の貨幣供給の減少という政策の失敗によって大悲劇が起こったと教えたのです。それは自然に起こった破局ではなく、また、起こるべくして起こった出来事でもなく、さらに、避けて通れないような出来事でもありませんでした。つまり、何らかの手が素早く打たれていたら、あのような大恐慌はなかったということです。1年生の院生用の純粋経済理論の担当者は、ヤコブ・ヴァイナーでしたが、彼はミネソタで、連邦準備制度と政府へ向かって特別な拡張政策を要求するという講演を行いました。

このように、まだケインズ革命は暗い闇夜を照らす光だ、というほどにもなっていませんでした、その当時は。とにかく何をどうしていいのか、人々は皆目わかりませんでしたね〉（『マクロ経済学はどこまで進んだか』）

インタビューでフリードマンは、ケインズの『一般理論』は１９３８年に購入したが最初に読んだときの印象は覚えていないとのべ、「私はケインズ理論に関して批判的でしたので、１９４０年代の初めにそのことを書評に書きました」と話している。

大恐慌、そして、第二次世界大戦の勃発は、若い経済学者に活躍の場を与えた。１９３３年３月に大統領に就任したフランクリン・ルーズベルトは金融恐慌を防ぐために銀行を閉鎖、最初の１００日間で失業者の救済、政府による雇用の創出などの政策を次々と打ち出した。「ニューディール（新規蒔き直し）」は、フリードマンにも政府機関に勤務するチャンスを与えた。

国家資源委員会に勤務するためにシカゴを離れてワシントンに向かったのは１９３５年６月だった。そこで2年を過ごしたあと、ニューヨークの全米経済研究所（ＮＢＥＲ）に移り、のちに触れる博士論文のための研究を行った。

第二次世界大戦中は、政府がコロンビア大学内に設置した統計研究グループ（ＳＲＧ）に参加している。政府の諮問機関で、経済学者としてよりも数理統計学者として研鑽を積んだ。もっとも、戦時プロジェクトなので研究内容は機密扱いとされた。『最強の経済学者』によれば、フリードマンはマンハッタン計画に間接的にかかわっていた。周知のとおり、アメリカ、イギリス、カナダが原子爆弾を開発するために科学者を大量に動員したプロジェクトで、開発された原子爆弾は広島と長崎に投下された。フリードマンは原爆の起爆装置の設計のほか、日本軍の爆撃機を撃退する際に用いられた対空砲の起爆装置の設計などにも関わっていたという。当時を妻のローズが回想している。

〈ミルトンが私に仕事の話を一切せず、家に仕事を持ち帰らなかったのは、後にも先にもこの時だけでした〉（『わが友、わが夫』）

マネタリズムという思想

コロンビア大学で経済学の博士号を取得したのは終戦直後で、すでに30歳をすぎていた。博士論文「独立的専門職の所得」は4年ほど前に完成していたのだが、出版が遅れたのは戦争だけが理由ではなかった。ＮＢＥＲの理事会がなかなか出版を許可しなかったのである。『最強の経済学者』によると、製薬業界出身の理事が「医師会を批判する論文だ」として出版に強硬に反対したからだという。

博士論文でフリードマンは、歯科医師より医師の所得水準がかなり高いのは、全米医師会が医師の新規参入を制限してきたからだと指摘していた。医療報酬の低下を防ぐために医師数を抑制していると示唆する論文は、医療関係者の反発を招いたのだった。

１９４６年にコロンビア大学でようやく博士号を取得したフリードマンは、規制を批判するパンフレットを執筆している。シカゴ大学大学院でともに学んだ親友ジョージ・スティグラー（１９１１―１９９１）といっしょに著した「屋根か天井か」である。家賃の規制を撤廃すれば、住宅不足は解消されるという主張で、家賃統制に反対する内容だった。

スティグラーは生涯にわたるフリードマンの盟友で、のちにフリードマンが「シカゴ学派」を形成する際、欠かすことのできない相棒となる。フリードマンが１９７６年にノーベル経済学賞を受賞したあと、スティグラーが1982年に同賞を受賞している。

規制に対する鋭い問題意識には早くからリバタリアン（自由至上主義者）の考えがあらわれていたとはいえ、フリードマンがはじめから反ケインズの旗色を鮮明にしていたわけではない。戦時中に財務省に勤務していた際は、累進課税や源泉徴収制度を実現する仕事にたずさわっていた。当時はケインズのマクロ経済分析を受け入れている面があり、物価上昇の原因は過大な財政支出にあるなどと貨幣数量説を否定するような発言もしていたのである。

独自の経済学を確立するのは、1946年9月にシカゴ大学に准教授として赴任して以降である。「マネタリスト」として名高いフリードマンだが、本格的に貨幣理論の研究に取り組み出すのは教授に昇格した1948年ごろからなのである。

思想の面では、シカゴ大学に着任した翌年の初めての海外渡航が目を引く。行き先はスイスで、モンペルランで開催される会議に出席するためだった。ロンドン・スクール・オブ・エコノミクス（LSE）教授のフリードリッヒ・アウグスト・フォン・ハイエクを中心とする集まりだった。「モンペルラン協会」と呼ばれる組織の事実上の設立総会である。

ハイエクが『隷属への道』を出版したのは、第二次世界大戦中の1944年だった。「あらゆる党派の社会主義者に捧ぐ」との献辞を掲げ、いったん経済計画を受け入れてしまえば、いずれ社会は全体主義に陥ると警鐘を鳴らした。たとえ経済問題に限定されたものであっても、個人の自由を制限すれば、全体主義国家への道を歩む。ハイエクが唱える自由な社会の基礎は、市場制度を核にすえた市場社会である。

『隷属への道』のアメリカでの出版を支援したのがシカゴ大学のフランク・ナイトとアーロ

ン・ディレクターで、法科大学院教授のディレクターはフリードマンにとっては妻ローズの兄、つまり義兄だった。

第二次世界大戦後、戦時の計画経済の実績に後押しされる形でケインズの経済学が受け入れられるようになった。イギリスが労働党政権のもとで福祉国家へと舵を切るなど、資本主義制度を前提としながらも政府が相当程度経済に介入することを認める混合経済（mixed economy）の考えが資本主義国に浸透していった。こうした政治情勢に危機感を抱いた知識人の集まりがモンペルラン協会だった。

第二次世界大戦中、自由主義者の最大の敵はファシズムと社会主義だった。戦後になると、資本主義国における政府管理の拡大に対する危機意識が強まっていた。モンペルラン協会の設立総会には、ハイエクの師であり、社会主義経済計算論争ではオスカー・ランゲらに対峙してハイエクとともに闘ったルートヴィッヒ・フォン・ミーゼスのほか、ＬＳＥのライオネル・ロビンズ、フランスの経済学者モーリス・アレなどが出席していた。

シカゴ大学からは、『隷属への道』の出版に協力したナイトとディレクター、そしてシカゴ大学に着任したばかりのフリードマンが出席していた。モンペルラン協会の会長にはハイエクが就任したが、複数いる副会長のひとりにナイトが就任、ディレクターは事務局を任され、シカゴ大学法科大学院がモンペルラン協会の事務局所在地となった（事務局はチューリッヒにも置かれた）。

モンペルラン協会の旗揚げに駆けつけるために初めて海外渡航したフリードマンだったが、じつをいうと、敵は足下のシカゴ大学内で活動していた。経済学部のすぐとなりに研究拠点を構えていたコウルズ・コミッション（コウルズ委員会）である。

コウルズ委員会

コウルズ委員会は1932年にコロラド州コロラドスプリングスで設立された。創立者のアルフレッド・コウルズは実業家で、大恐慌の際の投資での失敗が契機となり、株式市況や経済の先行きを的確に予測できる方法を探し求めていたという。アーヴィング・フィッシャーやラグナー・フリッシュ（第1回のノーベル経済学賞受賞者）が計量経済学会を創設したときにも、コウルズは資金援助を行っている。計量経済学は、数理的な分析モデルを用いて、経済の動きを統計学的に実証・検証する経済学だ。

ドイツがポーランドに侵攻して第二次世界大戦が勃発した1939年、コウルズ委員会はイリノイ州シカゴ市にあるシカゴ大学内に拠点を移した。一風変わった成り立ちをもつこの組織には勃興期の計量経済学、数理経済学を支える逸材が集まった。ヨーロッパ出身者が多いのが特徴といえば特徴だった。

1950年代半ばまでシカゴ大学内に拠点をおいて活動したが、この時期のコウルズ委員会のリーダーはジェイコブ・マルシャック（1898—1977）とチャリング・クープマンス（1910—1985）である。

マルシャックは帝政ロシア時代のキエフに暮らすユダヤ人一家に生まれた。第一次世界大戦のさなかにキエフ工業学校に入学したマルシャックは、マルクス主義者としてメンシェビキ党に入党した。反戦運動を煽動したかどで逮捕されるが、1917年2月にロシア帝国が崩壊すると赦免された。再びメンシェビキの政治活動に関わるが、1917年10月にボルシェビキ党が勝利をおさめると、経済学と統計学を学ぶためベルリン大学に行くことを決意する。

博士号はドイツのハイデルベルク大学で取得した。経済誌の記者などを経てハイデルベルク大学に戻るが、1933年にヒトラー政権が誕生するとドイツを逃れてイギリスに渡り、オックスフォード統計研究所の所長などをつとめた。その後、第二次世界大戦が始まる前年に渡米した。コウルズ委員会の所長（research director）となったのは1943年で、シカゴ大学経済学部教授も兼任している。

所長の座を1948年にマルシャックから引き継いだのがクープマンスである。1910年にオランダで生まれたクープマンスは、ライデン大学で物理学と数学の博士号を取得後、計量経済学の道に進んだ。ヒトラー率いるドイツがオランダに侵攻した1940年、家族とともにアメリカに渡った。

第二次世界大戦中、クープマンスは船荷調整局で戦時の船舶運行の計画を作成する仕事に携わっていた。この体験を生かして、運送計画や生産計画などを立てる際に用いることができるリニア・プログラミング（線形計画法）を開発した。リニア・プログラミングを用いると、制約されたなかでの効率的な資源配分を求めることができ、企業の生産計画などに幅広く応用できる。クープマンスは1975年にノーベル経済学賞を受賞することになる。

マルシャック、クープマンスの経歴が典型だが、コウルズ委員会にはヨーロッパからの移民や亡命者が少なくなかった。彼らが当初、強い関心をもっていたテーマが分権的な計画経済だった。社会主義経済計算論争の際、ワルラスの一般均衡理論の考えに基づいてオスカー・ランゲやアバ・ラーナーが提唱した「分権的市場社会主義（decentralized market socialism）」である。

ポーランド出身のランゲは1938年にシカゴ大学経済学部に赴任している。コウルズ委員会がシカゴ大学に移ってきたのは翌年で、ランゲはコウルズ委員会にも関与した。第二次世界大戦が終わると、母国ポーランドに戻り、政権に参加して駐米大使などをつとめた。

逸材が結集したコウルズ委員会だったが、シカゴ大学経済学部とはそりが合わなかった。経済分析の方法論が異なっていたためだが、底流には思想傾向の違いがあった。緊張をはらんだ両者の関係は、やがて敵対関係となるまで悪化する。コウルズ委員会を攻撃する急先鋒となった人物こそ、ミルトン・フリードマンなのである。

長らく続いた対立は、コウルズ委員会がシカゴ大学から追い出されることで決着する。1955年にイエール大学に拠点を移してから、コウルズ・コミッション（コウルズ委員会）は名称もコウルズ・ファウンデーション（コウルズ基金）に改めている。シカゴ大学経済学部では、コウルズ追放の余勢を駆るように、フリードマンの名前を冠して語られるようになる「シカゴ・スクール」が確立される。「フリードマン率いるシカゴ・スクール」を立ち上げるためには、コウルズ委員会の経済学と経済学者たちを追放する必要があったのである。

〝霊感〟から生まれた「実証経済学」

第二次世界大戦後のコウルズ委員会については、経済学説史が専門のフィリップ・ミロウスキーがくわしく論じている（「Cyborg Agonistes: Economics Meets Operations Research in Mid-Century」『ソーシャル・スタディーズ・オブ・サイエンス』1999年29巻5号、「Cowles Changes Allegiance: From Empiricism to Cognition as Intuitive Statistics」『ジャーナル・オブ・ザ・ヒストリー・オブ・エコノミック・ソウト』2002年24

巻2号など）。ミロウスキーの論考を参照しながら、コウルズ委員会とシカゴ大学経済学部の確執をみていくことにしよう。

シカゴ大学では、経済学部とコウルズ委員会の住所はともに社会科学研究棟4階だった。場所が隣り合わせなだけでなく、コウルズ委員会のマルシャックなどが経済学部教授を兼任していたこともあり、交流がさかんだった。ところが、コウルズ委員会が数学や統計学の知見を導入して、経済学に新機軸を打ち出して存在感を増すにしたがい、経済学部との緊張は高まり、対立が深刻になっていく。

フリードマンがシカゴ大学経済学部に准教授として赴任するのは1946年、34歳のときである。その翌年にはすでに対立は決定的となっていた。クープマンスが挑発的な論文「理論なき計測」を学術誌『ザ・レビュー・オブ・エコノミックス・アンド・スタティスティクス』に発表したからだ。

クープマンスは、全米経済研究所（NBER）のアーサー・バーンズとウェスリー・ミッチェルの共著『景気循環の測定』を手厳しく批判した。バーンズやミッチェルには景気循環を分析するための理論がなく、そのためにどのような仮説を検証するのかが明確でない。統計データから経済の法則性や傾向を帰納的に読み取ろうとするバーンズらの手法を、クープマンスは「理論なき計測」と断じ、斬り捨てたのである。

クープマンスの念頭には、コウルズ委員会が手がけていた連立方程式体系を用いた分析モデルによる推計という新たな手法があった。「経済分析はまず経済理論ありき」と主張することで計量経済学の拠点となったコウルズ委員会の立場を前面に打ち出すとともに、方法論が異なるバーンズらを批判したわけである。ミッチェルは統計データを用いた景気分析で知られる経済学者で、NBERの創始者だった。ミッチェルの薫陶を受けたバーンズは、のちに連邦準備制度理事会（FRB）の議長（在任1970年—1978年）をつとめた。

ミッチェルとバーンズを批判したクープマンスに対して、激しい怒りを抱いたのがフリードマンだった。クープマンスの「理論なき計測」について、フリードマンが回顧している。

〈クープマンスはまったく馬鹿げていました。彼との論争では、もちろん、私はバーンズ、ミッチェルに完全に賛同していた。「理論なき計測」は、私からすると、気取ってはいるけれども未熟な論文であり、有効な批判でも現実的な内容を伴うものでもありませんでした〉

（『Research in the history of economic thought and methodology』Vol.10：筆者訳）

バーンズはラトガース大学時代のフリードマンの恩師であり、ミッチェルはバーンズの恩師である。フリードマンはNBERでの研究をもとに論文を著して博士号を取得したが、NBERで研究できたのはバーンズの紹介があったからだった。「父親がわり」と呼ぶほどバーンズを慕っていたフリードマンは、コロンビア大学時代にミッチェルの薫陶を受けてもいた。

「実際、私はコウルズ委員会の人々のやり方を厳しく批判していました」とフリードマンは語っているが、激しく憤ったのは、恩師を批判されたからばかりではなかった。

フリードマンは1937年秋からNBERと関係をもつようになった。コロンビア大学の統計研究グループ（SRG）に参加するまではNBERを拠点としていて、博士論文のための研究をしていた。代表作『アメリカ合衆国の貨幣史1867—1960』（1963年）はバーンズの勧めで始めた研究の集大成であり、ＮＢＥＲのアンナ・シュワルツが共同研究者だった。数多くのエピソードを交えながら統計データの意味を読み取り、歴史として叙述するスタイルは計量経済学の方法とはまったく対照的だ。

フリードマンは、ＮＢＥＲやコロンビア大学で実証的な研究の手法を会得していた。理論的な基礎がないというクープマンスのＮＢＥＲ批判は、そのままフリードマンに向けられた批判でもあったのである。

興味深いことに、フリードマンがシカゴ大学で最初に本格的に取り組んだ研究は経済学の方法をめぐる問題だった。その成果は『実証的経済学の方法と展開』（富士書房・原著『Essays in Positive Economics』は１９５３年刊）に結実する。

フリードマンが展開した独自の方法論はきわめて特異である。経済理論にとってもっとも重要なのは「予測の正確性」であり、理論を構築する際の前提や仮定が「現実」に即したものになっているかどうかは理論を評価するうえでなんら考慮する必要はないというのである。まったく非現実的な前提を置いた経済理論であっても、予測能力さえ高ければ、その理論は受け入れられるということである。

独自の方法論を突き詰める契機のひとつが、オスカー・ランゲに対する批判だった。シカゴ大学経済学部に赴任した年にフリードマンは「ランゲの価格伸縮性と雇用論　一つの方法論的批判」という論文を書いている。社会主義経済計画論争の一方の主役だったランゲは『価格伸縮性と雇用』（１９４４年）で、ジョン・ヒックスが『価値と資本』で提示した数理経済学の方法を用いて、ケインズの『一般理論』の定式化を試みた。フリードマンは『価格伸縮性と雇用』を評して、形式論理としては見事だが現実の世界を分析するには不十分だと批判したのである。部分均衡の分析を確立したアルフレッド・マーシャルを重視するフリードマンは、ワルラス的な一般均衡分析には批判的だった。

それにしても、理論の前提が現実に合致しているかどうかなど理論の善し悪しには無関係である、という突飛ともいえる方法論を唱えたフリードマンの動機は何だったのだろうか。フリードマンの妻ローズが『わが友、わが夫』でとても興味深い見解を披露している。

〈また「実証経済学の方法論」（筆者注：『実証的経済学の方法と展開』所収の論文）の最終節は、次のような言葉で結ばれています。

「実証経済学の進歩は、現存する仮説をテストしたり、敷衍するばかりでなく、新しい仮説の構築も必要としてくるだろう。形式についていうことは何もない。仮説の構築は、霊感、直観、創意などによる創造的な行為である。その本質は、ありふれたものの中に何か新しいものを見抜く先見力である。その過程は、論理学ではなく、心理学の領域で論議されなければならず、科学的方法についての論文の中ではなく、自叙伝や伝記の中で研究され、三段論法や定理ではなく、格言や実例によって衆知されなければならない。」

ミルトンはこの言葉で、無意識に自分の人生を語っているように私には思われます。それほどこの言葉はミルトンの人格の特徴をよく表わしております。その人格の特徴によってこそ、彼は経済学に新たな種を播くことができたのですし、彼の教え子たちに強い影響を与えることができたのです〉

思想闘争

仮説をつくる作業を、霊感や直観にもとづく創造行為とフリードマンがみなしている点は興味深いが、フリードマンが実証経済学という独自の方法論を主張するなかで「無意識に自分の人生を語っている」とローズが指摘しているのがなお興味深い。不思議なことに、『実証的経済学の方法と展開』を出版して以降、フリードマンは経済学の方法論についてほとんど語らなくなった。

フリードマンの方法論は、ワルラス的一般均衡理論に対する批判となっている一方で、ケインズの経済学とも真っ向から対立する。ケインズは、理論の前提が現実に即しているかどうかを重視した。前提が現実の制度などを十分に考慮した内容になっているかどうかが、理論構築の鍵になると考えた。前提の現実性を問わないフリードマンとはまったく逆なのである。

フリードマンが唱えた実証経済学の方法論は、あきらかにコウルズ委員会の経済学へのアンチテーゼであり、宣戦布告ともいえた。というのも、ケインズの『一般理論』が提示したマクロ経済学の考えに基づいて計量経済モデルを構築すること、市場社会主義というテーマから派生したワルラス的一般均衡理論のもろもろの課題を究明することこそが、コウルズ委員会の課題となっていたからである。

ジェイコブ・マルシャックが所長をつとめていた時期のコウルズ委員会は、計量経済モデルを用いてアメリカ経済を分析する試みに力を入れていた。この研究を推し進めていたのが若き日のローレンス・クラインである。

クラインは1944年にマサチューセッツ工科大学で博士号を取得したあと、コウルズ委員会に参加した。初めての著作は『ケインズ革命』（1947年）である。コウルズ委員会ではケインズの理論に基づいた計量経済モデルの構築に取り組んだ。その成果が『アメリカの景気変動』（1950年）である。コウルズ委員会時代をクラインが回想している。

〈一九四〇年代後半にはたしかに異例な学者集団がシカゴ大学に集まっていた。経済学においてそのような集団が再び集まることはありえないと思う。われわれの緊密なグループから四人のノーベル賞受賞者が出たし、他の二人はコールズ研究員の次世代集団の出身である――これらの人々は、初めはシカゴ大学にいて、その後にイェール大学に移っていた。われわれはチームを作って研究活動を行い、統計理論、経済理論、そして利用可能なデータを最大限に利用することによって、ただ一つの問題に専念した――アメリカ経済の計量モデル作成（一九三〇年代のティンバーゲン〔Jan Tinbergen〕のモデルに続くもう一つの試み）であった〉〈計量経済学的方法とマクロ経済のケインズ的分析を結合するという試みに関して、われわれは強固な自信を持っていた〉（『経済学を変えた七人』）

「四人のノーベル賞受賞者が出た」というのは1980年代半ば時点の話で、コウルズ委員会に在籍経験のある受賞者は実際にはもっと多い。クライン自身も1980年にノーベル経済学賞を受賞している。

クラインは回想でいっさい触れていないが、コウルズ委員会を攻撃していたフリードマンの一番のターゲットがクラインだった。フリードマンたちがコウルズ委員会の追い出しに成功した背景として、シカゴ大学経済学部とコウルズ委員会の対立が〝思想闘争〟の色合いを濃くしていたことを理解することが重要である。

第5章「赤狩りの季節」で触れたように1950年代、クラインは「赤狩り」に苦しめられていた。20代の一時期共産党に関与した経歴があったからだが、これはコウルズ委員会に在籍していた時期にあたる。フリードマンの敵愾心《てきがいしん》は、クラインの思想傾向に向けられたものでもあっただろう。1940年代にシカゴ大学に在籍していた経済学者ドン・パティンキンが、コウルズ委員会での出来事を書き留めている。

〈私がもっとも鮮明に憶えていることのひとつは、ローレンス・クラインのセミナーでの出来事です。フリードマンが、計量経済モデルを構築するなら少なくとも未来が過去と同じになると想定した「ナイーブ・モデル」より予測の精度が高くなければならない、と単純だが強烈な指摘をしたのです〉（『Essays On and In the Chicago Tradition』Duke University Press：筆者訳）

フリードマンがクラインを攻撃していたことはよく知られていたようである。ロバート・ソローもコウルズ委員会の創設50周年を記念する講演で、コウルズ委員会のセミナーでフリードマンがクラインの計量経済モデルを批判した話を紹介している。

ローレンス・クライン

「セミナーではフォーマルな議論が行われていましたが、その場でフリードマンは、計量経済モデルの構築はまったく意味がないと結論づけ、『コウルズ委員会は墓穴を掘った』といって嬉しがっていました」

所長がマルシャックからクープマンスへと交代すると、クラインの計量経済モデルはむしろ「負債」と見なされるようになった。結局、クラインはコウルズ委員会では研究者の地位を維持することができなかった。計量経済モデルが期待されたほどの成果を挙げなかったことだけが理由ではなかった。経済学説史が専門のミロウスキーは、コウルズ委員会に在籍していたケネス・アローの証言を紹介している。

「ローリー(筆者注:ローレンス・クライン)はあきらかに就職に苦労していました。彼はナショナル・ビューロー・フェローシップを得ていましたが、これは就職ができなかった人に与えられるものです。こうした状況に陥ったのは、彼の政治的なスタンスゆえだったとおもいます」

その後、クラインはミシガン大学に職を得ることになったものの、米国議会下院の非米活動委員会の喚問を受けるなど思想問題をめぐる災厄は続き、結局、亡命に近い格好でイギリスのオックスフォード大学に逃れざるをえなくなったのである。

学問的に優れている陣営が敗れた

フリードマンたちとコウルズ委員会の対立は、経済学の方法論をめぐる争いであると同時に、経済思想をめぐる闘いでもあった。フリードマンやフランク・ナイトなどシカゴ大学の経済学者がスイスで開催されたモンペルラン協会の旗揚げに参加していた事実からもそれはうかがえる。

モンペルラン協会の創設者ハイエクは1950年から1962年までシカゴ大学に在籍した

が、所属は経済学部ではなく、社会思想委員会（Committee on Social Thought）だった。ハイエクはもともとはカール・メンガーを開祖とするオーストリア学派の系譜に連なる理論経済学者で、資本理論や景気循環理論で知られていたが、シカゴ大学では自由主義思想家としての研究に重点をおき、大著『自由の条件』（１９６０年）を著した。

シカゴ大学にハイエクが在籍していたことを考えあわせると、経済学部とコウルズ委員会の対立は、社会主義経済計算論争の延長戦の趣さえある。もっとも、かつての理論的な焦点はワルラス的一般均衡理論だったが、シカゴ大学とコウルズ委員会の対決ではケインズの経済学が新たな争点となった。

コウルズ委員会をシカゴ大学から追い出した翌年、フリードマンは勝ち誇るかのように『貨幣数量説の研究』を出版している。フリードマンの指導のもとに編まれた論文集の巻頭には、「貨幣数量説再論」というフリードマン自身の論文が掲げられている。マネタリズムという武器を手にしたフリードマンは、今度は、経済学界を制覇していたケインジアンの追い落としに血道をあげていくことになる。

１９５０年代のシカゴ大学のコウルズ委員会追放劇をふりかえるとき、東西冷戦の激化にともなう反共主義への極端な傾き（マッカーシズム）が追い風として作用していたことを見逃すことはできない。フリードマンたちは必ずしも学問的な争いに勝利したわけではない。それどころか、その後の経済学の発展を客観的にみれば、コウルズ委員会にいた経済学者たちの貢献のほうが大きかったといえる。フリードマンの評伝『最強の経済学者』を著したラニー・エーベンシュタインもつぎのように総括している。

〈結果的に優れた陣営が主導権争いを制した、という言い分に誰もが納得するわけではない。むしろ、多くの経済学者、おそらく大多数の経済学者は、まったく逆の意見だ。フリードマンがいくら社会的に評価され、実際の政策や政策論に影響を及ぼしたとしても、最終的に経済理論の発展に大きな足跡を残したのはフリードマン派ではなく、コールズ委員会のアプローチのほうだ、と多くの経済学者は考えている〉

コウルズ委員会の追放劇は、フリードマンの戦闘能力の高さと攻撃性があらわになった出来事だった。じつをいうと、宇沢の恩師ケネス・アローもコウルズ委員会に在籍していたとき、強烈な「フリードマン体験」をしている。私はそのことを、アローにインタビューしたときにはじめて知った。スタンフォード大学のファカルティ・クラブで食事しながら話を聞いた際、コウルズ委員会についてたずねてみたところ、意外にもアローがずいぶんくわしい解説を始めたのである。

「わたしはコウルズ委員会に在籍していました。ただし、海軍がコウルズ委員会を資金的に支援するようになる前で、資金面ではとても貧弱でしたよ。コウルズ家はとても裕福な一族でした。アルフレッド・コウルズ三世はファンドマネージャーだったのですが、顧客に大きな損失を被らせたことを気に病み、何かいい方法はないものかと考えた。結核にかかってしまい、当時は治療法がないものだから、コロラドの山地で療養していた。そこで統計学者と会う機会があり、統計的な手法についてのアイデアがひらめいたようです。

コウルズはとてもおもしろい人物でしたね。統計的手法を経済学に応用しようとしていたヨーロッパ人たちのグループ――アメリカ人もいたのですが、多くはヨーロッパ人でした――を招集したのです。体調が回復したこともあり事業を再開して、コウルズ委員会はコロラドからシカゴ大学に移ることになりました。ただし、シカゴ大学に属する組織ではなくて、あくまでも場所を借りていただけです。シカゴ大学経済学部とは人的な交流をもっていました。

コウルズからわたしにも声がかかりました。提示された待遇はよくありませんでした。別の職場を見つけることもできたとおもいますが、なにかを学ぶことができるだろうと考え、思い切って就職したのです。たしか１９４７年のことでしたね。

ローレンス・クラインはすでにそのころ、大型の計量経済モデルでアメリカ経済を分析する研究を始めていました。コウルズ委員会はケインジアン・モデルを用いた研究をするようになっていたのですが、ミルトン・フリードマンがシカゴに来てコウルズ委員会のメンバーと接するようになると、必死になってそうした研究を阻止しようとしはじめたのです。

コウルズ委員会は動揺しました。わたしはその現場にいた。フリードマンの行いをこの目でつぶさに見ていたのです。（フリードマンたちとコウルズ委員会の）恐ろしい闘い（terrible conflict）に巻き込まれるには、わたしはあまりに若すぎました。わたしがスタンフォード大学に移った理由のひとつは、この出来事なのですよ。緊張を孕《はら》んだ状況があり、恐ろしい闘いにまで発展したのです」

当時、アローはまだ20代後半、９歳上のフリードマンは30代半ばだった。確かにアローの経歴をみると、コウルズ委員会に籍を残したままシカゴを離れ、アメリカ西海岸に位置するスタンフォード大学、ランド研究所で研究を始めている。コウルズ委員会で研究していた期間は2年余りにすぎなかった。

「恐ろしい闘い」について、アローはつまびらかにはしなかった。想像するに、諍《いさか》いから逃れるために研究拠点を西海岸に移したほどなのだから、フリードマンのふるまいには学問上の論戦を逸脱する凄まじさがあったのだろう。アローのフリードマン評が印象的だった。

「フリードマンは『意見の違い（differences）』に寛容ではありませんでした。たしかに彼は聡明だし、機転がきくし、多くのことを知っている。けれども、本当の意味で相手の意見に耳を傾ける対話をしませんでした」

アローによると、コウルズ委員会のリーダーだったジェイコブ・マルシャックはフリードマンとはまったく対照的で、人の話によく耳を傾け、対話を好む人物だったという。相手が学生や若い研究者であっても決して強圧的な態度をとることはなかったので、アローやレオニード・ハーヴィッツなど、当時のコウルズ委員会の若手はのびのびと研究することができた。

アローはスタンフォード大学のセラハウスで研究グループを率いることになった際、マルシャックにならって、研究者同士がお互い腹を割って意見を言いあい、議論を楽しめる雰囲気づくりに心をくだいたという。セラハウスにはハーヴィッツもしょっちゅう出入りしていたから、宇沢は古き良き時代のコウルズ委員会と似た環境のなかで過ごしていたといえるのかもしれない。

いずれにせよ、アローにとってフリードマンは、見事な反面教師だったようである。

「君は裏切り者だね！」

長々と宇沢が赴任する前のシカゴ大学を見てきたが、こうした「前史」を知れば、宇沢からシカゴ大学への移籍を突然告げられたアローの衝撃がいかに大きかったか理解できるだろう。アローは、コウルズ委員会時代の体験を宇沢には詳しく語って聞かせていた。もちろん、フリードマンのふるまいについても、である。それなのにシカゴ大学を選んだのだから、自分へのなんらかの抗議の意志があるのではないかといぶかったとしても不思議ではない。

宇沢はスタンフォード大学を離れる決意をまずアローに伝えたあと、親しい経済学者たちにも知らせたのだが、返ってきたのは祝福の言葉ではなく、驚きと戸惑いの声ばかりだった。フリードマン率いるシカゴ・スクール（シカゴ学派）の一員になると解釈されたからである。

「You are a traitor!（君は裏切り者だね！）」

宇沢に厳しい返答をしたのは、チャリング・クープマンスだった。当時すでに50歳代半ばで、コウルズ委員会の移転先であるイエール大学の重鎮だった。コウルズ委員会のリーダーだったクープマンスはフリードマンたちから攻撃を受けたあげく、シカゴ大学を追い出されたのだから、宇沢に厳しい言葉を投げかけたのも当然といえば当然である。

ロバート・ソローに宇沢のシカゴ大学移籍についてたずねた際、「驚いたよ」というセリフを何度か繰り返しながら、つぎのように話した。

「ほんとうに驚きましたよ。わたしは当時、スタンフォード大学がヒロを必死になって慰留しようとしていたと思っていました。ただ、当時の状況として頭に置いておかなければならないのは、多くの大学の経済学部では本格的な数理経済学者はまだあまり歓迎されていなかったということです。経済学部のなかにひとりいれば十分という感じだったのですよ。そういう状況を考慮してみると、スタンフォード大学にはケネス（・アロー）がいましたよね。スタンフォード大学はヒロが取り組んでいるような数理経済学に価値があることは認めていたはずですが、ケネスがひとりいれば十分ではないかというような考えもあったかもしれない。わたしはヒロがシカゴに行くと聞いて驚いたのですが、同時に、彼はシカゴ大学では幸福にはなれないだろうなとおもって悲しい気持ちになりましたよ」

アローとソローに取材しておどろいたのは、なぜ宇沢がシカゴ大学を選んだのか、ふたりともいまだくわしい真相は知らないと証言したことだった。当時の宇沢にとってふたりはもっとも尊敬する経済学者であり、もっとも大切な友人だったはずだ。アロー、ソローが理解できなかったとすれば、周囲の経済学者が戸惑いや反発をおぼえたとしても無理はない。

研究生活の転機となったシカゴ大学への移籍、その謎を掘りさげてみたいのだが、まずは宇沢が私に語った話から紹介しよう。

「シカゴ大学のメツラーさんから手紙がきてね。それで、メツラーさんがスタンフォードに来たんだよ。話はこういうことだった。自分は以前に脳腫瘍の手術をして、学者として機能できなくなったと。それで、どうしてもシカゴに来てくれって。メツラーさんが機能しなくなって……そこにフリードマンがつけ込んで、めちゃめちゃなことをやるんだね」

ロイド・メツラー（1913―1980）は、ポール・サミュエルソンと同世代の傑出した理論家だ。サミュエルソンからも高く評価されていた。シカゴ大学では、フランク・ナイトと並んで経済学部の大黒柱だったジェイコブ・ヴァイナーの国際貿易論の講座を引き継いだ。経済学部内では、ケインズ革命の洗礼を受けたケインジアンであるメッツラーは異色の人材といってよかった。

メッツラーはフリードマンと同じ時期にシカゴ大学にやってきたのだが、宇沢の解説（おそらくメッツラーから直接聞いた話だろう）によると、メッツラーの招聘《しょうへい》には経済学部内のバランスをとろうという意図が込められていたという。当時の経済学部長セオドア・シュルツの判断だったようだ。

ところが、優れた論文を量産していたメッツラーの活動はある時期からぴたりと停滞してしまう。脳に腫瘍ができ、手術には成功したものの、それまでのようなペースでは論文が発表できなくなったのである。帽子を脱ぐと、頭蓋骨にはひと目でわかるほどの陥没があった。手術は1952年に行われたというから、宇沢を勧誘したころ、シカゴ大学ではすでにメッツラーの存在感は希薄になっていたとおもわれる。

宇沢とメッツラーは学問上の問題で手紙をやりとりする仲で、メッツラーの業績に通じていた宇沢は理論家メッツラーを尊敬していた。そのメッツラーが、自分に会うためにわざわざスタンフォード大学までやってきたのである。面と向かって、フリードマンに対抗できる経済学者として期待しているといわれ、おもわず宇沢は、あなたとフリードマンの関係はどうなっているのですか、とたずねかえした。するとメッツラーは、「フリードマンとはうまくやれているよ。なにしろ彼が何をしゃべっても、右から左に聞き流すことにしているから」と冗談をいった。

サミュエルソンに劣らない理論家と評されたメッツラーが、脳腫瘍を患ってからというもの鳴かず飛ばずとなり、勢いづくばかりのフリードマンに忸怩《じくじ》たる思いを抱いている。手術跡を隠すために帽子を被ったまま熱心に自分を勧誘するメッツラーに、宇沢はこころを動かされた。

ただし、メッツラーからの勧誘がシカゴ大学への移籍を決断する決め手となったという宇沢の説明には、若干の疑問も残る。脳腫瘍手術の後遺症で十分な活動ができなくなっていたメッツラーが、ひとりで経済学部の人事を左右できるほどの力をもっていたはずがない。

宇沢が所蔵していた手紙類を調べていて、少し意外な事実がわかった。宇沢は移籍が決まる過程でシカゴ大学経済学部の責任者とやりとりしているのだが、決め手となったというメッツラーの名前は一度も出てこないのである。順を追ってみていこう。

まずはじめに、宇沢のもとにシカゴ大学経済学部の学部長(chairman)のアルバート・リースから手紙(1963年3月13日付)が届いている。

リース学部長は、同僚のドン・ベアに宇沢から受け取った手紙(2月26日付)を見せてもらったと切り出している。宇沢がベアへの手紙で、「翌年度の2学期の期間ならシカゴ大学に赴任できるかもしれない」とのべていたことに触れたうえで、「1963年9月30日から1964年3月21日まで経済学部の客員准教授(Visiting Associate Professor)として来てほしい」というオファーを経済学部長として出している。学部生を含む多くの研究者たちが宇沢の実績を知っていて、みんなが会うチャンスを心待ちにしているとも伝えている。

宇沢はリース学部長への返信(3月21日付)で、「ケネス・アローに相談してみたけれども、2学期といえどもスタンフォード大学を留守にすることは難しそうだという結論に至った」旨を知らせている。ドン・ベアへの手紙で短期間なら容易に赴任できるかのような印象を与えたことを申し訳なくおもっている、と宇沢は詫びている。シカゴ大学経済学部から誘いがきたことは宇沢にとって意外だったようだ。

リース経済学部長はふたたび手紙（5月22日付）をよこし、より強い調子で宇沢を勧誘している。シカゴ大学学長の許可もとっていると断ったうえで、終身在職権付きの准教授として正式に採用したいとのべ、9ヵ月間で報酬1万4500ドルという条件も明記している。

宇沢は返信（5月27日付）で、光栄に感じると謝意をのべながらも、「決断を下すまでもう少し時間をください」と態度を留保している。オファーの内容を精査して、シカゴ大学経済学部で自分の研究領域の将来性がどれぐらいあるのかを見極めたいと伝えている。

リース経済学部長へ出した手紙と同じ5月27日付で、宇沢はツヴィ・グリリカス（1930－1999）にも手書きの手紙を送っていた。シカゴ大学経済学部に在籍していたグリリカスは宇沢と同世代の優れた計量経済学者で、宇沢がシカゴ大学に移籍してからはもっとも親しい同僚となる。このころ、すでに近しい間柄にあったようだ。手紙で宇沢は、人事の件でグリリカスが努力してくれていることに謝意をあらわしている。シカゴ大学経済学部の宇沢獲得の動きに、グリリカスも加わっていたということだろう。

驚いたことに、リース経済学部長は6月5日付で宇沢に出した手紙で、迎え入れる条件を大きく引き上げている。准教授ではなく教授として迎え入れること、報酬も9ヵ月間で1万6000ドルに引き上げることが明記されている。昨日の電話での会話の内容を確認することがこの手紙の趣旨だと断っているので、前日の電話で宇沢とすでに話をつけていたようだ。

それまで明確な返答を避けていた宇沢は、リース経済学部長から教授として迎え入れるという条件を示されたあと、シカゴ大学へ移ることを決断している。ちょうどシカゴ大学への移籍が決まったころ、ミシガン大学からも勧誘の話が舞い込んだが、もちろん丁重に断った。

アルバート・リース経済学部長と宇沢のやりとりのなかには、ロイド・メッツラーの名前は一度も出てこなかった。ふたりのやりとりからは、シカゴ大学経済学部側が意外にも宇沢獲得に脈があることに気づいて以降、リース経済学部長がどんどん条件を引き上げ、懸命に獲得に動いた様子がうかがえる。

おそらく、メッツラーは経済学部が宇沢獲得に動いていることをどこかの時点で知り、経済学部の意向とは別に、メッツラー自身の動機にしたがって宇沢に会いにいったのだろう。宇沢のほうでも、メッツラーがわざわざスタンフォード大学までやってきたことをアローに知らせなかっただけでなく、妻である浩子にさえ話さなかった。秘密の契《ちぎ》りだったわけである。

「メッツラーはぼくの経済学の底流にながれる『思想』について的確に理解してくれていた」と宇沢は語っていた。シカゴ大学経済学部に着任すると、メッツラーとは家族ぐるみでつきあうようになった。メッツラーは1980年に亡くなっているが、すべての蔵書を宇沢に寄贈するとの遺言を残していたという。それほど宇沢を信頼していたわけである。

シカゴ大学経済学部への移籍は多くの同僚や仲間を戸惑わせることになったが、宇沢にも気まずい思いがあったのだろう、7月に赴任する予定を早めて3月末にはシカゴに移っている。むしろ、もちろん、フリードマンが率いるシカゴ・スクールに加わるつもりなどさらさらなかった。むしろ、シカゴ大学経済学部の学風を変える意気込みで乗り込んだのである。赴任した年から、さっそく行動を起こしている。アメリカ全土の主要大学から選りすぐりの若手研究者を招き、のちに伝説的に語り継がれることにもなる「宇沢ワークショップ」を開催するのである。

第9章

もうひとつのシカゴ・スクール

シカゴ大学の「宇沢ワークショップ」で鍛えられたG・アカロフとともに

「新しい保守主義」の誕生

シカゴ大学に着任した宇沢にとって意外だったのは、誰よりも早くプライベートな食事に招いてくれたのがミルトン・フリードマン教授だったことである。16歳上のフリードマンはすでに50歳をすぎ、経済学部での在籍期間は20年近くになろうとしていた。押しも押されもせぬ、シカゴ大学経済学部の顔である。

歓迎の食事会で宇沢はさっそくフリードマンらしいふるまいを目の当たりにすることになった。同席していた妻の浩子がそのときの様子を綴っている。

〈スタンフォードからシカゴに移って最初に食事に招いてくださったのは、ミルトン・フリードマン教授でした。宇沢が昔数学をやっていたせいか、有名な数学者のサンダース・マックレーン教授夫妻も御一緒でした。たまたまアメリカでは大統領選挙の最中でしたが、フリードマンさんとマックレーンさんとの間で、はげしい政治論争になってしまいました。リンドン・ジョンソンとバリー・ゴールドウォーターの間で争われた選挙戦でしたが、狂信的なゴールドウォーターを支持する超保守的な人々は私どもの周辺にはまずいませんでしたが、フリードマンさんは、ゴールドウォーター礼讃の演説をぶち始めました。マックレーンさんはたまりかねて反論し、とうとうディナーそっちのけで、二人の間ではげしい政治論争が始まってしまったのです。論争が一区切ついたとき、私は隣席のフリードマンさんにこういいました。「あなた方はすばらしい友人ですね。政治的意見がこんなにはげしく対立しても友人としてつき合えるなんて」。フリードマンさんの答えは“We'd better be. Otherwise, we will have no friend.”やっとデ

イナーが始まりました〉(『宇沢弘文著作集　月報12』岩波書店)

宇沢がアローと別れてシカゴにやってきた1964年は、フリードマンにとっても転機となる年だった。初めての本格的な政治活動として、大統領選挙に関わったからだ。暗殺されたケネディの後を継いだ現職大統領リンドン・ジョンソンに挑んだ共和党の大統領候補バリー・ゴールドウォーターの経済顧問に就任したのである。

宇沢は、フリードマンが深く政治に関わっていると知って驚いた。「狂信的なゴールドウォーターを支持する超保守的な」という浩子の言葉は、宇沢の気持ちをあらわすものでもある。フリードマンの人物像を語る際、宇沢はしばしばこのときの大統領選挙でのふるまいを紹介している。経済評論家の内橋克人との対談ではつぎのように語っている。

《一九六四年リンドン・ジョンソンとバリー・ゴールドウォーターが大統領選を争っていたときに、ゴールドウォーターはベトナムで水素爆弾を使うべきだと主張して、「何百万もの人たちが命を失い、社会も自然も壊れてしまう」とものすごい反発にあう。そのとき、フリードマンは一人立ち上がって、ゴールドウォーターを全面的に支持したのです。そのときのフリードマンの言葉が、「One communist is too many! 自由を守るためには、共産主義者が何百万人死んでもかまわない」

ゴールドウォーターは、フリードマンのアドバイスを受けて、TVAを払い下げて民営化すると公約したために、大統領候補どころか、政治家としての生命が危うくなって、その公約を撤回します。南部の人たちは、社会的共通資本としてのTVAが、大恐慌の悲惨から救い出し、戦後の繁栄の基礎をつくったというコモンセンスを持っていたわけです。『ニューヨーク・タイムズ』の記者がゴールドウォーターに、あなたが大統領になったら、フリードマンをアドバイザーにするつもりかと聞いたところ、あわてて、“No, I don't, because he is too extreme.”(フリードマンは過激すぎる)。それが『ニューヨーク・タイムズ』のヘッドラインに大きく出たことがあって、あの狂信的なゴールドウォーターがtoo extremeといった教授がシカゴ大学にいるというので、私たちはじつに肩身の狭い思いをしたものでした》(『始まっている未来』岩波書店)

バリー・ゴールドウォーター(1909―1998)は、アメリカの保守主義運動のなかで特別な位置を占める政治家である。アリゾナ州に生まれたゴールドウォーターはアリゾナ大学を中退して、急死した父親の後を継いでデパートの経営者となった。第二次世界大戦では陸軍航空隊の中佐として従軍、戦後はアリゾナ空軍警備隊の創設にかかわり、参謀長もつとめた。

1952年にアリゾナ州選出の上院議員となったゴールドウォーターは、共和党出身のアイゼンハワー大統領(在任1953年―1961年)の中道路線を批判して、共和党内でも異端とみられるほどの強硬な保守派として地位を築いていく。議会活動では、社会保障の拡大や失業者救済事業、地方自治体への補助金などの政策にことごとく反対した。後年、みずからの政治活動を振り返ってゴールドウォーターはつぎのように回想している。

〈私の政治哲学の基礎はニューディールに対する怒りに根差すものだと思う。しかし、それは理性に基づくものというよりも、本能的なものだった〉

1964年の大統領選挙で共和党の大統領候補となった際、ゴールドウォーターは国内政策では小さな政府、対外政策としては共産主義国と対決するための軍事費増強を唱えた。大統領選挙では現職のジョンソンに大敗を喫するが、それまでの共和党大統領候補にはなかった明確な保守主義のスローガンを唱えたことで、「新しい保守主義」の象徴となった。このころ設立された保守系政治団体がのちの保守主義運動の指導者を輩出することにもなる。

ゴールドウォーターを大統領選挙で支援したことで知名度を上げたのがロナルド・レーガンである。ハリウッド俳優の強みを活かした巧みな演説で注目を浴び、政界進出の足がかりをつかんだレーガンは、カリフォルニア州の知事となり、大統領への道を歩み始める。

結局、１９６４年には共和党のなかでも異端とみられたゴールドウォーターの主張は、20年もたたないうちに受け入れられることになった。１９８１年にレーガンが大統領に就任したからである。

１９６４年の大統領選挙でゴールドウォーターを支援したフリードマンは、ゴールドウォーターから始まる戦後のアメリカの新たな保守主義運動に最初から寄り添っていたことになる。実際、フリードマンは次の１９６８年の大統領選挙でも共和党候補リチャード・ニクソンのアドバイザーをつとめた。ちょうど宇沢と出会う１９６４年を境に、フリードマンの政治活動は活発化し、レーガン大統領の誕生で大きな実を結んだ。１９８１年1月にレーガンが大統領に就任すると、フリードマンの経済思想が現実の政策に反映されるようになったのである。

フリードマンは、レーガンが大統領に就任したときに『資本主義と自由』を再版して、その前書きにつぎのように記した。

〈基本的に同じ政策、同じメッセージを発した二人の大統領候補が、一九六四年には完敗し、八〇年には圧勝することになる。六四年の敗者はバリー・ゴールドウォーター、八〇年の勝者はロナルド・レーガンだった〉

フリードマンが果たした役割の大きさは、経済学界のなかだけを見ていてはわからない。フリードマンの歩みをふりかえると、「経済理論家」から「イデオローグ」への転身は周到に準備されたうえでの決断だったように映る。起点を求めるなら、コウルズ委員会との争いに勝利した時点にまで遡ることができるだろう。イデオローグとしてのフリードマンの誕生は、「マネタリスト・フリードマン」の誕生の過程と重なってみえる。

「大恐慌の犯人は政府である」

コウルズ委員会がシカゴ大学から追い出された翌年の1956年、フリードマン主宰の研究会の成果が『貨幣数量説の研究』としてシカゴ大学出版局から刊行された。巻頭論文は、フリードマンが著した「貨幣数量説再論」。題名が示唆するとおり、ケインズに葬られた貨幣数量説を新たな装いのもとに蘇生させる試みだった。フリードマンのマネタリスト宣言と解釈してもいいだろう。

以後、「マネタリズム（貨幣数量説）」はフリードマンの代名詞のようになるけれども、フリードマンが貨幣理論を本格的に研究しはじめたのはシカゴ大学の教授に昇格した1948年からである。1963年に出版したアンナ・シュワルツとの共著『アメリカ合衆国の貨幣史1867―1960』でマネタリストとしての立場を盤石なものとした。同書は膨大な統計データに基づいて貨幣供給が景気循環に影響を与えていたことを実証する研究で、1929年10月の株価大暴落に端を発する大恐慌とその後の大不況は誤った金融政策が原因だったという新たな解釈を提示することになった。

大恐慌について、フリードマンはつぎのように語っている。

〈私たちの生活に影響を与えた大恐慌の主な教訓は、間違った教訓、つまり大恐慌の誤った解釈です。実際に大恐慌――そう呼ぶか否かは別にして、そこから学んだ教訓は、繁栄を維持しようとすれば、民間の企業システムに頼っていたのではだめで、政府に強く依存する必要があるということであったことは確かです。1929年以前においては、政府は必要悪であるというのが、一般的な見方でした。150年前にジェファーソンが小さな政府と政府の役割を限定することの利点について述べたとき、多くの人たちが賛同しました。大恐慌はこの考え方を変えたのです。だって、人々が大恐慌から学んだ教訓は、それは企業の倒産、資本主義の失敗の結果であり、大企業も倒産するのであり、安全に生き延びるにはもっと強く政府に依存しなければならないということだったのです。これが実際に大恐慌から学んだ教訓でした。ご承知のとおり、私の考えでは、学ばねばならない教訓、つまり正しい教訓とは、彼らを倒産に追いやったのは政府だということでした。大恐慌を引き起こしたのは金融システムの誤った運用であって、市場システムの失敗ではありませんでした。現実の教訓は明らかです〉（『大恐慌を見た経済学者11人はどう生きたか』）

ケインズの理論はいわば大恐慌への対処法を教える理論だった。その大恐慌の解釈について、フリードマンは実証研究に基づく形でそれまでの通説をひっくりかえしたのである。その新たな説を支える理論がマネタリズムなのだが、なぜマネタリズムはイデオローグとしてのフリードマンを支えることになるのだろうか。

貨幣数量説とは、「貨幣供給を増やすと、短期的には生産量や雇用量を増やすが、長期的にみれば、その影響は物価の上昇のみとなる」という学説である。貨幣供給の増減は物価のみに影響を与え、貨幣量と物価は比例した関係にあるという学説だ。経済学では、古くから存在した考え方である。

フリードマンが唱えた貨幣数量説は旧来の説より複雑な内容を持つ新しいヴァージョンではあるが、貨幣供給の増減は物価のみに影響を与えるという核心は同じだ。フリードマンによると、貨幣供給の増加はおよそ6ヵ月から9ヵ月後に生産量を増加させるものの、さらに6ヵ月から9ヵ月が過ぎると、影響は物価上昇のみとなる。したがって、物価の安定のためには、金融当局に貨幣供給量を一定の率で増加させるというルールを課すべきだとフリードマンは主張した。意味するところは、政府がなすべきなのは金融当局が貨幣量を一定率で増加させることだけだということだ。裏を返せば、それ以外のことで政府は市場に介入すべきではない。つまり、小さな政府（政府機能の縮小）、自由市場システムの尊重（自由放任）を唱える根拠を与えるわけである。

『アメリカ合衆国の貨幣史1867—1960』が出版された時期、米国ではポール・サミュエルソンやロバート・ソローに代表されるケインジアンたちが経済学界を席巻し、ケネディ政権やジョンソン政権の経済政策の理論的な支えとなっていた。不況時には政府が財政政策、金融政策を適切に発動して、総需要を管理すべきという考えである。

ケインズ経済学の枠組みでは、貨幣量の増加は利子率に影響を与えるが、どれだけ利子率が低下するかは流動性選好の状態によって異なる。流動性選好説では、資産を証券の形で保有すると現金の利便性や安全性が確保できないので、その代償として利子が支払われると考える。金利が一定以上低い状態になると、証券に対する投機的な需要がなくなり、資産を現金の形で保有する傾向が強まるので、いくら貨幣を供給しても利子率は下がらなくなる（「流動性の罠」と呼ばれる）。

利子率と投資の関係も単純ではない。一般的には利子率が下がると投資は増えると考えられるが、投資水準は「期待される利潤率」に左右される。また、乗数理論では投資が乗数効果を伴って有効需要を増加させることが強調されるが、需要増加の程度は乗数の値（乗数効果の大きさ）によって変わってくる。

要するに、ケインズ経済学では、貨幣量の増加が物価にどのような影響を与えるのかということは単純にはいえない。マネタリストのように、貨幣量の増加に比例して物価が上昇するとは考えない。もちろん、政府の役割を重視するケインジアンは、小さな政府を説くマネタリストの主張を承認することはできない。

フリードマンにとってマネタリズムは、論敵であるケインジアンの主張を覆す理論的な根拠だった。しかし、フリードマンが敵視したのはケインズ経済学だけでなかった。１９６４年の大統領選挙でバリー・ゴールドウォーターを支援して以降、政治に直接働きかけ、新たな保守主義運動のブレインとなった経緯を踏まえれば、フリードマンは経済学における反ケインズにとどまらず、ルーズベルトのニューディール政策以降、アメリカに浸透した「リベラリズム」

の思想そのものを葬ろうとしたことがわかる。新たなマネタリズム（新たな貨幣数量説）という一般にはなじみがあるとはいえない専門的な学説を携えながら、大恐慌後の思想地図を塗り替えようとしていたのである。

もっとも、話を１９６０年代半ばに戻せば、経済学界を制覇していたのはアメリカ・ケインジアンである。フリードマンが唱えるマネタリズムはいまだ「極端なケースを想定した異端の説」にすぎないとみなされていた。ゴールドウォーターと同じく、フリードマンもまた、勝ち目は薄いとみなされた挑戦者にすぎなかったのである。

宇沢はシカゴにやってきて早々、「狂信的な超保守主義」を掲げるゴールドウォーターとともに大統領選挙を戦うフリードマンの姿を目のあたりにして驚き、新たなマネタリズムを布教してまわってもいるこの経済学者の真意をいぶかった。しかし、こと経済学という学問のなかにおいては、フリードマンに脅威をおぼえることなどなかった。50歳すぎて政治活動にのめり込む姿は、下り坂にさしかかった研究者にしかみえなかったからである。

私は宇沢に、「当時のシカゴ大学で、研究者としてもっとも勢いのあったのはだれですか」とたずねてみたことがある。即座に、「ぼくとグリリカスだよ」というこたえが返ってきた。「フリードマンなんかはぜんぜん」と宇沢はわざわざつけくわえたのだったが、この話が自慢でも誇張でもなかったことを示すひとつのエピソードがある。

アメリカ経済学会が40歳未満のもっとも優れた経済学者に授与するジョン・ベイツ・クラーク賞という経済学賞がある。アメリカにおける近代経済学者の草分けジョン・ベイツ・クラーク（１８４７―１９３８）の名を冠したこの賞は１９４７年から始まった。１９６９年にノーベル経済学賞が始まるまではアメリカでもっとも権威ある経済学賞だった。年齢制限があるうえ2年に1度の賞（現在は毎年）だったので、ノーベル経済学賞より受賞がむずかしい賞ともいわれた。実際、ジョン・ベイツ・クラーク賞を受賞した後にノーベル経済学賞を受賞している経済学者は数多い。

ジョン・ベイツ・クラーク賞の第1回（1947年）の受賞者はサミュエルソンで、ミルトン・フリードマン（1951年）、ジェームズ・トービン（1955年）、ケネス・アロー（1957年）、ロバート・ソロー（1961年）、ヘンドリック・ハウタッカー（1963年）など、歴代受賞者は宇沢と深い関係にある経済学者ばかりといっていいような顔触れだった。

日本人の宇沢がいかにアメリカ経済学界の中枢に食い込んでいたかがわかるが、じつは宇沢自身、シカゴ大学に移籍した翌年の1965年にジョン・ベイツ・クラーク賞の最有力候補となっていた。ふたりだけの決選投票にまでもつれ込んだ末、惜しくも受賞を逃したのだった。宇沢に競り勝って受賞したのが、シカゴ大学の同僚ツヴィ・グリリカスだった。

なぜ選考の経緯がわかったのかといえば、選考に関わった経済学者が宇沢本人に話したからである。じつは、私もこの事実を宇沢が亡くなったあと、妻の浩子へのインタビューではじめて知った。

受賞者を決める最終選考の日、たまたま宇沢夫婦が主催する小さなパーティーが宇沢宅で開かれていた。そこへハリー・ジョンソン（1923―1977）が遅れてやってきて、いましがた終えたばかりのジョン・ベイツ・クラーク賞選考会の実況中継のような話をはじめた。宇沢とグリリカスの評価が抜きん出て高くほかの候補者を圧倒していたこと、最終的にふたりのみに絞って決選投票が行われグリリカスが受賞したというくわしい選考の過程を、宇沢夫婦はじめみんながいる前でしゃべってしまったというのである。

宇沢と親しかったジョンソンは当時はシカゴ大学教授で、ジョン・ベイツ・クラーク賞の選考に携わっていた。選考作業の興奮が冷めやらなかったのだろう、浩子によると、その日のジョンソンはいつになく饒舌だったという。

ツヴィ・グリリカスは、教育の効果なども包摂した技術革新、研究開発の研究で知られる計量経済学者だ。のちにアメリカ経済学会の会長もつとめた。宇沢とは同世代で、シカゴでは家が近いこともあって家族ぐるみのつきあいをしていた。宇沢はグリリカスへの追悼文（「フリアソンとグリリカスの死を悼む」『経済学と人間の心』東洋経済新報社）で《私にとって真に心を許せる数少ない友人であった》と悼んでいる。

グリリカスが宇沢の心許せる友人となったのは、彼の数奇な人生も関係していただろう。リトアニア生まれのユダヤ人であるグリリカスは、第二次世界大戦中、ドイツ・ナチスによって強制収容所に収容された体験をもっていた。家族のなかで生き残ることができたのはグリリカスと妹だけだったという。辛くも逃れたグリリカスはその後、紆余曲折をへて渡米し、カリフォルニア大学バークレー校で学び、最優秀の成績を修めてシカゴ大学にやってきた。

「自分がバークレーで最優秀の成績を挙げることができたのは、小学校にも、中学校にも、高校にもいかなかったからだ」

宇沢には何度もそう話したそうである。宇沢がシカゴ大学教授に着任した１９６４年、グリリカスも准教授から教授へと昇進した。グリリカスはフリードマンが率いるマネタリストのグループには属しておらず、宇沢がシカゴ大学を去るのと同時期にハーバード大学へと移っている。

説明が長くなったが、フリードマンをシカゴ大学経済学部の代表者のように扱うことに宇沢が同意できなかったのは、宇沢自身が大きな存在感と影響力をもっていたし、グリリカスのような同世代の第一線の研究者もいたからなのである。

シカゴ・スクールと宇沢

シカゴ大学経済学部に移ってまもないころの宇沢の心境がうかがえる手紙がある。宇沢が日本にいる安井琢磨に出した手紙である。

安井琢磨（1909―1995）については、経済学史が専門の池尾愛子が『日本の経済学』のなかで「日本のサミュエルソンと呼んでよい」とのべているが、日本における本格的な数理経済学者の草分けである。宇沢は博士号を何のつながりもない東北大学経済学部で1962年に取得しているのだが、これは安井から博士号はぜひ東北大学でとってほしいと依頼されたためである。当時東北大学にいた安井は、2部門モデルなどで世界的に知られるようになっていた宇沢の博士論文を受理すれば、経済学部を守り立てることになると考えたのだろう。

安井は河合栄治郎の門下生で、宇沢が尊敬していた木村健康と同門である。日本の数理経済学のパイオニアである安井に、宇沢はアメリカ経済学界の最新情報を伝えるだけでなく、スタンフォード大学に滞在して研究ができるよう、とりはからったりもしていた。自分自身が世話になっているということもあったのだろう、安井は20歳程も若い宇沢を手紙では「大兄」「学兄」と呼んでいた。

宇沢は１９６４年12月12日付の手紙で、安井にシカゴ大学の近況を伝えている。

《三月にChicagoに移ってから何かと多忙ですっかり御無沙汰いたしており申しわけありません。ここも最近いろいろ変化があり、Harry Johnsonは二年後ですがLondon Schoolに行くことになり、また、Milton FriedmanはStanfordからofferがあり、多分acceptするのではないかといわれています。今度、Teilがオランダから Permanentでくることになり、Arrowにもofferがあったのですがうまく行かず、しかし、Mathematical Economicsの再建という点ではJohnson、Metzlerはじめみな協力的でsmoothにいっています》

フリードマンにスタンフォード大学から勧誘があったという話は、フリードマン本人から聞いたのだろう。フリードマンは誘いにはのらなかった。シカゴ大学に愛着があったからである。

この手紙を書いたのはシカゴ大学に移って９ヵ月しか経っていないころだが、「Mathematical Economics（数理経済学）の再建」という言葉から、かつてアローたちが在籍していたコウルズ委員会を強く意識していたこと、フリードマン率いる一派に対抗する意志をもっていたことがわかる。

宇沢は自分に協力的な人物としてロイド・メッツラーとハリー・ジョンソンの名を挙げている。メッツラーは宇沢をシカゴ大学に熱心に勧誘したのだから協力的なのは当然だろう。ハリー・ジョンソンは、シカゴ大学にきた当初はフリードマン批判の急先鋒とみなされていたが、次第に立場を変えていった。

お互い酒好きということもあってジョンソンと親しかった宇沢は、ジョンソンの態度が変わった事情についてつぎのように語っていた。

「フリードマンは、自分に反対する者は徹底的に批判する。その一番いい例がハリー・ジョンソンソンだった。メッラーが脳腫瘍を患ってから、（フリードマンに対抗できる経済学者として）最初に呼ばれたのがジョンソンだった。フリードマンはいかにも親しげに接していたけど、あるとき、統計のテクニカルな話でジョンソンが間違った発言をしたことをとがめ、徹底的にやっつけた。ハリー・ジョンソンはそれからおかしくなっちゃった。教授会なんかでも、フリードマンはジョンソンが我慢ならないようなことをいう。ジョンソンはポケットにナイフを入れていて、フリードマンがそういう話をはじめると逃げるために彫刻をしているようなふりをしたりしてね。結局、ハリー・ジョンソンはＬＳＥ（ロンドン・スクール・オブ・エコノミクス）に移ることになるんだけど、いつのまにかフリードマンが言うようなことを言い出してね。フリードマンよりフリードマン的なものを書いたりするようになった」

宇沢はエピソードを通じて、フリードマンが絶大な影響力をもつにいたった理由のひとつがこうした党派づくりにあったことを伝えようとしたわけだが、実際、ハリー・ジョンソンはケインジアンからマネタリストに転向したとみなされるようになった。

ともあれ、シカゴ大学にやってきたばかりの宇沢は、「数理経済学を再建する試みは順調に進んでいる」という安井への報告にあらわれているように、「フリードマンのシカゴ学派」に物怖じする様子は微塵もなかった。

１９６０年代、70年代に「シカゴ・スクール（シカゴ学派）」という呼称が浸透するようになり、シカゴ大学経済学部はフリードマンを総帥とする市場原理主義的な経済学を構築する経済学者集団として認知されるようになった。しかし、宇沢にとって、シカゴ大学経済学部の伝統はフリードマンに代表されるものでは決してなかった。

「シカゴ・スクール」という場合は通常、フリードマンを筆頭に、フリードマンの親友で『小さな政府の経済学─規制と競争』（東洋経済新報社）などを著したジョージ・スティグラー、離婚や差別などさまざまな社会的事象にまで市場原理主義的な分析を持ち込んだ合理主義的経済学を展開したゲーリー・ベッカー（1930─2014）、合理的期待形成仮説の提唱者ロバート・ルーカス（1937─）などの名前が挙がった。いずれもノーベル経済学賞の受賞者で、シカゴ大学特有の市場原理主義的な経済学、経済思想を築いた功労者とみなされている。

しかし、シカゴ大学にいた宇沢は、「フリードマン率いるシカゴ・スクール」がシカゴ大学の伝統を継ぐものとは認めていなかった。理由のひとつは前章でくわしくみた、かつてシカゴ大学内に拠点を構えていたコウルズ委員会の存在だ。「数理経済学の再建に取り組んでいる」と安井に伝えていたことからもわかるように、コウルズ委員会を本来のシカゴ学派の源流のひとつとみなしていた。

厳密にいえば、コウルズ委員会はシカゴ大学に所属する組織ではなかったが、コウルズ委員会の実績を脇に置いたとしても、フリードマンが名声を得るようになってからの「シカゴ・スクール」は、それ以前のシカゴ学派の伝統とは質がまったく違うと宇沢は考えていた。宇沢の見方は、フランク・ナイト（1885─1972）への評価に特徴的にあらわれている。

フランク・ナイトの怒り

ナイトはシカゴ大学でフリードマンを教えたこともある、フリードマン以前のシカゴ学派を代表する経済学者だ。１９２１年に出版された『Risk, Uncertainty and Profit（危険・不確実性および利潤）』は現在も高く評価されている。

ナイトは、統計などから確率的に予知できる「危険」と、確率を知ることができない「不確実性」を明確に区別すべきだと説いた。確率計算が可能な危険は保険をかけることで対処することができるが、そもそも確率計算ができない「不確実性」には保険では対処できない。「不確実性」に対応していくのが企業の経営者であり、ナイトは、企業の利潤をこうした役割を担った経営者への報酬としてとらえなおそうとした。「不確実性」の概念は、合理的な経済人が競い合う完全競争という新古典派経済学の空想的な世界を根本から突き崩す視点を与えるものでもあった。

シカゴ大学の重鎮だったナイトは、第二次世界大戦後にハイエクが創設したモンペルラン協会の設立総会に参加しており（フリードマンも参加していた）、市場機構を重視する自由主義の経済学者として知られる。そのため、「シカゴ学派の始祖」とみなされることもある。

じつをいうと、そもそものような見方がでてきたのは、マネタリストのフリードマン、フリードマンの盟友で規制緩和論者のスティグラーがともにシカゴ大学でナイトの教えをうけており、「シカゴ・スクール」を対外的に認知させる際、ナイト以来の伝統を引き継いでいるかのような語り口を好んだからでもあった（ちなみに、フリードマンの妻ローズはフリードマンと結婚する前、１９３０年代半ばにナイトの助手をしていたことがある）。

たしかにナイトは、シカゴ大学経済学部がコウルズ委員会と激しく対立した際、経済学部側の大御所だった。宇沢はコウルズ委員会にいたアローから、「ナイトは非常に厳しい先生だったよ」と聞かされてもいたが、フリードマンとナイトを「シカゴ・スクール」の名のもとに結びつける見方をきっぱり否定した。ナイトの人柄に直接触れた経験が大きかった。

宇沢がシカゴ大学にやってきたとき、すでにナイトは研究の第一線からは退いていたが、40歳以上も年の離れた宇沢にも気さくに声をかけてくれた。初めてナイトと会ったのは、妻の浩子と大学内で上演されていた芝居を見にでかけたときだった。宇沢といっしょに訪れたナイト宅での出来事を、浩子が教えてくれた。

「お会いしたときはもう定年になっていたんですけど、ナイト先生が自分のうちに遊びに来ないかといってくださったんです。お宅にうかがうと、日本人の女性がいました。その方はナイト先生が養女にした娘さんで、広島（の原爆被災者）の孤児だったということでした。ナイト先生の奥さんは日本に興味をもっていて絣《かすり》を集めていて、養女の方が手伝っていました。ナイト夫妻はおふたりともほんとうに優しい方でしたよ」

『競争の倫理　フランク・ナイト論文選』（ミネルヴァ書房）とフリードマンの『選択の自由』（日経ビジネス人文庫）を読みくらべれば、まったく質の異なる自由主義者であることは歴然としている。そもそも、インドシナ半島の共産主義化を防ぐには核兵器の使用もやむをえないと考えたフリードマンと、広島の原爆被災者の孤児を養女に迎えたナイトが、まったく同じ思想を共有していたと考えることには無理があるだろう。フリードマンの盟友スティグラーはナイトをつぎのように評している。

〈フランク・ナイトは政治行動が道徳的・知的中身をもっているかどうかについて懐疑的で、とくに中央当局による経済計画に対しては敵意を燃やしていたが、彼はまた、競争経済が倫理的根拠を有するという見解にも大いに批判的であった。民間企業を教条主義的に擁護する者たちを力づけると思われるような発言を、ナイトはまったく行っていない〉（『現代経済学の回想』日本経済新聞社）

著書『ヴェブレン』で宇沢は、フリードマン、スティグラーとナイトの関係について重要な証言を残している。

1965年の秋、フランク・ナイト教授の80歳の誕生日を祝う会がシカゴ大学経済学部の主催で開かれたときのことである。シカゴ大学のファカルティ・クラブには全米からナイトの教えを受けた経済学者たちが集まった。もちろん宇沢も出席したが、シカゴ大学以外からもポール・サミュエルソン、ケネス・アロー、ローレンス・クラインなど名だたる経済学者が出席した。

ところが、会が始まってみると、サミュエルソンやアローらに発言の機会は与えられず、フリードマンやスティグラーらいわゆる「シカゴ・スクール」の経済学者ばかりが挨拶に立った。「一種異様な雰囲気となってしまった」と回顧しながら宇沢は、会を締めくくった際のナイトの辛辣な言葉を紹介している。

「私はこの集まりの性格について事前に知らせてもらっていなかった。ただまわりの人々の動きから、多分私のお葬式の用意をしているのだと思っていた」

その後に起こった出来事についても宇沢は伝えている。

《八十歳の誕生日のお祝いから、ひと月ぐらい経ってからだと記憶している。ナイト教授がみんなを集めてつぎのように宣言したのである。ジョージ・スティグラーとミルトン・フリードマンの最近の言動は目に余るものがある。この二人は、私の最初の学生であるが（二人とも博士論文をナイト教授の指導のもとに書いた）、今後、私の学生であったということを禁ずる、と。

ナイト教授にとって、経済学の研究はあくまで、市民の一人一人が人間的尊厳を守り、魂の自立を支え、市民的自由を最大限に確保できるような社会を実現するという志をもっておこなうものであって、決して政治的権力、経済的富、宗教的権威に屈してはならないというのが常日頃の信条だったのである》

フリードマンはコロンビア大学で博士号を取得したのでナイトの指導で博士論文を書いたという部分は勘違いだが、重要なのは、フリードマンやスティグラーが「シカゴ・スクール」を売り込む際にナイトを利用していると、ナイト自身が認識していたということだ。

当時、ナイトが自由放任主義を批判する講演をしていたことなどから考えても、フリードマンが唱えるような「自由主義」はむしろナイトの批判の対象だったはずだ。フリードマンとナイトを「シカゴ・スクール」の名のもとに結びつけるのは誤りだという宇沢の見解は、ナイトの思いを代弁するものでもあっただろう。

宇沢は、フリードマンに代表される「シカゴ・スクール」とシカゴ大学経済学部の学問的伝統を明確に区別していた。「シカゴ・スクール」と呼ばれるようになった経済学者の集団は、フリードマンが力をもった時期に形成された「フリードマン一派」にすぎない。経済理論の改革に挑んでいるというより、ニューディール以降アメリカに定着した「リベラル」思想を葬るという大きなプロジェクトを推進している、むしろ政治的な意味合いを強く帯びた集団ではないかといぶかっていた。

シカゴ大学に移ってから、宇沢は信頼するソローと話す際、しばしばフリードマン批判を口にするようになった。「フリードマンなど相手にする必要はない。放っておきなさい」とソローからしばしばたしなめられたという。ソローに取材したおりに確認すると、実際に何度もそうした会話を交わしたそうで、こんな話を披露してくれた。

「シカゴ大学に移ってからも、ヒロとはしばしば話をしていました。よくおぼえているけれども、ヒロは、ミルトン・フリードマンはアンチ・プログレッシブ（anti-progressive）であり、シカゴ大学の経済理論の発展を停滞させていると考えていました。これは確信をもっていえますが、フリードマンはヒロの研究の内容にはまったく賛同していなかったでしょうね。フリードマンのことをあれこれいうのは時間のムダだとわたしの周囲では考えていたけれども、ヒロの態度はまったく違って、批判すべきだという考えでした。

実際、フリードマンは指導する大学院生たちをプログレッシブ（progressive）ではない方向に導いていました。〝プログレッシブ〟というのは、政治的な意味ではありません。経済理論の発展という点からみて、プログレッシブではなかったということです。だから、（ソローの周辺では）フリードマンを真剣に話題にすることはあまりなかったのです。わたしもそう感じていたから、ヒロと話すときも、なんであれミルトン・フリードマンについて話をするのは時間のムダにしかならないとおもっていたわけです。ただ、ヒロがわたしのアドバイスに従ったかどうかは知りませんけどね（笑）」

宇沢は、フリードマンといっしょに博士論文を審査する機会がしばしばあった。宇沢の証言によれば、フリードマンは審査する際、論文の水準だけでなく、フリードマンが唱えるマネタリズムの考えを受け入れているかどうかを重視したという。宇沢はそうしたフリードマンの態度にきわめて批判的だった。結果的にみれば、フリードマンは「シカゴ・スクール」の後継者を見事に育てあげたのだから、懸念は的中したといえる。

1960年代半ばはまだアメリカ・ケインジアンの絶頂期だったから、「なんであれミルトン・フリードマンについて話をするのは時間のムダにしかならない」という宇沢への忠告は、シカゴから遠く離れたMITにいたソローの余裕からでた言葉だったともいえるだろう。フリードマンの影響力がシカゴどころか国境を越え広がっていく事態など、この時点では、ソローにも想像できなかったのである。

最適成長の研究へ

宇沢は「マルクス的」な2部門モデルを開発したあと、ソローの説得を受けて「より新古典派的」な2部門モデルを発表することになった。新古典派経済成長理論の創始者ソローとの熱い討論によって、自分が経済成長の研究、資本主義の探究に何を求めているのかを宇沢は悟った。向かった先が、最適成長の研究だったのである。

「Optimal Growth in a Two-Sector Model of Capital Accumulation（資本蓄積の2部門モデルにおける最適成長）」は『レヴュー・オブ・エコノミック・スタディーズ』（1964年第31巻1号）に発表されたが、宇沢はすでに1963年4月20日付で同誌の編集責任者リチャード・リプシーに送付している。シカゴ大学に移る1年近く前で、「より新古典派的」な2部門モデルを発表してから1年も経過していない。最適成長をさぐるための2部門モデルは、ソローに対する宇沢なりの応答でもあった。

かねてより心に抱いていた問題意識を明確な形で理論に投影したものが最適成長理論だということは、「資本蓄積の2部門モデルにおける最適成長」を2部門モデル分析のなかでもっとも優れた論考だと自負していたことからもうかがえる。その論文の冒頭で宇沢が解説している。《経済計画におけるもっとも基本的な問題のひとつは、とりわけ低開発国にとっては、最大の経済成長を達成するために所得のどれぐらいの割合を貯蓄に振り向けるかということと関係する。この問題は、消費財を生産する産業と資本財を生産する産業にどのように希少資源を配分するかという問題と密接に関係している》

「資本蓄積の2部門モデルにおける最適成長」の参考文献には、グンナー・ミュルダール（1898―1987）、ラグナー・ヌルクセ（1907―1959）の著作が挙げられている。いずれも、ソローらの経済成長理論とは分岐した経済開発論で活躍していた経済学者である。2部門分析を持ち込むことで、宇沢は独特の形で新古典派経済成長理論の適用領域を拡張してみせたのである。

ソローの「1財の経済」の仮定に抗するように「2財の経済」モデルを構築し、2部門モデル分析にこだわった背景に、先進資本主義国と発展途上国の格差の問題、いわゆる南北格差問題があったことはすでにのべたとおりである。最適成長理論の研究は、そうした問題意識をさらに一歩前に進めたという点で、宇沢の経済思想がより明確にあらわれた研究だ。

最適成長の研究は、中央集権型の計画経済ではなく、市場経済制度を前提にして、「社会的な観点（from The Social Point of View）」から、もっとも望ましいとおもわれる資本蓄積の過程を考察する試みである。市場機構あるいは資本主義システムのもとで、あるべき社会の姿を考えてみようということである。

宇沢は発展途上国の経済発展に資することを念頭に、最適成長理論の構築に取り組んでいた。『経済解析　基礎篇』（岩波書店）のなかで、最適成長の問題は《経済計画、とくに発展途上諸国での経済計画を策定するさいに、中心的な問題となっている》とのべたうえで、《もともと2部門経済モデル自体がじつは、この最適蓄積の問題を解決するためにつくられたものであるともいえよう》と明かしている。

最適な経済成長を求める研究では、毎年の国民総生産のうち、どれだけを消費および投資にあてるべきか（いいかえれば、どれだけを貯蓄するか）を分析する。現時点で消費するのか、貯蓄して将来のある時点で消費にあてるのかという問題は、異時点間の選択の問題であり、「世代間の公平」という大きなテーマが浮上してくる。

この種の問題を解く分析手法をはじめに考案したのがフランク・ラムゼイ（１９０３―１９３０）である。26歳で夭逝したラムゼイは哲学者ルートヴィッヒ・ヴィトゲンシュタインとも親しく、哲学、数学、経済学いずれにも通じる多才な理論家だった。宇沢たちが「貯蓄の数学的理論」（１９２８年）を最適成長理論の基礎論文と位置づけて高く評価したことによって、ラムゼイは理論経済学者としてふたたび注目を集めることになった。宇沢の解説を聞いてみよう。

《ラムゼイ・モデルは、一つの中央集権的な経済を想定し、年々の産出物をどのような基準にしたがって、消費と投資に分配するときに、長期的な観点からもっとも望ましい資源配分を実現することができるかという問題を分析したのである。しかし、資本主義経済については、政府が直接に資源配分のプロセスに介入することはできない。むしろ、財政・金融政策を通じて、間接的に資源配分のプロセスに影響を与えることによって、社会的な観点から望ましいと思われる資源配分を達成し、長期的な政策目標を実現しようとする。ラムゼイにはじまる最適成長の理論はまた、このような間接的介入の状況についても、一つの有効な分析的用具を提供する》(『経済解析　基礎篇』)

最適成長理論では、現在から将来にわたる消費を割引《わりびき》現在価値の考えに基づいて現在時点での価値に換算して、将来にわたる効用を最大化するような最適な成長を考察する。宇沢は資本財と消費財という2部門経済を仮定して考察したわけだが、宇沢の理論が優れていたことは、交遊範囲が一気に広がったことでも証明された。

たとえば、最適成長理論を通じて親しくなったひとりにインド人のプラサンタ・チャンドラ・マハラノビス（１８９３―１９７２）がいる。第二次世界大戦後に独立したインドで、経済計画（第２次５ヵ年計画）の策定に関わったインドを代表する数理統計学者である。マハラノビスと親交を深めた宇沢は１９７０年代に、マハラノビスが創設に関わったインド統計研究所に招かれることにもなる。

宇沢はシカゴ大学着任直後の１９６４年５月にアルゼンチンのクヨ大学に招かれて講義をしている。アルゼンチンからの留学生を指導していたという理由もあったが、最適成長理論がとりもった縁でもあった。アルゼンチンの研究者に歓待されて意気投合した宇沢は、アルゼンチン経済を分析するために半年間滞在してほしいというアルゼンチン側の要請をいったんは受け入れたが、もちろんシカゴ大学教授としての仕事があるので結局、断ることになった。

こうした反響からわかるのは、「発展途上国」と呼ばれた国々の研究者たちが、宇沢の理論をきわめて実践的な研究と受けとめていたという事実である。不思議なことに、ソローが開拓した新古典派成長理論の系統に分類されるはずの宇沢2部門モデルの守備範囲は、新古典派経済成長理論とは一線を画す経済発展理論の対象領域にまで及んでいたのである。

最適成長の研究を深める過程では、分析手法をめぐるテクニカルな面でもきわめて大きな貢献を果たしている。専門的な話になるが、宇沢が評価された理由のひとつが高度な数学の技法を分析の道具として経済学に持ち込んだことにあるので、代表的な例として紹介しておこう。

企業の利潤最大化のように、経済学では経済行動を数学的に定式化したうえで、関数として表現された行動の最大値を求めることが多い。ある関数の最大値を求める場合、導関数がゼロになるような変数を求める。言い換えると、微分法の問題として解いていく。

微分法ではxやyという変数の値を求めるが、もう少し高度な変分法になると、関数の形状をあらわす関数（汎関数と呼ばれる）の問題を解くことになる。変分法では、変数ではなく、関数そのものを求めることになるわけだ。

最適成長のように異なる時点のあいだの最適な資源配分を求める場合、数学的には変分法の問題となるが、宇沢が取り組んでいた動学分析では変分法では解けない問題が重要だった。最適解が滑らかな曲線であらわされる制約集合内にあれば変分法で解けるが、滑らかではない曲線（「角」がある場合）の境界線上にあると、最適解が求められない。

方法上の難問に頭を悩ませていた宇沢は、ソ連の数学者レフ・ポントリャーギン（1908―1988）が考案した最大値原理を応用すれば解けることに気がついた。ポントリャーギンの最大値原理を用いると、なめらかな曲線のように連続していない、不連続な関数であっても最大値を求めることができる。そのため、いったん宇沢が経済学者が利用できるような形で導入すると、経済分析の有力な手法となり、経済学の重要なツールとなったのである。分析上のテクニックについては経済学になじみがないとその意義を理解しがたいが、宇沢にはこうしたテクニカルな面での貢献が数多くある。

「自殺の経済学」

宇沢がシカゴ大学に赴任した当時、経済学部には、セオドア・シュルツ（1902―1998）がいた。1946年から1961年まで経済学部長をつとめたシカゴ大学の重鎮である。

アイオワ州立大学の経済学部長をしていたシュルツがシカゴ大学に移ってきたのは、「マーガリン論文事件」が原因だった。事件のきっかけは、アイオワ州立大学のオズワルド・ブラウンリーという若い研究者が、計量経済学的な手法を使ってマーガリンとバターの生産費を比較した論文を発表したことだった。バターに比べてマーガリンのほうがより低いコストで生産できるという結論が、酪農がさかんなアイオワ州議会で問題視されたのである。

アイオワ州立大学に対して、ブラウンリーを追放するよう政治的な圧力がかけられた。シュルツはブラウンリーを守ろうとしたが抗しきれず、結局、ブラウンリーをふくむ若い研究者たちといっしょにシカゴ大学に移った。シュルツたちが集団で移籍したため、シカゴ大学では計量経済学の研究がさかんになった。シュルツに影響を受けたひとりが、ツヴィ・グリリカスである。

1960年にアメリカ経済学会の会長に就任した際、シュルツは「人的資本への投資」と題する講演を行っている。農業を研究していたシュルツは、発展途上国の農業問題に目を向けるようになり、経済発展に人的資源が重要な役割を果たしていることに関心をもつようになった。投資によって物的資本が増えるということだけでなく、教育によって人間の能力が向上する点も重要であるとして、資本ストックとしての人的資源を「人的資本（human capital）」と呼んだ。シュルツは、1979年にノーベル経済学賞を受賞している。発展途上国問題の考察を通じて、経済発展に関する先駆的研究を成し遂げたというのが受賞理由だった。

フリードマンたちの「シカゴ・スクール」の物語では、シュルツの人的資本の考えを発展させていったのはゲーリー・ベッカーだということになっている。事実として、人的資本の概念はシュルツではなく、ベッカーの名とともに広く知られるようになった。ベッカーは1992年にノーベル経済学賞を受賞するが、フリードマンが率いる「シカゴ・スクール」の一員と認識されるようになったのは『差別の経済学』（1957年）のころからだから、古参のひとりだ。

宇沢は、ベッカーの人的資本理論を毛嫌いといってもいいほど嫌悪した。ベッカーは差別、結婚、犯罪などあらゆる現象を「合理的に計算する経済人」の仮定から、合理的行動の結果として分析する潮流を生み出した。どのような題材にも新古典派経済学のミクロ分析の手法を適用するやり方は、「経済学帝国主義」と揶揄されることにもなったが、いまでは経済学者以外にもかなり浸透している。究極的ともいえる「合理主義経済学」を打ち立てたベッカーを宇沢はつぎのように評している。

《ゲイリー・ベッカーの業績にみられるような方向性は、たんにいわゆるシカゴ・スクールと呼ばれる人々の間で使われているだけでなく、六〇年以降のアメリカ経済学にほぼ共通してみられる現象であると言ってよい。その特徴を一言にして表現すれば、制度的、歴史的、場合によっては空間的、時間的制約条件から自由な、合理的な経済人を想定して、すべての経済活動を、この経済人の合理的行動の解明を通じて理解しようとするのである》

宇沢は人的資本理論にも関連したある体験をしていた。

シカゴ大学に在籍していたとき、同僚の経済学者の妻で科学者の女性がアパートの13階から飛び降り自殺するという痛ましい事件が起きた。アパートは宇沢の自宅に近く、夫婦とも宇沢の知人だった。自殺から1ヵ月も経たないころ、宇沢も参加した経済学者の私的な集まりに自殺した女性の夫も出席していた。

その経済学者は妻の自殺に触れたあと、「自殺の経済学に取り組んでみたい」と話した。ベッカーのように、費用＝便益分析を自殺にも適用してみようという意味である。宇沢は耳を疑った。最愛の妻が自死した直後にそのような言葉を発する心境がまったく理解できなかった。その集まりにはフリードマンも出席していたが、フリードマンも宇沢と同じく沈黙したままだったという。

シュルツが人的資本を強調するようになった経緯を考えれば、人的資本を論じたからという理由だけでシュルツとベッカーを結びつけるのは乱暴すぎる。それが宇沢の考えだった。もう少し正確にいうと、ベッカー流の人的資本論がシカゴ大学の伝統にもとづく学説であるかのように流布された背景にも、フリードマンがいるとみなしていた。「ヒューマン・キャピタル」という概念の非人間性を指摘した文章で、宇沢はこんな説明をしている。

《セオドア・シュルツの後を継いで、ツヴィ・グリリカスがヒューマン・キャピタルの考え方にもとづいて農業経済学の分野ですぐれた研究を残した。しかし、ヒューマン・キャピタルの考え方はずっとあとになってから、ミルトン・フリードマンによって、きわめて精神異常的（サイキアトリック）な形で展開されることになった》（『宇沢弘文の経済学』）

宇沢はシュルツを尊敬していた。アイオワ州立大学で学問の自由を守るために戦ったことはシュルツから直接聞いていたし、発展途上国の経済発展のために農業政策を論じている点でも、関心を共有できた。

シュルツのほうでも精力的に論文を発表している宇沢には一目置いていて、宇沢夫婦を自宅に招いたりした。宇沢にとっては、フランク・ナイトが「シカゴ・スクール」の始祖ではないのと同様、シュルツも「シカゴ・スクール」の源流などではなかった。

宇沢はフリードマンやベッカーに批判の目を向けるだけでなく、自分が取り組む最適経済成長理論の研究のなかで、シュルツの「教育への投資」という視点を取り込んだモデルの構築を試みた。その成果が「Optimum Technical Change in an Aggregative Model of Economic Growth（経済成長モデルにおける最適な技術進歩）」（『インターナショナル・エコノミック・レヴュー』1965年1月号）である。学界の注目を集めた画期的な分析モデルだった。

宇沢の分析モデルは、教育への投資の効果が最適な経済成長に与える影響を考察するモデルになっている。教育を充実させると、短期的には生産に従事する労働者が減って生産量が減るが、長期的には教育の効果がでてきて労働生産性が上昇し、生産量も増える。そうした教育投資の効果を捉えることができるモデルなのである。のちに触れるが、この論文はおよそ20年後、「内生的経済成長理論」の先駆けとなる論文としてふたたび脚光を浴びることになる。

ともあれ、人への教育投資の重要性というシュルツの問題意識を、宇沢は内生的経済成長理論の構築によって発展させた。シカゴ大学の人的資本の経済学は「シュルツ＝ベッカー」ではなく、「シュルツ＝ウザワ」の方向に発展させていくべきなのである。人的資本をめぐるエピソードは、フリードマンたちに対抗するため、「もうひとつのシカゴ・スクール」を宇沢が立ち上げようとしていたことを示唆している。

宇沢が育てた経済学者たち

宇沢がスタンフォード大学からシカゴ大学に移ってきたことによって、シカゴ大学は突然、経済成長研究の一大拠点となった。《戦後、最適経済成長の問題を真正面から取り上げたのは私が最初だったと思う》（『経済と人間の旅』）と宇沢は控えめに回想しているが、１９６０年代にも、最適成長問題が主要なテーマとして登場した経緯は、宇沢の存在抜きに語れない。というのも、最適成長をテーマとする大きな研究プロジェクトをシカゴ大学で主宰していたからだ。このプロジェクトこそ、宇沢が率いる「もうひとつのシカゴ・スクール」だったといえる。

研究資金を出したのは、全米科学財団（National Science Foundation：略称はＮＳＦ）である。シカゴ大学在籍時にＮＳＦが宇沢に提供した資金規模をみると、１９６５年からの2年間で約5万１０００ドル。当時は１ドルが３６０円の固定為替レートだから日本円に換算すると、１８３６

万円。当時の日本の理論経済学者なら、「年間1000万円近い研究資金」と聞いてもにわかには信じられなかっただろう。

驚いたことに宇沢は、1967年からの2年間について、以前の2倍を越える総額11万4874ドルの研究資金をNSFに要請している。NSFによる手厚い支援は、経済学界での宇沢の評価が著しく高まっていた事実を裏づけている。研究資金の獲得と評価の高まりは相乗効果をもっていた。NSFの豊富な研究資金を活用して積極的にセミナーやカンファレンスを開き、若手研究者を育成することで宇沢は自らが切り開いた研究領域の裾野を広げ、影響力をさらに大きなものにしたのである。

NSFの研究プロジェクトの一環として、とくに力を入れていたのが夏に開催するワークショップだった。開催場所がシカゴ大学であるにもかかわらず、宇沢はシカゴ大学以外の大学から若手研究者を集めて指導にあたっていた。ソローが成長理論を指導していたマサチューセッツ工科大学（MIT）、コウルズ・ファウンデーション（かつてのコウルズ・コミッション）の拠点でもあるイエール大学、かつて在籍していたスタンフォード大学などから若い研究者を招集した。研究者たちはシカゴ大学の施設などに宿泊して1ヵ月から3ヵ月ほどのあいだ、宇沢の指導を受けながら集中的に経済成長理論、最適成長理論を研究することができた。この宇沢ワークショップには、全米各地の大学から優秀な研究者が集まってきたが、とりわけ1965年夏のワークショップは豪華なメンバーが顔をそろえた。

1965年の春、ソローやサミュエルソンがいるMITを訪れた際、宇沢は大学院生たちにシカゴ大学で開催するワークショップに招待すると告げた。宇沢2部門モデルで宇沢の名は知れ渡っていた。なにしろ、彼らに成長理論を教えているのはロバート・ソローなのである。大学院生たちは宇沢の招待に喜んで応じた。MITからシカゴにやってきたグループには、のちにサミュエルソンの教科書『経済学』の共著者となるウィリアム・ノードハウス（1941―）などがいたが、特筆すべきはジョージ・アカロフ（1940―）とジョセフ・スティグリッツ（1943―）である。宇沢はふたりを新しい経済学を担う次世代の経済学者として高く評価したのだが、実際、2001年に情報の経済学への貢献が認められて、ともにノーベル経済学賞を受賞することになる。

2014年10月にアローとソローを取材するためにアメリカを訪れた際、スティグリッツ、アカロフにもインタビューすることができた。ふたりはいまや経済学界の重鎮だが、宇沢の思い出話をするとき、大学院生時代に戻ったかのように無邪気に話す姿が印象的だった。

ジョージ・アカロフは1940年にコネチカット州ニューヘブンで生まれた。父親は化学者、兄は物理学者という学者一家に育った。イエール大学で経済学と数学を学んだあと、MITの大学院に進んで経済学の博士号を取得した。

ロバート・ソロー、ポール・サミュエルソンら教授陣が充実していたMITの大学院には多くの優秀な人材が集まっていた。アカロフや次に紹介するスティグリッツはMITの黄金時代に育った経済学者である。

MITで博士号を取得したあとはおもにカリフォルニア大学バークレー校を拠点に活動して

いるが、取材した場所はワシントンDCにあるIMF（国際通貨基金）だった。「妻が忙しいもので」と弁解するようにつぶやいたが、妻のジャネット・イエレンは当時はFRB（連邦準備制度理事会）の議長を務めていた。IMFに在籍しているのはイエレンがワシントンDCで勤務しているからのようだったが、女性初のFRB議長となったイエレンもアカロフを通じて宇沢とは面識があった。

新古典派経済学への懐疑

宇沢はアカロフの理論家としてのセンスを高く評価していたが、アカロフの論文は題名も独創性にあふれている。ノーベル経済学賞の受賞理由ともなった初期の論文が「〝レモン〟の市場」。ほかにも、「カーストと鼠の競争の経済学およびその他の悲惨な話」「ダム用地としての仕事」など奇妙なタイトルで論文を書いている。

「〝レモン〟の市場」はわずか十数頁の短い論文だが、画期的な論考だった。「レモン」は食べるレモンではなく、「欠陥のある中古車」を意味する。アメリカ人が酸っぱいものを嫌う嗜好があることから生まれた俗語だという。

中古車の売買では、売り手は買い手よりも優位な立場に立っている。故障があるのかどうかという情報をもっているからである。運が悪ければ、買い手は「レモン」をつかまされる。情報に格差がある状態での市場取引を数学を用いて考察したアカロフは、「情報の非対称性」を鍵となる概念として唱えた。「信頼」が重要な役割を演じるモデルのもとで、市場メカニズムの性質を分析したわけである。

アカロフは「〝レモン〟の市場」を学術専門誌に発表しようとしたが、三つの専門誌から掲載を拒否されてしまった。内容が斬新すぎ、論文の価値が理解されなかったのである。最終的には『クォータリー・ジャーナル・オブ・エコノミクス』（1970年8月号）に掲載されたが、アカロフは「〝レモン〟の市場」を宇沢ワークショップに参加した翌年に書き上げている。

ワークショップでアカロフは、宇沢から強烈な刺激を受けたという。

「もしも君が大事な問題と考えているなら、その問題をいつまでも考えつづけなさい。そうすれば、きっと答えを見出せるはずだよ」

そう激励されたといいながら、アカロフは導師となった宇沢について熱く語った。

「ヒロはわたしたち全員の父親でした。わたしがいままで出会った人のなかで、誰よりも意志の力（will power）が強い人だった。何か伝えようとするとき、ヒントを与えようとするとき、彼は自信に満ちた態度で感情豊かに全身で伝えようとしました。わたしたちが彼の言葉をどう受けとめるのか、とても寛容に見守ってくれた。もっとも、きちんと伝わるまでは彼も決してあきらめようとしませんでしたけどね」

新たな経済理論を構築しようとしていたアカロフにとって、理論家宇沢弘文は仰ぎ見るような存在だった。宇沢との思い出をたずねたとき、最初に長々と説明したのが、宇沢の学問的業績の話だった。

アカロフが強調したのは、宇沢が経済学の積年の難題を解いたという話である。アカロフたちと出会ったころ、宇沢は投資の問題に取り組んでいた。「ペンローズ効果」を核とする宇沢の投資理論についてはあとで詳しく触れるが、「アルフレッド・マーシャルにまでさかのぼる大問題」を宇沢が解いたと興奮気味に解説して、アカロフはこんなジョークを飛ばした。

「日本語ではHiroだろうけど、ここアメリカでは彼はHero（英雄）だったんですよ」

それほどまでに心酔したのは、宇沢が新古典派経済学に重大な欠陥があるのではないかと考え、その問題に真正面から挑もうとしていることを、アカロフは深い共感とともに理解したからである。

宇沢に教えを受けた翌年に書きあげた「〝レモン〟の市場」の内容からわかるように、すでにこのころ、アカロフもまた、既存の経済学には根本的問題があると確信していた。

「わたしたちは新古典派経済学に対して同じ疑問をもっていました。（宇沢のワークショップに参加した）わたしたちのグループ全員がそうだったとおもいますよ。わたしがほかの人たちの考えを代弁することはできませんけれども。わたしはそのころ、そしていまも、新古典派経済学に深刻な疑問を抱きつづけているのですよ。１９６０年代は少し……あえて〝少し（a little bit）〟という言葉を使いますが……新古典派経済学への疑問が芽生え始めた時期だったのです」

経済学を革新しようと勇む若者たちの背中を、宇沢は力強く押した。打てば響くような教え子たちを得て、宇沢の指導にも熱が入った。話は学問にとどまらず、生き方にまでおよんだ。

情熱的なメンター

スティグリッツはアカロフといっしょに情報の経済学という新しい領域を切り開いたが、ある意味で、ふたりは対照的だ。アカロフが寡作なのに対して、スティグリッツは論文リストだけで本が編めるのではないかというほどたくさんの論文を書いている。アカロフは学問という境界線を踏み越えることはほとんどないが、スティグリッツはクリントン大統領の大統領経済諮問委員会の委員長をつとめたほか、世界銀行の副総裁としても活躍した。

インタビューはコロンビア大学の彼の研究室で行ったが、朝早い取材にもかかわらず、その前に一仕事を終えて少し遅れて姿を現した。論客としては歯に衣きせぬ厳しい批判で知られるスティグリッツだが、宇沢の話をするときは終始にこやかな笑みを絶やさなかった。アカロフと同じく、スティグリッツも宇沢の〝息子〟なのである。

ジョセフ・スティグリッツは1943年にインディアナ州ゲイリーで生まれた。ゲイリーはスティグリッツがMITで教えを受けたポール・サミュエルソンの故郷でもある。スティグリッツの父親は保険代理店を営んでいた。保守的な考えの持ち主だったが、時代の流れに同調して公民権運動や社会保障制度の拡充には賛同していた。母方の家系はルーズベルト大統領のニューディール政策を熱烈に支持するような民主党員だったので、政治談義がめずらしくない家庭でスティグリッツは育った。

ゲイリーは大手鉄鋼会社USスティールの企業城下町である。スティグリッツによると、当時、USスティールはスト破りをさせるためにアメリカ南部の黒人労働者を雇っていた。こうした環境で育ったので、失業や人種差別は身近で日常的な問題として目の前にあったという。

アマースト大学に進学したスティグリッツは学生自治会の活動に熱心に取り組み、3年生のときには自治会長をつとめた。20歳のとき、ワシントンDCで黒人公民権運動の指導者マーチン・ルーサー・キング・ジュニア牧師の演説に感動した。「I have a dream（私には夢がある）」で知られ

ジョセフ・E・スティグリッツ

る歴史的な演説を、大観衆のひとりとして聴いたのである。

スティグリッツははじめは物理学に関心をもっていたが、経済学に専攻を変えようと決意、アマースト大学を3年で出てMITへ移った。ところが、スティグリッツは経済学者に幻滅したという。


〈わたしは大学時代に経験した問題や、故郷のインディアナ州ゲイリーで鮮明に目に焼きつけてきた問題――貧困や、失業や、アフリカ系アメリカ人に対する果てしない差別――を、何とかして解決したいと願った。そして、理論物理学を修めるという当初の志を変え、経済を学ぼうと決意したのだった。

すぐさまわたしは、奇妙な種族に加わってしまったことを自覚した。わたしを経済学へ導いた社会問題については、恩師数名を含む少数の経済学者も深く懸念していたが、残りのほとんどの学者たちは、不平等の問題に関心を持っていなかったのである。経済学界の主流派は、（誤って解釈された）アダム・スミスの足元にひれ伏し、市場経済の効率性の奇跡を崇拝していた。わたしはこう思わずにはいられなかった。もしもこれが世界が望みうる最善のものなら、別の世界をつくってそこで人生を送りたいと〉（『世界に分断と対立を撒き散らす経済の罠』徳間書店）

MITに移って2年目の夏、経済学への失望を隠せず落胆していたスティグリッツを救ったのが、宇沢である。22歳で出会った宇沢の印象について、スティグリッツが語った。

「ヒロは〝不平等（inequality）〟にとても強い関心をもっていましたね。いまでこそ、誰もがこの問題に関心を向けるけれども、彼は当時から深刻に捉えていたのです。実際に、不平等の問題を熱く語ってもいました。私にとっても、重要なテーマでした。じつは不平等の問題は、私が経済学を選んだ動機となったものなのです。そんな私が、宇沢弘文という情熱的なメンター（指導者）と出会えたのですから、これほどすばらしい巡り合わせはなかったですよ」

研究の動機に共感をおぼえたスティグリッツは、宇沢が2部門分析モデルで何をしようとしているのか深く理解していた。2016年3月に東京の国連大学で開催された「宇沢弘文教授メモリアル・シンポジウム」で基調講演を行った際、宇沢2部門モデルについて触れている。〈多くの人は、先生の「二部門成長モデル」の論文を読んでも、その研究意欲と決意の深さの真価を理解できないと思います。それはその背景にマルクス経済学の概念があることに気づかないからです。マルクス経済学は私たちがアメリカで学んだ経済学の対極にあり、私自身の経済学者としてのキャリアがいずれ向かうであろう方向からも遠く離れたものでした。しかし先生は、終戦直後の日本で熱烈に受け入れられたマルクス経済学の考え方の一部を現代の経済学に取り込もうとしたのです。先生は不平等の研究に数学をどう活用するかということにも強い関心を寄せており、私はその難題に強く惹かれました。それがきっかけとなって、当初考えていた物理学の専攻をやめ、経済学の道に進むことにしたのです〉（『宇沢弘文傑作論文全ファイル』東洋経済新報社）

スティグリッツによると、宇沢のワークショップは連日、朝から夜までぶっ通しで続いたという。夕方になると、大学近くの「ジミー」という酒場に場所を移し、時事的な問題から人生論まで幅広い話題を語りあった。何棟かの同じ宿泊施設に寝泊まりしていたので、まるで合宿のようだったとスティグリッツはなつかしそうにふりかえった。

宇沢がアカロフとスティグリッツに与えた影響の大きさを物語るエピソードがある。ふたりとも宇沢と出会ってから数年後、「発展途上国」へと旅立っているのだ。

アカロフはインドに向かった。1967年から翌年にかけてデリーに滞在している。カースト制度の話が出てくる論文があるのは、このときの体験があるからである。インド滞在は失業問題に本格的に取り組むきっかけにもなった。インドから帰国する際、アカロフは東京に立ち寄り、宇沢家を訪ねてインド土産のサリーを手渡している。

スティグリッツが向かったのはアフリカだ。1969年に1年間の休暇をとり、ケニアのナイロビ大学に滞在した。主流派経済学を学ぶ研究者が発展途上国に「留学」するケースは珍しい。フリードマンたちに対抗して「もうひとつのシカゴ・スクール」を立ち上げようという宇沢の試みは、フリードマンたちの「シカゴ・スクール」のように世界に広く知られることはなかったという意味では、たしかに失敗に終わったのかもしれない。だが、いささか無謀にもおもえた宇沢の挑戦は、まったくの徒労に終わったというわけでもなかったのである。

昭和天皇批判

ところで、スティグリッツにインタビューした際、彼のほうから、「これから話すエピソードをとりあげるかどうかは、あなたのほうで判断してくださいね」とわざわざ断りをいれて披露してくれた話があった。なんだろうと首をひねっていると、スティグリッツが唐突に、「Emperor（天皇）」という言葉を口にした。

「ヒロはしばしば天皇について話をしていましたよ」

じつをいうと、シカゴ大学時代の宇沢と親しくしていた人々のあいだでは知られたエピソードなのだが、このころ、宇沢はしばしば昭和天皇に言及していた。「昭和天皇には戦争責任がある」という話をしていたのである。スティグリッツがつづける。

「第二次世界大戦が終わったとき、わたしはまだ2歳でした。だから、戦争の議論にはそれほど敏感ではなかったのです。戦争というテーマになると、ヒロはとても感じやすく、激しい感情をもっていましたね」

スティグリッツがシカゴで宇沢といっしょに過ごしたのは１９６５年夏だ。日本の敗戦からすでに20年も経過している。なぜいまさら、戦勝国の若者相手に昭和天皇批判を繰り広げていたのだろうか。

宇沢が自分の戦争体験をアメリカの若者たちに伝えようとした本当の理由は、インドシナ半島情勢にあった。のちにアメリカ社会を揺るがすことになるベトナム戦争である。このときはまだ、シカゴ大学でも本格的な反戦運動は起きていなかった。

宇沢は早くからインドシナ半島の情勢に強い懸念をもっていた。「第三世界」を視野に入れた成長理論の研究を通じて、さらには、ケネディ政権で対外経済援助の責任者となったホリス・チェネリーを介する形で、アメリカのアジア政策に通じるようになっていたからである。

１９６３年11月にケネディ大統領が暗殺されたあと、副大統領だったジョンソンが大統領を継ぐが、ジョンソン政権は1965年2月に北ベトナムへの爆撃を開始した。日本では4月に、作家の小田実、開高健、評論家の鶴見俊輔らが呼びかけ人となって「ベ平連（ベトナムに平和を！市民連合）」が発足している。

宇沢がスティグリッツたちを指導していたのは1965年夏である。インドシナ情勢を注視していた宇沢は、ワークショップに参加している若者たちに「戦争」への関心を喚起させようとしていた。自らの戦争体験、昭和天皇の戦争責任問題を語ることで、アメリカ政府のふるまいに目を向けるよう仕向けていた。

スティグリッツたちにはなぜ天皇の話、日本の戦争の話を宇沢が執拗に繰り返すのか、いまひとつ理由が飲み込めなかったようだ。「戦争というテーマになると、ヒロはとても感じやすく、激しい感情」を見せたとスティグリッツが回想したことを考えると、宇沢が感情露わに熱弁する場面も少なくなかったのだろう。

宇沢はアメリカのベトナムに対する軍事介入を、かつての日本の中国への侵略と重ね合わせていた。昭和天皇の戦争責任を問うことで、ジョンソン大統領の戦争責任を問うていたのである。実際、スティグリッツたちのワークショップを終えたあと、宇沢はささやかながらジョンソン大統領の責任を問う反戦運動を始める。シカゴ大学内で本格的な反戦運動が始まるよりも早かった。

この後、泥沼化するベトナム戦争はアメリカという国家を大きく揺さぶっていくが、宇沢の人生もまた、戦争が惹き起こした時代の渦に巻き込まれていく。

第10章

二度目の戦争

米国社会を分断したベトナム戦争には経済学者が深く関わっていた

大学を守る　学生を守る

《ヴェトナム反戦運動の担い手はもっぱら大学の教授と学生たちだった。とくに、シカゴ大学では早い時期から、学生たちによる反戦運動が活発に展開された。たしか１９６６年に入って間もなくだったと記憶しているが、学生たちが大学の本部棟を占拠したことがある。じつは、学生による大学の本部棟の占拠は、シカゴ大学が最初で、その後、全米の大学に波及することになったのである。

当時、アメリカでは徴兵制度だったが、大学の成績の悪い学生、反戦運動をしていることがわかった学生を優先して兵隊にとるという野蛮なことが行われていた。そこで、学生の成績を徴兵局に送らないよう大学当局に要求する運動が、アメリカ全国の主な大学でおこった。シカゴ大学の本部棟の占拠はこの運動の一環として行われたが、同時に学生たちから、大学当局が政府に対してヴェトナム政策を非難する声明を公式に出すという要求が出された。そこで、私はジョン・ドランと相談して、他に二人の若い教授たちと一緒に、調停に当たることになった。私たちが提示した調停案は、全学の教授たちが、学生の成績は付けないという案だった。この調停案を大学当局と占拠学生双方が受け入れるまでには、かなりの曲折を経なければならなかった。

今でも、鮮明な記憶として残っているのは、大学当局の代表と占拠学生のほとんど全員を集めて、いわゆる「団交」を開いたときのことである。大学当局の代表はエドワード・リーヴィ(Edward H. Levi) という著名な法学者で、のちにフォード大統領の下で司法長官になった人である。当時、プロヴォースト（Provost）の役職にあった。プロヴォーストは、大学のアカデミックな面での最高責任者で、教授任命の契約書には必ずプロヴォーストの署名があった。

私が、調停案を説明して、大学当局と占拠学生双方に受け入れを要請した。占拠学生たちは直ちに、無条件に私たちの調停案を受け入れた。そのとき、リーヴィ教授が重い口を開いて、厳しい口調で、つぎのように言ったのである。

「学生の成績をつけることは、あなたのシカゴ大学の教授としての雇用契約の重要な、法的拘束力をもった要件である。あなたはいまそれを破ろうとしている」

私は、心理的ショックを隠して、しばらく何も発言できなかった。生まれたばかりの赤ん坊を始め、３人の幼な子を抱えた妻のことしか念頭になかった。満場、水を打ったような静寂がつづいた。やがてリーヴィ教授がその沈黙を破って言った。「しかし、あなたの自らの良心を賭けての行動は、教授雇用契約の法的拘束力に優先する」

私は、このリーヴィ教授の言葉にたいへん感動した。社会的共通資本としての大学を守るという重い責務を、私たち大学教授は背負っているのだということをつよく感じたものである。

そこで、大学のSenateが開かれて、私たちの調停案を全学の教授たちに諮ることになった。Senateは、シカゴ大学の教授たちが全員、一堂に会して、重要な案件を審議し、議決する、いわば全学教授会ともいうべき制度である。Senateの制度はシカゴ大学の規約にはあるが、それまで一度も開かれたことはなかったと、そのときリーヴィ教授から説明を受けた。おそらくその後も開かれたことはないに違いない。私たちの調停案はSenateで少数の反対はあったが、圧倒的多数で承認された。それを受けて、学生たちは本部棟の占拠を止めた。このとき、印象的だったのは、学生たちが本部棟の占拠を始めたとき、大学の本部職員はそれぞれ適当な避難場所を見つけてそこで仕事をし、学生たちもまた、建物、器具を大事に取り扱い、毎日ていねいに清掃していたことである。そのとき、ビジネススクールの学生が中心となって、Capitalism and Freedomというグループを組織して、ピケを張っている学生たちに棍棒などをもって、殴り込みをかけていた。これはミルトン・フリードマン（Milton Friedman）がその直前に書いた*Capitalism and Freedom*という書物の題名からとったものである。

このとき、私、ジョン・ドラン、そして一緒に調停に当たった二人の若い教授を加えて、*The Voice*という雑誌をつくって、大学内外の反戦の声、反戦運動の動きをシカゴ大学の教授、学生たちに知らせるという運動を始めることになった。この*The Voice*はチョムスキーが始めたアメリカ全国の主な大学で組織された反戦運動の一環だったように記憶している》（「ジョン・ドランを偲んで」『経済セミナー』２００６年11月号）

宇沢が追悼を捧げたジョン・ドランは、前年の２００５年に癌のため68歳で亡くなっていた。シカゴ大学時代の忘れえぬ友人だった。

１９３７年にニューヨークに生まれたジョン・ドランは、ブルックリン・カレッジで哲学と数学を学んだ。大学生のときの3年間、国際港湾労働者組合（ＩＬＵ）に加入してブルックリンの波止場で沖仲仕《おきなかし》として働いた。その後、スタンフォード大学で哲学の博士号を得ている。

ベトナム反戦運動で連帯した言語学者ノーム・チョムスキーとは生涯を通じての友人となった。シカゴ大学で反戦運動をしていたとき、宇沢より9歳若いドランはまだ20代の少壮の学者で、哲学科の助教授をしていた。本部棟占拠騒動では宇沢とともに仲裁役をつとめ、懸命に大学当局を説得して事態の収拾にあたった。学部こそ違うが、反戦運動では宇沢の同志だった。

その後、宇沢はイギリスのケンブリッジ大学に向かい、1年間シカゴを留守にした。1年ぶりに戻った大学のキャンパスにドランの姿はなかった。反戦運動のさなかに逮捕され、長期の服役を余儀なくされたことを知ったのはずいぶんあとになってからである。

宇沢はドランに負い目を感じつづけていた。ミネソタ大学で奇跡的ともいえる再会を果たしたとき、ふたりのあいだにはすでに28年もの月日が流れていた。

追悼文「ジョン・ドランを偲んで」は、ドランの娘エミリー・ドランが来日するのにあわせて綴った文章である。シンポジウムに招待するはずだった故ジョン・ドランの代理として日本を訪れたエミリーを、宇沢は家族で歓待した。

どうやらエミリーは父親からベトナム反戦運動、というより長い刑期を務めた話はくわしく聞かされていないようだった。思い出話をするにも言葉を選ばなければならなかったのだが、ドランが被った受難に思いを馳せると、騒然とした学内で毎日のように語りあった日々が懐かしく思い出された。それはベトナム戦争の記憶でもあった。京都でエミリーを囲む懇親会が開かれた際、感極まった宇沢が涙を流す姿が見られた。

ベトナムの暗い影

第二次世界大戦後、日本が占領していたインドシナ半島に19世紀後半からの宗主国フランスが「復帰」した。ホー・チ・ミン率いるベトナム民主共和国が独立宣言をしていたことから、まもなくして第一次インドシナ戦争が勃発する。1954年3月、ラオスとの国境に近い盆地ディエンビエンフーで、フランス軍はベトミン（ベトナム独立同盟）軍の総攻撃を受けた。ジュネーブ会議をへて7月に休戦が成立、ベトナムは事実上、南北に分断された。

アメリカは、ゴ・ジン・ジェムを大統領に擁立してベトナム共和国（南ベトナム）の後ろ盾となり、北ベトナムと対峙した。ベトナムを南北に分断する北緯17度線が、東西冷戦の最前線となったのである。

第一次世界大戦、第二次世界大戦というふたつの大戦で戦勝国だったアメリカが、初めて敗北を喫したのがベトナム戦争である。アメリカ側の戦死者は5万8000人、戦傷者は30万人を数えた。ベトナム側の被害は比較にならないほど大きく、戦死傷者は総計300万人に迫り、1000万人近い難民が生まれた（数字は松岡完『ベトナム戦争』中公新書）。

ベトナム戦争は正式な宣戦布告がないまま始まった戦争だった。南ベトナムに民族解放戦線が設立されたとき（1960年12月20日）、ケネディ政権がジュネーブ協定を無視して軍事顧問などの増派を決めたとき（1961年4月29日）を開戦時期とすると、米軍撤退が完了してサイゴンが陥落（1975年4月30日）するまで、戦争は15年近くも続いたことになる。

アメリカという超大国とベトナムという小国の戦争は、アメリカとソ連をそれぞれの領袖とする西側陣営と東側陣営が対立する冷戦構造のもとで起きた。1961年1月に大統領に就任したケネディは、「第三世界」を冷戦の最前線と捉えていた。発展途上国の経済援助に力を入れ、「平和部隊」の若者を送り込んだりしたのもそのためだった。アメリカとソ連は、自陣営に取り込むため、援助競争をしていたわけである。

ケネディ大統領が恐れたのは、南北に分断されたベトナムが北ベトナムによって統一され、共産主義化することだった。『ベトナム戦争』で松岡完が解説している。

〈ケネディがベトナムに関心を向けるきっかけは、ハノイでもサイゴンでもなく、モスクワにあった。大統領就任直前の一九六一年一月六日、ソ連のニキタ・フルシチョフ首相が、第三世界の民族解放戦争への支援を力強く声明したからである。ソ連は一九五七年、人類史上初の人工衛星スプートニクを打ち上げていた。一九五九年にはキューバに社会主義政権が誕生した。一九六〇年、ソ連領空での米スパイ機U２撃墜と四大国パリ首脳会談の流会は、アメリカの威信をさらに低下させた。一九六一年四月、ソ連はアメリカに先駆けてユーリ・ガガーリンによる有人宇宙飛行を成功させた。フルシチョフは、ソ連経済は一〇年でアメリカに追いつき追い越すと豪語していた。こうしたソ連の攻勢にアメリカが応えるべき場、それがベトナムだった〉

アメリカの対外支援の実態に通じるようになった宇沢が疑問を抱いたのは、当時の国際情勢を踏まえるなら、至極当然だったのである。

シカゴ大学でベトナム戦争に抗議する学生たちが大学の建物を占拠して以降、各地の大学でシット・イン（座り込み）や反戦デモが続発するようになった。学生の徴兵猶予が停止されたのも大きな原因だった。

このころに宇沢がタイプライターでしたためたメモ書きのような草稿が、宇沢の手元に残っていた。それほど長い文章ではないが同じ内容のものがふたつあり、両方とも推敲のあとがある。宇沢に直接確認はできなかったのだが、内容から大学当局と学生を仲裁するために著した文章だとわかる。全学の教授が集まる会合などで演説するときのために用意したのだろう。目を引くのは、演説用原稿の冒頭だ。

《アメリカのベトナムに対する軍事的な介入が、かつて1930年代に日本が中国に侵略したときの状況とあまりに類似していることを、わたしは心より深く憂慮してきました。もちろん、当時と今では国際情勢が違うし、日本とアメリカでは社会的、政治的な構造が違うということは十分に承知しております。しかしながら、歴史に照らせば、現在アメリカが直面している深刻な状況は、かつて日本が経験した出来事と著しく類似しているのです》

宇沢は、アメリカによるベトナムへの軍事介入を自分がかつて体験した戦争と重ね合わせ、焦燥にかられながら見守っていた。中国での日本軍のふるまい、陸軍の職業軍人だった伯父の話を盗み聞きして〝創作〟された強烈なイメージが記憶のなかには眠っていた。パンドラの箱が開くように、ベトナム戦争がその記憶を呼び覚ました。アメリカは戦争の当事国であり、教えている大学生たちは徴兵の対象である。

宇沢にとって、ベトナム戦争は二度目の戦争だった。

宇沢は、ケネディ大統領が誕生した1961年1月を挟む格好で、1960年9月から1年間をカリフォルニア大学バークレー校で過ごした。この時期に奇妙な出来事があった。アメリカではケネディが大統領選挙に勝ち、インドシナ半島で南ベトナム民族解放戦線が結成されたばかりのころである。

ある経済学者の自宅で親しい同僚3人と話していた際、宇沢はインドシナ情勢を話題にした。アメリカ政府をいくぶん激しい調子で批判すると、同僚のひとりが、「君は共産主義者なのか？」と問うてきた。

「Yes, of course!」啖呵を切るように宇沢は言い返した。もちろん共産主義者ではなかったし、政治活動に関与していたわけでもなかった。マッカーシズム以降に蔓延した、思想的事柄については自己抑制するという風潮に疑問を感じていたがゆえだった。「ウソをつけ」というのは永福寺の昌賢和尚の教えだ。自分に不利になるウソならついたってかまわない。

翌日、前夜の会話の場にいた別の同僚がどういうわけか、バークレーの共産主義者グループのリーダーを知っているから会ってみないか、と誘ってきた。大学内の待ち合わせ場所にあらわれた「共産主義者グループのリーダー」を一目見て、宇沢は不審に感じた。公安関係者にしか見えなかったからである。それきり会うことはなかったが、紹介した同僚には「くだらないことをするなあ」とあきれてしまった。

戦時下の経済学者たち

宇沢がきわめて早い段階からアメリカのベトナムへの関与を問題視していたことがうかがえるエピソードはいくつもある。たとえば、１９６４年8月のトンキン湾事件に対する反応だ。このときの宇沢の様子については青木昌彦の証言がある。宇沢の次世代の経済学者として国際的に活躍した青木は当時、留学のため渡米したばかりだった。

１９６４年8月はじめ、トンキン湾でアメリカの駆逐艦などが北ベトナムの魚雷艇に攻撃された事件を受け、アメリカ議会は大統領に戦争遂行のための大きな権限を与えるトンキン湾決議を可決した。アメリカ軍がベトナムに深入りする契機を与えた決議である。

渡米したばかりの青木はシカゴのデパートで宇沢と初めて会った。宇沢を前にして緊張していたのだが、宇沢は経済学の話などいっさいせず、トンキン湾事件の話を延々と青木にぶった。デパートのなかを歩き回りながらアメリカ政府批判をまくしたて、婦人用の下着売り場に迷い込んでいることさえ気づかないほどだった。トンキン湾決議に憤慨していたのである。

宇沢の指導を受けていた経済学者の鬼塚雄丞《ゆうすけ》がシカゴ大学での宇沢の姿を書き留めている。〈先生は軍国主義下の日本での体験を通じて強固な反戦反権力の感情と思想を持っておられた。シカゴ大学の中で教官のベトナム戦争反対集会等にも主催者側として熱心に参加されていた。また授業のあとビールを飲みにいったジミーにおいて、あるヨーロッパ系の学生が、ベトナム戦争を軽い話題としてあしらった時先生が強い怒りをあらわにされ、皆が驚いたことなども思い出される〉（『宇沢弘文著作集　月報10』）

宇沢にとってとりわけ深刻だったのは、経済学者が政権に入ってベトナム戦争の遂行に協力していたことだった。たとえば、経済発展段階論で実績をあげたウォルト・ロストウ（1916—2003）。経済発展の段階説を論じて、一国の経済が工業化を遂げる「テイク・オフ（離陸）」の概念を唱えたことで知られていた。発展途上国が工業化して「テイク・オフ」する過程では共産主義化する危険があるので、アメリカは積極的に発展途上国を支援しなければならない——それがロストウの主張だった。

ケネディ政権が誕生するとハーバード大学を離れ、安全保障政策立案の政権ブレインとなった。ジョンソン政権ではマクジョージ・バンディの後を継いで安全保障担当の大統領補佐官に就任、ベトナム戦争の軍事作戦策定に強い影響を及ぼすようになり、「ゲリラの専門家」として評価されるようになった。

当時国防長官だったロバート・マクナマラがロストウについて語っている。

〈ウォルト・ロストウが、マック（筆者注：マクジョージ・バンディ）の後任として、国家安全保障担当の大統領補佐官になります。人並はずれて頭が良く、温かい人柄で、同僚たちにも開けっ広げな態度で接しました。しかしウォルトは、ベトナムに対するアメリカの関与、軍事作戦の進め方、それにベトナムでの政治的、軍事的目標が達成できる見通しについて、まったく無批判的に見ていました。生まれつき楽観的なウォルトは、アメリカが成果をあげていることを示していない報告は、何であれ疑問視する傾向がありました。歳月が流れて、一九九一年三月にジョンソン大統領記念図書館での会議に出席した彼は、ベトナムに介入するというアメリカの決定と、われわれがベトナム戦争を遂行したやり方は、アメリカ国家と（東南アジア）地域に利益をもたらした、との主張を続けていました〉（『マクナマラ回顧録』共同通信社）

宇沢は南北問題に関心をもっていたから、もちろんロストウの論文を渉猟《しょうりょう》していた。経済発展論を研究する経済学者が「ベトコン」の掃討作戦に携わり、「ゲリラの専門家」と呼ばれていることに怒りを禁じ得なかったが、より大きな衝撃を受けたのはロバート・マクナマラ（１９１６―２００９）の存在だった。さきに引用した文章を書いた人物である。

マクナマラはケネディ政権誕生とともに国防長官に就任、ジョンソン政権でも国防長官をつとめ、１９６８年２月に辞任するまでベトナム戦争を陣頭指揮した。ベトナム戦争の主役である。

ロバート・マクナマラ

宇沢は日本に帰国してから経済学に対して辛辣な批判を展開するようになるが、その口火を切る論説記事（『日本経済新聞』1971年1月4日付朝刊）の冒頭で、唐突にマクナマラに触れている。

《近代経済学のおかれている立場をかえりみて、新しい方向を模索しようとするとき、わたくしは一つのエピソードを想起せざるを得ない。一九六六年、アメリカの上院外交委員会によって開かれた公聴会でのことである。アメリカの対外援助政策、とくにベトナム問題について、フルブライト委員長から批判的な質問がなされたのに対して、当時、国防長官であったマクナマラ氏がつぎのように証言したのである。マクナマラ氏は、まず、ベトナム戦争で投下された爆弾の量、枯れ葉作戦によって廃地化された土地の面積、死傷した共産側の人数など、豊富な統計データを掲げて、ベトナム戦争の経過を説明した。そして、これだけ大規模な戦争を遂行しながら、増税を行なうこともなく、インフレーションもおこさないできた。それは、国防省のマネジメントの改革などを通じて、もっとも効率的な、経済的な手段によってベトナム戦争を行なってきたからである。そのような功績をはたした自分がここで批判され、非難されるのは全く心外である、という意味の証言である。わたくしは、いまなおこのときのマクナマラ氏の自信にみちた姿をまざまざと思いだす。と同時に、マクナマラ証言によって、ことばに言いつくせない衝撃を受けたことをおぼえている。マクナマラ氏は経済学者ではないが、その主張するところはまさに近代経済学の基本的な考え方と通ずるものがあったからである》

アメリカが1965年から73年のあいだにインドシナ半島に投下した爆弾の量は1400万

トンを超える。第二次世界大戦（６１０万トンあまり）の２倍を超える量の爆弾がベトナムに降り注いだことになる。とりわけ枯れ葉剤の影響は深刻で、下半身がつながったまま生まれた双子の兄弟「ベトちゃんドクちゃん」（１９８１年生まれのグエン・ベトとグエン・ドク）で広く知られるようになったが、枯れ葉剤の被害者は１００万人にも達するという。

マクナマラは自伝『マクナマラ回顧録』で、開発経済学者のロストウを〈人並はずれて頭が良く〉と評したが、これはマクナマラ自身にもあてはまる評価である。国防長官になる前、マクナマラは経営学を専攻する経済学者だった。１９９５年に出版した回顧録では〈ベトナム戦争は誤りだった〉と認めたことで話題となったが、ベトナム戦争の教訓をのべたくだりで、〈アメリカの国民も、その指導者たちも、全知の存在ではないことを、われわれは認識していませんでした〉とマクナマラは率直にのべている。当時のマクナマラ国防長官たちは自分たちが「全知」であると信じて疑わなかったわけである。

マクナマラは、カリフォルニア大学バークレー校で経済学を学び、ハーバード大学のビジネス・スクールに進んだ。同大のビジネス・スクールで教授をしているとき、陸軍航空部隊に引き抜かれた。陸軍航空部隊のチャールズ・ソーントンらが、「アメリカの工業力を戦争目的のために動員するためには、まず何よりも第一級の統計的頭脳が必要である」と考え、有能な教授をリクルートしたのだ。マクナマラは陸軍航空部隊の主要プロジェクトだったB29の開発計画に携わり、開発計画を体系化、組織化する際に手腕を発揮した。

戦後、ソーントンは陸軍航空部隊で活躍したチームをビジネス界に売り込もうと、ソーントンをリーダーとするチームを結成した。もちろん、マクナマラもメンバーの一員だった。このチームは大手自動車メーカーのフォードに好条件で職を得て、チームはやがて「ウィズ・キッズ（神童たち）」として知られるようになる。

ソーントンがフォードを去ると、マクナマラが「ウィズ・キッズ」のリーダーの地位を襲い、フォードの社長にまでのぼりつめた。現役の社長のときに今度はケネディ大統領に引き抜かれ、国防長官に就任したのだった。ベトナム戦争を指揮したマクナマラは経済学的思考を存分に発揮して、合理的な管理手法、合理的な決定手法を徹底することで戦争を遂行したのである。

戦争と学問

アメリカ議会のなかでベトナムでの戦争に早くから批判的だったのが、上院議員のウィリアム・フルブライトだった。上院外交委員長だったフルブライトはトンキン湾決議の成立に尽力したあと、批判派へと転じて、外交委員会でベトナム問題を討議するための公聴会を開いた。宇沢は、フルブライト公聴会の中継を食い入るように見ていた。シカゴ大学の講義をキャンセルして、学生たちを自宅に連れ帰りいっしょにテレビを見ていたのである。

マクナマラ国防長官が展開する論理を聞いて、宇沢は衝撃を受けた。「オペレーションズ・リサーチ」と呼ばれる、渡米してケネス・アローのもとで最初に取り組んだ研究そのもののようにおもえたからである。

宇沢の最初の著作は、ケネス・アロー、レオニード・ハーヴィッツとの共編著『線形・非線形計画の研究（Studies in Linear and Non-Linear Programming）』（スタンフォード大学出版局、１９５８年）である。アローが宇沢を招くきっかけとなった論文も収められている。アローとハーヴィッツのグラディエント・メソッド（勾配法）と呼ばれる経済学の新たな技法を、より数学的に高度に発展させた研究だ。

グラディエント・メソッドは、価格が均衡点へと近づいていくメカニズムを分析する方法だが、渡米したばかりのころ、宇沢はアローから意外なエピソードを聞かされた。

戦時中、アローは陸軍航空部隊に所属していた。気象問題が担当で、さまざまな方向から風が吹くなかで、戦闘機をどの方角に向けて発進させれば目的地に最短距離でたどり着くかという研究をしていた。アローは日本からやってきたばかりの宇沢に、「じつは、グラディエント・メソッドにはそのときの研究が活かされている」と打ち明けたのだった。事実、アローが最初に出版した論文は「飛行計画における風の利用について（On the use of winds in flight planning）」だった。

こうした研究はオペレーションズ・リサーチと呼ばれる。組織が意思決定する場合、与えられた条件のなかでもっとも効率的な結果を生む行動はどのようなものか、その解法を探索するわけである。オペレーションズ・リサーチの研究は第二次世界大戦前にイギリスで始まったが、戦争中に拠点はアメリカに移り、軍事作戦に活用されるようになった。戦争が終わったとき、連合国側の軍にはオペレーションズ・リサーチの研究グループが形成されていた。

マクナマラも戦時に会得したオペレーションズ・リサーチの知識や技術をビジネスに活用して成功した、オペレーションズ・リサーチの優れた使い手だった。戦後のアメリカ経済学界のリーダーであるポール・サミュエルソンが解説している。

〈ニュー・ディールや福祉国家は、政府機構内に巨大なエコノミストの市場を生み出した。その後、戦争が勃発したが、軍備、兵士、および経済学者によって引き継がれた。つまり景気循環が戦時統制経済によって冬眠状態に追いやられたとき、そして、およそ数量的資源配分の問題が行き詰まったときには常に、経済学者達はオペレーションズ・リサーチという新しい科学に触手をのばすチャンスを得た。それは、卓越した物理学者のみが、ようやく凡庸な経済学者を打ち負かすことができたゲームであった〉（『経済学を変えた七人』）

グラディエント・メソッドを戦時の体験から編み出したアローの事例は珍しいものではない。そもそも第二次世界大戦後に急速に発展した数理経済学は、戦時中の軍事研究の流れを汲むという側面を強くもっていた。コウルズ委員会のリーダーとなるチャリング・クープマンスも、戦時中は船舶輸送計画の策定に従事し、その体験を活かしてアクティビティ・アナリシス（活動分析）の方法を確立した。

じつをいうと、アローは宇沢を招くための予算を海軍の研究機関「Office of Naval Research」（略称「ＯＮＲ」）から提供された研究資金で充当していた。当時のアローの研究プロジェクトの名称は「Efficiency of Decision Making in Economic Systems（経済システムにおける意思決定の効率性）」。研究資金はＯＮＲが出していた。

アメリカの軍と経済学の関係について、経済学史が専門の池尾愛子がつぎのように解説している。

〈アメリカ経済学は１９４０年代に変容した。その最大の原因には、第2次世界大戦以来、軍事関連の科学研究が振興されるなど、アメリカの科学政策が変化したことがある。大戦終了後も、米ソ間での冷戦の始まりをうけて、海軍や空軍からの資金援助を得て、軍事に関係しても関係しなくても科学研究一般が奨励された。１９４０―５０年代の科学振興策については、依然として公開されていない研究プロジェクトもあるので、その全容はまだ完全にはわからない。ソ連が無人人工衛星スプートニクの打ち上げに成功した１９５７年までは、全米科学財団（ＮＳＦ、１９５０年創設）ではなく、海軍研究所（ＯＮＲ）が、全米科学研究所としての役割を果たしており、ＯＮＲは多くの数理科学・数理経済学研究にも資金を提供し、外国人の参加する研究も認めていた〉（『日本の経済学』名古屋大学出版会）

渡米した当初は海軍研究所（ＯＮＲ）の資金で研究生活を送っていた宇沢は、こうしたアメリカ経済学界特有の事情を深く理解していた。東京大学の根岸隆がスタンフォード大学に留学してセラハウスにやってきたとき、宇沢はこんな言葉で出迎えた。

「根岸君はスプートニクのおかげでアメリカに来られたのよ」

ソ連がスプートニクの打ち上げに成功したあと、アメリカが科学研究予算を増額し、そのために数理経済学の研究予算が増えたのは事実である。海軍研究所について私は宇沢に何度かたずねたことがあるが、あるとき、「日本の経済学者はこうした話をほとんど知らないんだよ」とぽつんと言ったことがある。マクナマラ国防長官の証言が衝撃的だったのは、戦争の問題と学問の問題、ベトナム戦争と経済学がからみついていたからなのである。

ケインズ・サーカスとの交流

シカゴ大学内で学生のベトナム反戦運動が盛り上がりを見せ始めたころ、宇沢は、以前からの約束でケンブリッジ大学チャーチル・カレッジに滞在することになった。1966年9月からのおよそ1年間である。招いたのはフランク・ハーン（1925－2013）だった。イギリスの経済学界を牽引していた経済学者のひとりで、ケネス・アローとの共著『一般均衡分析』は一般均衡理論の基礎文献である。

ハーンは1959年から翌年にかけてアメリカのMITで2年間ほど研究生活を送ったあと、ケンブリッジ大学に設立されたばかりのチャーチル・カレッジのフェローとなった。アメリカの経済学者と親しいハーンは、宇沢を招く前にアローとソローをチャーチル・カレッジに招聘している。資本論争ではイギリスの経済学者とアメリカの経済学者が激しく対立していたが、ハーンはアローやソロー、宇沢などを招くことでアメリカ経済学の最前線をイギリスに紹介する役割を果たしていたのである。

宇沢ははじめの予定では65年夏に訪れるはずだったが、長女のまりが誕生したので1年先延ばしにしていた。学生たちによるシカゴ大学本部棟占拠の仲裁をしたあと、後ろ髪ひかれる思いで旅立ったのも一度予定を変更していたので融通がきかなかったためである。妻の浩子によれば、宇沢はケンブリッジ大学行きにはあまり気乗りしていなかったという。

イギリスへの旅を準備しているころ、宇沢はポール・サミュエルソンとばったり出くわし、餞別の言葉を贈られた。

「君は、ジョーン・ロビンソンと話ができるアメリカでただひとりの経済学者だよ。ぜひジョーンをコンバート（改宗）してきてくれ」

資本論争でロビンソンと対決していたサミュエルソンらしい冗談だったが、実際、アメリカ経済学界でロビンソンと実りある対話ができるのは宇沢ただひとりといってよかった。そして宇沢もロビンソンと議論することを楽しみにしていた。

オックスフォード大学に拠点を置く『レヴュー・オブ・エコノミック・スタディーズ』に2部門モデルをはじめとする宇沢論文が次々と発表されていたこともあり、イギリスの経済学界にも「Hirofumi Uzawa」の名前は轟いていた。ケンブリッジ大学チャーチル・カレッジに赴任した宇沢は、さっそくジョン・メイナード・ケインズ直系の経済学者たちのインナーサークルに参加することを許された。宇沢が臨場感あふれる文章で綴っている。

《ジョーン・ロビンソンのセミナーといったが、正確には、ケインズが主催した研究会ケインズ・サーカス（Keynes' Circus）を継承したもので、秘密のセミナー（Secret Seminar）とよばれていた。毎週火曜日の夜、九時頃から、キングス・カレッジの地下の薄暗い一室で開かれた。志を同じくする限られた経済学者だけの集まりで、秘密結社の集会のような雰囲気をもっていた。司会はいうまでもなく、ケインズの第一番の高弟であるリチャード・カーンがしたが、主に発言するのはジョーン・ロビンソンであった。議論が紛糾すると、ジョーン・ロビンソンがリチャード・カーンに向かって、「リチャード、お黙りなさい」（Shut up, Richard!）とはげしい言葉で叩きつけるようにいう光景もしばしばみられた。そのようなときには、リチャード・カーンは、当時のイギかならず、顔を赤くして、黙ってしまうのが常であった。リチャード・カーンは、当時のイギリスでもっとも尊敬され、また懼《おそ》れられていた経済学者であった。すでに爵位をもっていたので、学生たちは、プロフェッサー・ロード・カーン（Professor Lord Kahn）と二重の敬称をもってよんでいた。しかも、セミナーではだいたい、リチャード・カーンのいうことが正しく、ジョーン・ロビンソンのいうことは間違っているとしか思えなかった。しまいには慣れてしまったが、初めの頃はたいへんなショックであった》（『経済学は人びとを幸福にできるか』東洋経済新報社）

ロビンソンやカーンたちと親しくなった宇沢は、ロビンソンとカーンが特別な関係にあることを悟った（ふたりが長いあいだ恋仲にあることはインナーサークルでは公然の秘密だった）。ともあれ、これは宇沢の際立った資質なのだが、イギリスの経済学者から敵視されることもあるアメリカ経済学界の中心にいながら、たちまちのうちにケインズ・サーカスのメンバーとうちとけた関係を築いてしまった。もっとも、ケインズ・サーカスが宇沢を歓待したのは、サミュエルソンやソローといったアメリカ・ケインジアンとは異質なものを宇沢に感じていたからでもあるだろう。

ケインズが『一般理論』を著す際、リチャード・カーンはきわめて重要な貢献をしている。有効需要理論の核となる「乗数効果」の学説をはじめに唱えたのはカーンだった。政府が公共投資をすれば需要が増えるために生産も増加し、雇用や所得が増える。すると、増えた所得が消費にまわってさらに需要が増える。このように投資の効果が波及していくことで、全体としての需要の増加は、最初に政府が投資した額よりもずっと大きくなる。これを乗数効果と呼ぶ。有効需要の理論を構築する際、ケインズは、カーンの乗数理論を取り入れたのだった。

宇沢はジョーン・ロビンソンとの議論を楽しみにしていたのだが、若干あてが外れた面もあった。議論の際、しばしば理解に窮する発言があったからだ。

宇沢の教え子であるスティグリッツも似た体験をしている。宇沢が滞在する前年にケンブリッジ大学を訪れていた、弱冠22歳のスティグリッツは、ロビンソンを指導教官に選んだ。直前に宇沢の指導を受けたばかりだったから、あるいは宇沢の影響だったのかもしれない。

ところがまもなくすると、スティグリッツはロビンソンのもとを離れ、フランク・ハーンの指導を受けるようになった。MITで受けた教育（スティグリッツはロビンソンの論敵であるソローやサミュエルソンの指導を受けていた）をロビンソンが認めず、やり直しをさせようとしたのが理由だという。私のインタビューでは、スティグリッツはつぎのように語っていた。

「わたしの印象では、ジョーン・ロビンソンは必ずしも数学的に理路整然と思考していたわけではありませんでした。ですから、数学的な訓練を受けている研究者たちが『彼女が何をいっているか理解できなかった』と言ったりするんですよ。まあ、（儀礼的に）直接的な表現は避けたので、それほどきつい言い方でもありませんでしたけれど」

スティグリッツとロビンソンには40歳の年齢差がある。スティグリッツの世代にとって、数学の習得は必須だった。ロビンソンは数学についてはそれほど訓練を受けていないとみずから認めていたが、スティグリッツからするとやはり旧世代の理論家という印象は否めなかったのだろう。

ところで、スティグリッツは、宇沢のロビンソンに対する態度をこう評していた。

「ヒロはロビンソンを尊敬していましたね。とても礼儀正しい姿勢で、彼女から何かを聞き取ろうと耳を澄ますようにしていました。彼女の思想はいかなるものかと」

宇沢の資本理論

宇沢にとって1966年夏からの1年間は、アメリカの経済学から離れ、イギリスの経済学と触れ合う時間だった。ジョーン・ロビンソンとロバート・ソローの対決を軸に展開されていたケンブリッジ資本論争、というよりも、アメリカの経済学とイギリスの経済学の緊張関係は、新たな思考を生み出す原動力となった。それは宇沢独自の投資理論という形で表現されることになった。

新古典派経済成長理論には、決定的な弱点があった。投資という重要な経済行動が分析できないのだ。新古典派的な前提を置くと、原理的に、投資について考えることができなくなるのである。

新古典派は、資本と労働の代替性を仮定している。すみやかに資本が労働に替わったり、労働が資本に替わったりする世界である。新古典派の生産関数は資本と労働を変数とするが、資本と労働の代替性を仮定した生産関数は、批判派からは皮肉を込め、「お行儀のいい生産関数(well-behaved production fanction)」などと呼ばれた。

投資を考える際に問題になるのが、「資本のマリアビリティ(可塑性)」という前提である。

新古典派経済学の生産理論では、基本的に、企業を単なる生産要素の集まりとみなす。この特性は、「生産要素のマリアビリティ」を仮定したことからくる。資本や労働といった生産要素はいつでも、必要に応じてある用途からほかの用途に転用でき、しかも転用の過程では「時間」も「コスト（費用）」も要しない。この前提の不自然さは、とりわけ資本のマリアビリティにおいて顕著となる。たとえば、工場の機械設備のような固定資本を思い浮かべるだけであきらかだろう。

資本のマリアビリティを前提としたとき、投資は単なる資本ストックの積み増しということになり、本来はフローの量である投資と、ストックの量である資本ストックの区別ができなくなる。

新古典派経済学の前提のもとでは、企業は市場の条件の変化にともなって、自由に姿を変形させる、たんなる生産要素の集まりである。瞬間瞬間ごとに、資本や労働がもっとも高い利潤を生み出すように変形されていく。ジョーン・ロビンソンが執拗に問いつづけた「資本のマリアビリティ」の問題は、たしかに新古典派経済学の最大のウィーク・ポイントなのである。その欠陥が露呈するテーマが投資である。宇沢はつぎのように説明している。

《新古典派理論で、生産要素が可変的ないし可塑的であるという前提で理論の枠組みが形成されているということがもっとも明白なかたちで浮彫りにされてきたのは、企業の投資行動にかんする理論においてであった。投資という行動は、固定的な生産要素の蓄積にかかわるもので、生産要素の可変性を前提としているときに、投資行動ということはそもそも存在しえないともいえ、新古典派理論において投資の理論が欠如していることの直接的な原因でもある。投資の理論が欠如しているというのは、実証分析にもとづく経験的な投資関数は存在しても、企業行動にかんする斉合的な理論分析をもとにして投資関数が導き出されたものではないという意味である。このような企業行動の分析は、企業を、生産、販売というい わゆる企業活動を利潤動機にもとづいて行なう一つの有機体的な経営組織であると考えることによって、はじめて可能となる。このような組織に固定化し、特殊化しているような希少資源の調節にかんする分析が投資の理論だからである》（『近代経済学の再検討』岩波新書）

企業を「一つの有機体的な経営組織」とみなし、投資を分析したのが宇沢の投資理論である。依拠したのは、ジョン・メイナード・ケインズの発想だった。

『一般理論』の特徴は、現実の制度という要因に慎重に配慮して理論を構築していることだ。たとえば、企業においては所有と経営は分離されている。経済全体を見る場合も、貯蓄をするのはおもに個人（家計）であり、企業は貯蓄を預かった金融機関を通じて資金を借り入れ、設備投資を行う。貯蓄をする経済主体（家計）と投資をする経済主体（企業）は異なるから、新古典派が描くように貯蓄がつねに投資と一致することはありえない。

企業は単なる生産要素の集まりではなく、実体のある有機的な組織である。ただし、ケインズも『一般理論』では、本来は「投資の限界効率」としてとらえるべきところを「資本の限界効率」としてしまうなど、ストックとフローを峻別できていない面があって議論が混乱していた。ケインズが明快に説明できなかった投資行動を、厳密に数理的に表現するという未知の領域に挑んだのが宇沢だったわけである。

新古典派的な考えでは、投資は企業内に蓄積されている資本ストックを増やすことと同じである。だとすると、困った問題がでてくる。企業家がどのように投資を決定するのかがわからない。投資がそのまま資本ストックの増加となるだけなら、「最適な投資」という投資判断の基準も無用になるからだ。

企業を有機的な組織としてとらえた宇沢は、投資をして資本ストックが増えると、それにともなって企業内では経営管理の能率化や販売網の整備、新製品の開発などさまざまな対応が必要になってくるはずで、そのためのコストがかかると考えた。投資は固定資本の購入にあてられるだけでなく、固定資本が増えたことに対するさまざまな企業の対応にも充当される。後者は、いわば投資したときにかかる「調整費用」である。新古典派は調整費用をゼロとみなしているから、投資がそのまま資本の積み増しになるわけである。

従来、ソローらは生産関数の変数として実質資本の概念を用いていた。ケンブリッジ資本論争では、ソローの資本概念に異議を唱えたジョーン・ロビンソンが、「資本とは何か」と問いただした。資本を計測する際に尺度として用いる生産要素の市場価格が変化すれば、資本の量も変化してしまう。資本の測定は利潤率や実質賃金率と無関係には論じられないはずだという主張である。

宇沢はこうした資本をめぐる難題を回避するため、「実質資本の尺度は、企業能力を指標化したもの」と仮定したのである。宇沢の投資理論のポイントは、企業のなかに蓄積されている資本ストック（資本財）と、財市場で売買されている資本財がまったく性質の異なる資本だととらえたところにある。投資によって機械設備などの固定資本が増えるとき、それに対応して企業は企業内の希少資源を活用しながら調整をはからなければならない。これが宇沢の定式化した投資の調整費用の骨子だが、いいかえるなら、企業のなかの資本ストックは、企業がもっている経営能力によって活用されてはじめて機能する。

宇沢は、新古典派経済学の理論に修正を迫る画期的な投資理論を、投資（厳密には実質投資）と企業能力指標の関係をあらわす「ペンローズ曲線」として簡潔に図示することに成功したのである。

ペンローズ曲線

「ペンローズ曲線」は、投資の調整費用をあらわす曲線である。宇沢が「ペンローズ曲線」と命名したのは、ケインズ・サーカスの中心人物リチャード・カーンのアドバイスに従ったためである。宇沢が命名の由来をしばしば紹介したのは、「ケインズ直系の投資理論」であることを強調するためでもあった。

宇沢が、この投資の理論を構築するときに依拠したのが、イーディス・ペンローズの『企業成長の理論（The Theory of the Growth of the Firm）』（１９５９年）だった。

イーディス・ペンローズ（１９１４―１９９６）はロサンジェルス生まれの女性の経営学者である。カリフォルニア大学バークレー校で学位をとったあと、ジョンズ・ホプキンス大学で博士号を取得した。１９４５年にイギリス出身のアーネスト・ペンローズと結婚している。

ペンローズ夫妻はジョセフ・マッカーシー上院議員の告発に端を発するマッカーシズムが吹き荒れると、赤狩りの標的とされていた著名な中国学者オーウェン・ラティモアを擁護する運動に熱心に関わった。アメリカに失望したイーディス・ペンローズは、オーストラリア国立大学、バグダッド大学を経て、最終的には、ロンドン大学の東洋アフリカ研究学院（School of

Oriental and African Studies：略称「ＳＯＡＳ」）に落ち着いた。

宇沢の投資理論は、「ペンローズ効果（Penrose Effect）」「ペンローズ曲線（Penrose Curve）」の名とともに、経済理論に導入された。ペンローズは１９９５年に『企業成長の理論』の第３版を出版した際、〈いわゆる「ペンローズ曲線」の分析はさまざまな文脈で応用されるようになっていて、驚いたことに、農業を営む会社にまで適用されている〉とのべている。宇沢が数学的に定式化した「ペンローズ曲線」の影響力の大きさに、ペンローズ本人が驚いていたのである。

宇沢の著した投資理論は、「The Penrose Effect and Optimum Growth（ペンローズ効果と最適成長）」（『エコノミック・スタディーズ・クォータリー』１９６８年19巻）、「Time Preference and the Penrose Effect in a Two-Class Model of Economic Growth（2階級経済成長モデルにおける時間選好とペンローズ効果）」（『ジャーナル・オブ・ポリティカル・エコノミー』１９６９年77巻4号）である。学術誌での発表は日本に拠点を移してからだったが、ケンブリッジ大学チャーチル・カレッジで研究生活を送っていた際にすでに理論の核心をつかんでいた。

「ペンローズ効果」を定式化した投資理論を、理論経済学者としての宇沢の最高傑作と評価する経済学者は少なくない。宇沢の教えを受けた理論経済学者の大瀧雅之が解説してくれた。

「宇沢弘文が理論家として高く評価された理由のひとつは、モデリング（モデル分析）のテクニックにあるとおもいます。経済学の理論では、個人は効用（満足度）を、企業は利潤を最大化するように行動すると仮定する。個人や企業の行動から、個人の消費行動をあらわす消費関数、企業の投資行動をあらわす投資関数を導き出します。個人や企業といった経済主体の行動に関する計算は、『主体的均衡』の記述と呼ばれています。

理論経済学では、主体的均衡からさまざまな需要関数、供給関数を導き出します。そして、需要曲線と供給曲線の交点が、市場均衡です。経済学の理論的な課題は、主体均衡と市場均衡が矛盾することがないように理論を構築していくことです。いいかえると、個人の選択と、市場での需要と供給の均衡が、矛盾することがないように理論を組み立てないといけない。

じつは、経済学者のなかで誰よりも早くそのフォーマットをつくったのが宇沢弘文なのです。少なくとも、非常に明確な形でわかりやすく示したのは、宇沢先生が世界ではじめてだったとおもいます。ペンローズ効果の研究のなかで成し遂げています」

大瀧の解説を要約すれば、マクロ経済の理論は、ミクロ経済の理論と整合性をもつように構築しなければならないということになる。ケインズの『一般理論』は、マクロの集計量の関係を分析した理論であり、はじめての本格的なマクロ経済理論だった。しかしながら、それ以前に新古典派経済学が蓄積してきたミクロ経済学とどのような関係にあるのかがはっきりしなかった。要するに、マクロ経済理論にミクロ経済理論の基礎づけがなされていなかったのである。宇沢はペンローズ効果を考慮した投資理論で、理論的に投資関数を導き出すことに成功した。世界のなかで誰よりも早く、「ミクロ的な基礎をもつマクロ理論」の構築に向けて一歩を踏み出したのが宇沢だったのである。

ジョージ・アカロフにインタビューした際、宇沢の偉大な業績として称賛したのがやはり投資理論だった。「経済学の大きな課題、アルフレッド・マーシャル以来の難問にはじめて解答を与えたのがヒロだったんですよ」と興奮気味に話していたのが印象的だった。「企業の利潤と投資の関係をはじめて理論的に解明した」とアカロフは解説したが、宇沢は企業能力指標が企業の利潤によって計測できるとして理論化したので、投資と利潤がどのような関係にあるのかがはじめて理論的に示されたのである。

企業成長と投資行動の関係を定式化したことで宇沢は、フローとストック、投資の限界効率と資本の限界効率を理論上、明確に区別した。『一般理論』のケインズの議論はいささか錯綜していたが、ペンローズ効果をモデル分析に取り込むことで宇沢は、ケインズ的な経済成長モデルと新古典派経済成長モデルとを比較して分析する研究にも取り組むようになる。

『一般理論』を動学化（長期化）する際に鍵となる投資の分析は、ケインズ経済学の元祖ジョン・メイナード・ケインズに立ち返ることを意味していたのである。

ペンローズ効果の定式化を成し遂げてまもないころ、『アメリカン・エコノミック・レビュー』（1968年3月号）でジョーン・ロビンソンの精選論文集を書評した宇沢がこんな見解をのべている。

《イーディス・ペンローズの企業成長の理論あるいはロビン・マリスの経営者資本主義の理論に沿ってアニマル・スピリットの概念を適切に定式化できれば、ジョーン・ロビンソンの理論を資本蓄積過程を分析する際のもっとも有効な道具にできるだけでなく、ロビンソンの資本蓄積理論と伝統的な新古典派成長理論のあいだに橋をかけることにもなるだろう》

ケンブリッジ資本論争では、たしかに宇沢はロビンソンともソローとも、突っ込んだ議論をすることはなかった。むしろ論争の主役であるふたりの前では、意図的に沈黙を守っていた。だが、ペンローズ効果の定式化こそ、資本論争に対する、宇沢なりの応答だった。ジョーン・ロビンソンとロバート・ソロー、イギリスの経済学とアメリカの経済学のあいだに、橋をかけようとしていたのである。

「日本帰国」の謎

宇沢がシカゴで過ごした時間はそれほど長くはなかった。シカゴ大学経済学部に移籍したのが1964年4月で、1968年4月には東京大学に着任している。1年間をイギリスですごしたので、シカゴ大学に勤務したのは実質的には3年ということになる。帰国を促したのは、ベトナム戦争だった。

《私はアメリカにいることに一種の恐怖を覚えるようになった。長男は当時はまだ小学校の一年生、二男は幼稚園児だった。しかし将来、徴兵されるに違いない。と同時に、アジアの小国が軍事大国アメリカによって侵略されているとき、自らの選択でアメリカにとどまっていてよいのかと自責の念に駆られた》(『経済と人間の旅』)

宇沢家は妻の浩子に長男の達、次男の聡、英国滞在の前年には長女まりが生まれたので家族は5人になっていた。アメリカには徴兵制度があり、ベトナムでの兵力増員が繰り返されるなか、同僚からは「息子が徴兵された」という話も耳にするようになっていた。アメリカに永住すれば、いずれ息子も戦争に赴くことになるにちがいない。そう想像するだけで恐ろしくなった。

ベトナム戦争は、大学内にも対立をもたらしていた。戦争に抗議してシカゴ大学本部棟を学生が占拠した際、宇沢はジョン・ドランらといっしょに仲裁に乗り出した。本章の冒頭で触れた一件だが、このとき忘れがたい出来事があった。再び宇沢の回想を紹介しよう。シカゴ大学の教員を集めた「Senate」で、宇沢が仲裁案を提起する演説を終えて演壇から降りてくる場面である。

《Senateの歴史的な集まりで、私が演壇から降りて自分の席に返ろうとしたとき、ハロルド・デムセッツ（Harold Demsetz）というビジネススクールの教授が、途中で待ち伏せしていた。いかにも「チンピラ・ヤクザ」風な身振りと口調で、私に向かって投げつけるように言ったのである。「Are you a commie?」このcommieという言葉は、当時アメリカで共産党員に対する最大限の侮蔑を込めた言葉だった。この失礼な言葉に、私はこの上もない憤怒の気持ちを込めて、胸を張って答えた。「Yes, I am a communist.」私の、この発言は後々になって非常に大きな問題になって、ジョン・ドランを始め一緒に調停に当たった若い人たちのそれからの生きざまに暗い影をつくることになってしまった。私自身はもちろん、共産党員ではなかったし、かつて共産党員だったこともなかった。しかし、当時の私としてはどうしても、そのような対応をとらざるを得ない心理的な状況に置かれていた》（『経済セミナー』２００６年11月号）

これより5年ほど前、カリフォルニア大学バークレー校滞在時に宇沢は同じような言動をとったことがあった。しかし、今度は状況がまったくちがった。ベトナム反戦運動が盛り上がりをみせ、しかもシカゴは反戦運動がもっとも激しい都市のひとつだった。「わたしは共産主義者だ」という「虚偽の告白」が、反戦運動にかかわっていた宇沢と宇沢の仲間を著しく不利な立場に追い込んだであろうことは想像に難くない。

私のインタビューでは、このころ、実際にＦＢＩの影を感じるような出来事が身の回りで起きたと語っていた。一番つらかったのは、自分を慕って身近にいた学生や若い研究者がＦＢＩにマークされたことだったとも宇沢は話していた。

イギリスから1年ぶりにシカゴに戻り、反戦運動の同志だったジョン・ドランがキャンパスから姿を消したと知ったとき、「わたしは共産主義者だ」という自分のウソがドランの身に災いをもたらしたのではないかとの考えが頭をよぎり、宇沢は動揺した。シカゴ大学でついたウソが、のちのちまで重くのしかかることになったのである。

家族を日本に帰国させることを決断したのは、ケンブリッジ大学での1年間の滞在を終えるころだった。自分だけがシカゴ大学に戻り、半年ほどしてから家族のあとを追って帰国する算段だった。妻の浩子によると、宇沢から相談はいっさいなく、なぜ帰国を決めたのか、シカゴ大学を去るのか、詳しい説明はなかったという。

「ただ『やめる』でおしまい。『もう時が来たから帰ろう』ということだとわたしは理解しました」

意外だったのは、ベトナム戦争が宇沢に帰国を促したとは解釈しなかったと浩子が証言したことである。そういえば、宇沢が安井琢磨に出した手紙（１９６４年12月12日付）に気になる記述があった。シカゴ大学経済学部の近況を伝えた手紙である。「数理経済学再建の試み」が順調に進んでいると報告したあと、宇沢は唐突にこんなことを言っている。

《最近いろいろ将来のことを考えるchanceがあったのですが、やはり2、3年中に日本にかえるようにしたいと思っています》

東京大学経済学部に着任するのは１９６８年４月だから、ほぼ予定通り帰国していることになる。なぜシカゴ大学に移ってまもない時期に、「２、３年中に日本にかえるようにしたい」と考えていたのだろうか。

まず憂慮していたベトナム戦争との関係でいえば、手紙を書く前の１９６４年夏、アメリカがベトナム戦争に深入りする契機ともなるトンキン湾事件が起きている。アメリカ議会のトンキン湾決議を宇沢が猛烈に批判していたことはすでに触れたとおりである。

学問上の将来構想はどのようなものだったのだろうか。これはＮＳＦ（全米科学財団）に宇沢が提出した研究計画で確認することができる。研究予算を申請する際に提出する文書である。１９６５年７月から１９６７年６月までの２年間の研究プロジェクトのテーマは「経済成長理論の研究」。研究課題として、①国際貿易と経済成長②金融政策の動学的な含意③社会的資本（social capital）への投資④最適成長、の四つを研究の柱として掲げている。③と④は、後年のライフワークとなる社会的共通資本の経済学の萌芽ともいえるような内容である。

シカゴ大学に着任した際、かなり遠くまでを見通した構想を抱いていたことがわかる。構想から予感されるのは、「アメリカ経済学」からの離反である。

「ペンローズ曲線」にまつわる話として私は、宇沢が、ジョーン・ロビンソンとロバート・ソロー、イギリス経済学とアメリカ経済学のあいだに橋を渡そうとしていたと指摘したけれども、見方を変えれば、もはやアメリカ経済学にもイギリス経済学にも寄りかかることができない場所で宇沢はたたずんでいた。妻の浩子にアメリカでの生活を打ち切ると告げたのは、イギリスでの研究生活が終わりを迎えたころである。すでに「ペンローズ曲線」の核心は摑んでいたはずだ。経済学のみに焦点を絞るなら、日本へ帰国する決断は、「独り」になる覚悟だったのかもしれない。

宇沢が日本に帰る決意を伝えると、アローやソローはじめ周囲の経済学者たちはみな驚愕した。ポール・サミュエルソンは「国際的名声の頂点にあるときに、シカゴ大学の地位を放棄した」と評したという。イギリス滞在時に日本に帰国することを伝えたジェームズ・ミードは、ケンブリッジ大学に拠点を移すよう、宇沢に執拗に説いた。意志が固いとわかると、「地獄に行くようなものだよ」といってあきれた。理論経済学者の国際的なネットワークの実態からいうと、日本は僻地である。

意外なところでは、ミルトン・フリードマンも宇沢に翻意を促していた。浩子によると、息子たちを兵隊にとられるという懸念が帰国の理由だと理解していたフリードマンは、「君の子供たちが徴兵されるようなことにはならないから」といって、シカゴにとどまるよう宇沢を説得していたという。

なぜ突然、日本に帰ってしまうのか。経済学のメインステージから降りるような決断を下したのか。理由を知りえた経済学者はひとりもいなかったのである。

第11章

「陰(Shadow)」の経済学へ

宇沢は「水俣病」を経済学の問題として捉え直した

学園紛争

宇沢が東京大学に戻ったのは、不惑の歳と呼ばれる40歳を迎える年である。この１９６８年は、世界同時多発的に学生の叛乱が起きた年として論じられることが多い。しかし、社会学者の小熊英二は『１９６８』(新曜社)でこうした見方に疑問を呈している。アジアやアフリカでは学生の叛乱は起きていなかったからである。小熊によると、学生の叛乱が起きた国は日本、アメリカ、フランス、イタリア、西ドイツなどで、著しい経済成長によって社会が高度資本主義社会に変貌したという共通点があり、いずれの国でも「社会のエリート」という地位にあった学生層の大衆化が進んだ。60年代に大学生の数が急増しなかったイギリスでは、大規模な学生叛乱は起きなかった。この時代の日本の若者の叛乱をひとことで表現するなら、「高度経済成長にたいする集団摩擦反応であった」と小熊は総括している。

たしかにベトナム戦争が世界各地で反戦運動を発生させたという世界的な状況はあった。しかし一方では、〈公民権運動からの連続性と人種問題を抱えていたアメリカの「一九六八年」は、日本と同質であるはずがない〉(『１９６８（下）』)というのも事実である。宇沢との関連で私が関心をもつのは、小熊のつぎのような解釈である。

〈日本が発展途上国から先進国に、「近代」から「現代」に脱皮する過程において必要とした通過儀礼であり、高度資本主義社会への適応過程であった〉

日本の高度経済成長は、ほかの先進諸国と比べても、格段に激しい社会の変化を伴った。そのため、「集団摩擦反応」も激しかった。

ともあれ、ベトナム反戦運動で騒然とするシカゴ大学をあとにした宇沢を待ち受けていたのは、東大の学園紛争だった。

東大の学園紛争は登録医制度に反対する医学部の「インターン闘争」が発端だった。無賃労働に近い研修医制度に反対して68年1月に医学部がストに突入したのを皮切りに、経済学部など他学部にも広がり、6月になると、学生鎮圧のために大学内に機動隊が投入されるようになった。翌年1月、警視庁の機動隊が学生たちが籠城する安田講堂の封鎖を解除、学生が大量検挙されてクライマックスを迎える。この安田講堂攻防戦で、東大紛争は事実上、終結する。宇沢が東京大学経済学部に着任したのは昭和43年（1968年）4月なので、学園紛争ただなかの大学に降り立ったことになる。

じつをいうと、宇沢は帰国してからもシカゴ大学に籍を残していた。アメリカ屈指の数理経済学者となっていた宇沢には、「取り巻き」といってもいいほど教えをあおぐ若い研究者がいた。大学院生を中心とする若い研究者たちへの指導を急にやめてしまうわけにもいかず、シカゴ大学教授を兼任することになったのである。シカゴ大学の同僚たちは宇沢に帰国を翻意させようとしたくらいだったから、経済学部では、東京在住の宇沢がシカゴ大学でも教鞭をとることができるよう異例のはからいをした。

4年ほどのあいだ東京大学とシカゴ大学を行き来するような生活を送るのだが、帰国した当初、シカゴ大学では東京での宇沢の処遇が話題となっていた。東大経済学部に「助教授」（現在の准教授に相当）として迎えられたからである。

ミルトン・フリードマンは宇沢から事情を聞くと、「これはスキャンダルだよ」と憤ったという。アメリカ経済学界で活躍するシカゴ大学教授が助教授に降格して東大に赴任したのだから、欧米のアカデミズムの常識ではありえない人事である。フリードマンもシカゴ大学の沽券に関わるとおもったのだろう。

翌年の1969年には教授に昇格するのだが、待遇面でシカゴ大学とは格段の差があった。大学での報酬にNSF（全米科学財団）から得ていた研究資金などをふくめると、研究者としての予算は15分の1にまで減った。

もちろん、待遇の差を覚悟しての帰国ではあった。ただ、いきなり激しい学園紛争に巻き込まれたのは予想外の出来事だった。宇沢は、安田講堂攻防戦で「防衛隊長」をつとめることになる医学部の今井澄《きよし》を食事に誘ってご馳走したりしていたほどだから学生側に同情的だったのは確かだが、戦争当事国でベトナム反戦運動に積極的に関わったときの態度とはあきらかに異なっていた。

安田講堂攻防戦で学生が築いたバリケードを機動隊が撤去してから1週間後、宇沢はシカゴ大学の同僚D・ゲイル・ジョンソンへの手紙で心境を吐露している。

《最悪の事態が起きるのを避けるため、この数日間は大学に泊まり込んでいました。わたしたち少数派の努力も虚しく、東京大学のみならず、日本の高等教育は危機的状況に陥ってしまいました。ほんとうに絶望的であり、挫折感を味わっています》

安田講堂事件をはじめ日本の大学紛争は海外にも伝わっていたので、帰国したばかりの宇沢にさっそくいくつものアメリカの大学から勧誘の話が舞い込んできた。シカゴ大学経済学部のチェアマン（教職員人事などの事務を司る責任者）のアーノルド・ハーバーガーは「シカゴ大学はドアを開けて待っている」と、再びシカゴに住んで本格復帰することを勧めた。スタンフォード大学経済学部のチェアマンで旧知のロナルド・マッキノンも「宇沢一家がカリフォルニアに戻ってきてくれれば嬉しい」と伝えてきた。マッキノンへの断りの返信で、宇沢は弱音ともとれるせりふを吐いている。

《時折、どうして日本に戻る決断をしたのだろうとおもうことがあります。けれども、むしろ強く感じているのは、「賽は投げられた」ということです。少なくとも何年かは日本の学問的風土、日本の社会のなかでベストを尽くしたいとおもいます》

ウィスコンシン大学、ジョンズ・ホプキンス大学、カリフォルニア大学など、次々と勧誘の話が舞い込んだが、宇沢はアメリカ経済学界への復帰の誘いをことごとく断った。日本で何が起ころうと、すでに「賽は投げられた」のである。

帰国したばかりの宇沢に教えを受けたひとりが、経済学者の岩井克人である。大学院を志望していたものの、大学4年生になると東大紛争のあおりで授業どころではなくなってしまった。『経済学の宇宙』（日本経済新聞出版社）で岩井が当時を回想している。

〈経済学部の授業もなくなります。でも、私はすでに四年生になっており、十分に経済学に興味を覚えていたので、自由に独学ができました。大学院も閉鎖されてしまいました。しかし、幸いにもこの期間、宇沢先生が大学院志望の学部生や大学院生を対象に学外で研究会を開き、最先端の経済理論について教えてくれたのです。場所は、私が初めて宇沢先生と会った開発銀行の設備投資研究所でした。

私と同様に大学院を志望していた同学年の石川経夫君、奥野正寛君、篠原総一君、大学院生では藪下史郎さんや堀内昭義さん、助手では西部邁さん、蠟山昌一さん、それに浜田宏一さんなどが参加していたと思います。しかも学ぶだけでは終わりません。ゼミの後は、必ず飲み会です。最後は、新宿の歌舞伎町の飲み屋に繰り出すことになりました。

宇沢先生は、そのとき、世界で最も輝いていた経済学者の一人であったと思います。数理計画法から始まり、消費者の顕示選好、一般均衡理論の存在と安定、中立的技術進歩の理論、2部門経済成長モデル、最適成長理論、内生的経済成長論と、数理経済学の分野で次々と世界的な業績を発表し、三十六歳でシカゴ大学の教授となりました。アメリカにいたときも積極的に若手を中心とした研究会を開き、ジョセフ・スティグリッツ、ジョージ・アカロフ、デヴィッド・キャス、カール・シェル、青木昌彦、早世したミゲル・シドラウスキーなど多くの重要な経済学者を育てています。

でも、心は別のところにあるのを、飲み屋のアルコールのにおいとともに知りました。先生の分析手法は新古典派経済学ですが、本当にやりたかったのは市場万能主義の新古典派批判です〉

宇沢経済学の変質

学生だった岩井が酒場の席でかいま見たように、アメリカ経済学界での評価が著しく高まっていたころ、宇沢の心はすでに「アメリカ経済学」からは離れてしまっていた。岩井より学年が上で当時は東京大学経済学部の大学院生だった堀内昭義は、学部生の岩井らに対するときと、大学院生に対するときで宇沢の態度はいくぶん違っていたと証言している。

「宇沢先生がシカゴから帰ってこられた当時、非常に伝統的経済学を批判する傾向が強かった。少なくともぼくらからみた宇沢先生の理論的業績は、いわゆる近代経済学的なモデルの操作、構築にありました。それはすばらしいものだったのです。しかし、宇沢先生にいわせれば、そういうものは過去のもので、今後経済学が世の中の役に立つためにはこういうものではだめだと。ですから、宇沢先生の授業を受けて、ぼくらが曲がりなりにもモデルをつくって先生の前でモデル分析を展開すると、『君のモデルはいったい、根本的にどういうことを言おうとしているのか』と、必ずかなり早い段階で指摘される。そういう質問がくると、先には進めなくなるんですよ。たしかに分析モデルはオーソドックスな経済学におけるマーケットメカニズムを前提にしているから、相当な無理をしないと現実と対応しない」

経済学により習熟している大学院生の前では、宇沢はより明確な態度で主流派の経済学を批判していたわけである。

当時の東京大学経済学部は、マルクス経済学者が近代経済学者を数のうえで圧倒していた。宇沢が着任したころの経済学部長はマルクス経済学者の大内力《つとむ》である。東大の近代経済学陣営が世界の経済学を牽引するアメリカ経済学界で華々しく活躍した「Hirofumi Uzawa」に伝道師役を期待したのは当然だろう。だが実際には、帰国してからの宇沢の立場は微妙なものとなった。「マルクス経済学者対近代経済学者」という日本の経済学界の対立構図のなかでは、「近代経済学陣営の切り札」であったことは事実だが、宇沢本人は、近代経済学に根源的な疑問を抱くようになっていたからである。

宇沢がアメリカに旅立ったのは昭和31年（1956年）の夏だった。東京大学着任は昭和43年（1968年）の春なので、敗戦直後の焼け野原を知る宇沢は、まるで「発展途上国」状態だった日本が高度経済成長によって「先進国」に仲間入りするまでの激変ぶりを体験していない。帰国した際、記憶のなかの東京とは似ても似つかない街の変わりように驚いたのも無理はなかった。

東大でいきなり学園紛争に直面した宇沢は、むしろ学園紛争を誘発した「高度経済成長」そのものに関心を向けていた。高度経済成長のおかげで照らし出された場所ではなく、高度経済成長の陰に隠れた領域にたたずむ人々や出来事に強烈に引きつけられた。その結果、宇沢の経済学も変質していくことになる。

世界的な評価を受けた宇沢の2部門モデルや最適成長モデルの特徴は、新古典派的な成長理論であるにもかかわらず、発展途上国をも視野に入れた分析モデルとなっていることだった。その宇沢が、発展途上国状態から先進国へと変貌を遂げた日本の高度経済成長の過程を検証の対象としたのである。

高度経済成長は、市場システムがカヴァーする領域を劇的に拡大させる。市場の領域が急拡大することで、社会における市場の領域と非市場の領域のあいだのバランスが崩れるなか、その歪みとして発生したのが公害問題だった。

高度成長と公害

公害に関する宇沢のはじめての本格的論考は、『日本経済新聞』（1969年11月17日付朝刊）で発表された。「社会資本の経済学を考える」と題された論説の書き出しはつぎのようなものである。

《大気、河川の汚染など公害の問題は、経済成長の過程が必然的に生みだす現代社会の宿痾（しゅくあ）である。わが国でも、最近、経済活動の高度化にともなって、産業、自動車などによるさまざまな公害が、国民の日々の生活をおびやかし健康をむしばみ、生命の危険すら身近なものになりつつある。しかも、私的利潤の追求を目的とする現在の経済社会では、公害による損失は、被害者の負担に転嫁される場合が多く、社会的評価を試みることも容易ではない。経済成長も、このような費用を第三者に転嫁することによって、はじめて可能であるとさえいわれる。

一般に、公害は私的経済活動による社会的費用、つまり、カップのいうように、第三者あるいは一般大衆が、私的経済活動の結果こうむる直接、間接のあらゆる損失を含むと考えられる。

さまざまな経済活動によって、年々、生産される産出物の評価は、当然、このような社会的費用を考慮にいれなければならない。すなわち、市場価格によって評価された私的国民純生産から、社会的費用を差し引いたもの――社会的国民純生産――が、経済活動の国民経済的評価をあらわす尺度となるべきである。しかしながら、現在行なわれている国民所得計算には、このような配慮が全くなされていない。それには、社会的費用をはかる尺度が確立していないことに、その一因が見いだされるであろう。しかし、なによりも、近代経済学が、対象領域、方法を限定し、論理的斉合性を求めることに終始してきたことに大きく起因するであろう。その結果、社会的費用というような問題についての研究はほとんどなされなかったといってよい。

この社会的国民純生産という概念は、もともとピグーの『厚生経済学』で基本的な役割を果たすものであったが、ピグーにとっては、私的国民純生産と社会的国民純生産との乖離（かいり）をなくすような政策こそ、もっとも望ましいものであると考えられたのである。しかし、この社会的費用の存在は、たんに例外的な場合ではなく、むしろ、経済成長の過程と切り離すことのできない現象であることは、カップの『私的企業と社会的費用』が指摘するところでもある。

ここでは、社会的費用の問題を、社会資本の減耗という面に焦点を合わせ、とくに、社会資本の経済学をどう考えていったらよいかということと関連させながら考察してみたい。現在、わが国で問題となっている公害は、この社会資本の経済的減耗という面を多くもっている。たとえば、大気、河川の汚染にしても、生活環境を構成する社会に共通な資本が、私的な経済活動によって破壊されつつあると考えることによって、その基本的性格をより明確にすることができるからである》

宇沢が言及しているカップというのは、ウィリアム・カップ（1910―1976）である。ドイツ出身のカップはベルリンとケーニヒスベルクの大学で学んでいたが、ヒトラーが政権を奪取するとジュネーブに移り、結局、ナチスの迫害を逃れるためアメリカに亡命した。宇沢が「社会資本の経済学を考える」を発表した当時はスイスのバーゼル大学に在籍していたが、バーゼル大学に移るまではニューヨーク市立大学に籍を置くアメリカの経済学者だった。ただ、主流派経済学（新古典派経済学あるいは新古典派総合経済学）には与しない経済学者だったので、学問上も人脈上も、宇沢との接点はなかった。

カップは、主流派経済学の外部不経済（external diseconomy）の概念を批判する立場から、市場の外部性の問題をとらえなおそうとした。経済学では、企業は利潤の最大化、消費者は効用の最大化を目指し、市場で財などを売買すると仮定する。しかし現実には、市場での取引を通じない形で、経済主体が利益や不利益を被る場合がある。市場取引を通さない形で経済主体が相互に与え合う影響を市場の外部性と呼ぶ。たとえば、ある産業の規模全体が大きくなることによって、その産業の個々の企業の生産費用が低下するような場合、外部経済の恩恵を受けていることになる。反対に、市場での取引を通じないで不利益を被る場合の典型例が公害である。

「外部性（externality）」という言葉が示すように、従来の経済学では外部経済や外部不経済を市場経済における例外的な現象として扱っていた。公害などの重要な問題が理論の基本的枠組みのなかで分析できないことを問題視したカップは、企業の生産活動の結果として第三者や社会が被害を被り、当該企業が責任をとらないことによって発生する被害や損失を、社会的費用（Social Costs）という概念を用いて解明しようとした。代表作が『私的企業と社会的費用（The Social Costs of Private Enterprise）』（１９５０年）で、１９６３年に重要な改訂を施した改訂版『営利企業と社会的費用（The Social Costs of Business Enterprise）』を出版している。

宇沢はカップに触発され、「社会資本の経済学を考える」を著した。もっとも、試論の域をでておらず、「社会的共通資本」もはっきりとは概念化されていない。「社会に共通な資本」という表現を用いながら、自分なりに「社会資本」を定義し直すことからはじめている。

道路、港湾、農業基盤整備、通信、下水道など一般に社会資本とみなされているインフラストラクチャーのほかに、「知識、技術という無形な資本」「教育、司法、市場などさまざまな制度」も社会資本に含めなければならないとしている。のちに宇沢が定義する「社会的共通資本」と比べてみると、決定的に異なるのは「自然」が、この段階ではまだ含まれていないことだ。「社会的費用」を、宇沢は「社会資本の減耗《げんもう》」として捉えることを提案する。なぜかといえば、公害という現象を可視化するためである。

社会資本を定義して公害や環境の破壊を分析する際、何が課題となるのか。まず、「資本の社会化」とは何かという根本的な問いに答える必要がある。特定の資本が社会に共通な資本となっている、あるいは、社会に共通な資本とすべきなのはなぜなのか。

宇沢は経済学の開祖アダム・スミスにまで立ち返る。社会に大きな利益をもたらす制度や事業であるにもかかわらず、単独あるいは少数の個人によって建設や維持がなされるとすれば、その費用をまかなうだけの利益を得ることができない場合が多い。こうした場合は資本を公共化すべきであり、国家によって運営されなければならない。一方、私有化することで莫大な利益が得られるとき、むしろ資本を社会化したほうがいい場合も少なくない。たとえば、道路を個人が所有すれば、所有者は法外な利潤を得ることができるが、国民経済的見地からは望ましくない。

社会資本の経済学にとって、ほかにどのような課題があるだろうか。宇沢は、社会資本の蓄積過程の分析、さらに、最適な社会資本の蓄積について考察する必要があると説いている。宇沢自身が築きあげてきた最適成長理論を、社会資本の考察に活用しようというわけである。重要なことは、一般均衡理論にせよ、経済成長理論にせよ、それまで市場における取引を中心に経済分析をしてきた「新古典派経済学者」の宇沢が、いわば、市場経済を成り立たせるうえで土台のような役割を果たしている「社会資本」について、はじめて分析のメスを入れたということである。「社会資本の経済学を考える」という論考は新聞への寄稿だが、「社会的共通資本」の概念と理論の構築に向けて歩みだす最初の一歩だったのである。

社会資本と私的な経済行動との関係をみるために宇沢が用いるのは、新古典派経済学の限界分析の手法だ。社会資本が限界的に1単位だけ減少した場合、それぞれの個人が得られる限界的な充足感（効用）も減る。社会資本が減少する前の充足感（効用）を得るために、どれだけ私的な消費水準を増やさなければならないか。それを消費と社会資本の限界代替率（社会資本を1単位増やすために、それぞれの個人が犠牲にしてもよいと考える消費水準）であらわし、社会資本の限界的実質価値とみなす。それぞれの個人の主観的な価値を集計すれば、社会全体にとっての限界的実質価値とみなすことができる。

詳しくは次章で触れるが、新古典派的な分析によって社会資本の市場価値を測量しようという宇沢の試みは、カップの社会的費用論とは決定的に異なる。もちろん、意識的に選択した方法である。ともあれ、宇沢はこのように考察を進め、「消費活動のみが社会資本に影響を与える」という前提を置いての分析とはいえ、社会資本の基本的なイメージをうかびあがらせた。

社会が必要とする社会資本の量は、私的資本が蓄積されるとともに増えていくだろう。必要な社会資本の比率は年々増え、しかも、社会資本の蓄積率は私的資本の蓄積率より高くなる傾向をもっている。これが社会資本に関する最初の論考で導き出した結論だった。

「社会資本の経済学を考える」を一読すると、2部門経済成長モデルの構築からはじまり最適成長理論へといたる宇沢独自の経済学が、日本に戻ってきて、運命的に考察の対象を見いだした感がある。「運命的」と呼ぶのは、順序が逆だからだ。現実の考察から理論が導かれたのではなく、理論があたかもそこから生まれてきたかのように、公害という現実と出会ったのである。この事実は、宇沢の経済成長の研究、すなわち資本主義探究の射程の大きさを知らせている。

それにしても、それまで接点のなかったウィリアム・カップの社会費用論をどこで知り、公害の経済学を構想しはじめたのだろうか。

「環境権」の提唱

重要な役回りを果たしたのが、都留重人（1912―2006）だった。第5章「赤狩りの季節」でくわしく触れたように、宇沢がスタンフォード大学にいたとき、アメリカの議会で喚問され衝撃的な証言をした、あの都留重人である。

黄金期のハーバード大学経済学部でサミュエルソンたちとともに学んだ都留は敗戦後、占領下の日本でGHQ（連合国軍最高司令官総司令部）に重用された。片山哲内閣では経済安定本部の次官級幹部に登用され、第1回の『経済白書』を責任者としてまとめた。都留の妻正子の父である和田小六は昭和天皇の側近だった木戸幸一の弟、都留の父親は元東京ガス副社長だったこともあり、都留の人脈は国際的な広がりをもっていた。

宇沢との最初の接点は、宇沢が日本に帰国することを決意したころにさかのぼる。一橋大学教授だった都留は、一橋大学教授の席を用意して宇沢をリクルートしようとしたのだった。都留はのちに一橋大学学長（在任1972年―1975年）もつとめることになるが、宇沢を勧誘する際は、イギリス経済学界の重鎮であるジョーン・ロビンソンとニコラス・カルドアをわざわざ同席させていた。ふたりが宇沢と親しく、宇沢もふたりを尊敬していることを知っていたからだが、結局、都留の説得もむなしく、宇沢は「一橋大学教授」ではなく、「東京大学助教授」のほうを選んだ。

　都留が熱心に口説いたのは、親友のサミュエルソンなどを通じて宇沢のアメリカでの活躍ぶりをよく知っていたからである。一橋大学に呼び寄せることには失敗したものの、その後、自らが企画した国際シンポジウムの日本側メンバーに宇沢を引き入れることには成功した。東京・芝の東京プリンスホテルで１９７０年３月８日から14日にかけて開催された「現代世界における環境破壊についての国際シンポジウム」である。

　環境問題に関するはじめての国際的なシンポジウムで、世界12ヵ国からおよそ40人の社会科学者が集う大掛かりなシンポジウムだった。当時の新聞も大きく取りあげている。海外からはウィリアム・カップ（バーゼル大学）、ワシリー・レオンチェフ（ハーバード大学）、アレン・クニース（米国の資源研究所）などが参加、日本からは都留、宇沢のほか、戒能通孝《かいのうみちたか》（東京都公害研究所）、柴田徳衛（東京都立大学）、庄司光（関西大学）、宮本憲一（大阪市立大学）、宇井純（東京大学）などいずれも公害研究に携わる研究者が集った。

　この国際会議の事実上の事務方を担っていたのが公害研究委員会である。都留が呼びかけ人となって１９６３年７月に財団法人統計研究会のなかに分科会のような格好で発足した組織だ。母体となった統計研究会はもともと統計制度を整備する目的で終戦直後に内閣審議室に設けられた組織で、その後、財団法人として独立した。当時の統計研究会の理事長は中山伊知郎で、都留は理事を務めていた。

公害研究委員会は専門を異にする研究者が公害を研究する目的で集まった学際的なグループだった。さきに名前を挙げた参加者では宇沢と宇井を除く全員が公害研究委員会のメンバーで、宇沢、宇井ものちにメンバーに加わることになる。都留は、宇沢をシンポジウムに引き込むと同時に、公害研究委員会の研究者たちとの間を橋渡しする役割も果たしたのだった。

もともと都留が国際シンポジウムを企画したのは、国連のユネスコが支援する社会科学系の国際的な学術機構「国際社会科学評議会」の副会長をしており、国際社会科学評議会に設けられた環境破壊問題特別委員会の委員長をしていたからだった。国連が1972年にスウェーデンのストックホルムで「人間環境会議」の開催を予定していたため、それに先駆ける形で公害のシンポジウムを開いたのである。

公害研究委員会創設メンバーのひとりで経済学者の宮本憲一（1930―）は、1970年に開催した国際シンポジウムの意義について、基本的人権にひとつの新たな権利をつけ加えたことにあると語っている。

「社会科学系では世界で最初の環境破壊に関する国際シンポジウムだったとおもいます。このシンポジウムが大きな影響を与えたのは、（シンポジウムの提言として発表した）『東京宣言』で提示した『環境権』ですね。当時は公害に悩んでいる時期で、旗頭を必要としていたんです。人が存在するための基本的な条件として、環境を保全しなければならないということで、基本的人権として環境権を提示した。これは非常に大きな影響を与えることになりました」

高度経済成長を達成して経済大国となった日本は、水俣病、四日市ぜんそく、イタイイタイ病などの公害病を生み出した公害大国でもあった。宮本はマルクス経済学から出発した経済学者だが、もっとも早く公害に目を向けた社会科学者のひとりである。環境衛生学が専門の庄司光（1905―1994）との共著『恐るべき公害』（岩波新書）を1964年に出版、40万部を超えるベストセラーとなった。すでにこのころ、公害への関心は高まっていたのである。宮本は国際シンポジウムで初めて宇沢と会ったが、アメリカでの活躍は知っていて2部門成長モデルには関心をもっていたという。

「宇沢さんは数理経済学でたいへんな業績をあげて、その名が聞こえていた人でしたからね。わたしが興味をもったのは、あの有名な2部門モデルです。あれはマルクスの再生産表式を本当にうまく現代的にしたという感じで、おもしろいなとおもっていました。宇沢さんは国際シンポジウムでは報告もされましたが、社会的費用に興味をもっていましたね。あのシンポジウムがわれわれ（公害研究委員会メンバー）との最初のつながりとなりました」

宮本憲一

宮本の言葉どおり、国際シンポジウムは提言のなかで「環境権」という新たな権利を提唱したことで成果をおさめたが、経済学の分野では、「環境破壊をコストのなかに含めるべきではないか」という議論が行われていた。シンポジウムに参加していたウィリアム・カップの『私的企業と社会的費用』が基礎的な文献となっていた。カップが取り組んだ「社会的費用」問題については、宮本も1967年に『社会資本論』（有斐閣）を著して論じていた。同書はカップ理論を包摂する形で社会費用の考え方を詳細に解説しており、外部不経済に関する代表的な学説を整理する形で総括していた。

国際シンポジウムで宮本は、準備会合などの機会を捉えてはカップと熱心に議論を交わし、疑問点を質したりした。宮本の記憶によると、宇沢がカップと話しあう場面はなかったという。宇沢はまだ公害研究委員会のメンバーではなかったので、都留に招かれたゲストのひとりという位置づけで、シンポジウム後の公害現場の視察ツアーにも参加していなかった。

論壇デビュー

宇沢が公害に関するはじめての本格的な論考「社会資本の経済学を考える」を日経新聞で発表したのは、国際シンポジウムが開かれる4ヵ月ほど前のことである。つまり、カップや宮本も参加した国際シンポジウムの討議を反映したものではなかった。「社会資本の経済学を考える」で宇沢はカップの『私的企業と社会的費用』に準拠しているかのように議論を進めていたが、じつは、カップの理論に触れたのは宮本が著した『社会資本論』を通じてだった。同書で宮本は、カップの社会費用理論について論じており、カップの理論の問題点も指摘していた。

国際シンポジウムを終えたあと、都留をリーダーとする公害研究委員会は1971年から季刊誌『公害研究』(岩波書店)をスタートさせた。公害研究委員会は『公害研究』創刊時に宇沢をメンバーに迎え入れようと勧誘したのだが、このときは宇沢が断っている。宇沢が編集同人に加わり、正式に公害研究グループの一員となるのは1976年10月からである。国際シンポジウムを契機に公害研究委員会の面々と交流が始まったのだが、理論経済学者の宇沢はいくぶんためらいがちに接近していった。『公害研究』の後継誌『環境と公害』（2001年冬号）の『公害研究』創刊30周年を記念する座談会で宇沢が当時をふりかえっている。

《『公害研究』が発刊される直前に私はアメリカから日本に帰ってきたわけですが、その時に統計的データでみた日本経済のすばらしいパフォーマンスに対して、実際に日本に住んでみた時に社会や自然の破壊は想像を絶したものがありました。

特に問題になったのが公害です。ところがそれまでの経済学は、自然や文化的社会的環境を理論的な枠組みのなかに取り込もうという努力をしてこなかったわけです。要するに、私有されないものはすべて公共財で自由に使ってよいという考え方が支配的でした。その時に非常に大きな影響を受けた書物が宮本憲一さんの『社会資本論』（有斐閣）でした。私はこの宮本さんの本を手がかりにして、『自動車の社会的費用』（岩波書店）を考えました。私の「社会的共通資本」という考え方は、宮本さんの「社会資本」の概念を少し拡大したものですが、自動車によってその社会的共通資本がどれだけ破壊されているかということを考えたわけです。

それを1つの手がかりとして、当初は都市環境だったのですが、その後原田正純先生に水俣へ連れて行っていただいて、水俣病を中心とした公害による健康被害を考えていく過程で、社会的共通資本としての自然環境の持つ意味やその役割を考える作業をしてきたわけです》

「統計的データにはあらわれてこない社会や自然の破壊」、その具体的なあらわれである公害が、従来の経済理論の枠組みではとらえきれないことを問題視したとのべている。宇沢が社会的共通資本を着想した動機は、公害や環境破壊という現実の問題を析出し、分析できる理論的な枠組みを構築することにあったわけである。

こうした現実志向は、かぎられた専門家集団のなかで活動していた宇沢を言論界という広い舞台に送りだすことにもなった。公害問題は対応が急がれる深刻な社会問題だったからである。実質的な論壇へのデビュー作となったのが、「環境破壊とインフレーション」（『中央公論』1970年8月号）である。それまでにも『エコノミスト』（毎日新聞社）、『経済セミナー』（日本評論社）などの経済雑誌には寄稿していたが、当時の言論界の主舞台である総合月刊誌への登場は『中央公論』が初めてだった。

宇沢を同誌の常連執筆者に引き込んだ編集者は、名編集者といわれた塙嘉彦（のちに文芸誌『海』の編集長）だった。経済学の素養のない一般読者向けに文章を書くことに宇沢は苦労したが、塙から適宜アドバイスを受け、その後もつづく『中央公論』への寄稿が文章修業ともなった。みずからも編集委員をつとめる経済学術誌『季刊現代経済』（日本経済新聞社）の創刊号（1971年6月号）の論文「新古典派経済学を超えて」で、宇沢は中央公論社が主催する吉野作造賞を受賞している。

宇沢と親交があった小説家の安岡章太郎がエッセイで興味深い話を書き留めている。ふたりは雑誌『朝日ジャーナル』の書評委員会で出会い、お互いに酒席を好むことからすぐに意気投合した。安岡のエッセイ集『繪《え》のある日常』（平凡社）によると、宇沢は年長の安岡にこんな言葉で悩みを打ち明けたという。

「外国にいた頃、英語で論文を書くぶんには、いくらでも書けたのですがね、日本へ帰ってきて日本語で書こうとすると、サッパリ書けない。これは私のやってきた経済学の発想というかオリジンが、英語をつかって、英語で思考する人たちのなかから生れてきたからで、私が日本語で論文を書こうとして書けないのは、要するに私の発想のオリジンが私自身のなかにはないからだと思わざるをえない。これから、それを何とかして見つけなくてはならないんですがね……」

ところで、「環境破壊とインフレーション」で宇沢は、「社会共通資本の破壊に対しては、法的な規制をもうけて防止するより他に適当な方法がない」と断じていた（このころ、「社会的共通資本」ではなく、「社会共通資本」という言葉を宇沢は用いていた）。提起した公害への対応策は、「社会共通資本を、その性格なり、地域に応じて分類し、それぞれ独立な規制委員会を設置する」という規制委員会方式だった。市場経済制度への厳しい批判を展開した論文の結論につぎのような文章がある。

《それぞれ、私的な利益を追求して、生産、消費活動を行ない、市場機構を通じて調整されるというのが資本主義的な経済のもつ制度的な特長である。これは、一方では経済成長の原動力となり、国民生活水準の向上をはかる要因となっているが、他方では、社会共通資本の無差別的な破壊と物価水準の急速な騰貴《とうき》に対する危惧というような否定的な現象を生みだしているのである。市場機構の効率化にともなって、経済成長のテムポも速くなると同時に、その否定的な面もまた加速度的に大きくなるという逆説的な面がある。

ところが、このような現象を、むしろ、逆に、市場機構がスムーズに機能していないために、または、市場制度の設定が困難なためにひきおこされている現象として捉えようとするのが、これまでの経済理論の主な考え方である。市場制度の設定、運営のための費用が高すぎる

ために、公害問題が発生する、と考えようとするケネス・アロウ教授の立場が、そのもっとも代表的なものであろう》

恩師ケネス・アローの名が唐突に、しかも批判的な文脈で登場している。アローへの批判は、市場制度の欠陥を補うのに、市場制度のさらなる拡充や普遍化をもって対応しようとする考えへの批判だと解釈できる。総合月刊誌への寄稿とはいえ、それまでに著した論文を念頭におけば、いささか感情が先走りしている印象は拭えない（宇沢も自覚していたようで、のちに『宇沢弘文著作集』に収録する際、アロー批判のくだりをすべて削除している）。いくぶん感情的な文章、恩師アローへの批判が、宇沢のなかで何かが動き始めていることを物語っている。

水俣病と宇井純

公害や環境破壊の問題に真正面から対峙するようになってから、宇沢の経済学批判は本格化する。宇沢自身の経済学も質的に変化することになるのだが、当時の宇沢の心境を知る手がかりとなる貴重な記録が残っている。昭和47年（1972年）4月17日、東大工学部の助手をしていた宇井純（1932―2006）が主宰する公開自主講座「公害原論」での講演記録である。

講演内容を紹介する前に、自主講座を主宰していた宇井純について語っておきたい。宇井は宇沢がもっとも尊敬する人物のひとりだった。率直に心境を語ったのも、宇井に招かれた自主講座だったからなのである。

宇井純は1932年に東京で生まれ、小学生までを茨城県で過ごした。父親は中学校の教師で、宇井は茨城県女子師範学校附属小学校に通った。中学校にあがるとすぐに敗戦を迎え、一家は栃木県壬生《みぶ》町に移り開拓農民として暮らすことになった。応用化学を志すようになったのはこのころで、化学肥料が高価だったため、化学を学んで安価な肥料を作りたいと考えたという。

東京大学工学部応用化学科を卒業後、宇井は化学会社の日本ゼオンに入社したが3年で退社、東大大学院の研究生となった。熊本県の水俣で「奇病」が発生していることを知ったのは大学院に進学するころである。水俣病との出会いは、宇井の人生を決定づけることになった。

水俣病事件は多くの犠牲者を生んだが、被害者が厖大《ぼうだい》な数にのぼったのは「奇病」が公式に確認されたあとも、汚染源である工場がなかなか特定されず、有機水銀が工場から排出されつづけたからだった。水俣市でその工場を操業していたのが、化学会社のチッソだった。

チッソ創業者の野口遵《したがう》は東京帝国大学電気工学科を卒業後、１９０６年に鹿児島県で曾木《そぎ》電気を設立した。滝を利用した水力発電の余剰電力を利用して窒素肥料の生産を始め、日本窒素肥料株式会社と改称する。現在の旭化成の前身となる工場を宮崎県延岡市で操業するなど事業を拡大していった野口は、植民地の朝鮮で「東洋一の化学コンビナート」と称された興南工場を建設するなど、「日窒コンツェルン」と呼ばれる企業グループを擁する新興財閥を築いた。

宇井純

転機となったのが日本の敗戦で、植民地朝鮮に築いた大生産拠点を失うと、日本窒素肥料の幹部や技術者たちが水俣工場にも引き揚げてきた。敗戦直後、政府は戦後復興のため石炭や鉄鋼、肥料などの生産に重点を置く傾斜生産方式で経済の再建をはかった。この流れにのり、日本窒素肥料は肥料の生産を再開、高度経済成長が始まる前の助走にあたる時期、重化学工業化の牽引役としてふたたび活動を始めた。昭和25年（1950年）には新日本窒素肥料株式会社、昭和40年（1965年）にはチッソ株式会社へと社名を改めた（以下社名はチッソで統一する）。

水俣で奇病が公式に確認されたのは昭和31年（1956年）5月だった。水俣市にあるチッソ附属病院の細川一院長が水俣保健所に「原因不明の疾患が発生」と報告したのである。1956年末時点で54人の患者が確認され、そのうち17人はすでに死亡していた。

チッソ水俣工場は、プラスチックの可塑剤《かそざい》の原料に用いるアセトアルデヒドを生産していた。水俣病の原因物質は、アセトアルデヒドの製造工程で生成されるメチル水銀だった。工場の廃水として垂れ流されていたのである。

熊本県南西部から鹿児島県北西部にかけての九州沿岸と、天草諸島や長島などの対岸の島々に囲まれた不知火海はまるで巨大な湖のような豊饒な内海である。漁民は主食のように魚や貝類を食したが、恵まれた自然の条件は有機水銀汚染によって一転、すべてが悲劇の要因と化してしまった。メチル水銀は食物連鎖を通じて魚や貝に蓄積され、魚介類をたくさん食べる漁民の家族に被害が集中することになったのである。

漁村の猫が次々と狂い死にするという不吉な前触れがあった。メチル水銀は人体の血液脳関門も通過するため、脳に障害を与える。話すことができなくなったり、手足のしびれ、視野狭窄などさまざまな症状を惹き起こす。初期の劇症型と呼ばれた水俣病患者は、激しい痙攣を伴い狂躁状態に陥って最期を遂げた。

メチル水銀は血液胎盤関門も通過するため、妊娠中の女性の胎内に侵入して胎児を襲った。当時の医学の常識では胎盤は毒物を通さないとされていたため、胎児性水俣病患者の発見は医学界にも衝撃を与えることになる。

水俣病患者の実態が広く知られるきっかけを与えた書物が『苦海浄土』（講談社）だった。石《いし》牟《む》礼《れ》道子が１９６９年に著した同書の「ゆき女きき書」という章は、石牟礼がはじめて見舞った水俣病患者坂上ゆきのひとり語りである。

〈嫁に来て三年もたたんうちに、こげん奇病になってしもた。残念か。うちはひとりじゃ前も合わせきらん。手も体も、いつもこげんふるいよるでっしょが。自分の頭がいいつけんとに、ひとりでふるうとじゃもん。それでじいちゃんが、仕様ンなかおなごになったわいちゅうて、着物の前をあわせてくれらす。ぬしゃモモ引き着とれちゅうてモモ引き着せて。そこでうちはいう。（ほ、ほん、に、じ、じい、ちゃん、しよの、な、か、お、おな、ご、に、なった、な、あ。）うちは、もういっぺん、元の体になろうごたるばい。親さまに、働いて食えといただいた体じゃもね。病むちゅうこたなかった。うちゃ、まえは手も足も、どこもかしこも、ぎんぎんしとったよ。

海の上はよかった。ほんに海の上はよかった。うちゃ、どうしてもこうしても、もういっぺん元の体にかえしてもろて、自分で舟漕いで働こうごたる。いまは、うちゃほんに情けなか。月のもんも自分で始末しきれん女ごになったもね……〉

チッソとの孤独な闘い

宇井純が初めてチッソの水俣工場を訪れたのは昭和35年（1960年）の春である。東大の応用化学科では春休みに見学旅行をする慣わしがあった。水俣の奇病に関心を寄せていた宇井はチッソ水俣工場目当てで参加したのである。

チッソは東大工学部応用化学科のなかでも最優秀の卒業生が就職する企業だった。チッソ水俣工場の見学で宇井たち東大の若い研究者は、奇病についてこんな説明を受けた。

「熊本大学では原因は水銀じゃないかといってますがね。こちらはそうじゃないという証拠はいくらでもある」

熊本大学医学部の研究班はこの時点で、アセトアルデヒドの生産工程で生じる無機水銀がなんらかの理由で有機化（メチル水銀は有機水銀）したことが原因ではないかという有機水銀説を唱えていた。しかし一方で、東京工業大学の清浦雷作教授が有毒性物質のアミンが原因（腐った魚を食べたことが原因）と唱え、日本化学工業協会の大島竹治理事も有機水銀説を否定するなどしたため、原因物質は特定できないままだった。

宇井は、日本ゼオンに勤務していたときに有機水銀を扱った経験があった。水銀を多量に使う塩化ビニール工場では、夜に廃水といっしょに水銀を流してしまうことがあった。宇井も水銀を流してしまったことがあり、反省の気持ちが水俣の奇病に並々ならぬ関心をもつ動機ともなったのである。

初めてチッソ水俣工場を訪れた際、帰りの列車を待つ2時間ほどのあいだ工場近くの岸壁に立ってどす黒い水面を見つめているうち、「水銀が有機のままで排出されたのではないか」と宇井は直感した。その後、水俣通いが始まる。

〈調べれば調べるほど、コトの重大さに気づく。未来永劫まで浮かばれないんじゃないかと思うような患者がゴロゴロしている。それを目の前にしながら、注射一本打ってやれない自分がうらめしい。自分が医者であったらとなんど思ったかしれない。医者どころか、自分もかつて水銀を流した張本人ではなかったか。まだ旅費があるからもう一晩残ろう、あすはなにかあるかもしれないと思っても、どこへ行くあてもなくなっていく。「おれが水俣に通いつめて、いったいどんな役に立つのか？」といった暗中模索が二年間つづく。このころ、水俣の石牟礼道子さんたちと知りあった〉（「富も名誉もかなぐり捨てて」『潮』１９７１年３月号）

チッソ水俣工場から排出されるメチル水銀が原因だと明らかになる前、水俣病は伝染病だとの根強い偏見があり、患者や家族は差別にも苦しめられた。自身も水俣病で胎児性水俣病の長女を幼くして亡くした仲村妙子が、発病から40年以上を経た１９９６年の講演で語っている。

〈昭和三五年（一九六〇年）に女の子が生まれました。目も見えん、耳も聞こえん子でした。その頃は主人も手がしびれて、私も痙攣の震えが来てオムツも洗うことができない。そんな自分が病気の女の子を抱えて、ミルクを買う金もなく、質屋に時計を持って行ったり、あらゆるものを売りました。そしてその子は、もう明けても暮れても、夜となく昼となく泣くんですよ。

そして本当に、もう恐ろしいっていうか、ひどい、私が一番すまないと思うのは、娘の首に手をかけようとしたことです。そのとき、娘は殺されるんだなって感じたみたいですね。耳も聞こえん、目も見えん子が、身体を震わせて、ひたむきにね。あぁ私は……恐ろしい！　っと自分で感じたですね。その罪の恐ろしさは一生、捨てることができません。なんていうことを私はしたんだろう。私は我にかえって、この子のために生きなきゃあかんという気持ちが湧きました。耳は聞こえなくっても、目は見えなくっても、その子にとっての幸せがあるのにっていうことを、私はつくづく感じました。私が首を絞めるのをやめたときには、とても嬉しかったんでしょう、ピターッと私の身体にくっついてきました。それは母親じゃなからんばわからんような表現でした〉(『証言　水俣病』岩波新書)

水俣通いを始めた宇井が目にしたのは文字通り地獄絵図の世界だった。大阪のスクラップ業者のコンサルタントで稼いだアルバイト料を調査費につぎ込み、宇井は水俣病の調査をつづけた。そして、汚染源解明の鍵を握る細川一医師を訪れた際、重要な事実を明かされる。

細川はチッソ附属病院院長として水俣病を公式発見した医師だ。その後、精力的に原因を調査して、「ネコ400号の実験」で工場の廃水が汚染源であることを突き止めた。ところが、チッソ幹部の意向には逆らえず、沈黙を守り続けていた。

〈工場でネコ実験をした細川先生を訪ねる。「私の書き写したメモが本ものかどうかだけ答えていただきたい」という質問に対して、「そうだ」という一言が返ってきた。さらに「その実験の前の実験」の存在を明らかにしてくれる。つまり、のちにはっきりした四百匹のネコ実験で、すでに三十四年七月から開始されていたものであった。同年十月には実験ネコが水俣病らしい症状を見せる。「研究は次の段階に移らなければならないと思ったとたん、工場から実験禁止の報がありました」ともいう。とすれば、ネコ実験の中止は、見舞金協定が結ばれる直前である。責任は工場側にあることを知ったうえで、騒ぎが大きくなる前に〝終らそう〟という狙いがあったとしかいいようがない。その悪らつな中心的役割りを演じたのが、東大出身の化学者たちである〉（「富も名誉もかなぐり捨てて」）

細川医師が調査を記録した「細川ノート」を示しながら話した内容は、チッソの情報隠蔽を裏づける決定的な証言だった。細川医師らが工場の廃水をネコに与える実験で発症を確認したのは昭和34年（1959年）10月。少なくともこの時点で、チッソは工場の廃水が原因だと知っていた。ところが、排水を止めるどころか、チッソは社員でもある細川医師に実験の停止を命じた。それから2ヵ月後、チッソは水俣病被害者が結成した水俣病患者家庭互助会と「見舞金契約」を結んでいる。「原因不明」なので賠償金ではなく、見舞金である。死者ひとりあたり30万円などとされていた。しかも契約には、将来的に工場の廃水が原因とわかっても被害者はチッソに補償金を要求しないという条項まで盛り込まれていた。

細川医師の証言を得た宇井はしばらく公表できずに悩んでいたが1963年、「富田野郎《とんだやろう》」というペンネームで、技術者の研究サークル「現代技術史研究会」の機関誌に長大な連載論文を発表する。翌年には合成化学労働組合連合会の機関誌にも「富田野郎」の長期連載記事が掲載された。富田野郎論文はのちの水俣病裁判で被害者側に貢献することになるが、宇井自身は、匿名でしかもマイナーな機関誌でしか公表しなかったことを悔いていた。

そんなとき、第二の水俣病事件が起きる。新潟県の阿賀野川流域で水俣病と同じ症状の患者が発生したのである。宇井は元チッソ附属病院院長の細川医師を伴い、調査に赴いた。昭和電工の工場の廃水が原因であることをつきとめると、今度は実名で執筆した論文を国際学会で発表した。新潟水俣病の裁判では弁護士の補佐役となって被害者側を支援し、熊本県の水俣病患者と新潟水俣病患者をつなぐ橋渡し役ともなったのだった。

「水俣病の宇井純」としてその名を知られるようになると、宇井は公害の現場を駆け回るようになった。だが、その代償が〝万年助手〟だった。宇井は１９６５年に東大工学部の助手となったが、54歳で退職するまでの21年間、助教授にすら昇進できず、ずっと助手のままだったのである。

公害と近代経済学

宇井が東大で自主講座「公害原論」を始めたのは１９７０年10月で、都留や宇沢たちとともに参加した公害問題をめぐる国際シンポジウムの半年ほどあとだった。自主講座は東大を退職する前年まで15年間続けた。市民にも開放した講座を始めたきっかけは、大学への反発だった。公害が社会問題化したことを受け、東大工学部では公害の講座を設けようという動きがあり、水俣病研究の第一人者である助手の宇井にも声がかかった。ただし、学部側はあらかじめ宇井にクギを刺した。政治的な話題はいっさい抜きにして、科学技術的側面だけに限定した講義をせよ、と条件をつけたのである。それだと複雑な水俣病問題の全体像に迫れないと抗議する宇井に返ってきた答えは、「助手は助教授や教授の指示に従えばいい」。売り言葉に買い言葉で、宇井は夜間自主講座を立ち上げることになった。東大の教室を使うことは許されたものの、始めてまもなくすると工学部長から、「おれの独断で許可した自主講座だったが、他の先生はカンカンだ。年賀状にそのことを書いてきた教授もいる」と嫌みをいわれる始末だった。

こうした経緯があったので、宇井主宰の自主講座「公害原論」は東大で開かれているにもかかわらず、「東大教授」の肩書きをもつ講師は誰ひとりとして現れなかった。開講から一年半、ようやく登場した「東大教授」が宇沢弘文だったのである。

講義は昭和47年（1972年）4月17日、東京大学の法文系2号館31番教室で行われた。司会役の宇井が宇沢を聴衆に紹介した。

「現在の大学の中で公害問題を最も真剣に自分の学問の中に取り込もうとしておられる方で、私たちも是非一度宇沢先生のお話を伺いたいとお願いしましたところ、まあこの自主講座は、今までずっとおいでになっている方は御存知のように、東大の先生方は来て講義してくださる機会がほとんどなくて、教授としては今日の宇沢先生が初めてということになるのですが、わざわざお忙しい日程をおいでいただきました」

宇沢は、経済学部の同僚の誰よりも宇井を尊敬していた。その宇井から与えられたテーマが「公害と近代経済学」。いくぶん高揚して登壇した宇沢は、自分の経済学と公害の関係について率直に語り始めた。

《私自身、特に公害の問題に関心を抱かざるをえなくなったのは四年ほど前、実は外国に長くおりまして日本に帰って来た時、実は外国にいたときには非常に遠い事件として考えていました水俣病の事件が、日本に帰って来て非常に大きな問題として私の前に出て来たとき、そのときが、今から考えますと、公害という問題を自分自身の非常に身近な問題として考えざるをえなくなったときだと思うわけです。

初めは、水俣病は、私はこれはいつか宇井さんにも申しあげたことがあるんですけど、当然、日本の現在の法体系のもとで犯罪、しかも、私は法律のことは知らないんですけど、刑事事件として扱われるべき性格のものであると、そして、いわゆる公害問題とは多少異った性格を持っている、というふうに初めは考えたわけですけど、その後いろいろ書かれたものを読んだりしていて、やはり水俣病は、日本で公害問題を考えるときに、宇井さんは確か原点という言葉を使われたと思うんですけど、原点としての役割を果すものであるという考え方を持つようになったわけです。

もし公害問題、あるいは水俣病の問題が単なる犯罪として、刑事事件として取り扱われるようなものであるとするならば、何も事新しく経済学的な側面なりをあえて取りあげる必要はないと思うんです。

ちょうどそれは、たとえばいろんな犯罪が現に起きているんですけど、その犯罪の経済学的考察ということはあまり意味がないと考えるのと同じような意味で、公害という問題を取りあげてやるということが果して経済学的な観点から必要かどうか、ということを多少最初考えたわけですけれども。

しかし、水俣病に典型的に表わされているような公害問題の発生のメカニズムを考えてみますと、そこに非常に大きな経済的要因がドミナント（支配的）なものとして存在しているわけで、しかも、過去十五年間、あるいは十年近くにわたって続けられてきた日本経済の高度成長を考えるときに、公害問題をぬきにしては考えられない、そういう結論といいますか、そういう考え方をしだいに強く持つようになったわけです》(『宇井純収集 公害問題資料2』復刻『公害原論』第1回配本第2巻、すいれん舎)

宇沢は重要なことを語っている。水俣病を、最初は躊躇《ちゅうちょ》したものの、「経済理論上の課題」として受けとめる決意をしたと言っている。世界に陽があたる領域と、陽があたらない領域があるとすれば、経済分析は陽があたらない陰の領域をもカヴァーするものでなければならない。それが宇沢の考えなのである。

経済学者としての矜持《きょうじ》

自主講座「公害原論」の講義では、聴衆からの質問に答える時間があった。ひとりの受講者が興味深い質問をしている。

「宇沢先生の『中央公論』なんかに書かれた論文というのは、非常にいわゆる新古典派とよばれる経済理論に批判的で、そういう意味でいわゆる日本におけるラディカル・エコノミックスのような立場に近いと思うんですが、先生は資本主義に対する一定の批判的立場と、社会主義というかあるいはマルクス経済学といったものに対して、公害問題なんかをひとつの基点としてどういう具合に考えておられるのかおうかがいしたいと思います」

「ラディカル・エコノミックス」というのは、アメリカでベトナム反戦運動の高揚に呼応して出てきた、主流派経済学と距離を置く若い経済学者グループの動きである。宇沢はそうした若い研究者にきわめて同情的で親交もあったが、新たな経済理論を構築するという点では、限界があると冷静に判断してもいた。質問者が宇沢の経済学論文に目を通していないことはあきらかだったが、宇沢は驚くほど率直に質問に答えている。

《実は私、昔といいますか学生のとき経済学を勉強したわけなんですけれども、マルクス経済学を主としてといいますか、それだけが経済学だというふうに考えて勉強を始めたんですけれど、何年かたって、実はいちばん僕自身が疑問に感じたのは、資本主義から社会主義へのひとつの歴史的な移行のプロセスについてなんですね。

それはつまり資本主義的な制度が非常に不平等な所得分配を生みだして、そしてある意味で内部的な矛盾が大きくなっていって、革命というプロセスを経て社会主義へ移行すると。そのプロセスというのは実は歴史的にベリファイ（実証する）といいますか、歴史的な実際のプロセスとしてわれわれ経験したことがない、ということがひとつと、それからその論理的なプロセスっていいますか、そういう歴史的な移行のプロセスを論理的に検証できないということなんですね。それが、それからさらに進んで、実は資本主義的な経済制度といいますか、あるいは社会主義の経済制度というのが、はたして有効な概念であるかどうかということに関して、ちょっと疑問にぶつかったわけです。実はそれは、それから結局解決できないまま現在まできている。確かに私、新古典派経済理論というのは、要するに私企業的な市場経済的な制度で、市場機構を通じて稀少資源の配分が行なわれる制度を最初から是認して弁護するためにつくった理論ではないか、という点に疑問を感じているわけですけど、それに対してオールタナティブ

（他に選ぶものとして）として、社会主義的な制度がはたして、その先に来るものであるかどうかは、全く検証できないことなんですね。

むしろ、やはり現在の資本主義的な、あるいは市場経済的な制度に対する批判なりを通じて、おそらく、僕自身の考え方では、新しい経済制度というのが模索されるのではないかという、それに対するクリアカット（はっきりした）な答えというのは、どうしてもなかなか見つからない。ただひとつ、これは宇井さんのコメントとも関係するんですけど、やはり資本主義的あるいは市場経済的制度の一番大きな前提として、われわれ人間が絶えず経済的な利益を求めて行動するという非常に大きな前提があると思うんです。

しかもいろんな財とかサービスあるいは稀少資源の使い方は全部、各個人が経済的なプロフィット（利潤）を求めて行動すれば、結果として社会的にも望ましい資源配分、所得分配が実現するんだというのが非常に背景としてあるわけですね。僕は、そこのところはまさに問題になると思うんですね。つまり経済学の対象をそういったプロフィットを求めて行動する人間、それをラショナル（理性的）な行動として規定して、その分析を行なおうというのが新古典派の立場であるわけですけど、僕はそうでなくて、やはり経済活動の中にも、あるいは経済循環のメカニズムの中にも実はそうでない動機に基づいた行動というものがあって、それが必ずしも無視できない役割を果たす》

１９７２年当時、ソ連をはじめとした「東側」諸国は社会主義体制を採用していて、世界は資本主義国と社会主義国に二分されていた。東西冷戦構造である。資本主義国のオルタナティブとして社会主義国が実在していたわけだが、社会主義体制は資本主義国の選択肢たりうるのか。宇沢はその可能性を明確に否定したうえで、「現在の市場経済制度への批判を通じて、新しい経済制度が模索される」というビジョンを語っている。

自主講座「公害原論」に招かれて講演したあと、今度は宇沢が『季刊現代経済』（1972年12月号）で開いたシンポジウムのゲストに宇井を招き、ふたたび公害問題について議論を交わしている。

宇沢　いまは、企業活動の自由という名の下に、排水は自由である、逆にいえば、そのような活動を何らかの形で制限しようとすると、それは企業活動の自由を損うと開き直られる。これに対して、他人に迷惑をかけるというか、外部不経済を発生するようなことはやっていけないという考え、外部不経済のどこまでが企業活動の自由の中にはいるかという点にかんする一般的な理解が変わってきているということはあると思う。それが変わってきた一つの原動力をつくってきたのが水俣病運動であり、あるいは公害反対の住民運動であったと思うのです。

宇井　その点は、よく労働者の団結権の問題と比較されるのです。一九世紀の資本主義の下では、労働者が病気になろうが、けがをしようが、外部不経済の問題としてしかつかまえられなかった。その後だんだんと訴訟とかストライキという形で──団結権をもたないときにストライキというのは大変なことだったのですが──労働者の権利が認められ、資本主義の中に一つの安全弁が組み込まれたのと同じような過程を、公害問題がたどるのではないかという見通しが一方にあります。ですから、一般的な権利の問題としてつかまえることも、当然可能でして、そちらから掘り下げていく努力もいるだろうという気がするんです。

宇井 経済学者は公害の現場を知らずに公害問題を語っているのではないか。そんな宇井の発言を引き取る形で、宇沢は自分の立場を明快に語っている。

宇沢 経済学者の中には、住民運動などにはいらなくとも、自分にはわかるんだという人が大勢います。それで理論をみると、ちっともわかっていない。

ただ、私は先ほど申し上げたように、子供の交通事故の危険の多いいわば公害地区に住んでいるわけですが、私の考えるところ、子供というのは一つの生命をもった人間であって、子供がある年代に成長するまで、親は保護者である。それが公害地区に住んでいるために、子供が交通事故に会うことにでもなれば、その悲しみとは別に、その意味での社会的責任を果たせないという苦しみもある。

ですから、いま問題になっている公害の実態を自分の目で見て、住民運動にはいっていく必要はあるとは思いますが、それと、自分の生活基盤の中にあるいま言った要因とは、程度の差はあっても共通したものだと思う。

しかし、いままでは、自分の生活と、経済学の理論とは別のものだ、自分の周辺の問題はミクロの問題で、経済としては国民経済全体をはじめとして、別のマクロの論理があると割り切ってきていた。それができたのは、実は、その経済学は自分たちの手で作ってきたものではなかったからだと思います。

宇井への反論というよりも、自分に向けた言葉だった。公害という現象を理論経済学者として受けとめるなら、世界に類を見ない大惨事である水俣病と、日々の生活で直面する自動車の公害問題には、共通したものがあるだろう。逆にいえば、そうとらえることで、水俣病の問題を射程に入れた理論が構築できるはずだ。

公害や環境汚染といった身近で切実な問題が経済学で十分に分析することができないのはなぜなのか。それは経済学という学問体系、知識の体系が自分自身の問題意識に根差したものではなく、どこかから与えられたものにすぎないからではないのか。

座談会からしばらくして、宇沢は宇井に語った決意を行動であらわした。『自動車の社会的費用』(岩波新書)を出版するのである。

第12章

〝ドレス〟と〝自動車〟

青梅マラソンを完走した宇沢。車には乗らず、走ることを好んだ

新古典派からの離脱宣言

『自動車の社会的費用』を担当した編集者は、岩波書店の大塚信一だった。のちに岩波書店の社長となる大塚は、宇沢より11歳若い。宇沢がもっとも信頼を寄せた編集者だが、初対面のときはまだ駆け出しの編集者だった。東京大学の研究室をはじめて訪れた際の印象を大塚がふりかえる。

「後年のラフな格好をして長いアゴ髭をたくわえた宇沢さんとは、まったくちがいましたね。背広をきちっと着て、頭もきちんと分けてて、もうほんとうにエリート学者というか、ものすごい〝切れ者〟という感じだった。実際、切れ味鋭い研究者でしたよ」

宇沢は初対面の大塚に向かって、「ぼくに『自動車の社会的費用』というタイトルで新書を書かせてくれませんか」と提案してきたという。自動車と社会的費用がどう結びつくのか皆目見当がつかなかった大塚に、1時間もかけて企画の趣旨を説明した。それからわずか3ヵ月足らずで、『自動車の社会的費用』を書きあげたのである。

原稿に目を通した大塚は、「きわだって論理的な文章だな」と舌を巻いた。岩波書店の編集者は著名な学者と仕事をする機会が多い。そうした筆者たちと比べても、群を抜いて文章が論理的だった。

「非常に明晰な文章なのでびっくりしました。直していただくところがまったくなかった。これは非常にめずらしいことなんです。何を言っているのか分からないという箇所がまったくなかった。学者でもこういう方はあまりいないですよ」

昭和49年（1974年）6月に出版された『自動車の社会的費用』はベストセラーとなり、この年の毎日出版文化賞を受賞することになった。心から喜んでいる宇沢の姿が印象深かったと大塚は語り、こうつけ加えた。

「『自動車の社会的費用』は、宇沢さんの宣言だったとおもうんですよ。新古典派経済学の枠組みを離脱するぞ。そう宣言したのだとおもう。いまから考えると、この本がどう受けとめられるのか、宇沢さんはものすごくナーバスになっていたようにおもいますね」

46歳を迎える年に出版した『自動車の社会的費用』は、さまざまな意味で、宇沢の変貌ぶりを象徴する著作となった。「自動車政策は間違っている」（『エコノミスト』1970年9月8日号）で自動車の問題はすでに論じていたし、近代経済学に対する批判的な態度は「混迷する近代経済学の課題」（『日本経済新聞』1971年1月4日付）であきらかにしていた。「自動車」を素材に、日本に帰国してから取り組んでいた問題を総合的に展開したのが『自動車の社会的費用』である。「きわだって論理的な文章」となったのは、理論的な検討をひとまず終えていたからである。

《わたくしは十年間ほど外国にいて、数年前に帰国したが、そのときに受けたショックからまだ立ち直ることができないでいる。はじめて東京の街を歩いたときに、わたくしたちのすぐ近くを疾走する乗用車、トラックの風圧を受けながら、足がすくんでしまったことがある。東京の生活になれるにつれて、その恐怖感は少しずつうすれていったが、いまでも道を歩いているとき、自動車が近くを追い越したりすると、そのときの恐怖感がよみがえってくる。子どもたちはじきになれてしまって、あまり苦にしなくなったようであるが、毎日学校から帰ってくる

まで、交通事故にあわないかと心配することが現在までつづいている》
「まえがき」の言葉は、一見、帰国したばかりのころの日本の印象をつづっただけのようにみえるけれども、短い文章には企みが秘められていた。ひとつには、宇井純に語ったように、経済学を、与えられた知識の体系として受け取るのではなく、自分自身の身近な問題、社会の問題を分析する道具として鋳直そうという意気込みである。もうひとつは、自動車に感じた恐怖を印象づけることで、「安心して道を歩くこと」が社会的に合意された基本的な権利であるという認識から出発しよう、とさりげなく宣言している。これから展開する考えが、社会的共通資本の経済学に基づくものであることを告げているわけである。

『自動車の社会的費用』が社会的なインパクトを持ったのは、試算によって具体的な数字を弾き出したからである。自動車が発生させる「見えない社会的費用」を算出する作業は、東京都の統計データをもとに進められた。

社会的費用の算出は、「歩行者の基本的な権利」を満たすのに必要な安心して歩ける道路を想定し、そのような環境を整備するための費用を見積もる形をとった。生活環境を破壊しないよう歩道や緩衝地帯を設ければ、その負担はどれぐらいになるのか。宇沢の試算によると、自動車1台あたり1200万円の投資が必要で、1200万円の利息分を税として賦課するとすれば、年間200万円。これを「社会的費用を補うための税金」とみなせば、自動車1台あたり年間200万円の社会的費用税の徴収が必要になる。この試算は大きな反響を呼ぶことになったが、真の狙いは別のところにあった。宇沢はつぎのようにのべている。

《この書物で、わたくしは、日本において自動車通行にともなってどのような現象がおきているか、ということをくわしく統計的に説明しようとは試みない。（中略）わたくしがここで取り上げたいのは、自動車の社会的費用という問題について、これまでの経済学がどのように考えてきたか、また、そこにどのような問題点がおきてきたか、ということを考えることによって、経済学の新しい方向に対する模索を試みることである》

外部不経済と呼ばれる問題を最初に本格的に論じたのはアルフレッド・マーシャルの後継者アーサー・セシル・ピグー（１８７７―１９５９）である。厚生経済学を確立した経済学者として知られている。

20世紀はじめのイギリスは、貧困や低賃金労働が深刻な問題となっていた。１９１０年前後には、失業保険や最低賃金など一連の社会福祉法制が整備されるが、そうした社会の変化を受けて、１９２０年にピグーは『The Economics of Welfare（厚生経済学）』を著した。

市場経済においては、取引の当事者ではない第三者が利益を得たり（外部経済）、逆に、費用を負担しなければならなくなること（外部不経済）がある。そうした場合、市場に任せているだけではだめで、政府が介入して補助金や税などで適切に対応しなければならない。国民所得の分配問題にも配慮したピグーの経済学は規範の問題を扱う厚生経済学のさきがけとなった。ただピグーも、外部性の問題を市場経済における例外的な事柄として扱っていた。

従来の経済学が外部不経済としてとらえた問題を社会的費用という概念を用いて根本的にとらえなおそうとしたのが、ウィリアム・カップである。「社会資本の経済学を考える」という社会的共通資本に関する宇沢のはじめての論考が、カップに触発されたものだったことは前章でのべた。『自動車の社会的費用』は、「社会資本の経済学を考える」を発展させた論考である。宇沢の思考の軌跡をたどるために、カップが社会的費用の考えを構想した経緯をあらためてふりかえってみることにしよう。

ソースティン・ヴェブレン

『私的企業と社会的費用（The Social Costs of Private Enterprise）』を１９５０年に出版したあと、カップは一時期、インドの大学に滞在して研究した。その体験を通じて、発展途上国の経済開発計画は、経済成長率のような経済指標で論じるのではなく、「人間が生存するうえで最低限必要なものは何か」という視点から考える必要があることを痛感した。そして、１９６３年には代表作『私的企業と社会的費用』を大幅に改訂し、題名も『営利企業と社会的費用（The Social Costs of Business Enterprise）』と改めて出版した。

新版の序文では、安全で健康な社会的福祉水準という概念を前提に、現在の状態と社会的最低福祉水準との乖離が社会的費用であるという説明を加えた。外部不経済で被る被害の総額を社会的費用とするのではなく、本来的に満たされているべき「社会的最低福祉水準」を設定して、現在の社会の状態との落差を社会的費用で表現しようとしたわけである。根本的な発想の転換だ。

もともとカップは社会的費用を発生させるのは「私企業（Private Enterprise）」だと考えていた。資本主義特有の問題ととらえていたのだが、政府部門の役割が大きく、経済計画を政策として導入しているインドの実態を観察して、社会的費用は私企業のみに限定された問題ではないと認識をあらためた。政府など公的部門や公営企業が社会的費用を発生させることもめずらしくないからだ。社会的費用は、経済体制の違いを超えた問題なのである。

宮本憲一は『社会資本論』で、こうしたカップの発想の転換を踏まえて、外部不経済によって発生する社会的損失を指す場合を「社会的費用の第1定義」、外部不経済による社会的損失を防止するための費用を指す場合を「社会的費用の第2定義」と呼んだ。カップは改訂版で社会的費用の定義を第1定義から第2定義に変更したとも解釈できるが、宮本によると、カップは第1定義と第2定義を明確に区別できていなかったうえに、改訂版でも第1定義の社会的費用の例証に多くをさいていた。

ところで、カップが旧版の「Private Enterprise（私的企業）」を「Business Enterprise（営利企業）」に改めたことには重要な意味があった。ソースティン・ヴェブレンの『営利企業の理論（The Theory of Business Enterprise）』（1904年）を意識したタイトルの変更だったのである。〈ベブレンの後継者たることを明らかにするためだった〉と宮本は解説しているが、実際、著作のなかでもたびたび言及するほど、ヴェブレンはカップにとって重要な経済学者だった。

宮本の定義にしたがえば、宇沢の『自動車の社会的費用』はあきらかに「社会的費用の第2定義」を採用している。歩行者が安全に歩けるような道路を想定して、そのための費用を算出したのだから、「外部不経済による社会的損失を防止するための費用」に相当する。『社会資本論』で宮本は、カップの社会的費用論に先行する外部不経済をめぐる議論はピグーの『厚生経済学』とヴェブレンの『営利企業の理論』に始まるとしているが、たしかに宇沢も、『自動車の社会的費用』の参照文献の筆頭にヴェブレンの『営利企業の理論』を挙げ、つぎにピグーの

『厚生経済学』を挙げている。『自動車の社会的費用』は、ソースティン・ヴェブレンの経済学、ヴェブレンの制度主義に連なる論考なのである。

ソースティン・ヴェブレンは1857年、ウィスコンシン州で生まれた。両親ともにノルウエーからの移民で、ヴェブレンは12人兄弟の6番目だった。一家はその後、ミネソタ州ナーストランドのノルウェー移民の開拓地に移った。

ヴェブレンはカールトン・カレッジで、アメリカにおける近代経済学者のさきがけであるジョン・ベイツ・クラークに学んでいる。カールトン・カレッジは組合教会派に属する宗教的なカレッジなので異教徒には改宗を説いていた。スウィフトの『ガリヴァー旅行記』を読んでカニバリズム（人肉嗜好）について論じたりするヴェブレンは、しばしば教授や学生たちを啞然とさせたという。

カールトン・カレッジ卒業後、ジョンズ・ホプキンス大学で哲学を学ぶことになったが、十分な奨学金を得ることができなかったこともあり、学期途中でイエール大学に移った。イエール大学では、ハーバート・スペンサーの社会進化論をアメリカに伝えるのに貢献した哲学者ウィリアム・サムナーに学んでいる。

哲学博士号を取得したヴェブレンは、クラークだけでなくイエール大学総長からも就職の推薦状をとりつけていたにもかかわらず、どこの大学にも採用されず、ミネソタ州に帰郷せざるをえなくなった。定職がないまま、カールトン・カレッジ学長を叔父にもつエレン・ロルフと結婚したのだった。

妻ロルフの父親の農場があるアイオワ州で読書と思索に明け暮れる生活を送っていたヴェブレンがコーネル大学に学士入学したのは34歳のときである。翌年、創立まもないシカゴ大学大学院の研究助手の職にようやくありついた。シカゴ大学に在籍した15年間で、ヴェブレンはきわめて独創的な経済学を打ち立てる。

ヴェブレンが経済学者として活動した時期のアメリカは、工業が飛躍的に発展して、イギリスに追いつき追い越す時期のアメリカである。『トム・ソーヤーの冒険』を著した作家マーク・トウェインが「金ぴか時代（The Gilded Age）」と呼んだ、資本主義が荒々しく躍動する社会を、ヴェブレンは目の当たりにした。とりわけ19世紀末にかけて、巨大トラストを形成して石油業界を支配したスタンダード石油に象徴されるように、資本主義の興隆と同時にさまざまな社会的な歪みが顕著となっていた。

新興工業都市シカゴでは、労働運動や社会運動が活発になっていた。そもそもシカゴ大学は、スタンダード石油創業者ジョン・D・ロックフェラーの多額の寄付によって創設された大学院大学である。アメリカ資本主義の縮図のようなシカゴで、最初の著作『有閑階級の理論』を書きあげ1899年に出版すると、ヴェブレンはたちまち時の人となった。同書でヴェブレンが提出した新たな概念が「顕示的消費（Conspicuous Consumption）」である。

ソースティン・ヴェブレン

『有閑階級の理論』を出版する前、ヴェブレンは「女性のドレスについて」という論文を書いている。女性が華麗なドレスで着飾るのはどういう理由からなのか。女性のドレスは単に見せつける衣装ではない。着る者の富をあらわしている。家父長制社会では女性は男性に隷属しているので、ドレスは女性が属している家の富を顕示する役割を果たしている。

顕示的消費という概念を創出したのは、効用の最大化を求めて個人が合理的な選択を行うという、新古典派経済学の前提を批判する意味合いがあった。「新古典派経済学（Neoclassical Economic Theory）」という言葉をはじめて用いたのもヴェブレンである。

『有閑階級の理論』は顕示的消費の概念を軸として、非生産的な有閑階級の思考様式や行動様式を経済学というよりは社会学的なアプローチで考察している。そして１９０４年、本格的な経済分析の著書『営利企業の理論』を出版した。

アメリカの資本主義の興隆にみられるように、近代工業社会の核はマシーン・プロセス（機械過程）を具現化した産業であり、産業を支えるのは利潤追求を目的とする営利企業である──資本主義制度をこのようにとらえたヴェブレンは、産業と企業とのあいだには対立関係、緊張関係があるという独特のビジョンを提出する。

生産活動のための固定的な生産要素である産業的資本と、投資や資金運用のための金銭的資本。ヴェブレンは、異なる二つの資本を明確に区別する。「産業（Industry）」が製作者気質の本能（Instinct of Workmanship）に支えられているのに対して、「営利（Business）」はあくまでも金銭的な利潤追求の動機に基づいている。近代工業社会は、産業と営利の緊張関係のなかで展開されていく。

『営利企業の理論』でヴェブレンは、政府による公共投資の必要性を説いたり（ヴェブレン流の有効需要理論）、金融市場や資本市場の発達によって産業と営利の乖離がますます拡大していって、経済が不均衡、不安定に陥る危険が増すことも示唆している。そのため、宇沢は『営利企業の理論』をケインズの『一般理論』を理論としてもさらに深いところで先取りした内容になっていると解釈して高く評価した。ヴェブレンより26歳若いケインズは『一般理論』を著す際、『営利企業の理論』を参照していたのではないかと憶測したほど、宇沢はヴェブレンとケインズの分析の類似性に着目していた。宇沢にとっては、ケインズより根源的な資本主義分析を展開したのがヴェブレンなのである。

「ホモ・エコノミクス」批判

独自の経済学を打ち立てたヴェブレンだが、大学では不遇だった。15年間をシカゴ大学ですごしたあと、スタンフォード大学、ミズーリ大学とわたり歩いた。現在も著作が読み継がれているヴェブレンだが、驚くことに一度も正教授の地位についたことはなかった。

大学を渡り歩くあいだにヴェブレンはエレン・ロルフと離婚、アン・ブラッドレーと再婚した。アンも離婚を経験していて、ベッキー、アンというふたりの娘を連れていた。第5章「赤狩りの季節」で触れたように、結婚したばかりの宇沢夫婦に家を貸したのが、ヴェブレンの2番目の妻ブラッドレーの連れ子アンだった。

晩年のヴェブレンは、ニューヨークで雑誌『ダイヤル』に携わって積極的に時事論説を書いた。そのなかに「技術者によって主導されるソヴィエトに関する覚書」という興味深い論説がある。技術者を中心にした組織「ソヴィエト」が来るべき産業体制の主役になるというビジョンを提起している。資本主義経済の将来を、悲観していたのである。

雑誌『ダイヤル』を辞めたあと、創設されたばかりのニュー・スクール・フォア・ソーシャル・リサーチ（The New School for Social Research）でジョン・デューイなどとともに教鞭をとった。1924年にはアメリカ経済学会の会長への就任を要請されたが、断った。最晩年はカリフォルニアの山小屋で隠遁生活を送り、1929年8月に心臓病で亡くなった。72歳だった。

ヴェブレンの死の直後、ニューヨーク株式市場の大暴落に端を発する大恐慌が起き、世界はやがて第二次世界大戦へと向かっていく。ヴェブレンが論文や論説で予見していたシナリオが実現したかのような成りゆきだった。

ヴェブレンは人類の歴史を、人間に普遍的に備わっている本能が、累積的に変化する習慣や制度に規定されながら、発展していく過程だとみなした。ヴェブレンにおける「制度」は、一般的な意味での制度や慣習より広く深い概念だ。むしろ人間の思考習慣そのものを指している。過去の思考習慣が社会に固定化すると、制度や習慣となるわけである。経済行動は制度に規定され、反対に、人々の経済行動の変化は制度に影響を与える。経済行動と制度が相互に影響を与えあいながら、社会は進化していく。これがヴェブレンが唱える進化論的なアプローチである。

ヴェブレン経済学の要約は不可能だが、宇沢との関係で重要な点をみておきたい。

まず第一に、新古典派経済学の根源的な批判者としてのヴェブレンである。宇沢が好んで引用したのが、1898年に『クォータリー・ジャーナル・オブ・エコノミクス』に発表された「Why is Economics not an Evolutionary Science?（経済学はなぜ進化論的科学でないのか）」の一節である。宇沢が巧みに翻訳している。

《快楽主義的な立場にたって人間を考えるとき、人間は、快楽と苦痛とをすばやく計算する計算機のようなものであって、幸福を追求する、同質的な欲望の塊りとして、刺激を受けると、あちこちぐるぐる回るが、自らは決して変わらない存在ととらえられる。前歴もなければ、将来もない。他からは孤立し、つよく安定した人間の素材であって、衝撃的な力に揉まれて、あちこちに動き回っている場合を除いては、安定的な均衡状態にある。単元的な空間のなかでうまく釣合いを保って、独自の精神的な軸のまわりを対称的にぐるぐる回りながら、やがては力の平行四辺形の法則が働いて、直線的な歩みをつづけるようになる。そして、衝撃の力がつき果てたときには、静止して、前と変わらない、独立した欲望の塊りに返る》

「効用を最大化する」ことを行動原理とする「ホモ・エコノミクス」のおかしさ、もっといえば、解析力学の最適化仮説をそのまま受け入れたような新古典派経済学の不自然さを指摘しているわけだが、ヴェブレンが批判しているのは、外からの刺激に反応するだけの受動的な存在として人間を想定していることそのものである。人間は制度＝思考習慣に規定される側面をもつ一方で、人間の行動が制度＝思考習慣に影響を及ぼし、変容させてもいく。ヴェブレンが前提とするのは、能動的な人間なのである。

過去に生きた人間の思考習慣が制度となり、現在に生きる人間とのあいだで相互作用を及ぼすというビジョンを提出することで、ヴェブレンは、新古典派的な「個人主義」の世界を乗り越えようとしている。新古典派経済学の経済主体は、究極的には「ホモ・エコノミクス」という個人に還元できる。しかしながら、ヴェブレンにおいては、現在に生きる人間はなんらかの形で過去に生きた人間に影響されており、人間をまったき個人に還元してしまうことはできない。ヴェブレンは「経済学はなぜ進化論的科学でないのか」でこんな風にも表現している。〈彼の今日の生活方式は、昨日から引き継いできた彼の生活習慣と、昨日の生活が無意識のうちに残留物として残した環境によって、彼に押しつけられたものなのである〉（『有閑階級の理論』高哲男訳、講談社学術文庫）

「制度」にはおのずと、時間の概念、社会の概念が入ってくる。歴史的な時間という概念を捨象して、効用を最大化するよう外部の刺激に反応するだけの個人を想定する新古典派経済学と、制度主義の経済学はきわめて対照的な性格をもっている。

「経済学はなぜ進化論的科学でないのか」でヴェブレンが問うたのは、ダーウィン主義が浸透して科学が進化論的な考えを取り入れているなかで、なぜ経済学だけはいまだにダーウィン主義が現れる以前の旧態依然たる人間観、自然法や功利主義の考えに基づいた人間観を前提にしているのかということである。

ただし、進化論的な社会科学としてとらえるべきとするヴェブレンの主張は、社会が時間とともに〝進歩〟していくという進歩主義に基づいているわけではない。進化論的に展開される社会は、特定の目的に向かって進んでいるのではなく、さまざまな要因の累積的な影響によって、あくまでも無目的に変化していく。

宇沢はヴェブレン経済学の本質を、「社会に内在する矛盾や問題点を分析し、理想的な制度的条件を探求するための経済学」ととらえた。ポイントは、「人間」を新古典派経済学のように「受動的な存在」としてでなく、「能動的な存在」としてとらえるということだ。「経済学はなぜ進化論的科学でないのか」でヴェブレンが人間の本性について語ったくだりを宇沢はつぎのように訳している。

《人間の本性は、行動をするということにある。たんに、外部的な力を受けて、喜びや苦しみを味う、受動的な存在ではない。人間は、たんなる欲望の塊りとして、環境の影響を受けて、その力に翻弄されるにまかせるという受動的な存在ではない。絶えず新しい展開を求めて、夢をもち、その夢を実現しようとする本源的な性向と歴史的に受けついできた習慣をもった、一個の有機体的存在である》（『ヴェブレン』）

社会は、制度をめぐる累積的因果関係を通じて変化するというビジョンを受け入れた宇沢にとって、経済学とは、制度主義的な変化のプロセスで生じる問題を分析する学問である。経済学者は、能動的な態度で制度の変化を理想の方向へと導く役割を果たさなければならない。

『自動車の社会的費用』

話を『自動車の社会的費用』に戻そう。

『自動車の社会的費用』の斬新さは「自動車」というひとつの商品を切り口に、資本主義制度の特質を浮き彫りにすると同時に、新古典派経済学の考え方を根源的に批判した点にある。「ドレス」を題材に経済を語り、経済学の前提を鋭く批判したヴェブレンを彷彿とさせる。宇沢が「自動車」を選んだのは、自動車という商品が資本主義というシステムを浮き彫りにする性格をもっていたからだ。自動車の生産は鉄鋼など金属資源をふんだんに使用するだけでなく、石油を大量に消費する。なにより道路の建設を誘発する。

自動車が現代資本主義を象徴する商品であることは、保有台数の推移をみればよくわかる。日本における乗用車の保有台数は、昭和23年（1948年）頃はわずか約3万台、昭和35年（1960年）頃に約50万台となり、10年後の昭和45年（1970年）頃には約900万台まで増えている（国土交通省道路局ウェブサイトの「戦後の道路行政50年」）。現在では乗用車（普通・小型四輪・軽四輪）の保有台数は6000万台を超えている（日本自動車工業会調べ）。

じつは宇沢は、日本初の高速道路計画に関わった経験をもっていた。朝日生命保険を退職せざるをえなくなり、失業状態に陥っていた渡米直前の時期である。

日本で最初の高速道路である名神高速道路の建設計画を検討するため、アメリカから経済学や統計学、土木技術などの専門家を集めた調査団が招聘されたのは昭和31年の5月のことだった。調査団は3ヵ月間ほどかけて調査を実施し、その成果を調査レポートにまとめた。団長のラルフ・ワトキンスの名前を冠して「ワトキンス・レポート」と呼ばれた。調査団の中心で活躍したのが、MITの経済学者エヴァレット・ヘーゲンで、宇沢は、ヘーゲンの助手として調査に参加したのだった。

調査団の拠点は東京の日比谷公園内の松本楼で、ここを拠点にして立ち退き対象地域の住民への聞き取り調査などに出かけていた。ヘーゲンといっしょに現地視察を重ねた宇沢は、アメリカ人の調査団に随行する建設省などの官僚が、立ち退き予定地の農民を威丈高な態度で説得する姿をたびたび見かけ不愉快になった。大きな道路を建設する場合、まず最初に何が起きるかを体験したわけである。経済学者として官僚に対してつねに厳しい態度を崩さなかった宇沢の、原点となる体験でもあった。

調査の最中、宇沢は親しくなったヘーゲンから興味深い話を聞かされた。第二次世界大戦中、アメリカの自動車産業は企業の利益を度外視して国家に貢献した。その見返りとして、アメリカ政府が日本のマーケットをアメリカの自動車会社に与えようと考えているというのである。

宇沢はヘーゲンには協力したが、個人名で調査団にマイノリティ・レポート、つまり高速道路建設計画に疑問を呈するレポートを提出した。ささやかな抵抗だったが、もちろん相手にされなかった。

『自動車の社会的費用』には「自動車と資本主義」について論じているくだりがあるが、これは日本最初の高速道路建設計画に関与した経験にもとづいた論考でもあった。


名神高速道路は宇沢が渡米したあと、昭和40年（1965年）に全線190kmが開通、その4年後に東名高速道路が開通している。高度経済成長にともなう農村から都市への大量の人口流入にともない、高速道路の整備だけでなく、ニュータウンの造成なども急ピッチで進められた。都市部では交通事故、大気汚染、騒音、振動など自動車にまつわる問題が噴き出て、道路建設に反対する住民運動が各地で起きるようになった。交通行政の焦点となったのが、自動車の排気ガス規制問題である。

排気ガス規制の試みは、自動車王国のアメリカが先行していた。アメリカの上院は1970年5月に大気清浄法改正案を可決している。法案を提案したエドモンド・マスキー上院議員の名前を冠して「マスキー法」と呼ばれた。5年後に一酸化炭素（CO）と炭化水素（HC）、76年に窒素酸化物（NOx）を、それぞれ1970年型車が排出する量の10分の1まで減らすというきわめて大胆な規制法だった。

マスキー法の特徴は、自動車メーカーの技術水準にあわせて規制の程度を決めるのではなく、環境に与える影響の深刻度から規制基準を決めた点にあった。発生した社会的損失を事後に補償するのではなく、社会的損失が発生する前に予防しようという発想で、宮本憲一がいうところの「社会的費用の第2定義」、つまり宇沢が『自動車の社会的費用』で採用した社会的費用の考え方そのものである。

マスキー法に対しては当然、自動車産業界が激しく反発し、実施延期を求めた。紆余曲折を経て結局、1974年1月にニクソン大統領が「エネルギー教書」のなかで、もっとも重要だったはずのNOx削減の規制を廃止することをあきらかにした。

日本政府はマスキー法にならい、「日本版マスキー法」による排気ガス規制を目指した。1971年に発足したばかりの環境庁は1974年1月、翌年度の規制を告示した。アメリカのマスキー法と同じ規制を1976年度の規制として実施することを前提としたうえで、暫定的な目標値を示したのである。

アメリカで大手自動車メーカーの巻き返しでマスキー法が骨抜きにされた事例に勢いを得て、日本の自動車メーカーは日本版マスキー法の実現は技術的に不可能などと反論し、あからさまに反旗をひるがえす姿勢を見せた。宇沢が『自動車の社会的費用』を世に問うたのは、まさに日本版マスキー法が押しつぶされようとしている状況下だったのである。

『自動車の社会的費用』出版の1年前、宇沢はマスキー法の産みの親であるマスキー上院議員と『朝日新聞』（1973年6月7日付朝刊）で対談していた。座談会には、環境庁長官も出席した。当時、田中角栄内閣で環境庁長官をつとめていたのはのちに田中を継いで首相となる三木武夫だ。マスキー上院議員、三木環境庁長官を前に、宇沢は踏み込んだ発言をしている。

《先ほど、環境基準についてなにか科学的基準にもとづいてやれるといった発言があったが、たとえば日本の水俣病やイタイイタイ病など多くの犠牲者を出した公害をみても、医学的見地からのメカニズム解明をまっていたのでは、行政は現実に対応してゆけない。まして現在、深刻な被害が発生していなくても、将来、大きな問題になるような公害や、子孫の健康に影響を与えるような種類の公害について科学的知識を求めることは非常に難しい。科学は必ずしも中立ではなくて、その科学、科学者たちの価値判断、その科学を利用する人たちの価値観によって大きく左右される。その意味で、米国のマスキー法は、ある意味で米国社会の価値観の転換を象徴したものといえる。しかもこの転換が多くの人たちに明白に意識されたものでなく、まだ潜在的な形でしか転換が表れていないとき、マスキーさんがこの法律をつくり、その実現に努力したことは政治家のリーダーシップだと思う。単に顕在化されない住民の価値観を反映するのではなく、顕在化されないわれわれの価値観を引出してきたわけだ。その意味で七〇年のマスキー法はマスキーさんの識見と勇気をあらわしている。

それに対し、日本の公害は米国より深刻だ。多くの犠牲者を出している。瀬戸内海や東京湾では魚を食べることは安全ではなくなっている。日本は、単位面積当りのGNPも米国の十倍だ。にもかかわらず、マスキー法がはじめて米国でできて、日本でそうした措置がとれなかった。本来なら、環境汚染のひどい日本が早くマスキー法的なものを通すべきであった。これは政治家の問題であると同時に国民の多くが健康、人命を尊重する価値判断の問題である。そして、健康被害を出しながらも高度成長を続けてきたことに問題があると思う》

宇沢はくどいほど「価値」という言葉を繰り返して、価値判断の問題にこだわっている。「価値判断の問題は経済学の範疇ではない」とみなす既存の経済学への反旗である。担当編集者だった大塚信一は、『自動車の社会的費用』は新古典派経済学からの離脱宣言だったのではないかと語ったが、大塚の見解を裏付けるような発言である。

ところで、「日本版マスキー法」をめぐっては、自動車業界が全精力を傾けて巻き返すなか、環境庁の課長の失踪騒ぎが起きたり、自動車工業会から自民党への巨額献金が暴露されたりと、不穏な出来事が相次いで起きた。『自動車の社会的費用』で一石を投じた宇沢も例外ではなかった。

《私はその頃、自動車の批判を止めれば巨額の研究費を出すといった類いのアプローチに悩まされていました。一番困ったのは、暴力団の関係者らしい人々から、脅迫状をしょっちゅう送り付けられたり、しまいには、脅迫電話まで頻繁にあるようになったことです。とうとう電話を外してしまわなければならなくなったほどです》(『日本の教育を考える』)

社会的共通資本の探究へ

『自動車の社会的費用』は社会的共通資本の経済学の始まりを告げる作品となった。宇沢は、価値判断を下す経済学者、行動する経済学者へと変貌した。

「自動車」をとりあげた理由は、自動車が必要とする「道路」が「社会的共通資本」だからである。では、「社会的共通資本」とは何だろうか。宇沢はつぎのように説明している。

《ここで資本という言葉を用いているが、これはアーヴィング・フィッシャーの意味における広義の資本概念に対応するものである、ということにまず留意しておこう。すなわち、生産・消費のプロセスにおいて必要とされるような希少資源のストックを広く資本と呼び、この資本から生み出されるサーヴィスを使ってさまざまな経済活動がおこなわれると考える。したがって、ある国民経済をある時点で瞬間写真をとってみたとすれば、それはさまざまな種類の資本から構成されることになる。このような広い意味における資本をその所有関係のあり方にもとづいて私的資本と社会的共通資本とに分類するのであるが、この分類は必らずしもアプリオリに定められるものでもないし、また経済の規模とか多数者による共同消費などという純経済技術的な条件だけによって決められるものでもない。むしろ、そのときどきの歴史的・社会的・経済的条件にもとづいて、社会的に決められるものであることを強調しておこう。たとえば、道路資本とか、基礎教育資本、あるいは医療サーヴィスを生み出す医療資本などについて、それらが私的資本とみなされるのか、社会的共通資本と分類されるのか、ということは、そこに生み出されるサーヴィスが、市民生活でどのような役割をはたしているのか、ということにもとづいて、社会的に決定されるものである》

アーヴィング・フィッシャー（１８６７―１９４７）は、資本理論の基礎を築いたアメリカの著名な数理経済学者である。フィッシャーは、資本と所得を独自な概念で規定した。資本の実体が何であるかは問わず、「年々ある所得を生み出すストック」を資本としてとらえた。資本から生み出されるものが所得である。資本をこのように広くとらえるなら、工場の設備のような実物資本だけでなく、自然のような共有資源も資本とみなすことができる。フィッシャーは、水に満たされた家畜用の桶箱を眺めていて、資本と所得の概念を思いついたという。桶に出入りしている水を「所得」（フロー）、桶箱を満たしている水を「資本」（ストック）とみなせばいいとひらめいたわけである。

数理経済学のパイオニアとして評価を得ているフィッシャーだが、独自の資本の定義に関していうと、広く受け入れられているとはいいがたい。宇沢があえてフィッシャーの資本の定義を採用したのは、「自然」を無造作に資本とみなすのはタブーを侵すに近い行為だからである。ここにヴェブレンの影響をみることもできるだろう。というのは、ヴェブレンはフィッシャーの資本理論を批判的に検討するなかで自らの資本についての考えをあきらかにしているからだ。

ヴェブレンはフィッシャーの資本理論に関する著作の書評と並行して、「On the Nature of Capital（資本の性質について）」「On the Nature of Capital Ⅱ（資本の性質について Ⅱ）」を発表している。宇沢の社会的共通資本の起源を考える際、ヴェブレンの資本論は重要である。『ヴェブレンとその時代』（新曜社）を著した稲上毅は、ヴェブレンの「資本の性質について」をつぎのように解説している。

〈ヴェブレンはいつの時代にあっても、人間生活の精髄はその集団的連帯性と文化的持続性にあるといい、社会的共有財産あるいは共通資本の重要性に注意を喚起している。当代の経済学者の主張とは違って、「資本の本質」は無形資産のほうにあり、さらにいえば、社会的な無形資産、したがって社会的共通資本にあるとヴェブレンは主張する。

いつでも、豊かな社会的共通資本があってはじめて、個人の創意工夫やイニシャティヴが発揮され、それによって社会的共通資本がいっそう豊穣なものになっていく——、そういう意味で、そこに社会か個人かという排他的関係ではなく、両者の良循環的で相互補完的な関係が成り立つのだ、という点をヴェブレンは強調してやまない〉

『日本経済新聞』に「社会資本の経済学を考える」（1969年11月17日付）を寄稿して以降、宇沢は社会的共通資本の概念を定義して経済分析のなかに取り込む作業に集中していた。『季刊現代経済』で「公共経済学にかんするノート」を1971年12月号から断続的に4回（1974年3月号で完結）連載するなど、理論の構築を急いだ。

社会的共通資本の理論構築へと舵を切った学問上の理由を、宇沢自身の文章で確認しておこう。「環境問題と公共投資配分」（『季刊現代経済』1972年12月号）からの引用である。

《国内的な観点から高度成長政策の限界を眺めてみるとき、まず注目されるのは「環境」にかんする制約条件が無視されてきたということである。ここで、「環境」という言葉は、自然的環境と社会的環境との両方を包含した広義の意味で使っているが、要するに、個々の経済主体によって私有することを制度的に認められないか、あるいは私有することが現実の問題として不可能に近いような資源を一般に「環境」と呼ぶことにしよう。大気、水、土壌などの自然的環境と交通、保健、教育などのサービスを生みだす社会的環境とであるが、経済学上の用語を

用いれば社会共通資本（Social Overhead Capital）である。（中略）
このような環境は一般に各経済主体によって自由に使用され、私的な経済計算にはいってこない。いわゆる自由財として、各経済主体がなんら対価を支払わずに使用するものである。経済活動の水準が低いときには、あるいは自然的環境が十分に賦与されているか、または社会的環境の蓄積が十分に行なわれているときには、このような環境は社会的な見地からも自由財であるということができる。したがって、そのサービスを各経済主体が自由に使用しても、このような社会的資源のミスアロケーションはおきない。ところが、経済活動の水準が環境に比べて相対的に高まるときには、環境はもはや社会的な見地から自由財ではなくなり、そのサービスを各経済主体が自由に使用することによって社会的資源の重大なミスアロケーション、浪費がおこることになる。水俣病を契機として大きな社会的問題となってきた産業公害の現象は自然的環境という社会共通資本の破壊、汚染によって発生してきたものである。また、自動車公害などによって代表される都市環境の悪化は、都市という社会共通資本の使用にかんするミス・マネージメントとその蓄積の不足とに依存しておきてきたものと考えられよう。これまでの高度成長政策はこのような社会的な観点からする環境の希少性を十分に考慮に入れず、たんに私的な資源の希少性を市場価格によって反映させようとしてきたのである》
社会的共通資本の経済理論を宇沢がはじめて提示した時期をあえて特定するなら、『自動車の社会的費用』を出版した１９７４年から翌年にかけてということになる。この時期に、社会的共通資本に関する３本の論文を英語で著しているからだ。

論文タイトルを紹介すると、フランスの学術誌『Cahiers du Séminaire d'Économétrie』に掲載された「Sur la théorie économique du capital collectif social（社会的共通資本の経済理論）」（宇沢が英語で著した論文をフランス語に訳したもの）、アメリカの全米経済研究所（ＮＢＥＲ）から出版された『環境問題の経済分析』（エドウィン・ミルズ編）所収の「Optimum Investment in Social Overhead Capital（社会的共通資本の最適投資）」、『水質管理と環境』（マクミラン社）所収の「The Optimum Management of Social Overhead Capital（社会的共通資本の最適管理）」。最初に挙げたフランス語の論文がもっとも重要で、ケンブリッジ大学出版から刊行された精選論文集『Selected Papers of Hirofumi Uzawa』（１９８８年）にも収められている。

なぜフランスの学術誌だったかというと、フランス国立統計・経済研究所所長などもつとめフランスを代表する経済学者エドモン・マランヴォー（１９２３—２０１５）との関係からだった。計量経済学会の会長もつとめたマランヴォーは、宇沢が一時籍を置いたカリフォルニア大学バークレー校で研究していたことがあり、旧知の間柄だった。

マランヴォーが東京を訪れる際、書簡をやりとりしたことが論文を書くきっかけとなった。宇沢はマランヴォーへの返信（１９７１年９月20日付）で、近況を伝えていた。

《数年前に日本に帰国したのですが、自然環境の破壊、都市の生活環境の悪化は、実際のところ、衝撃を受けるほどのひどさだったのです。ここ20年かそこらの日本の高度経済成長の過程にはなにか誤りがあったのではないか。わたしはそう感じました。それ以来、このような環境の破壊を分析できるような理論的枠組みを再構築する作業を続けています。ですが、残念ながら、研究は少ししか進展していません。あなたが東京を訪れた際、私が取り組んでいる研究に

ついて議論できる時間を頂ければ幸いです》

マランヴォーは、宇沢が近くパリを訪問する予定であることを知ると、訪仏の際に自らが主宰する研究会で今取り組んでいる研究について講義してほしいと依頼、そのための論文も送ってほしいと折り返し伝えた。宇沢の都合がつかなかったために研究会での講義は実現はしなかったものの、マランヴォーは自身も編集に携わっていた経済学術誌『Cahiers du Séminaire d'Économétrie』に、宇沢から送られてきた論文をフランス語に訳して掲載したのである。

フランス語で発表された「社会的共通資本の経済理論」で印象的なのは、ポール・サミュエルソンを名指しで批判していることだ。サミュエルソンが唱えた「公共財（Public Goods）」の概念には問題があると、宇沢は強調している。

サミュエルソンの誤り

主流派経済学は、生産手段の私有を大前提とする。しかし現実には、資本主義経済にも私的な経済主体に分属されない財やサービスが存在している。こうした領域を扱うのが公共経済学で、サミュエルソンが1950年代に著した論文で提唱した「公共財」の概念が用いられていた。

サミュエルソンが定義する公共財はふたつの性質をもつ。ひとりひとりが公共財から享受する効用は、公共財がどれだけ供給されているかだけによって決まる（非競合性）。ひとりひとりには、公共財をどれだけ使用するかという選択の余地はない（非排除性）。この定義では、社会を構成する全員が一様に享受する公共サービスを意味することになるので、各人の判断でサービスを受けるか否か選択する余地はない。また、公共サービスを享受する際、ある人が享受するサービスの量によって他の人が享受するサービスの量が変化することもない。宇沢は、サミュエルソンが定義した公共財を実際にさがすなら、「国防」や「外交」のような公共サービスぐらいしかみつからないだろうと批判している。

サミュエルソンの公共財を批判した理由ははっきりしている。新古典派経済学では、希少資源は必ず特定の経済主体に私有されるという大前提を置くので、私有されていない生産要素は経済活動においては希少性をもたないことになってしまう。「非競合性」は、それぞれの経済主体が自由に使用しても、ほかの利用者に影響を与えないということだ。財を私的財と公共財に分け、公共財を自由財とみなすのが、新古典派経済学である。

サミュエルソンの公共財の定義を用いれば、希少資源は必ず特定の経済主体に所有されているという新古典派的な世界が破綻せずにすむ。「環境」を経済分析の対象にすえようとする宇沢が、サミュエルソンの定義を受け入れられるはずがない。

社会的共通資本を定義する際、宇沢はサミュエルソンの公共財とは対照的な特質をもたせた。ひとつは、社会的共通資本ないしはそこから生み出されるサービスは、所有したり使用したりする側に選択の余地がある。さらに、社会的共通資本が提供するサービスは「混雑現象」が起きるのが一般的である。たとえば、大気という社会的共通資本の使用に際して、混雑現象が起きた結果が大気汚染である。

社会的共通資本は、サミュエルソンの公共財を修正した程度の概念ではない。新古典派経済学が描く資本主義像を否定してしまうほどの根本的な発想の転換だ。にもかかわらず、社会的共通資本を数学的に定式化する際、宇沢は新古典派経済学の分析手法を用い、新古典派経済学の理論体系に受け入れられるような定式化を試みた。いわば、新古典派経済学の手法を駆使しながら、新古典派経済学が描く資本主義像を書き換えようとしたのである。

宇沢の理論では、企業が使用する社会的共通資本のサービス、また、経済全体における社会的共通資本のストック量が、個々の企業の生産活動に影響を与える。いいかえると、企業の生産関数や消費者の効用関数の変数として社会的共通資本が入ってくる。そうすると、「限界的社会費用の価格付け」が可能になる。サミュエルソンが定義した公共財では「限界的社会費用が常にゼロ」となり、「混雑現象」のような問題は考察できない。宇沢の狙いは、「シャドウ・プライス（陰の価格）」で社会的共通資本の価値をあきらかにすることである。なぜなら、社会的共通資本は通常は市場では取引されず、財やサービスであっても価格がないからだ。

強調しておかなければならないのは、「限界的社会費用の価格付け」を核とする宇沢の発想は、宇沢に社会的共通資本を考えるヒントを与えたウィリアム・カップの社会的費用論と決定的に異なるということである。

カップは、社会的最低福祉水準を想定して現状との乖離を社会的費用の概念であらわそうとしたものの、具体的に社会的費用をどのように計測するのかについてのべていない。社会的費用を金銭的な単位（市場価格）で計量化することに対しては反対している。宮本憲一は『社会資本論』でつぎのように解説している。

〈社会的費用の評価は、カップによれば、社会的最低福祉水準（social welfare minima）からの欠落としておこないうるといっている。これは重要な指摘だが、このような社会的最低福祉水準の内容や計量化について、具体的には彼は全くふれていない。カップは、量的な計測は事態を明確にするので、おこなうべきであるが、必ずしも計測ができぬからといって、社会的費用を非科学的概念ということはできぬといっている〉

カップは市場的価値でなく、なんらかの社会的価値として計測するという方向性は示したけれども、具体的な計測方法は提起できなかった。この点で、宇沢の態度はカップと正反対である。宇沢の認識では、市場価格に準じる指標であらわすことができないために、社会的共通資本は経済分析の表舞台に登場できず、無視されてしまう。主流派経済学の分析に社会的共通資本を入れ込む必要があるとの判断から、「シャドウ・プライス」の技法を駆使して理論を築こうとしたのである。

公害や環境破壊の問題で宇沢は、新古典派経済学を激しく批判する一方で、公害や環境破壊を分析するための社会的共通資本の理論では新古典派の分析手法を徹底して用いている。矛盾はないのだろうか。宇沢はつぎのように説明している。

《六〇年代におきた環境にかかわる諸問題は、経済学者にも大きな影響を与えてきた。一方ではこれまでの理論的なフレームワークのなかで、公害、環境破壊の問題を積極的に取り扱おうとする経済学者たちの努力がつづけられた。と同時に他方では、このような環境にかかわる社会的な問題を解明するためには、伝統的な新古典派のフレームワークでは不十分なだけでなく、往々にして反社会的な結論をすら生みだすものであるという反省もまた強くなってきた。筆者自身、むしろ後者の立場をとるものであるが、それは、近代経済学、とくに新古典派のフレームワークのもとで展開された数多くの学問的業績を必ずしも否定するものではない。さきにふれたように、新古典派の経済理論は市場経済制度のもとにおける経済循環のメカニズムを解明するという明確な問題意識にもとづいて発展したものではあるが、厳密な意味での経済学的な思考方法を展開してきたのであって、今後の経済的事象の解明にさいしてやはり基礎的なものを提供しているからである》（「経済理論の再検討迫る環境問題」『季刊現代経済』１９７２年12月号）

福祉経済社会の構想

宇沢は、シャドウ・プライスにかけては世界屈指の経済学者だった。帰属価格（imputed price）の理論はオーストリア学派のメンガーやヴィーザーにより彫琢《ちょうたく》されたが、宇沢は「A Note on the Menger-Wieser Theory of Imputation」（１９５８年）を著している。高く評価したのがサミュエルソンだった（論文発表の際のエピソードは第４章「輝ける日々」で紹介した）。

環境問題を「経済学的な思考方法」である新古典派経済学によって分析したのは、環境問題が差し迫った現実問題だったからである。『自動車の社会的費用』では、社会的費用を「シャドウ・プライス」を駆使して市場価格に換算することによって、車の利用者が負担すべき費用を試算してみせた。社会的費用を内部化する意義について、宇沢が同書の結びで語っている。

《この基準を適用するとき、どのような地域に住む人々も、またどのような所得階層に属する人々も、社会的な合意をえて決定された市民の基本的権利を侵害されることがない。また、他人の基本的権利を侵害するような行動は社会的に許されないという原則が貫かれる。そして、すべての経済活動に対して、その社会的費用は内部化され、福祉経済社会への転換が可能となり、

わたくしたち人間にとって住みやすい、安定的な社会を実現することができるといえよう》

『自動車の社会的費用』で宇沢が試みたのは、経済成長を追い求める政策からの転換を促すことだった。「福祉経済社会」を設計するための政策や制度づくりに指針を与えることである。高度成長の終焉は1973年秋の石油ショックではっきりするが、その前から政策転換の必要性を訴えていた。本来は純粋理論の専門家だが、社会的共通資本への取り組みは宇沢を実践的で能動的な経済学者へと変身させた。

宇沢が働きかけた相手は、自民党の有力派閥「宏池会」の宮沢喜一である。のちに首相（在任1991年11月—1993年8月）となる宮沢は当時、池田勇人内閣、佐藤栄作内閣で経済企画庁長官をつとめた経歴をもち、すでに将来の首相候補と目されていた。

対談のきっかけは、自民党の機関誌『自由新報』（1973年7月17日号）に宮沢が寄稿した論文「社会正義のために」。宮沢は、空気や水、都市の土地などは公共財として捉えるべきであること、市場経済は公平な分配がおろそかになる傾向があり政策的な対応が必要であることなどを主張していた。「ポスト高度成長」を明確に意識した内容だった。

日米関係に精通し、ケインズ経済学の知識も持ち合わせている宮沢を前に、宇沢はこれからの福祉経済制度のあるべき姿について熱心に説いた。

宇沢　ジョン・スチュアート・ミルの『自由論』を持出すまでもなく、ほかの人たちの自由を阻害しないという限りにおいて自由であるわけです。ミルは政府の役割を最小限しか認めていないのですが、しかし各人の自由が保証されるような制度をつくって守っていく点では、重要な役割を持つと述べている。

そこで公害について言いますと、強者の論理というのは自由主義的なルールのもとで市民の基本的な人権とか、環境、生活条件が阻害されるような形で企業行動が行われてきた点に問題がある。ですから問題なのは、自由主義的ルールの欠陥というとらえ方ではなくて、個人なり企業にどういう行動が許されるかという点にある。第三者の自由を侵害し、市民的自由を阻害するような行動に対して、社会的な規制を十分行ってこなかったところに問題があるのではないかと思います。

この点、新古典派では、個人のさまざまな行動は第三者あるいは社会となんら関係がないという理論前提に立っている。外部不経済といった現象は例外的なもので、個々の経済主体はそれぞれバラバラに利潤を求めて行動する、そして市場を通じて調整され、社会全体として望ましい資源配分なり所得分配が実現するという考え方です。ある人の自由な行動が、ほかの人たちの自由を拘束するものであるという意味で、社会を構成する個人なり企業がお互いに関連し合っているという点を、新古典派理論は切捨てているわけです。

宮沢　そうだと思う。まさにわれわれはいま、そういう問題に当面しているわけですが、切捨てたのはおそらく一定の意図があったのでしょう。ある人の自由が他の人の不自由を意味する場合がしばしばあるだろうということは、ケインズの時代にもミルの時代にもわかっていたと思うのですが、そうだからといって、国家が権力でそれに掣肘を加えていこうとすると、国家が価値判断をもたなければできない。しかし権力をもつ側の価値判断は、ともすれば非常に恣意的になりやすい。こういう例は、実際歴史上いくつもあるわけですから、そういう弊害と、各人ができるだけ最大限に自由に行動するのとどちらが最適の状態に近づけるかといえば、明らかに後者の方だ。そういうことで、今日まできたんじゃないか。

おそらくケインズの頭の中には、自由というものを突詰めていくと、なにかアンイージー（不安定）な社会にぶつかるかもしれないという考えがあったのでしょうが、失業が多かった当時としては新古典派的な経済政策がパレート最適とはいわないまでもそれに近いものを最もつくり得るだろうと考えたのではないでしょうか。ところが、その結果として彼が漠然と考えていた通りに、自由によって他の多くの人々が不自由あるいは不幸になるという状態になってきた。

宇沢　私はむしろ、どういうことが自由であるかというよりは、自由な行動によって受ける迷惑をどういう基準で決めるべきかを考えたらいいと思います。一人一人が、日本の社会の一員として基本的にどういう権利をもっているのかという点から考えてみたらいい。憲法にいう基本的人権とか市民的自由といわれるものを越えて、日本社会の現在の時点で一員であることによって当然享受できると考えられる基本的な権利があるはずです。たとえば職を得て働くことができるとか、教育を受けることができる、健康にして快適な最低限の生活を営む権利がある。そういう権利を侵害しないような限りにおいて、われわれの行動の自由が許されるわけです。強者の論理という考え方が出てきた背景には、市民にどれだけの権利が基本的なものとして与えられているのかということに関して、明白な政策的なプログラムが提示されていないところに大きな問題点がある。

宮沢　私たちもその点を議論していますが、ナショナル・ミニマムみたいなものを設定して、それが政府が国民に対して維持しなければならない最低の標準とし、それを侵害することは許されないというようにすれば、いまいわれた自由は無制限にはあり得ないという問題に対する答えになるのかもしれないと考えています。他に考え方もあり得るでしょうか。

宇沢　私が言っているのは、所得が低いから市民的自由、市民としての基本的権利を享受できない、あるいは身体障害者であるから享受できないといったことではなくて、所得水準や身体的条件にかかわらず、市民であることによって当然享受できるべきだということです。同時にそうした自由や権利は、そのときどきの社会的・経済的な条件によって規定される。ですから経済発展に伴ってある意味で拡大され、豊かになっていくという面をもっています。

そこで、政府の最も重要な役割は、一人一人の国民がこのような基本的権利を享受し、基本的な生活がたえず保証されるような制度をデザインしていくことになるわけです。その場合、企業行動は自由ではあるけれども、拡大する基本的権利を侵害しないという点でのみ自由であることが前提です。

ナショナル・ミニマムというのは、人間はどこにいても同じだという物理的な基準で考えるのではなくて、もっと質的な生活水準という観点から考えていかなければいけないと思います。（『エコノミスト』１９７３年9月11日号）

下村治の〝転向〟

社会的共通資本の理論を構築していく過程で、宇沢の経済思想の輪郭も明瞭になっていった。工業化と都市化を推し進めた高度経済成長期に発生した公害や環境破壊に対する強い反省が、社会的共通資本論の提唱につながったのである。では、高度経済成長を支えていた経済思想とはいったいどのようなものだったのだろうか。

経済成長政策に理論と理念を提供したエコノミストをひとり挙げるなら、池田勇人首相が掲げた所得倍増計画の理論的支柱といわれた下村治（１９１０－１９８９）だろう。下村は、じつは宇沢と親しい関係にあった。ともに日本開発銀行（現・日本政策投資銀行）の設備投資研究所の指導者であり、しょっちゅう顔をあわせては議論を交わしていたからである。

明治43年（１９１０年）に佐賀県で生まれた下村は、東京帝国大学経済学部を卒業後、昭和９年（１９３４年）に大蔵省に入省した。肺結核を病むなど闘病生活で苦労したが、戦前にケインズの『貨幣論』の講読会を開くなど経済学の研究に熱心で、大蔵省内でも一目置かれる存在だった。東北大学教授の安井琢磨の勧めで、「経済変動の乗数分析」という論文を提出して、宇沢と同じく東北大学経済学部で博士号を取得している。

日本経済は１９５０年代後半に需要超過型から供給力先行型へ転換したという認識のもと、下村は民間企業の設備投資こそが経済成長を牽引すると考えていた。政府の役割は、経済成長の牽引役である企業の設備投資を抑制することのないように、積極的に財政政策や金融政策を実施することだと唱えた。

自民党の派閥「宏池会」を立ち上げた大蔵省出身の池田勇人は、首相の有力候補となると、経済政策を準備する研究会「木曜会」をスタートさせた。大蔵省の後輩にあたる下村は中心メンバーとなり、政策指針作成の要となった。宏池会から出版した論文集『経済成長実現のために』のなかで、下村が「10％成長論」を掲げたことから、エコノミストのあいだで成長論争が巻き起こった。結局、下村の経済成長論は池田首相の代名詞ともなる「国民所得倍増計画」へと受け継がれた。池田勇人は昭和35年（1960年）7月から昭和39年（1964年）11月まで政権を担ったから、60年安保直後から東京オリンピックまで、経済成長の絶頂期を下村の成長論が演出したことになる。

下村治

宇沢がアメリカから帰国して東京大学に着任した1968年、下村は政府系金融機関の日本開発銀行（開銀）に在籍していた。開銀の理事をつとめた下村は1964年に開銀に設備投資研究所が設立されると、初代の所長に就任した。宇沢は、妻浩子の義兄である小宮仁が開銀の理事だったことから、帰国直後から設備投資研究所に顧問として迎えられた。アメリカで大型コンピュータを駆使する計量経済学者の姿を見てきた宇沢は、下村が手動式計算機を使って的確に分析するのを見てかえって感心した。
下村は池田勇人のブレインとして経済成長政策の立案に貢献したが、もともとはケインズやハロッドの経済学を独学で吸収した理論家肌で、ジョーン・ロビンソンの『不完全競争の経済学』なども読破していた。宇沢に関心を抱かないはずがなかった。

宇沢を驚かせたのは、高度経済成長の立役者として知られていた下村が、日本経済に対する見方を劇的に変化させたことだった。経済力が欧米先進国に追いついたとの認識のもと、下村は昭和45年（1970年）頃から成長減速論を唱えるようになったのである。

1970年代に入ると、世界経済はあきらかに変調をきたした。アメリカのニクソン政権は1971年8月15日に突然、ドルと金の交換停止、10％の輸入課徴金の賦課などの経済政策を発表した（ニクソン・ショック）。ドルを基軸通貨とした国際通貨基金（IMF）体制が動揺するなかで、1973年の秋には、OPEC（石油輸出国機構）の石油価格引き上げによる石油ショックが起きる。第四次中東戦争が始まり、アラブ諸国がイスラエルを制裁するため、原油生産の削減や原油価格引き上げを発表したのだった。日本への影響は甚大で、インフレーションの進行とともに不況に陥り、昭和49年（1974年）には戦後はじめてのマイナス成長を記録した。

下村が「ゼロ成長論」を展開するようになった契機は、1973年秋の石油危機である。かつて「10％成長論」を唱えた下村が、いまやゼロ成長論者となったのである。発展途上国が経済発展を遂げるにともなって、安価な石油の時代が終わるという長期的な見通しを下村はもっていた。

設備投資研究所の主任研究員を経て法政大学教授となった堀内行蔵は、下村に厚く信頼されたエコノミストで宇沢の指導も受けた。ふたりの指導者について、堀内は興味深い見解を披露した。

「下村さんは保守でしたが、宇沢さんはリベラルなので、政治的立場は違っていました。しかし、経済の見方では、とくに石油ショックのあとは、基本的に同じ立場になっています。石油ショックの後で、下村さんはゼロ成長のビジョンを打ち出し、節度を強調しました。宇沢さんは、ジョン・スチュアート・ミルの定常状態の経済を理想的な姿とし、社会的共通資本を強調しました。いずれもマクロの経済成長が終焉した後の国民経済の均衡と安定を問題にしています。これは、サスティナビリティ（持続可能性）という言葉に集約されるでしょう」

実践派エコノミストの下村治と理論経済学者の宇沢弘文。ふたりは経験や専門分野の違い、政治的な立場の違いも越え、高度経済成長が終焉したあとの日本経済に対してほぼ一致したビジョンを持つようになっていたのである。下村は「節度」、宇沢は「社会的共通資本」を、日本社会を展望するうえで鍵となる概念とみなした。

たしかに日本の社会は重要なターニング・ポイントにさしかかっていた。１９７３年の石油ショックは、経済成長を追い求める時代の終わりを告げる警報でもあった。宇沢が初対面の岩波書店の大塚信一に、「ぼくに『自動車の社会的費用』というタイトルで新書を書かせてくれませんか」と切り出したのは、石油ショックの直後だった。「局面が変わる」——目指すべき福祉経済制度の方向性を示す必要があると判断して、専門書ではなく、広く一般の読者に向け新書で著す道を選んだのである。

宇沢は、革新自治体の象徴だった美濃部亮吉東京都政と近い関係にあった。美濃部知事が公害研究委員会の主要メンバーを積極的に都政に関与させたからである。都留重人は美濃部知事からの依頼で東京問題調査会を主宰することになり、法学者の戒能通孝は美濃部知事が設立した東京都公害研究所の初代所長に就任、財政学、都市論が専門の柴田徳衛は美濃部知事に請われて東京都企画調整局長に就任してのちに東京都公害研究所所長もつとめた。

宇沢が季刊誌『公害研究』の編集同人となって正式に公害研究グループの一員となるのは1976年だが、1970年の国際シンポジウムで知り合って以降、公害研究委員会の面々とは交流があった。『自動車の社会的費用』の試算で、東京都の統計データを使用できたのはこうした人脈のおかげでもあった。

革新自治体の先陣を切ったのは京都府の蜷川虎三《にながわとらぞう》知事（在任1950年―1978年）で、つづいて横浜市の飛鳥田《あすかた》一雄市長（在任1963年―1978年）、美濃部が東京都知事に就任したのは1967年だった。

1971年の統一地方選挙では、美濃部知事が再選、黒田了一知事の誕生で大阪府が革新自治体の仲間入りをした。革新派の市長は復帰前の沖縄県をふくめると100人近くに達した。公害問題に世論が強い関心を持ち始めたことも、革新自治体躍進の原動力となった。

革新自治体に早くから危機感を抱いたのが田中角栄である。1967年に美濃部が東京都知事に初当選した際、『中央公論』に「自民党の反省」を寄稿している。当時、自民党の都市政策調査会長だった田中は、それまで等閑視《とうかんし》されていた都市政策に力を入れていくことになる。「日本列島改造論」を掲げて1972年7月に首相に就任すると、田中は大胆な福祉政策を打ち出した。1973年には老人医療費の無料化や高額療養費制度の導入など社会保障制度を充実させたことから、この年は「福祉元年」と呼ばれることになった。革新勢力のお株を奪い、田中角栄内閣が社会保障の拡大に舵を切ったのである。

田中政権以降、自民党政権は革新自治体が中小企業から支持を得るうえで重視していた無担保融資制度を実施するようになるなど、対抗策を次々と繰り出して革新自治体を切り崩していく。その結果、1970年代の後半には、都市部から革新自治体が一掃される情勢となっていた。

「土建国家」への抵抗

革新自治体の隆盛と衰退、自民党政権による福祉充実や公共投資の実施を、「ポスト高度経済成長」という文脈で評価するなら、どのような意味をもつだろうか。財政学者の井手英策が著した『日本財政　転換の指針』(岩波新書)が参考になる。

井手によると、政府が革新自治体のお株を奪ったことで左派勢力が失墜すると、自民党政権は「社会保障の拡充による都市的利害の実現への熱意を次第に失っていった」。1976年12月に発足した福田赳夫内閣は、大規模な公共事業へと大きく舵を切った。ニクソン・ショック以降も経済再建を果たせなかったアメリカ政府は、日本とドイツに世界経済の牽引役となることを求める「日独機関車論」を唱えた。内需拡大を求めるアメリカの圧力に加え、国内からも貿易黒字を反映した円高への対応策として財政政策の拡大を求める声が強まっていた。

日本には郵便貯金や簡易保険といった国民の貯金を財源とする独特の「財政投融資制度」があった。国や自治体、政府関係機関は、大蔵省に預託された資金を投資や融資の財源として使えたのである。この「財投」と呼ばれる独特の公共投資が1970年代に膨張していくことになった。

１９７０年代後半が「土建国家」への道を歩む分岐点となった、と井手は指摘している。土建国家への道を歩むなかで、日本はこれまた独特の日本型福祉社会を目指すようになった。１９７８年12月に発足した大平正芳内閣の課題は、内需拡大政策で悪化した財政を健全化することだった。社会保障関係費の抑制を進める一方、日本型福祉社会論を展開し、「個人の自助努力、家族・近隣の相互扶助」に依拠した福祉国家ビジョンを唱えた。

宇沢は高度経済成長後の福祉経済制度構想として、社会的共通資本の考えを示した。ところが、実際の政治は反対方向に舵を切って走り始めた。しかも、長期的なサステイナビリティという観点からみると、あきらかにビジョンが欠落している。まったく経験のない政治の場に身を乗り出したのも、こうした状況を放置しておけないという焦燥感からだった。

『朝日新聞』１９７８年10月16日付朝刊の「ルポ東京人」という企画記事に、宇沢の大きな顔写真が掲載されている。見出しは「学究、政党の都民無視に反発」。

〈住民運動や政治活動と無縁だった一学者が、突如、「都知事候補は市民レベルから」と立ち上がった。「ドン・キホーテですよ」と、本人は笑ってみせる。が、経済学者として世界的な名声を博すこの人が、候補選びに首を突っ込むようになったのには、それなりの理由があった〉

こんな書き出しで始まる記事は、翌年４月の東京都知事選挙に向けたシンポジウムの様子を伝えている。発起人となった宇沢が声をかけたのは政治学者で東大教授の篠原一、革新自治体の知恵袋的存在だった法政大学教授の松下圭一、作家の安岡章太郎や大江健三郎などで、「市民参加の候補者選び」の呼びかけ人となった学者、文化人は37人を数えた。

〈シンポジウムの終了間際、宇沢教授は立ち上がり、なぜこのような会合を開いたかを、醜悪な高速道路の例をひいて説明した。この種の集会でのあいさつは初体験。教室の講義のように、なめらかではなかった。篠原教授は「案内状を書いたのは、宇沢さん。だけど、こちらの連絡先を書き忘れるなど、素人っぽさがよく出ている」と、会場の笑いを誘いながら、アマチュア精神を強調した〉

記事を執筆した記者は、「近代経済学者が革新都政の継続を叫ぶことは意外でもある」と記したあと、宇沢が語った言葉をそのまま紹介している。

《近代経済学は高度経済成長の光の面しか見なかった。が、実は公害、医療、教育などカゲの面もあるわけだ。革新都政は、カゲの面をフォローした点にいい点があった》

高度経済成長の陰をみつめつづけてきた宇沢らしいコメントである。

しかしながら、試みは見事に失敗した。1979年4月に実施された東京都知事選挙では、自民党が推した鈴木俊一が、元総評議長の太田薫を破って当選、美濃部知事のもとで12年間続いた革新都政は幕を閉じた。宇沢は都留重人を都知事候補に担ぎ出そうとしていたのだが、都留が固辞したため、候補者の擁立さえ実現できなかった。

政治初体験での挫折は、1980年代に進行する事態を暗示していたのかもしれない。日本が土建国家、日本型福祉国家への道を歩き出しただけでなく、アメリカやイギリスの政治にも大きな転機が訪れようとしていた。

第13章

反革命
(The Counter-Revolution)

M・フリードマンは宇沢の手強い論敵であると同時に、友人でもあった

アメリカ・ケインジアンの落日

第11章「『陰（Shadow）』の経済学へ」、第12章「〝ドレス〟と〝自動車〟」では、日本に帰国した宇沢が社会的共通資本の経済学を構想するまでの過程をみてきた。高度経済成長の陰として、水俣病はもとより、自動車問題にいたるまで広範な領域で公害、環境の破壊が深刻になっていた。こうした問題を分析するために、宇沢は社会的共通資本という概念を考案し、経済理論のなかに導入しようとした。

アメリカで数理経済学者として華々しく活躍していた姿を思い起こせば、別人のような変貌ぶりである。世界の数理経済学者のリーダーだった宇沢と、公害問題を前に新たな経済学を立ち上げようと苦闘する宇沢。両者は断絶していたのだろうか。

参考になるのが、現代経済学の課題についてのべた宇沢の文章である。

《現代経済学に対する批判は、大ざっぱにいってつぎの二つの類型に分類することができよう。第一は、経済学が、その分析対象をあまりにも狭く市場的現象に限定しすぎて、より広範な、政治的、社会的、文化的側面を無視ないし軽視しすぎたという批判である。環境破壊、公害、人間疎外、ゆたかさの中の貧困などすべて、このカテゴリーに属するものである。第二は、経済学の分析的方法にかんするもので、いわば内在的な批判である。すなわち、いわゆる近代経済学の理論的枠組みをかたちづくっている新古典派の経済理論が、あまりにも静学的な均衡分析に終始しすぎていて、インフレーション、失業、寡占、所得分配の不平等化などというすぐれて動学的な不均衡状態にかんする問題に対して有効な分析を行なうことができないと

いうことにかかわるものである》（『近代経済学の再検討』岩波新書）

第一の問題への対応が、社会的共通資本の研究となった。経済理論上の課題を追究した結果というよりも、公害、環境破壊という日本の現状に対処する理論づくりとして始まったのだった。

一方で、第二の問題に取り組むため、ケインズ理論の原典『一般理論』へと立ちかえることになった。アメリカ・ケインジアンは「短期分析はケインズ理論の不均衡分析、長期分析は新古典派経済学の均衡分析」という折衷主義を採用することで、実質的にはケインズ理論を新古典派経済学に包摂してしまった。アメリカ・ケインジアンの折衷《せっちゅう》主義には瑕疵《かし》があると確信した宇沢は、不均衡分析を旨とする原典『一般理論』を再検討する作業に入った。この研究は、不均衡動学の理論へと発展していくことになる。

第一の問題で日本の現実と向き合った宇沢は、第二の問題では経済学の主舞台であるアメリカ経済学界と向き合わなければならなかった。ところが、宇沢が帰国して以降、アメリカ経済学界は混乱と激動の時代へと突入していた。

ニクソン大統領は１９７１年8月15日、唐突にドル防衛策を発表した。金とドルの交換を一時停止すること、輸入に10％の課徴金を課すなどの過激な内容で、「ニクソン・ショック」とも呼ばれた。１９７３年に第一次石油危機に直面すると、物価上昇と高い失業率が共存する「スタグフレーション」が常態化することになる。

アメリカにおける主流派経済学の交代劇が、時代精神の転換を促すことになったのは、現実のアメリカ経済、世界経済が大きな変化に見舞われていたからでもあった。宇沢にとって、主流派経済学の交代劇に登場した主要人物はいずれも交遊の深い経済学者だった。日本にいた宇沢も傍観していたわけではなかった。

第二次世界大戦以降、経済学の中心はイギリスからアメリカへと移った。ケインズの経済学を継承したアメリカ・ケインジアン、具体的にはサミュエルソン、ソロー、トービンたちが経済理論の構築に貢献して、主流派とみなされるようになった。

ケネディ大統領が誕生すると、ソローやトービンは大統領経済諮問委員会の中心メンバーとなり活躍した。サミュエルソンも陰に陽に彼らを支えた。1960年代前半のアメリカ経済は5%近くの実質経済成長率の伸びを順調に達成し、政策アドバイザーとなったアメリカ・ケインジアンの経済学は「ニュー・エコノミクス」と呼ばれて称賛された。アメリカ・ケインジアンの黄金時代である。

ベトナム戦争を直接的な契機として経済が変調をきたすようになるのは、1960年代後半からである。戦争で軍事需要が高まると、総需要も過剰になる。変調はまず、物価の上昇という形で現れてきた。ケネディ政権時代には堅調な経済成長のもとでも1%台に抑えられていた物価上昇率が、ジョンソン政権下の1960年代後半には4%台まで高まった。1970年代にはいると、ピーク時には10%を超えるまで加速していく。

1973年の第一次石油危機で、物価上昇が高い失業率をともなう症状をはっきり呈するようになった。スタグネーション（不況）とインフレーションの合成語である「スタグフレーション（不況下の物価上昇）」の解明が焦眉の課題となったのである。

ところが、物価の問題は、アメリカ・ケインジアンの最大の弱点だった。というのも、ケインズ理論には、物価水準がどのように決まるのかを明快に説明する理論がなかったからである。企業の投資が期待利子率（投資者が予想する利子率）に依存する点など現実に近似した理論にこだわったためだともいえるのだが、ともあれ、アメリカ・ケインジアンは、物価問題については経験則から導かれたフィリップス曲線を念頭に分析していた。

アルバン・ウィリアム・フィリップス（１９１４―１９７５）は、イギリスのおよそ１００年間におよぶ貨幣賃金の変化率と失業率を調べ、物価が上昇すると失業率が減り、下降すると失業率が増える関係があることを経験則として見いだした。横軸に失業率、縦軸に物価上昇率をとれば、フィリップス曲線は右下がり曲線として描かれる。フィリップス曲線の示唆にしたがえば、失業率を減らす政策を実行すると、物価は上昇するはずである。

経験則から導かれたフィリップス曲線によれば、物価と失業率はトレード・オフの関係にあるはずだった。ところが、アメリカでは、高失業率のなかでインフレが高進するスタグフレーションという現象が発生する。深刻な不況を前にして、物価の決定要因を理論的に説明することができないアメリカ・ケインジアンは適切な処方箋を示すことができなかった。

この隙を見逃すことなく鋭い矢を放ったのが、ミルトン・フリードマンである。

フリードマンがケインジアン攻撃の先鋒となったのは偶然ではない。啓蒙書『資本主義と自由』（１９６２年）を著したあと、１９６３年にはアンナ・シュワルツとの大部の共著『アメリカ合衆国の貨幣史１８６７―１９６０』を出版してマネタリズムの経済学を完成させ、そして、

1964年の大統領選挙では現職大統領ジョンソンに挑んだ共和党候補バリー・ゴールドウォーターを支援した。アメリカ・ケインジアンの絶頂期、フリードマンは経済学という学問の枠を超え出る活動をしながら、虎視眈々と爪を研いでいたわけである。

アメリカ経済学会の会長に就任したフリードマンは1967年12月に開かれた年次総会で、「金融政策の役割（The Role of Monetary Policy）」と題する講演を行った。『アメリカン・エコノミック・レビュー』に採録され、大きな反響をよんだ講演である。アメリカ・ケインジアンへの攻撃開始を告げる号砲だった。「The Counter-Revolution in Monetary Theory（貨幣理論における反革命）」（1970年）も著しているフリードマンは、まさしくケインズ革命を葬るための「反革命（The Counter-Revolution）」という一大プロジェクトを実行に移したのである。

フリードマンの一撃

なぜ時代の転換に際して、マネタリズムという経済学説が焦点となり、大きな役割を果たしたのか。ここで簡単に整理しておきたい。

フリードマンが唱えた「マネタリズムの命題」によると、貨幣量の増加は6ヵ月から9ヵ月後に名目所得に影響を与え、名目所得の増加は生産量の増加を促す。所得や生産量の増加からさらに6ヵ月から9ヵ月遅れて、物価に影響が及ぶようになる。つまり、貨幣量の増加率が物価上昇率に影響を与えるまでに12ヵ月から18ヵ月かかるというのが、フリードマンの説明だ。長期的には貨幣供給量に比例して物価が変化するわけだから、基本的にはかつての素朴な貨幣数量説と同じ内容だ。

フリードマンは、マネタリズムを根拠に、金融政策はルール化すべきだと説いた。金融当局の役割を年率X％（具体的には3％から5％程度）で貨幣供給を増やすことだけに制限すべきとしたのである。ケインズは、総需要管理の手段として、財政政策と並んで金融政策にも役割を与えた。フリードマンの「X％ルール」は、ケインズ的な機動的な金融政策を否定するものだ。

フリードマンが指摘するのはつねに「政府の失敗」である。1929年10月のウォール街の株価暴落を契機とする大恐慌についても、恐慌が長引いた原因は市場の失敗ではなく、金融当局の失敗にあったというのがフリードマンの結論だった。失業が存在したままでの市場均衡状態を「市場の失敗」ととらえ、原因を解明したケインズとは、発想が根本から異なる。

マネタリズムが自由放任主義とみなされるのは、政府は市場経済に極力介入すべきではないという結論を導くからである。政府は市場に介入せず、市場機構の自動調節機能を最大限発揮させるよう配慮すべきである。その政策的な含意は、規制の緩和や廃止、国営、公営事業の民営化となる。マネタリズムをめぐる議論がしばしば思想的な対立の様相を呈するのは、マネタリズムがたんなる学説にとどまらず、現実の政治における自由放任主義、市場原理主義に正当性を与え、力強く支援するからである。

アメリカ・ケインジアン凋落のきっかけとなった、1967年12月の講演「金融政策の役割」でのフリードマンの主張は明快だった。マネタリズムの考え方にもとづいて、アメリカ・ケインジアンが依拠していた物価上昇率と失業率のトレード・オフ関係を否定したのだ。政府が完全雇用を目指して失業率を減らす政策をとっても効果はなく、長期的にはインフレーションを加速させるだけだと説いたのである。

フィリップス曲線を批判する際、フリードマンは「期待」の働きに注目した。人々は、とくに物価が上昇している状態では、現在の物価上昇率ではなく、将来の予想物価上昇率（期待インフレ率）のもとで判断を下すはずだ。たとえば、インフレが進むと実質賃金率は低下するので、人々は給与（名目賃金率）を引きあげるよう要求するだろう。このような形で実質賃金率が上昇すれば、失業率はフィリップス曲線のように下がるのではなく、むしろ上がるだろう。

横軸に失業率、縦軸に物価上昇率をとると、失業率を下げることはフィリップス曲線上を左上がりに登っていくことなので、物価は上昇する。しかし、労働者や雇用者がインフレーションを予想に織り込んでしまうと、その物価上昇率でも再び失業率は高くなる。予想修正によって、短期のフィリップス曲線は曲線そのものが右側にシフトする。

人々が予想した物価上昇率に基づいて行動すると仮定すれば、フィリップス曲線は短期と長期に分けて考える必要があり、長期のフィリップス曲線は垂直になる。そうフリードマンは主張した。つまり、長期においては、物価がどれだけ変化しようとも失業率は一定となる。この失業率をフリードマンは「自然失業率」と呼んだ。フリードマンの学説が「自然失業率仮説」と呼ばれるようになった所以である。

フリードマンの自然失業率は、ケインズ経済学では完全雇用が達成されたときの失業率（摩擦的失業は存在している）に近い概念だ。つまり、フリードマンの自然失業率仮説は、価格機構が十分に機能すれば完全雇用で均衡状態が達成されるという、『一般理論』以前の経済学に通じている。

ともあれ、アメリカの課題はインフレーション問題だった。アメリカ・ケインジアンが唱える完全雇用を目指すケインズ的政策がインフレーションを促進させる要因となっていることを示唆するフリードマンの主張は注目を集めた。フリードマンが放った強烈なジャブに、アメリカ・ケインジアンはよろめいた。

「期待」の役割に着目してケインズを攻撃したフリードマンは鋭かった。ケインズは「期待」が経済のなかで演じる役割をきわめて重視した経済学者だが、『一般理論』での見解は論旨明快とはいえず、理論上どのように解釈すればいいのか判然としない面があった。

ケインズの理論をそれ以前の経済理論と分かつひとつが、利子率の決定に関する理論である。ケインズ以前の新古典派経済学では、貸付資金市場において需要と供給が一致する点で利子率は決まる。いいかえると、貯蓄と投資は、貸付資金の価格である利子率によって調整されることで、均衡すると考えられた。

貸付資金説を否定したケインズが新たな利子決定理論として提示したのが、流動性選好説である。金融資産にはさまざまな種類があり、流動性が高いと利回りが低く、逆に流動性が低いと利回りが高いという傾向がある。もっとも流動性が高いのは、貨幣である。

利子率が高くなると、債券の価格に割安感がでてくるので、債券への投資は増える。逆に利子率が低くなると、金融資産としての債券の魅力は薄れ、貨幣への需要が高まる。流動性選好説では、貨幣の需要関数は利子率の減少関数（利子率が増加すると貨幣需要は減少）となる。

債券価格の割安感と表現したのは、将来の債券価格を予想する結果、割安と判断されるという意味である。ケインズは、投資家の予想（期待）を経済理論に組みいれたのだが、その際にいわば「自然利子率」のような概念を前提に考えた。投資家たちは、長期的にはその水準へと収斂していく一定水準の利子率があると考えており、その一定水準の利子率から実際の利子率がどれだけ乖離しているかによって、貨幣への需要が決まってくるとした。ケインズの念頭にあった自然利子率は、資本の限界生産に対応するような利子率だった。

イギリスの経済学者ニコラス・カルドアなどは早くから、ケインズは明確に認識しないまま期待利子率の非弾力性を仮定していると指摘していた。要するに、長期においては、人々の期待が変化することがあるということを、ケインズは考慮していなかったということである。

期待の変化を考慮していないことは、理論上の弱点となった。次章でくわしく触れるが、フリードマンの後につづき、ケインズ的政策を頭ごなしに否定することになる「反革命」の理論家が着目したのもやはり「期待」だった。いちはやく「期待」の役割に着目したフリードマンには先見の明があったのである。

宇沢からの反撃

宇沢がミルトン・フリードマンを公の場で批判したのは、インフレーションの問題を論じたときである。「インフレの分析　古典派とケインズ」は1970年2月24日付の『日本経済新聞』に掲載された。講演「金融政策の役割」でフリードマンがアメリカ・ケインジアンを痛烈に批判してから2年あまりのちのことである。

インフレーション問題をめぐってサミュエルソンとフリードマンが論争しているけれども、

ふたりはおもに社会的、政治的な見解で対立しているのであって、経済理論上のアカデミックな論争になりえていない——そう宇沢は指摘し、インフレーション問題を「古典派」と「ケインズ派」の学説の対立という観点から、検証している。宇沢がいう「古典派」とは、フリードマン率いるシカゴ学派のマネタリストである。「ケインズ派」は、サミュエルソンを筆頭とするアメリカ・ケインジアンを指している。

論説記事には、「『理論』追い抜く『実証』」という大見出しが立っていた。かつて、シカゴ大学経済学部とコウルズ委員会が激しく対立したことは第8章「シカゴ大学『自由』をめぐる闘争」で論じたが、このとき、コウルズ委員会攻撃の先頭に立ったのがフリードマンだった。フリードマンらはコウルズ委員会をシカゴ大学から追放することになるが、両者の対立が激化したきっかけがコウルズ委員会のリーダーだったクープマンスが著した「Measurement without Theory（理論なき計測）」（１９４７年）だった。「『理論』追い抜く『実証』」という宇沢の論説の見出しは、あきらかにフリードマンを激怒させたクープマンスの論文を意識したものである。

宇沢が狙いを定めたのは、フリードマンが貨幣数量説を新たな装いで復活させた記念碑的な論文集『Studies in the Quantity Theory of Money（貨幣数量説の研究）』だった。フリードマンは自ら編者となったこの論文集を、コウルズ委員会を追放した翌年に出版している。いわば、シカゴ学派をマネタリズムに染めあげる宣言だった。

フリードマンの巻頭論文「貨幣数量説再論」とフィリップ・ケーガンの論文「マネタリー・ダイナミックス・オブ・ハイパーインフレーション」を取りあげる理由を宇沢がのべている。

《古典派の考え方は、シカゴ大学のフリードマン教授を中心とするいわゆるシカゴ学派の人たちによって精力的に展開されている。とくに、一九五六年、フリードマンによって書かれた「貨幣数量説の再叙述」はこのアプローチの理論的根拠を与えるものとして、シカゴ学派のいわばバイブルともなっているものである。このフリードマンの考え方は、さらにケーガンの論文「インフレーションの理論」においてたくみな定式化が行なわれている》

宇沢は巧妙な戦略のもとに、フリードマンを批判している。というのも、フリードマン・マネタリズムの集大成ともいえる実証的な研究『アメリカ合衆国の貨幣史1867―1960』は俎上にのせず、フリードマンが新たな貨幣数量説の「理論」として提示した論文だけを取り上げているからである。少々込み入った話になるが、フリードマンのマネタリズムが「新しい貨幣数量説」であるのは、それまでの貨幣数量説とはちがって、ケインズの流動性選好説を踏まえた理論となっていたからだった。

フリードマンの貨幣数量説は、マーシャルの基本方程式（M＝kPO：Mは貨幣供給量、Pは価格水準〈物価〉、Oは生産量）を基本にしている。人々は所得のうち一定割合を取引の決済に用いる貨幣として保有するので、国民経済全体でみると、名目所得（P×O）のうちの一定割合（k）が貨幣の需要となる。したがって、貨幣供給量と貨幣需要量の均衡をあらわす方程式はM＝kPOとなるわけである。kは、「マーシャルのk」と呼ばれる。

フリードマンの新しい貨幣数量説では、マーシャルの貨幣需要の考え方に、ケインズが流動性選好説で唱えた資産選択の理論が接ぎ木される。つまり、貨幣の価格は、貨幣以外の資産で保有していた場合に得られるであろう収益率（市場利子率）に等しくなる。マーシャルのkは市場利子率が変われば変動することになるが、フリードマンはマーシャルのkは安定的（ケインズが重視した貨幣の投機的な需要の影響は小さく、貨幣需要は安定している）として、新しい貨幣数量説は成り立っていた。宇沢は、フリードマンの理論をつぎのように批判している。
《フリードマンの理論は、一方では資産保有の観点から貨幣需要を導きだしながら、他方では貨幣数量説の前提とする価格決定のメカニズムをそのまま採用するという点で矛盾を含んでいるといわなければならない》
「理論」に的を絞ったフリードマン批判は、核心をつくものだった。なぜなら、フリードマンは、貨幣量の変化が物価や生産量に影響を与えることを認めていながら、どのような影響がでてくるかは理論では判定できないと逃げているからだ。「貨幣量の増加は6ヵ月から9ヵ月後に名目所得に影響を与え、名目所得の増加は生産量の増加を促す。所得や生産量の増加からさらに6ヵ月から9ヵ月遅れて、物価に影響が及ぶようになる」というフリードマンが唱えたマネタリズムの命題は、あくまでも実証的な研究から導き出された命題であり、裏をかえせば、フリードマンは「新しい貨幣数量説」を厳密な理論として提示できたわけではなかった。
宇沢は、フリードマンの理論的な問題を的確に指摘する一方で、「フリードマン理論」を補強しているかのようにみえるケーガンの論文もお粗末だと批判した。論説「インフレの分析　古典派とケインズ」では触れていないが、宇沢は、ケーガンがドイツなどで過去に起きたハイパーインフレーションを貨幣数量説で巧みに説明したことが、かえってフリードマン理論の欠陥を示すことになったとみなしていた。というのは、ハイパーインフレーションという極限状況では金融市場が正常に機能せず、貨幣以外の金融資産は事実上存在しなくなるからだ。異常な事態が起きたために貨幣と財がおもな資産保有手段となり、貨幣供給量と財の価格のあいだに直接的な関係ができた。こうした異常な状況を貨幣数量説で説明できたからといって、フリードマンの貨幣数量説の正当性が証明されたことにはならないはずだ。

宇沢が「インフレの分析」を『日本経済新聞』に発表してから2ヵ月あまり経ったころだった。宇沢のもとに突然、フリードマンから便りが届いた。シカゴ大学経済学部のレター用紙には1970年5月5日という日付が記されていた。「Dear Hiro（親愛なるヒロへ）」と挨拶したあと、感情を抑えた筆致でフリードマンが宇沢に語りかけている。

〈同封しました暫定的な草稿についてあなたがどのような感想をもたれるかたいへん関心をもっております。草稿をお送りした理由のひとつは、あなたがわたしのいくつかの論文にくわしく言及しながら、金融政策とインフレーションについて日本語で記事を書いているということをある方から教えてもらったことにあります。もしも英語で書いたヴァージョンをお持ちなら、ぜひお送りいただければありがたい。あなたのどのようなコメントもわたしの重大な関心を呼び起こしてくれるだろうと確信しているからです〉

フリードマンは手紙で、近く日本に滞在する予定があることも伝えていた。「ぜひ会いたい」という意思表示だ。宇沢の批判が的を射るものだったからこそ、わざわざ便りを寄越し、会う約束までとりつけようとしたのだろう。宇沢は5月16日付でフリードマンに返信している。

《あなたが5月末に日本を訪れる予定であることをお便りではじめて知りました。IEA(International Economic Association：国際経済学連合）が開催する経済成長モデルの本質というカンファレンスに出席するため、わたしは東京を発ってイスラエルに向かいます。ですので残念ですが、お会いすることはできません。

カンファレンスのために準備した論文は、貨幣成長モデルを定式化したもので、ケインズ『一般理論』の動学化を試みたものです。『一般理論』のヒックス＝ハンセン＝サミュエルソン・ヴァージョンに基づいて貨幣的成長の動学的プロセスを定式化して分析モデルをつくるのはかなりむずかしいと感じています。しかし他方で、あなたとケーガンの貨幣数量説的なアプローチは、斉合性のある形でマクロ経済モデルに組み入れることは不可能であるようにおもわれます》

「新しい貨幣数量説」が理論としては説得力がないということを、フリードマンへの手紙でも繰り返して指摘している。もっとも宇沢は、フリードマンが日本の新聞に日本語で寄稿した宇沢の文章を丹念にチェックしていることには少なからず驚いていた。

じつはこのころ、宇沢が日本語で書いた記事や論文は英語に訳され、すべてフリードマンの手に渡っていた。翻訳していたのはフリードマンと親交が深かった日本人である。日本に帰国してもなお、フリードマンは宇沢の動向をチェックする必要を感じていたのである。

ガルブレイスの診断

宇沢はフリードマンへの返信のなかで、ケインズの『一般理論』の動学化を試みた論文を書いたと伝えていた。ＩＥＡのカンファレンスのために著した論文「Towards a Keynesian Theory of Monetary Growth（貨幣成長のケインズ理論に向けて）」である。

宇沢は、フリードマンの貨幣数量説を厳しく批判したが、その一方で、アメリカ・ケインジアンの新古典派総合経済学に与することもなかった。フリードマンへの手紙で触れていたように、ヒックス、ハンセン、サミュエルソンらが確立したIS－LM分析は新古典派理論の修正にすぎず、ケインズの『一般理論』を定式化したとはとうていいえないと考えていた。

IS－LM分析というのは、財市場が均衡する国民所得と利子率の組み合わせをあらわすIS曲線と、金融市場が均衡する国民所得と利子率の組み合わせをあらわすLM曲線を用いた分析方法である。ふたつの曲線の交点が、財市場と金融市場を同時に均衡させる国民所得と利子率である。財政政策、金融政策の効果をひとつの図のなかで簡潔に理解できるという利点があった。

理論家としての宇沢は、フリードマンのマネタリズムが経済学に理論的な貢献をすることはないとみなして、むしろアメリカ・ケインジアンの問題点を乗り越える方向で、ケインズの理論を動学化しようと試みていた。ヒックスが考案してアメリカ・ケインジアンが彫琢したIS－LM分析は、不均衡分析を旨とするケインズ理論を均衡分析に押し込めてしまった。宇沢が新古典派経済学の理論的な前提条件を徹底的に検証するようになったのは、アメリカ・ケインジアンの問題点をあきらかにするためでもあった。

《苦労してその原稿を書き上げ、担当の人に渡して子どもたちとスキーに出かけた。しかし、今まで経済学者が信じてきたことを徹底的に批判する内容だったから、ちょっと書きすぎたと思って電話で「原稿を差し止めしてもらえませんか」と聞いた。しかし、「もう、印刷に回ってしまったから無理です」と言われてあきらめた。

それは、結局、自分がやってきたことを正面から批判することであったとも言える》（『経済と人間の旅』）

これは、宇沢が『日本経済新聞』（1971年1月4日付）に「混迷する近代経済学の課題」を寄稿した際のエピソードである。はじめて正面から近代経済学を批判するとき、宇沢自身にもためらいがなかったわけではなかったのである。ただ、視界を地球大に広げてみると、既存の経済学の限界を感じはじめていた経済学者が宇沢だけではなかったことがわかる。1971年12月、アメリカ経済学会の集まりで痛烈に経済学を批判した女性がいた。ケンブリッジ資本論争の主役、ジョーン・ロビンソンである。

アメリカ経済学会の年次総会の議題や講演者などを決めるのは、次期会長の仕事である。1971年12月にニューオーリンズで開催された年次総会のプログラムを企画したのは、ジェームズ・トービンの後を継いでアメリカ経済学会の会長に選出されたジョン・ケネス・ガルブレイス（1908－2006）だった。

『ゆたかな社会』『新しい産業国家』『不確実性の時代』などのベストセラーを世に送りだしたガルブレイスは、時事的な問題を論じた作品が多く、政治に積極的に関与したこともあり、アカデミズムからは異端とみなされることも多かった。そんなガルブレイスが会長としてとり仕切ることになった経済学会の年次総会は、まさに「混迷する近代経済学」を浮き彫りにするプログラム構成となった。ジョーン・ロビンソンをわざわざイギリスから招いたのは、ガルブレイス自身が経済学界の現状に強い危惧を抱いていたからだった。

サミュエルソン、ソロー、トービンらが主導した「ニュー・エコノミクス」はケネディ政権誕生とともに広く世界に認知されるようになったが、ケネディ大統領を支えた経済学者たちとガルブレイスは微妙な関係にあった。トービンやソローたちが大統領経済諮問委員会で活躍する一方で、ガルブレイスもケネディ大統領に登用され、インド大使をしていたからだ。ガルブレイスと交遊のあったケネディ大統領は、経済ブレインとしては新古典派総合経済学を構築した経済学者たちを選んだわけである。

ガルブレイスは、「ニュー・エコノミクス」が1960年代後半に破綻したことには明確な理由があると考えていた。リチャード・パーカーが著した評伝『ガルブレイス（下）』（日経BP社）によれば、ガルブレイスはつぎのような診断を下していた。

〈主流派ケインジアンの盟友は、一九六〇年代の経済を微調整《ファイン・チューニング》することに大失敗していたが、それには理由があるとガルブレイスは考えた。第一に、彼らは、巨大な米軍を中心として産業や政治の地盤が相互に依存する軍産複合体の経済的効果を、手遅れになるまで分析することを怠り、冷戦下の貿易とそれに伴う金融制度の脆弱さを過小評価していた。第二に、経済政策は技術専門家の分野だと主張することによって、ほとんどの経済的な論争は突き詰めれば政治的な論争であるという真実を覆い隠してしまった。さらに、それによって、民主主義と、情報を与えられて参加するという有権者の理想の、両方を損なってしまった。第三に、ジョンソン政権下でヴェトナム戦争の出費がかさんでインフレが起きたとき、ケネディ政権下で始まっていた減税を守ろうとして増税への転換が遅れたことから、市民が経済学者に専門家として経済の舵取りを任せていいのか疑うようになった。しかも、最悪なことに、ソヴィエト連邦との軍拡競争においても、ブレトンウッズ体制後の経済体制の舵を取るときにおいても、彼らの分析には、政府の選択を支えるだけの政治やイデオロギーの理解が欠落していた。そして最後に彼らは可能性のある代案について独自の規範的判断を下すことを嫌がったか、あるいは判断を下してもそれを専門用語で覆い隠してしまったか、そのどちらかだった〉

ガルブレイスは、アメリカ・ケインジアンの信用が失墜したのは、彼らの理論が現実を説明できなくなったことだけにあるわけではないと考えていた。職業的専門家の集団として、経済学者のふるまいを冷静に観察する視線は、宇沢と似ている。

アメリカ経済学界の混迷に危機意識を抱いていたガルブレイスは、アメリカ経済学会創設者の名を冠した「リチャード・イーリー講演」の講演者として旧知のジョーン・ロビンソンを招いた。ロビンソンが登壇したのは1971年12月27日である。「経済学の第二の危機」と題した講演は厳しく経済学を批判する内容だったにもかかわらず、参加した経済学者たちから称賛を浴びた。『ガルブレイス』によると、ロビンソンが舌鋒鋭く経済学を批判するたびにものすごい拍手喝采が湧き上がり、たびたび講演を中断しなければならないほどだったという。10年ほど前にアメリカの主要な大学を講演してまわった際、ロビンソンはアメリカ・ケインジアンからまるで異教徒を排撃するかのような邪険な扱いを受けた。まさしく隔世の感があるが、実際、イギリス・ケンブリッジからやってきて「経済学の第二の危機」を警告するロビンソンは、栄華をきわめたアメリカ・ケインジアンたちに引導を渡す役割を担っていたといえる。

「経済学の第二の危機」

「第一の危機は、雇用の水準を説明できなかった理論の崩壊がもとで発生しました。第二の危機は雇用の内容を説明できない理論から発生しているのです」

ロビンソンは、経済学が置かれている状況を「第二の危機」と呼んだ。第一の危機は、大不況に見舞われた1930年代に起きた。それまでの経済理論では、高い失業率のままで経済が均衡状態を保つ事態を説明できなかった。この危機を救ったのが、ケインズの『一般理論』である。ケインズに協力した若手経済学者グループ「ケインズ・サーカス」の中心にいたのがほかならぬロビンソンだった。

第一の危機が「雇用の水準」を解明できないという問題だったのに対して、現在訪れている第二の危機の原因は、「雇用の内容」を的確に分析できていない点にあるとロビンソンは指摘した。「政府にとって支出するのに一番便利な対象は軍備なのです。（その結果）軍産複合体が手に負えなくなりました。私は、冷戦やいくつかの本格的な戦争が、本当に雇用問題を解決するために考え出されたと推測するのが自然だとは思いません。しかし、それらが、そうした効果をもったことは確かです」

泥沼化してもなおベトナム戦争を続けるアメリカ政府を暗に批判する発言だった。経済問題を政治の問題と切り離し、「政策技術者」として政策を立案するアメリカ・ケインジアンは、ベトナム戦争という巨大な「公共事業」を的確に分析することができなかったし、むしろ意図的に分析対象から除外していた。マッカーシズムのトラウマを抱える経済学者たちは、政治の問題に深入りすることに臆病だった。

ロビンソンの経済学批判が、宇沢の経済学批判と響き合っていたのは偶然ではない。「経済学の第二の危機」の講演をする前、ロビンソンは宇沢と連絡をとりあっていた。きっかけは、英国留学中だという見知らぬ日本人から宇沢のもとに便りが舞い込んできたことだった。

〈縁あってProf.Joan RobinsonのSupervisionを受けておりますが、教授が宇沢先生の最近の論文に興味を持たれておりましたので、大変勝手ながら中央公論（昨年8月号）の先生の公害に関する論文を英訳してさし上げたところ、教授から「先生にNew Statesmanかなにかに公害問題（日本の例等）について寄稿されるようお伝え下さい」と頼まれましたのでとり急ぎお伝え申し上げる次第です。（New StatesmanにはProf.Kaldorが最近ＥＥＣ加盟反対論文を書き反響を呼んで居ります）大変恐縮でございますが、Robinson宛一度お便りいただけますれば幸いに存じます。私、ミード教授とも父の関係もありお会いいたしており、教授からも先生のお話を受けたまわって居ります〉

手紙の差出人は、『中央公論』（１９７０年8月号）で宇沢が発表した「環境とインフレーション」を、ロビンソンのために英訳したとのべている。環境破壊を分析するための社会的共通資本の概念と分析の枠組みについて論じた重要な論考だ。ロビンソンは、宇沢の変貌ぶりに強い関心をもったようである。手紙の差出人である日本人を通じて、イギリスの雑誌『New Statesman』に寄稿するよう宇沢に勧めている。

『ニュー・ステーツマン』はフェビアン協会の中心人物シドニーとベアトリスのウェッブ夫妻、バーナード・ショーらが創刊した雑誌である。のちに自由党系の雑誌『ネーション』と合併して『ニュー・ステーツマン・アンド・ネーション』となった。自由党支持者だったケインズが資金面、編集に深くかかわっていた時期もある（その後、名称は『ニュー・ステーツマン』に戻った）。

手紙には、労働党のブレインだったカルドアがＥＥＣ（欧州経済共同体）構想への反対論を『ニュー・ステーツマン』に寄稿して話題になっていると書かれているが、同誌は労働党に近く、影響力ある雑誌だった。カルドアもロビンソン同様、アメリカ・ケインジアンをケインズ理論の継承者とは認めていなかった。ロビンソンは宇沢を自分たちの仲間に迎え入れようという気持ちから『ニュー・ステーツマン』への寄稿を勧めたのだろう。

こうしたエピソードを踏まえると、ロビンソンの「経済学の第二の危機」に宇沢の影響をみてとるのもあながち見当はずれではないだろう。ロビンソンはこの講演で環境汚染の問題にも触れている。社会的費用の問題、外部不経済には価格体系がないというような話は、宇沢が著した「環境とインフレーション」の内容と重なっている。もっとも、宇沢のほうでもロビンソンの講演をきわめて高く評価し、経済学のターニング・ポイントとして、「経済学の第二の危機」にしばしば言及するようになる。

世界恐慌下の「失業均衡」を分析できない経済学が信用を失って破綻したように、アメリカ・ケインジアンの新古典派総合経済学も破綻寸前の状況にある。それが宇沢とロビンソンの共通した認識だった。ただし、宇沢もロビンソンも経済学を破綻から救う道を具体的に示し得たわけではない。「経済学の第二の危機」をめぐる座談会で、宇沢はこんな発言もしている。

《ジョーン・ロビンソン自身、第二の危機をどのように解決できるかという点にかんしては、必ずしも明確な方向を打ち出しているのではなく、正統派の理論のもつ様々な欠陥を指摘するにとどまっている。たとえば、サミュエルソン、ソローとの資本理論論争をみても、ロビンソンは非常に感情的にこの問題に介入し、理性的な討論ができないような状況になってきている。このような意味でも、経済学者の危機であると思うのです。

私は、ジョーン・ロビンソンの亜流かもしれないが、この数年、これまでの新古典派的な、あるいはケインズ的な修正を加えた理論的フレームワークの限界を、いろいろな形で感じてきた。そして、いままでの理論的フレームワークの全面的な転換が必要だと思っている。そうすると、いままでそうしたフレームワークによって理論モデルをつくってきたお前はどうなるのだ、という質問をよく受ける。これに対しては、うまく答えられないのですが、モデルには自分なりの現実把握とか、歴史的な認識が集約的に現われてくるのであって、必ずしも論理的なプロセスを経るものではないと思うのです》(「シンポジウム　経済学の現状評価と今後の方向」『季刊現代経済』1973年3月号)

不発に終わったヘルシンキ講演

50歳を目前にした1976年から翌年にかけて、宇沢は計量経済学会(The Econometric Society)の会長をつとめることになった。1930年12月に設立された計量経済学会は、数学や統計学を用いた経済理論の発展のために組織された学会で、初代会長はアーヴィング・フィッシャー、歴代会長にはサミュエルソンやアロー、ソロー、トービンなど宇沢と親交の深い経済学者も多かった。宇沢は親しい友人でもあるグリリカスから会長職を引き継ぐことになったが、日本人が会長に就任するのは森嶋通夫以来、2人目だった。

宇沢は1976年8月、フィンランドの首都ヘルシンキで開催された計量経済学会で会長講演（Presidential Address）を行った。テーマは「Towards a Theory of Dynamic Disequilibrium（不均衡動学の理論に向けて）」。世界に向けて発信する舞台で、宇沢はあえて挑戦的なテーマを選んだ。

経済学は、市場で需要と供給が価格メカニズムによって調整される過程、つまり経済の均衡状態を考察することに主眼を置く社会科学として発展してきた。ケインズが重要なのは「不均衡を分析するための経済理論」を提示したからにほかならない。

宇沢の考えでは、しかし、ケインズの『一般理論』には議論に曖昧なところや誤謬と思われるような点があった。問題のひとつが、投資の概念だ。

『一般理論』は固定資本、運転資本、流動資本をすべて含め、その蓄積が投資であると定義している。流動資本の蓄積というのは在庫だ。ケインズの定義にしたがえば、生産物や原材料の在庫の蓄積も投資に含まれることになるが、在庫には意図した在庫もあれば、売れ残りの結果としての意図せざる在庫も入る。総供給が総需要を上回った際、ケインズの定義だと需要されなかった供給が「在庫投資」として投資に分類され、需要の構成要素となってしまう。そうなると、本来の意味での有効需要（総需要）が確定できなくなる。

ケインズの投資の定義に異を唱えたのが、ラルフ・ホートレー（1879―1975）だった。ケインズより4歳年上のホートレーはケインズと同じように大蔵省での実務経験も豊富で、ケインズから一目置かれていた。ケインズは『一般理論』を出版する際、事前に校正刷りをホートレーに送っていた。

ホートレーはケインズに対して、固定資本形成と在庫投資はまったく性格が異なるので、投資には在庫投資は含めず、固定資本の蓄積のみとすべきだと主張した。しかし、ケインズは自説を譲らず、ホートレーの意見を取り入れなかった。

不均衡動学の理論モデルを構築する際、宇沢が依拠したのはホートレーの発想だった。おおざっぱにいうとつぎのような考え方である。

企業と消費者のあいだの流通過程にはさまざまな中間業者がいる。消費者は中間業者から商品を購入し、企業が生産した商品は中間業者の倉庫で保管される。中間業者同士では在庫の売買が行われる市場が成立している。預かり証で売買されるため、在庫市場は株式市場などのような整備された金融資産市場と同じ構造をもつとみなすことができる。高度に組織化された市場なので、需要と供給の均衡が常に成立していると仮定してもいい。生産者価格、消費者価格は、在庫市場で成立した均衡価格に準じて決まってくると考えるわけである。

教え子でもある東京大学の小谷清がホートレーの理論を数学的に定式化する研究を進めていたため、宇沢は小谷と連携しながら、不均衡動学理論の構築に精力を傾けた。ケインズの経済学は不均衡を分析するための理論的枠組みだったはずなのに、アメリカ・ケインジアンは「均衡の理論」へと引き戻し、換骨奪胎して新古典派経済学に吸収してしまった。宇沢にいわせれば、「不均衡過程の動学的分析」こそ、ケインズ『一般理論』の真髄なのである。

ヘルシンキでの講演「不均衡動学の理論に向けて」は、久しぶりの国際的な舞台、しかも、計量経済学会の会長としての講演である。肩に力が入ったのも当然だろう。結果はどうだったのだろうか。

宇沢の日本での最初の教え子のひとりである奥野正寛は当時イリノイ大学経済学部で助教授をしていて、宇沢の会長講演の評判をアメリカで耳にすることになった。

「ぼくはヘルシンキで宇沢先生の講演を聴いたわけではないんですけど、あとでいろいろな人から聞いたかぎりではあんまりというか……聴衆の評判は悪かったと聞きました。失業というのは不均衡な現象です。失業がつづくという状態、つまり不均衡な状態がつづくことを経済学的にどう考えればいいか。ふつうは、価格はフローで決まる。宇沢先生は価格はストックで決まるから、フローのレベルでは必ずしも需給が一致しないという不均衡の考え方を用いて説明しようとしたのです。でも、それは新古典派の経済学者にとっては単純すぎるモデルに映ったというか……率直にいって、アメリカの経済学者にはあまり高く評価はされなかったとおもいます」

奥野によれば、宇沢の会長講演は後日、学術誌『エコノメトリカ』に掲載されるはずだったが、なぜか見送りになったという。確認してみると、たしかに宇沢自身も論文などで会長講演が近く『エコノメトリカ』に採録されると記していた時期があった。結局、掲載されることはなかったのだが、会長講演が掲載を拒否されることは考えられないから、宇沢自身の判断で掲載を見合わせたのだろう。内容が不十分だったと反省したのだろうか。

計量経済学会の会長として宇沢が動学的な不均衡分析の必要性を経済学者たちに訴えかけた１９７６年という年は、アメリカ・ケインジアンの劣勢がすでに明瞭になっていた。アメリカ・ケインジアンの凋落を印象づけるかのようにこの年の12月、フリードマンがノーベル経済学賞を受賞している。２年前にはハイエクがノーベル経済学賞を受賞しており、ふたりの受賞を皮切りに、その後いわゆる「シカゴ学派」の経済学者が次々と受賞する流れができた。

経済学界の潮目が変わり、マネタリズムを筆頭とする反ケインズ諸学派が台頭してくるなかでは、ケインズ『一般理論』に立ち返って不均衡動学理論を構築する試みが時代錯誤と映ったとしても不思議ではない。宇沢の訴えに注目が集まらなかったのはむしろ自然だったというべきなのかもしれない。


ケインズ革命に対する「反革命」は、経済学という学問の枠内におさまるものではなかった。そのことを天下に知らしめたのが、フリードマンのノーベル経済学賞授賞式の際に起きた騒動である。フリードマン夫妻がスウェーデンを訪れた際、受賞に抗議するデモ行進が行われたのである。デモが起きたばかりでなく、かつてノーベル生理学医学賞を受賞したジョージ・ワルド、ノーベル化学賞とノーベル平和賞を受賞したライナス・ポーリングはフリードマン受賞を非難する見解を新聞で表明した。ノーベル賞受賞者が非難にさらされるなどというのは前代未聞である。

フリードマンの妻ローズが『わが友、わが夫』で当時を回想して、「ボディガードの他に、私たちの部屋は他の警察官によって昼夜警戒されていました」とふりかえっている。ローズは、フリードマンの受賞記者会見の様子について、「すべての関心、すべての質問は、ミルトンがチリの軍事政権の顧問の役を果たしているという伝聞に集中しました」と語っている。

受賞に抗議の声があがったのは、クーデターで政権奪取したチリの独裁軍事政権をフリードマンが支援しているのではないかと見られていたからだった。

フリードマンのチリ疑惑

チリで軍部によるクーデターが起きたのは1973年9月11日だ。はじめての社会主義政権を率いていたサルバドール・アジェンデ大統領は殺害されたと伝えられた（いまでは、拳銃による自殺だったことがあきらかになっている）。社会主義政権を葬ったクーデターの際、アメリカはクーデターを決行した軍部を支援していた。チリは、東西冷戦の最前線だったのである。

1975年の秋に『ニューヨーク・タイムズ』が、フリードマンがチリのピノチェト軍事政権の経済政策を指南している旨を報道した際、シカゴ大学では学生たちによるフリードマンに対する抗議運動が起きた。フリードマンはこの年の3月にチリを訪問した際、ピノチェト大統領と会談していたことは認めたが、軍事政権の顧問をしていたことはないと否定した。

シカゴ大学の経済学部は南米からの留学生を多く受け入れていた。宇沢もシカゴ大学では南米からの留学生も指導していて、そうした関係からアルゼンチンの大学などに招かれて講義したりもしていた。経済評論家の内橋克人との対談で、宇沢はこんな発言をしている。

《市場原理主義が最初にアメリカから輸出されたのはチリです。シカゴ大学には中南米からの留学生が多く、そういう学生たちを積極的に支援して、サンチャゴ・デ・チレ大学をベースにCIAが巨額の資金をつぎ込む。ピノチェのクーデターを資金的にも軍事的にもサポートする。一九七三年九月一一日にアジェンデ大統領が虐殺された後、シカゴ大学で市場原理主義の洗脳を受けた「シカゴ・ボーイズ」たちが中心になって、新自由主義的な政策を強行するわけです。銅山を例外として、国営企業はすべて民営化され、金融機関は原則としてアメリカの金融機関の管理下に置かれた。チリの企業は所有関係について外国人と内国人との区別をしてはいけない。労働組合は徹底的に弾圧してつぶす。その過程で、秘密警察を使って反対者たちを粛清する。ピノチェ政権の下で秘密警察によって虐殺された人は、政府の発表では数千人ですが、実際には一〇万人近くに上るといわれています。シカゴ大学での私の学生や友人で、そのころ行方不明になった人が何人もいます》(『始まっている未来』)

日本に帰国してからもシカゴ大学教授を兼任していた宇沢が、シカゴ大学と決別することを決断した出来事について、宇沢は神野直彦への私信(2007年10月11日付)で語っている。神野は晩年の宇沢が信頼を寄せた財政学者で、私信は『世界』(2007年11月号)に神野が寄稿した「経済を民主主義の制御のもとへ」の感想を伝えるためだった。

《1973年9月11日、私はシカゴにいました。たしか、Al Harbergerの家でかつての同僚たちとの集まりに出ていたとき、たまたまチリのアジェンデ大統領が殺されたという知らせが入った。その席にいた何人かのFriedmanの仲間が、歓声をあげて、喜び合った。私は、そのときの、かれらの悪魔のような顔を忘れることはできない。それは、市場原理主義が世界に輸出され、現在の世界的危機を生み出すことになった決定的な瞬間だった。私自身にとって、シカゴと決定的な決別の瞬間だった》

「Al Harberger」は、シカゴ大学経済学部のアーナルド・ハーバーガー教授である。宇沢がシカゴで暮らしていたときは家族ぐるみでつきあっていた。ハーバーガーは、チリから留学生を受け入れるためにシカゴ大学が設けたチリ・プログラムで中心的な役割を担っていた。「アジェンデ大統領殺害」の速報が入ったのはそのためだろう。

神野への私信を読めば、「市場原理主義」や「フリードマン率いるシカゴ学派」を、宇沢がたんに経済学の問題としてだけとらえていたわけではないことがはっきりわかる。

宇沢が「保守化する近代経済学」と題する3回にわたる大型連載記事を『エコノミスト』で発表したのは1979年の夏だった。春に行われた東京都知事選挙に都留重人を擁立しようとして失敗したあとで、51歳になったばかりである。

宇沢はこの連載で、自らのアメリカ体験を下敷きにしながら、全身全霊を傾けて「アメリカ経済学」を批判している。やがてロナルド・レーガンが登場して大統領に就任し、アメリカ社会が急速に保守化していく、その近未来を正確に言い当てている。

連載の各回のサブタイトルをそのまま列記すると、

第1回「非経済学的な経済学の隆盛　ケインズ派はなぜ敗れたか」

第2回「まかり通る『理論なき計測』　アメリカ社会が醸成した非人間志向」

第3回「アメリカ経済学の退廃　人間の学としての再興を」

印象深いのは、マネタリズムをはじめとする「反ケインズ経済学」の諸学派を厳しく批判しながら、返す刀でアメリカ・ケインジアンをも糾弾していることだ。

《アメリカン・ケインジアンの経済学は結局、大きく変動していった社会的、制度的条件を的確にとらえることができず、局限された均衡分析の枠組みのなかに安住し、理論的革新に対して積極的な貢献をしなかった。その間に、アメリカ経済は、インフレーションと失業——いわゆるスタグフレーション——の慢性化、都市問題の悪化、貧困の一般化という国内的な諸問題に加えて、国際収支の赤字、為替レートの不安定化など国際的な次元でも対処すべき問題が拡大化していった。それにもかかわらず、アメリカン・ケインジアンのなかから、これらの問題提起に対して適切な処方箋は出されなかった。マネタリズムの反撃は、このような間隙を縫って展開されていった。言うならば、アメリカの大平原に、アメリカン・ケインジアンたちが営々として築き上げた砦が、一見堅牢そのものに見えたにもかかわらず、じつはすでに内部崩壊を起こしつつあって、マネタリズムの執拗な攻撃の前に落城しようとしていると思えばよいのかも知れない。砦の内部からも通報者が出るし、新しく戦場に参加する人々は、すべてマネタリストの陣営に入るのが現状だと言ってもよい》(『エコノミスト』1979年8月21日号)

連載の最終回「アメリカ経済学の退廃　人間の学としての再興を」を、宇沢はつぎのような文章で締めくくっている。

《このような趨勢がしばらくつづいてゆくとすれば、アメリカ経済学は決定的な変貌をとげ、人間の学としての経済学はその痕跡すらとどめなくなってしまうのではなかろうか。これはたんに私自身の杞憂に過ぎないとは言い切れないように思う。このような状況のもとで私たちは、経済学の内在的発展を求めて大きな運動を展開しなければならない。それが、六〇年代ベトナム反戦運動の波に消えてしまったすぐれた学問的能力と人間的魅力を兼ね備えた若い学生たちに対して、私自身のもっている大きい負い目の一部を返すことにもなるのではないかと思われるからである》(『エコノミスト』1979年9月4日号)

「流れは変わり始めた」

宇沢が「保守化する近代経済学」を執筆していたころ、宇沢とはまったく正反対の主張を展開していた経済学者がいた。誰あろう、ミルトン・フリードマンである。

フリードマンが妻ローズとの共著『選択の自由』を出版したのは1980年だが、執筆時期はちょうど宇沢が連載記事を発表したころである。『選択の自由』は、1962年に出版した『資本主義と自由』をさらに平易にした一般読者向けの啓蒙書で、10回連続で放映予定のテレビ番組『選択の自由』の台本という意味合いももっていた。アメリカ・ケインジアンが衰退してもなお手綱を緩めることなく、フリードマンは自由放任思想の布教に全精力を注いでいた。

『選択の自由』（日本経済新聞出版社）の最終章「流れは変わり始めた」で、1980年代に起きるであろう世界的な潮流の変化をフリードマンが厳かに予言している。

〈世論の潮流というものは、いったん強力に流れ始めると、すべての障害やすべての反対意見を押し流してしまう傾向をもっている。これと同様に世論の潮流は、それが最高潮に達すると、これとは逆の潮流が流れ始め、この新しい潮流が強力に流れ始めるという傾向ももっている。

アダム・スミスやトーマス・ジェファーソンがその促進のため大きな貢献をした経済的自由と制限された政府とへ向けての世論の潮流は、十九世紀の末期に至るまで強力に流れていた。それから、世論の潮流は逆転した。その理由は部分的には、経済的自由と制限された政府とが経済成長を発展させ、一般大衆の生活を改善するのに偉大な成功を収めたため、かえってそこに依然として残っていた悪（もちろん、このような悪は多かった）をいっそう目立つものとさせ、それに対して何か対策を施すべきであるという要望を広く呼び起こすこととなったからだ。こうしてこんどは、フェビアン社会主義やニューディール自由主義へ向けての潮流が強力に流れることとなり、イギリスでは二十世紀の初頭に、アメリカでは大恐慌の後に、政府の政策の転換を促進することとなった。

このような傾向は、いまではイギリスでは七十五年間、アメリカでは五十年間、継続してきたことになる。しかし、この潮流もいまや最高潮に達している。この潮流の知的な基礎は、この潮流が人びとにいだかせていたいろいろな期待が実際の経験によって繰り返し裏切られたことによって、浸蝕されてきた。この潮流に対する支持者たちは、いまや守勢に立たされている〉

いまやフリードマンはマネタリストの枠を超え出る「思想家」であり、「イデオローグ」に成長を遂げていた。アメリカではルーズベルト大統領のニューディール政策以降の50年間、イギリスではフェビアン社会主義以来75年間。両国でながらくつづいてきた福祉国家の思想潮流をひっくりかえす時がついにやってきた。それがフリードマンの認識であり問題提起だった。というより、書籍とテレビというメディアミックスで新自由主義（ネオリベラリズム）を布教していくことそのものが、「反革命」の実践だった。

イギリスにマーガレット・サッチャー首相が誕生したのは1979年5月、アメリカにロナルド・レーガン大統領が誕生するのは1981年1月である。『最強の経済学者　ミルトン・フリードマン』でラニー・エーベンシュタインが解説している。

〈フリードマンの影響力はアメリカにとどまらない。とくに英語圏では多大な影響力を誇った。イギリスで『選択の自由』を熱心に見ていた視聴者の一人が、一九七九年に首相に就任したばかりのマーガレット・サッチャーだった。フリードマンは一九八〇年二月、イギリスで『選択の自由』が放映される直前に、サッチャーと会っている〉

このころフリードマンは、共和党の大統領候補レーガンの経済政策準備委員会に参加していた。フリードマンがレーガンと初めて会ったのは、レーガンがカリフォルニア州知事になったばかりの1967年だというからずいぶん長いつきあいである。

レーガン政権で司法長官をつとめレーガン大統領の信頼が厚かったエドウィン・ミースは、「フリードマンがレーガン政権の『教祖的存在』だった」という証言を残している。レーガン大統領、サッチャー首相を味方につけたフリードマンらは、現実の政治のなかでマネタリズムを蘇生させ、自由放任主義をふたたび世界の中心に据えることに成功した。

宇沢が「保守化する近代経済学」を著して注意を喚起したのは、レーガン大統領が誕生する1年半も前だった。不穏な予言は的中してしまった。その後、時代思潮の保守化は宇沢の予想を超えて進み、その過程では反ケインズ経済学が大いに貢献することになった。時代の教祖的存在となったミルトン・フリードマンは、彼ひとりだけの力でないことはいうまでもないが、「反革命（The Counter-Revolution）」を見事に成し遂げた。宇沢弘文は、敗れたのである。

第14章

空白の10年

中国の若い研究者とも酒を酌み交わしながら議論した

沈黙

宇沢は１９８９年3月に60歳で東京大学経済学部を定年で退官するが、前年の１９８８年に2冊の英語の論文集を出版している。ケンブリッジ大学出版から出版した『Preference, Production, and Capital : Selected Papers of Hirofumi Uzawa』、東京大学出版会から出版した『Optimality, Equilibrium, and Growth』。宇沢がいかに多くの業績を挙げてきたのかがわかる論文集だが、同時に、日本に帰国して以降に発表した論文が数えるほどしか収録されていないことに気づかざるを得ない。ほとんどアメリカ滞在時代のものなのである。

理論経済学者として世界に何をどれだけ発信したかをみるには、英語で著した重要論文の発表が指標となるだろう。代表的な論文を選りすぐったケンブリッジ大学出版の精選論文集には19本の論文が収められている。発表時の内訳でいうと、１９６０年代の論文がもっとも多くて13本、１９５０年代、１９７０年代がそれぞれ3本。論文集の出版は１９８８年なのに、１９８０年代の論文はひとつもない。もっとも新しい論文の発表は１９７４年である。１９７４年といえば宇沢は46歳で、ベストセラーとなった『自動車の社会的費用』を出版した年だ。第12章「〝ドレス〟と〝自動車〟」でくわしくみたようにこの年、暫定的とはいえ、宇沢は社会的共通資本の理論的な枠組みを提示している。じつは、その論文がケンブリッジ大学出版の精選論文集のなかでもっとも新しい論文なのである。

計量経済学会の会長として１９７６年8月にヘルシンキで行った講演「不均衡動学の理論に向けて」を世界に向けての発信としてカウントしたとしても、東京大学を退官するまでには十数年の空白があったことになる。理論経済学者宇沢弘文のあまりに長い〝沈黙〟をどう解釈すればいいのだろうか。私の頭に去来するのは、インタビューした際、問わず語りに宇沢が話した〝沈黙〟の時代の心象風景である。

「日本に帰ってきてから、とくに水俣とか、公害とか環境破壊の現場を何年間も歩いていた。経済学の限界を感じて、ものすごく経済学に頭にきているときでね。それでかなり突き詰めて、新古典派経済学とは何かと。ぼくはそれまで、ほとんどの経済学の論文は読んでいたし、個人的にもサミュエルソンやフリードマンらともさかんに議論をしていた。そうしたものをもとに、ぼくなりに新古典派経済学の原型を考え、それを批判した。

かなりディープな批判をして……一時完全に経済学と別れた時期が、10年ぐらいあるんですよね。もうほとんど大学では教えないで、全国をまわり歩いて。ぼく自身、それまで求めてやってきたことと、現実とのギャップがあまりにも大きかった。現実の問題をどうやってぼく自身がとらえるのか。そういう結構苦しい時代だったんですよ。だけど、やっぱり経済学を志した以上、なんとか経済学の考え方に（自分の問題意識を）投影していきたいと……」

「経済学と別れた時期が、10年ぐらいある」――その言葉の意味と重さを、話を聞いているときには理解できなかった。10年といえば、研究者人生のなかの「一時代」といっていい時間の長さだ。厳しい経済学批判を繰り広げていたから、誇張してそんな言い方をしてみたのではないか。実際、海外の学術誌に論文を発表しなくなったといっても、日本語でならたくさんの論考を発表していたし、社会的な発言もしていた。だから私は、「経済学と別れた時期が、10年ぐらいある」というきわめて重大な発言を聞き流してしまった。

宇沢が亡くなってから、当時周辺にいた人たちに話を聞き、宇沢がある時期、理論経済学者にとって欠かせないルーティンをこなさなくなっていたらしいことがわかった。たとえば、主要な学術誌を丹念にチェックする作業である。最新の研究動向を把握しておくことは、新たな理論を提示しようとする経済学者にとっては必須の作業だ。どうやらそうしたルーティンをあえて放棄していたようなのである。

たしかに宇沢本人が説明したように、公害や環境の破壊といった現実を十分に分析することができない既成の経済学に我慢ならなかった面があったことはたしかだろう。だが一方で、理論の最先端が追うべき価値をもたなくなってしまったことへの失望も大きかったのではないだろうか。というのも、アメリカ・ケインジアンから主導権を奪った反ケインズ経済学の諸学派が、理論経済学の分野でも台頭してきたからだ。

理論面で反ケインズ経済学にもっとも大きな貢献をしたのは、フリードマンではない。いや、フリードマンよりさらに大きな貢献をした理論家といったほうがいい。フリードマンの教え子で、フリードマンがシカゴ大学を退いてからはシカゴ学派の理論的支柱となったロバート・ルーカスである。

ルーカスは、ケインズが切り開いたマクロ経済の理論を一変させてしまった。マクロ経済学を専攻する学生は、もうケインズの『一般理論』を読む必要などない——そんなことを平気で口にするぐらい、ルーカスはケインズに否定的だった。理論的にケインズを反駁《はんばく》しただけでなく、財政政策や金融政策というケインズの理論から導かれた政策体系がいっさい意味をもたないとまで断言したのである。

理論経済学者としての長い〝沈黙〟のわけをさぐるため、宇沢弘文とロバート・ルーカスの関係に光をあててみたいのだが、その前に1980年代の世界の動きを先まわりして手短にみておく。この時期、現実の世界で勢いよく自由放任主義が復活してきたことが、宇沢に深甚な影響をおよぼしていたからである。

サッチャリズムとレーガノミックス

イギリスでは、マーガレット・サッチャー（1925―2013：首相在任1979年5月―1990年11月）が鉄道、電話、ガスなどの国営企業を次々と民営化するなど、大胆な市場原理主義的な改革を進め、「新自由主義」の先駆けとみなされる大改革を行った。1980年代のサッチャーの改革は「サッチャリズム」と呼ばれた。

サッチャーは首相となる前、保守党の改革にいっしょに取り組んでいた閣僚経験者のキース・ジョセフとともに、ケインジアンに対抗する拠点となるシンクタンク「政策研究センター」を立ち上げている。大改革に挑むにあたって、サッチャーが依拠したのがほかならぬマネタリズムだった。『サッチャー回顧録（上）』（日本経済新聞社）でサッチャーがのべている。

〈私はキースとともに、通貨供給量と物価水準の関係に関する専門的な議論に見えることが、実は自由社会での政府の役割はどうあるべきかという問題の核心に触れる事柄であることを、ますます明確に認識するようになっていた。安定のための枠組みをつくるのは政府の仕事である。それが憲政上の安定であれ、法の支配であれ、健全な通貨による経済的な安定であれ、そのなかで個々の家庭、企業が自分の夢と野心を自由に追求するのだ。われわれは、国民に向かってどのような野心をもつべきで、それをどう実現すべきかを告げる仕事はそろそろやめにしなくてはならなかった。夢や野心は国民一人一人の問題なのだ。私が得た結論は、私自身の直観と経験が示唆しているものにぴったりと合った〉

サッチャーは『隷従への道』を著したハイエクを信奉していた。ウィーン生まれのハイエクはカール・メンガーを始祖とするオーストリア学派の系譜に連なるが、ロンドン・スクール・オブ・エコノミクス（LSE）の教授を長くつとめたイギリスの経済学者でもあった。

マネタリズムをイギリス改革のテコとしたほどだから、サッチャーはハイエク同様、フリードマンの主張を支持していた。フリードマンの影響はむしろ、首相ブレインをつとめた経済学者を通じて流れ込んだ。サッチャーが寵愛していた経済学者がアラン・ウォルターズで、アメリカにいたウォルターズは母国に呼び戻される格好で首相の経済顧問に迎えられた。

森嶋通夫はLSEでウォルターズの同僚だった。『サッチャー時代のイギリス』（岩波新書）で森嶋は、ウォルターズは経済学者としてはさしたる実績がなかったこと、フリードマンの支持者だったことをかなり辛辣な筆致で指摘している。

森嶋の分析によると、サッチャー改革の特徴は、脱工業化とサービス産業化を強力に推進した点にあった。「工業が荒廃し、金融機関（シティ）が繁栄するという、ケインズが憂えていた事態」が生じたといい、「サッチャーは、工業、したがって労働者を棄て、金融資本に与した」と結論づけている。森嶋によれば、ケインズは産業家と労働者は対金融界では運命共同体であるとみなし、産業家側の立場に立って政策を立案した。ケインズの影響を払拭しようとしたサッチャー首相は金融界側の立場に立ったため、労働者と対立したばかりでなく、産業家ともしばしば対立した。反ケインズ経済学に支えられたサッチャリズムが、実際にケインズが憂慮した事態を招いたという解釈は興味深い。

アメリカでは、イギリスのサッチャリズムに呼応してロナルド・レーガン（1911―2004：大統領在任1981年1月―1989年1月）がレーガノミックスを推進した。「現在の危機において、政府なるものはわれわれの抱える問題に対する解決とはならない。政府こそが問題なのである」

大統領就任演説でレーガンが口にした言葉は、カリフォルニア州知事時代から親交を深めていたフリードマンの主張そのものだった。

フリードマン思想を体現したともいえるレーガノミックスはアメリカに何をもたらしたのだろうか。レーガン政権の幕が閉じたあと、アメリカ・ケインジアンを代表するジェームズ・トービンが「『憐れむべき巨人』となった米国」（『エコノミスト』1992年4月6日号）で検証している。〈一九八〇年の大統領選挙の結果、アメリカの経済政策は根本的に変わってしまった。元々、米国の選挙が社会をガラリと変えてしまうことはめったになく、対立政党が政権を奪った時でさえ、選挙キャンペーンとは裏腹に政策スタンスは微妙にしか変わらないのが普通であった。ところが一九八〇年にロナルド・レーガンが共和党大統領候補として指名を受けたことは、共和党が完全に同党の右派に圧倒されていることを象徴するものだった。伝統的なイデオロギー色のない正統的な共和党議員であったジョージ・ブッシュは、一九八〇年の指名選挙で争っていた時には、レーガンの考え方を「ブードゥー経済学（呪術の経済学）」と評していたが、レーガンが彼を副大統領に指名するや、レーガノミックスの信奉者と化してしまった〉

レーガン政権とそのあとを継いだブッシュ政権の共和党政権時代（1981年—1993年）を分析してトービンは、以下の点を指摘している。

・生産性の伸びが鈍く、実質賃金は停滞あるいは低下している。
・所得、資産の不平等が拡大し、貧困とホームレス化の現象が顕著である。
・米国の租税負担は、主要な資本主義国の中でもっとも低い水準となっている。
・減税と国防支出の大きな伸びが財政赤字を拡大させた。「小さな政府」を目指したレーガノミックスだったが、結果をみれば、膨張した防衛費によって財政支出は拡大しており、「意図せざるケインズ的政策」だった。ただし、防衛費以外は財政緊縮の対象となったため、公共部門は貧困化し、公共部門を支える地方の州政府の財政状態も悲惨である。

レーガン政権以降、アメリカで格差問題が深刻化した経緯は、むしろ現在ふりかえったほうが理解しやすいかもしれない。レーガン政権時代にアメリカは巨額の財政赤字、巨額の貿易赤字に陥ったため、当時は格差問題より「双子の赤字」問題がさかんに議論されていた。いずれにせよ、反ケインズ経済学者たちが唱えた政策は決して成功したとはいえない。

注目すべきは、アメリカの言論界の分類でいえば「リベラル」から「保守」へと、時代思潮を大転換させたレーガン大統領がそれ以前の共和党出身の大統領ともひと味ちがっていたということである。確認のため、もうひとりの経済学者の言葉も紹介しておこう。ニクソン大統領のもとで大統領経済諮問委員会の委員長をつとめた経験をもつハーバート・スタインがレーガン大統領について語っている。

〈一九八〇年までにアメリカは、一八九六年以来の、あるいはこれまで一度もみられなかったほど徹底的な、経済政策の右への転換の用意を整えた。これまで行われてきた政策は失敗だったという感情が、この四十年間でもっとも強まっていた。そして、その失敗した政策とは、伝統的な進歩主義の政策であった。そしてアメリカは、そのような徹底的な転換に深く専心する一人の大統領を選出した。彼は「現代的な」共和党員でも「穏健な」保守主義者でもなかった。これらの言葉は、彼の世界ではみせかけの進歩主義を意味するようになっていた〉(『大統領の経済学』日本経済新聞社)

こうした政治の動きを視野にいれれば、経済学における反ケインズの流行が、現実の世界に何をもたらしたかを俯瞰してみることができるだろう。流れを整理すれば、スタグフレーション問題を契機にケインズ革命に対する「反革命」を成就させたフリードマンら市場万能論者たちは、１９７０年代後半には主導権を握るようになり、１９８０年代にはサッチャー＝レーガンの市場原理主義的な国家改革のブレインとなると同時に、サッチャー＝レーガンに勢いを得てその立場を盤石なものとした。１９８０年代末から１９９０年代はじめにかけて、東西冷戦対立が資本主義国の社会主義国に対する勝利で幕を閉じると、「市場原理主義」は揺るぎない原則として認識されるようになっていく。

アメリカシロヒトリ経済学

前章で触れたように、サッチャー＝レーガン時代が始まる直前、宇沢は「保守化する近代経済学」と題する連載記事でアメリカ経済学界を批判した。このとき、感情的ともいえるほどの激しさで攻撃した新学説があった。「合理的期待形成仮説」である。

《私たちの大学からも多くの学生がアメリカの大学に留学しているが、その大部分の人々が「合理的期待形成の仮説」をメカニカルに使って、マネタリズム的な政策命題を正当化するという作業に従事することを強制されている》《私たちにとって差し当たって必要なことは、「合理的期待形成の仮説」に象徴されるような、アメリカの諸大学における経済学研究の内容を十分に検討、批判し、このアメリカシロヒトリ経済学を波打際で殲滅し、それが日本の経済学を汚染しないようにすることであろう》（『エコノミスト』1979年8月21日号）

アメリカシロヒトリは蛾《が》の一種で、害虫である。敗戦直後、アメリカ軍の軍需物資とともに日本に侵入してきたといわれ、関東を中心に繁殖したという。宇沢は、アメリカ産の新しい学説を害虫にたとえたわけである。宇沢が猛烈に批判した「合理的期待形成仮説」は、ロバート・ルーカスが唱えた学説だ。すでにのべたとおり、ルーカスはシカゴ大学でフリードマンの薫陶を受けた経済学者である。フリードマンは1977年にシカゴ大学を退任してスタンフォード大学のフーヴァー研究所に移るが、ルーカスは1974年にカーネギーメロン大学からシカゴ大学に移り、フリードマンが去ったシカゴ大学でもっとも著名な理論家となった。199

5年にはノーベル経済学賞を受賞している。

ルーカスは、経済主体が合理的に将来を見通して予想を立てるなら（経済学では「期待を形成する」と表現する）、ケインズが『一般理論』で展開した総需要を管理するという考えが成り立たないことを理論的に証明してみせた。経済主体が合理的判断にもとづいて最適化行動をとるというミクロ経済学の考えにもとづいてマクロ経済学の理論を打ち立てたことから、ルーカスの経済学は、「ミクロ的基礎をもつマクロ経済学」とも呼ばれるようになった。

ケインズは、集計量の関係を読み解くことでマクロ経済学という新しい領域を切り開いた。しかし、おもに集計量のあいだの関係を論じるマクロ経済学が、ミクロレベルの経済主体の行動とどのように関係しているのかがはっきりしなかった。つまり、ミクロ経済学とマクロ経済学のあいだに溝があったわけである。ケインズの後継者であるアメリカ・ケインジアンも、ミクロ経済理論とマクロ経済理論の斉合性を保つような理論を構築できていなかった。

ルーカスが「ミクロ的基礎をもつマクロ経済学」を打ち立てた結果、それまでの集計量のみに焦点をあてるようなマクロ経済学は、理論的に欠陥をもつとみなされ通用しなくなった。ケインジアンにも、「ミクロ的基礎をもつマクロ経済学」が要請されるようになったのである。

ルーカスは、ケインズ革命に対する「反革命（The Counter-Revolution）」を理論レベルで遂行した経済学者であり、「ミクロ的基礎をもつマクロ経済理論」の必要性を唱えたことで、理論経済学の世界を変えてしまったのである。ルーカスはフリードマンのように大統領に影響を及ぼすようなイデオローグではなかったけれども、経済理論の革新という点では、フリードマンを凌駕する影響力をもった。ルーカス自身が「マネタリスト」を自称していたことからもわかるとおり、必ずしも同じ学説を共有するわけではない恩師フリードマンとは、自由放任主義を導く経済学を強力に展開したという意味で同じ陣営に属していた。宇沢にとって、撃つべき「シカゴ学派」とは、フリードマン＝ルーカスのシカゴ学派だったのである。

ルーカスは1972年、合理的期待形成仮説を唱えた論文「Expectations and the Neutrality of Money（期待と貨幣の中立性）」を『ジャーナル・オブ・エコノミック・セオリー』に発表した。この論文は、ふたつの島の寓話という形式をとっている。

この寓話では、人は二期間だけ生きる（一期目は財を生産する「若者」、二期目は財を貨幣で購入する「老人」）。毎期一定数の人が生まれるが、どちらの島に生まれるかは確率的に決まる。ふたつの島には交流がなく、それぞれの島では需要と供給が一致するように価格調整が行われる。生産者がどちらの島で生産するかは、毎期ごとに確率的に決まる。一方で、政府は貨幣を消費者に渡すが、発行する貨幣量も確率的に決まる。確率分布は常に変わらず、人びとは確率分布の形状を正確に知っていると仮定される。

このきわめて抽象的な世界モデルでは、ふたつの不確実な要因が生じる。それぞれの島での供給量（生産量）が変動することからくる不確実性と、貨幣発行量が確率的に決まることによる需要関数の不確実性。重要なのは、価格が変動する原因が、供給量の変化から起きた「実物的な変動」なのか、貨幣量の変化から起きた「貨幣的な変動」なのかがわからないということだ。

生産者は、価格上昇が「実物的な変動」によるものだと判断すれば、生産量を増やすだろう。しかし、価格上昇が「貨幣的な変動」（物価が上昇しただけ）だとしたら、本来は生産量を増やすべきではない。こうした判断ミスは、しかし、次の期には修正される。次の期になると、人びとは前期の貨幣量の増減を知ることができるので、価格の変化が実物的なものだったのか貨幣的なものだったのかを判別できるからだ。

ルーカスは、ふたつの島の分析モデルを用いて、金融政策は短期的には有効であっても、長期的には無効となることを示した。人びとは物価水準が貨幣供給量に正比例すると予測するという仮定を置いていたので、マネタリズムの正当性を証明する理論だとみなされた。

フリードマンがマネタリズムをテコにアメリカ・ケインジアンの追い落としをはじめた際、宇沢は、フリードマンの弱点はマネタリズムの理論的な基礎を築けていない点にあると喝破していた。宇沢の指摘に対して、フリードマンが敏感に反応して宇沢にわざわざ便りまで寄越したエピソードは第13章「反革命（The Counter-Revolution）」で紹介した。

宇沢のマネタリズム批判の骨子は、ケインジアンがマクロ経済学を理論的なモデルを提示したうえで議論するのに対して、マネタリストはマクロ経済の全体像をどのように想定しているのかという肝心な前提をあきらかにせず、つねに部分的で個別的な分析に焦点をあてるということであった。ケインジアンのマクロ経済分析を批判しているからといって、フリードマンが説得力をもつマクロ経済の理論をもっているわけではないということを、早くから見抜いていたわけである。

ところが、理論経済学の表舞台にルーカスが登場して影響力をもつようになると、場面は転換する。合理的期待形成の仮説をひっさげてルーカスは、合理的に将来を予測して行動する個人を前提として展開されるマクロ経済を定式化することに成功した。「ミクロ的基礎をもつマクロ経済学」をルーカスが打ち立てた結果、今度は反対に、ケインズ経済学者が「ミクロ的な基礎がない」と批判されるようになったのである。

宇沢は、ルーカスが理論家として華々しく登場してきたことに意表をつかれた。なぜなら、フリードマンの愛弟子であるルーカスはかつて、宇沢の教え子でもあったからである。

ロバート・ルーカスは1937年にワシントン州に生まれた。シカゴ大学で歴史学の学士号を得た後、大学院で経済学部に転向した。理論家としては遅いスタートである。1964年にシカゴ大学経済学部で博士号を取得、カーネギーメロン大学の准教授、教授を経て、1974年にシカゴ大学の教授に就任した。

宇沢がシカゴ大学経済学部教授に就任したのは、ルーカスがシカゴ大学で博士号をとった1964年である。ただ、ルーカスは前年にすでにカーネギー工科大学（のちにカーネギーメロン大学）に移っていた。ルーカス本人が2001年4月5日の講演で、宇沢との関係を語っている。

〈わたしは1966年に、宇沢弘文がシカゴ大学で経済動学理論をテーマに開催していたワークショップに招かれました。ワークショップには若手理論家のなかでも最も優れた人々が参加していました。宇沢は理論を専攻する学生たちにとても大きな影響力があり、カリスマ性のある人物（a charismatic figure）でした。彼はわたしがシカゴ大学を卒業したのと入れ違いでスタンフォード大学からやってきました。宇沢のセミナーは夕食後も深夜まで一日中ぶっとおしで続きました。議論は騒々しくて情熱的でしたが、フレンドリーで建設的なものでした。発表者が話している途中で聴講者が黒板の前に進みでて、議論がいかに誤っているか示しながら手直しを助けようとする、そんな光景を思い出します〉（『Lives of the Laureates』第6版、The MIT Press：筆者訳）

ルーカスは１９６５年夏には宇沢と接触していた。その翌年に、宇沢が選抜する少数精鋭の若手研究者たちの仲間入りを許され、宇沢のワークショップに参加したのである。ルーカスにとって宇沢が「カリスマ性のある人物（a charismatic figure）」だったのは、まず第一に、世界でもっとも活躍している数理経済学者だったからである。『マクロ経済学はどこまで進んだか』（東洋経済新報社）でルーカスが語っている。

〈私は経済学を学び始めるまで社会科学がこれほど数学を使うということを知りませんでした。経済学を本格的に勉強しだして数学の必要性がわかり、それをとても気に留めるようになりました〉

シカゴ大学でフリードマンの教えを受け、シカゴ学派におけるフリードマンの後継者とみなされたルーカスだが、学問的系譜をたどるとフリードマンよりむしろ宇沢にきわめて近い。

宇沢とルーカスの関係を象徴しているのが、「Uzawa-Lucas Model」と呼ばれる分析モデルである。宇沢は１９６０年代半ば、シカゴ大学のセオドア・シュルツが唱えた教育投資の効果を成長理論に取り入れ、内生的成長理論と呼ばれる分析モデルを構築した。20年あまりのちにルーカスが宇沢の研究を踏襲する論文を発表すると、宇沢が先鞭をつけた内生的成長理論が脚光を浴びることになり、分析モデルは「Uzawa-Lucas」と冠されることになった。宇沢にとっては皮肉な命名としかいいようがないが、理論家ルーカスが宇沢の後継者の顔をもっていたことはまぎれもない事実なのである。

ケインズを葬ったルーカス

経済成長理論で新しい分野を切り開いた宇沢は、アメリカで多くの信奉者を従えていた。一番弟子と呼んでもいい存在が、デイヴィッド・キャス（1937―2008）である。スタンフォード大学時代から宇沢に師事していたが、宇沢が帰国すると、一時期東京に滞在して研究をつづけたほど親密な師弟関係を結んでいた。

宇沢ワークショップに参加したことで、ルーカスは宇沢が先導している動学理論の最先端の研究に触れることができた。とりわけ刺激を受けたのが、キャスの講義だった。メナハム・ヤーリ（ヤーリも当時の宇沢の教え子である）と著した共同論文について、キャス自身が解説する講義で、ルーカスはそのときはじめて、「世代重複モデル（The Overlapping-Generations Modelsを略して「OLGモデル」と呼ばれる）」を用いた動学モデルの存在を知った。この出来事がきっかけとなり、合理的期待形成仮説へと至る、ルーカス独自の経済学が花開いていくのである。

世代重複モデルというのはサミュエルソンなどが開拓した分析の手法で、もっとも単純なOLGモデルでは、経済主体（家計）として「若者」と「老人」という2種類のみが仮定される。ルーカスが合理的期待形成仮説を唱えた際、ふたつの島からなる経済を分析するために用いたのがOLGモデルだった。

もっとも、ルーカスを評して、「宇沢が耕した大地から芽を出した」とあえて表現するのは、宇沢ワークショップの恩恵を受けたからばかりではない。ルーカスは、恩師であるフリードマンについてこんなことをいっている。

〈私は数学と一般均衡論が好きですが、フリードマンはそうではありませんでしたね。フリードマンは一般均衡論を展開する舟に乗り遅れた、と私は思いますね（笑）〉（『マクロ経済学はどこまで進んだか』）

注目すべきは、「方法論の問題に関しては、あなたはフリードマン派ですか」との質問に、「その件に関しては、確かに私はフリードマン派ですね」とルーカスが答えていることだ。

ルーカスは、一般均衡理論を会得した数理経済学者であり、新たな動学理論を構築するなかで独自の経済学を展開していった。あきらかに宇沢の系譜に連なる理論家であり数理経済学者なのである。しかし、「経済理論の前提はかならずしも現実的である必要はない」と考える点では、明確にフリードマンの方法論を継承している。乱暴な言い方をすれば、宇沢の数理分析の分析手法、テクニックを吸収する一方で、フリードマンの「実証経済学の方法」にならって、現実妥当性を考慮しない理論前提を置いてもいいという考えを採用したわけである。

実際、合理的期待形成仮説は、究極的ともいっていい「ホモ・エコノミクス（経済人）」を前提にしている。経済活動に参加している個人は、それぞれに経済全体の構造を熟知していて、単なる市場価格ではなく、その確率的な分布まで知っていて計算を行い、自分にとってもっとも合理的な行動を選択する。こうした「人」を想定することが、果たして現実妥当性をもつのかどうか疑問におもうのは当然だろう。だが、フリードマンの「実証経済学の方法」にならえば、現実と適合しているかどうかは重要ではないのである。

経済学が前提にしている「ホモ・エコノミクス」を論理的極限にまで純化したルーカスは、

結局のところ、市場経済制度そのものを否定してしまう矛盾に陥ったのではないか――それが宇沢の感想だった。なぜなら、もしもルーカスが想定するように、それぞれの個人が正確な知識や情報をもち、膨大な計算であっても瞬時に行う能力をもっているようなら、市場制度をつくって機能させる必然性がなくなってしまうからである。

ルーカスは誰もなしえなかった形で「期待」を数学的に定式化することに成功し、新たな経済学を切り開いたが、ルーカスの「期待」に対する考えは、ケインズの考えと相容れないものだった。「期待」は時間の概念を経済理論にどのように導入するかの試金石となる問題であり、経済分析の核心にかかわる問題である。ケインズは、「期待」が果たす役割をきわめて重要視していたが、将来が「未知の領域」であることも同時に強調していた。『ケインズ』（岩波新書）のなかで、伊東光晴がケインズの時間に対する考えをわかりやすく解説している。

〈ケインズは「クォータリー・ジャーナル」にのった『一般理論』についての書評に答えてつぎのようにいっている。古典派経済学は「未来のことはほとんどわからないという事実を捨象して、現在を取り扱おうとするきれいな上品な技術の一種であることこそわたくしがこれを批判する理由である。」将来はどうなるかわからないのに、将来の利益と不利益とが確率的に現在とらえられると考え――将来のことは現在すべてわかっており、おりこみずみであるとして理論を立てるか、将来の変化は無視してよいと考えることによって――理論をつくっている。しかし現実の社会は、将来何がおこるかわからない社会である。利子率も将来上るかもしれない。だから、安全性を求めて投資家は現金で富を持とうとするのに、伝統的な理論は将来の利益と不利益はちょうど快楽と苦痛のように計算できるという「ベンタム流の都合のよい計算を背後に持ち合わせている」のである、と。

『一般理論』以後、ケインズの正流を継ぐ少数のイギリスの経済学者以外は——とくにアメリカの経済学者は——流動性選好説の意義を無視する。しかしケインズにあっては、この〝反ベンタム主義に支えられた経済に対する見方〟が『一般理論』を支えた柱だった。将来のことはどうなるかわからない。だから投資家は資産を現金の形で持つ。危険性があればあるほど、よほど利子率が高くないと投資をしない。したがってこの投資家の行動が利子率を高め、社会全体の投資の量を少なくしている。その結果、有効需要は少なくなり失業が生まれる。失業の原因は、投資者階級の安全性を求める「貨幣愛」である。これが当時の経済状態に対するケインズの認識であった。

ところがもしも、将来がすべてわかるベンタム的な社会であったならばどうであろう。将来の利子率の変化もすべて判明し、現在の利子率はそれに調整されて変化し、今債券を買っても決して損をしないようになる。将来が無視できる社会と同じである。その結果はすべての富、資産は投資される。貯蓄も当然投資されて、現金のままで持たれることはない。その結果はどうであろうか。——つぎに述べるようにセー法則の経済があらわれるのである〉（筆者注：「古典派経済学」はほぼ新古典派経済学を指す。「ベンタム」は、「最大多数の最大幸福」を説いた功利主義哲学の創始者ジェレミー・ベンサム。「快楽」と「苦痛」を計算して行動する「ホモ・エコノミクス（経済人）」は、ベンサム的な功利主義にもとづく人間観でもある）

伊東の『ケインズ』が出版されたのはルーカスが表舞台に登場するずっと前の1962年で

ある。「将来がすべてわかるベンタム的な社会」について語っている最後の段落はまるで合理的期待形成仮説を論じているようで興味深いが、見方をかえれば、ケインズの考え方を覆すためには、「将来がわからない」という重大な問題をできるだけ小さな問題として扱う必要がある。究極的な合理的経済人の仮定には、そうした意図があると解釈することも可能だろう。実際、ルーカスは合理的期待形成仮説によって、ケインズが葬った「セイの法則（供給はみずからその需要をつくりだす）」を生き返らせ、自由放任の経済学を蘇生させた。ルーカスの経済学は「新古典派（Neo classical）」とも区別され、「新しい古典派（New classical）」などと呼ばれた。

いずれにしても、宇沢は、「宇沢流の分析テクニックと、フリードマン流の理論前提」という奇妙な組み合わせをもつルーカス経済学を承認しなかった。いくら「期待」を見事に定式化できたとしても、現実妥当性のない前提から出発した経済学を認めることはできない。そのことによって自由放任主義を蘇生させたのなら、なおさらである。宇沢の薫陶を受けた経済学者の浅子和美は、「宇沢先生はルーカスをはげしく批判するあまり、（数理経済学という）得意な領域で自分の手を縛ってしまったんじゃないかな」ともらしたが、おそらく図星だろう。

敗北

宇沢はルーカスの学説を厳しく批判してはいたが、教え子でもあるルーカスと会えば、穏やかに会話を交わす仲でもあった。ただ、めずらしく公の場で、ルーカス個人を批判するような発言をしたことがあった。２００７年11月３日に早稲田大学で講演したときだ。

「社会的共通資本と企業」という演題にもかかわらず、唐突にシカゴ学派批判を始めたのにはわけがあった。当時、アメリカは金融恐慌前夜の状態（翌年九月にリーマン・ショックが起きる）に陥っていた。１９８０年代以降、自由放任主義が浸透した結果、市場原理主義的な政策の帰結として、恐慌の危機が訪れたのだった。

宇沢は、アメリカの金融危機にシカゴ学派が深く関係していることを訴えるためにシカゴ学派批判をしたのだが、経済学者を対象にした講演ではないので、ほとんどの聴衆はロバート・ルーカスが何者なのかわからなかった。それでも、宇沢は構わずしゃべった。

「じつは、その人はわたしがシカゴにいたときの学生でした。彼は投資の問題をディサテーション（博士論文）で考えていたのです。当時わたしは、新古典派的な投資理論ではなくて、ヴェブレン的な企業の概念を中心にして、投資の理論をつくりあげていました。ルーカスはそのわたしのテクニックだけをとってディサテーションを書いた人です。非常に器用な人で、他の大学にいたのですがどうしてもシカゴ大学に帰りたくて、しかも金融論の教授になりたくて、合理的期待形成の論文を書いた。それは当時フリードマンが主張していた貨幣数量説に『厳密な証明』を与えたと位置づけられました。

フリードマンはこういう信念をもっている人でした。経済学の論文が良い論文かどうかということは、その前提条件はどうでもよく、『貨幣数量説は正しい』という結論を導き出す論文が良い論文だ、と主張していました。ルーカスは無事に成功して、シカゴ大学の金融論の教授となりました」

ルーカスは「ミクロ的基礎をもつマクロ経済理論」を築いたことで高く評価されたが、じつは、世界でもっとも早い時期にこのテーマに挑み、成果を挙げたのがほかならぬ宇沢なのである。すでにくわしく紹介した、ペンローズ効果を定式化した投資理論である。

ミクロレベルの企業の最適化行動からマクロレベルの投資の理論を構築した宇沢は、理論経済学者たちから絶賛された。「ミクロ的基礎をもつマクロ経済理論」の構築に向けて、先陣を切る実践だったからである。宇沢の試みをはるか後方から見ていたルーカスは、宇沢から直接影響を受け、指導を受けながら、ミクロ的基礎をもつマクロ経済理論という課題に取り組んだのである。しかしながら、「ミクロ的基礎をもつマクロ経済理論」に挑んだルーカスについて、当の宇沢は、「わたしのテクニックだけをとって」と非難したわけである。

実際、ふたりが向かった方向は正反対だった。宇沢が市場の不均衡状態をどのように定式化して経済分析に取り込むかを模索したのに対して、ルーカスは究極の均衡理論を築いていった。「ミクロ的基礎をもつマクロ経済理論」という同じテーマに向き合いながら、ふたりの距離は広がっていくばかりだった。そして、客観的にみれば、軍配はルーカスにあがった。

「保守化する近代経済学」の流れのなかでは、不均衡動学理論に挑戦する宇沢に目を向ける観客は少なく、ミクロ理論とマクロ理論を貫く均衡理論を打ち立てたロバート・ルーカスのほうに大勢の観客がついた。「ミクロ的基礎をもつマクロ経済理論」という課題はルーカスが先導することになり、ふたたび均衡分析が経済理論の中心に居座るようになった。「短期分析はケインズの理論、長期分析は新古典派経済学」というアメリカ・ケインジアンの折衷をも否定したルーカスは、より純粋で先鋭的な新古典派経済学のほうへと理論を発展させていったのである。

『マクロ経済学のフロンティア　景気循環の諸モデル』（東洋経済新報社）でルーカスは、ミクロ的基礎をもつマクロ経済理論は、動学的最適化理論と確率的制御理論を一般均衡理論の枠組みのなかで統合する方向に進んでいく、と託宣を下している。実際、ルーカスの理論が広く受けいれられるようになると、政策をつくる際などに利用できるマクロ経済モデルの研究でも、ケインズ型の計量経済マクロモデルから、動学的確率的一般均衡モデル（Dynamic Stochastic General Equilibriumを略して「DSGEモデル」と呼ばれる）へと関心が移っていった。

経済学を川にみたてれば、理論の研究は源流にあたる。理論に革新が起きれば、川全体（経済学）の水質が変化していく。宇沢が耕した動学理論研究の土壌で育ったルーカスは、ミクロ的基礎をもつマクロ経済理論を打ち立てると同時に、宇沢がもっとも重視した「社会的な視点（from The Social Point of View）」を経済学から放逐してしまった。それぞれの経済主体の最適化行動から、マクロ経済の均衡が達成されるという〝理想〟が保証されるのであれば、「社会的な観点」を経済学に持ち込む必要もなくなるからだ。

ルーカスがミクロ的基礎をもつマクロ経済学を提示した結果、ケインズ経済学者も経済主体の最適化行動とマクロ経済学がどのように関係しているのかを明示しなければならなくなった。若いケインズ経済学者を中心に合理的期待形成仮説を取り入れながらケインズの理論を展開しようという動きがでてきて、「ニュー・ケインジアン」と呼ばれるようになった。詳しい話には立ち入らないが、ルーカスらとニュー・ケインジアンのちがいは結局、一般的には、総供給曲線の形状のちがいで整理されることになった。ニュー・ケインジアンはルーカスらに引っ張られる格好となり、有効需要理論を唱えて需要の分析、不均衡の分析を重視したケインズの趣旨から離れていった印象はいなめなかった。

「非自発的失業など存在しない」

宇沢の薫陶を受け、イエール大学に留学してからはトービンに師事した吉川洋が、イエール大学大学院生時代の体験を『ケインズ』(ちくま新書)で紹介している。吉川が大学院生だった1977年、ルーカスの合理的期待形成学説はすでにアメリカの主要大学に浸透していた。イエール大学にはアメリカ・ケインジアンの大物トービンがいたため、かろうじてケインズの経済学が生き残っているという状態だった。

イエール大学でルーカスがセミナーを開催した際、ある助教授が「非自発的失業」についてたずねると、ルーカスはこう言い放ったという。

「イエールでは未だに非自発的失業などとわけのわからぬ言葉を使う人が、教授の中にすら居るのか。シカゴではそんな馬鹿な言葉を使う者は学部の学生の中にも居ない」

最悪時には25%もの失業率を記録した1930年代の大不況に話がおよんでもルーカスは、人びとは職探しに「投資」していたのであって、当時も「非自発的失業者」はまったく存在しなかったと持論を展開した。聞いていたトービンは少し興奮した口調でルーカスに反論した。

「なるほどあなたは非常に鋭い理論家だが、一つだけ私にかなわないことがある。若いあなたは大不況を見ていない。しかし私は大不況をこの目で見たことがある。大不況の悲惨さはあなた方の理論では説明できない」

1918年生まれのトービンは失業者があふれかえっている恐慌下のアメリカを体験しているので異議を唱えたわけだが、それでもルーカスの経済学には、ケインズのいう「非自発的失業」が存在する余地はなかった。サッチャー首相、レーガン大統領が誕生する以前に、経済学界内ではすでにこうした状況が生まれていたのである。吉川が解説している。

〈一九八〇年代に入ると「ケインズ反革命」はさらにエスカレートした。「リアル・ビジネス・サイクル理論」という理論が登場したのである。この理論によれば景気循環は新古典派的な均衡そのものの変動に他ならない。フリードマンやルーカスは失業率が一〇％にもなるような状態では、「自然失業」を上まわる失業が存在する、つまり職探しという「投資」が過大に行われている、と考える。そしてケインズ的な金融政策を止めマネー・サプライの成長率を安定させることによりこうした問題は解決できる、と主張した。これに対してリアル・ビジネス・サイクル理論によれば、失業率が五％であろうと一〇％であろうと、それは全て均衡の失業率つまり「自然失業率」そのものの推移に他ならない。現状は常に最適状態であり、景気安定化に関して政府に出来ることは何もないし、そもそもその必要もない。すべからく現状を肯定するリアル・ビジネス・サイクル理論は新古典派経済学の「終着駅」と言うべきものである〉（『ケインズ』）

吉川は「リアル・ビジネス・サイクル理論」を「馬鹿馬鹿しい楽天的マクロ経済学」と批判しているが、この理論を構築したエドワード・プレスコットはルーカスと共同研究をしたこともあり、ふたりは親しい友人だった。「リアル・ビジネス・サイクル理論」の功績が認められ、プレスコットは２００４年にノーベル経済学賞を受賞している。

ルーカスが理論家集団の先頭に立って旗を振り、プレスコットたちがその周囲を固めるような状況が出現するにおよんで、宇沢は「理論の最前線」からはっきり遠ざかるようになった。

宇沢はルーカスに大きな影響をおよぼしたが、ルーカスもまた、宇沢の行動に決定的な影響を与えていたのである。

理論経済学のなかで一時代を築いたルーカスには、興味深いエピソードがある。

ルーカスが頭角を現すのはカーネギーメロン大学時代だが、最初の共同研究者となったのがレナード・ラッピングだった。同世代のふたりはアメリカ・ケインジアン批判の号砲となったフリードマンの「金融政策の役割」に刺激を受けながら、「価格期待とフィリップス曲線」「実質賃金、雇用およびインフレーション」という共著論文を1969年に著している。

ラッピングもルーカスと同じくシカゴ大学でフリードマンの薫陶を受けており、フリードマンの『資本主義と自由』が座右の書だった。「フリードマン信奉者（Friedmanite）」だったとラッピング本人が回想している。

ラッピングに1年遅れてカーネギーメロン大学にルーカスがやってくると、ふたりはすぐに意気投合し、毎日何時間も話し合うほど親密になった。ところが、ラッピングがベトナム戦争に関心を持ち始めたことで、ふたりの協働作業は終わりを迎える。ラッピングがインタビューで当時を回想している。

〈わたしはベトナム戦争が誤った戦争であることに思い至りました。戦争には正当性がない、アメリカは帝国主義的な強国だ、という結論に達したのです。そうした認識はわたしを幻滅させました。シカゴ（大学）で受けた教育は、グローバル・システムに真摯な態度で言及するということがありませんでした。シカゴ（大学）の教育は、ほか（の大学）と同じように、閉鎖経済についての教育でしかありませんでした。わたしが憂慮していたさまざまな問題、すなわち外交政策や軍事力、戦争について考える際、シカゴ（大学）の世界に対する認識は適切ではなかったのです。だからわたしは、（シカゴ大学の）伝統を振り返るべく、ヘンリー・サイモンズを読み直してみました。サイモンズの考えは非常に明快でした。国内の民主主義と、（1938年に存在していたような）海外の帝国を同時に成り立たせることはできない。かつて、サイモンズは多くのシカゴ（大学）の人々にとって導師のような存在でした。しかし、（現在の導師である）フリードマンは外交政策についても、防衛費についても、そして、アメリカのシステムについても語りませんでした。だから、わたしは自分にできるただひとつのことを実行した。シカゴ経済学（Chicago economics）を捨てたのです。しかし、シカゴ経済学を捨てたことによって、知的な空虚感にさいなまれることになりました〉（『The New Classical Macroeconomics: Conversations with New Classical Economists and Their Opponents』：筆者訳、〈ヘンリー・サイモンズ〈1899―1946〉はフリードマンよりひとまわり上の世代のシカゴ大学教授）

ラッピングが関心をもつような問題に、親友のルーカスは興味を示さなかった。ラッピングはルーカスと疎遠になっただけでなく、同僚たちとも話があわなくなり、カーネギーメロン大学の正教授の地位にありながら、1973年に大学を辞職してしまった。ほとんど無名といってもいい大学に職を得たものの、信奉していたシカゴ学派の経済学を捨てたことで空虚感にさいなまれ、妻とは離婚、しばらくは論文も書けなくなってしまう。その後、ケインズの経済学に接近していくことになったが、九一年に急逝している。

ラッピングが劇的に「転向」した理由を考えるとき、国防総省での勤務体験が目をひく。ラッピングは、ベトナム戦争時に国防次官補をしていた経済学者のアラン・エントフォーヘンの特別秘書（special assistant）をしていたことがあった。アラン・エントフォーヘンといえば、宇沢がベトナム戦争を批判するとき、マクナマラ国防長官とならんで必ずと言っていいほど名指しで批判した経済学者だ。たとえば、アメリカ政治が専門の斎藤眞と対談した際、宇沢はこんな発言をしている。

《当時、象徴的なことですが、若い経済学者たちが国防省に入って、戦争遂行の効率化という作業に従事した。そのなかでいちばん代表的だったのは、アラン・エントフォーヘンという若い新古典派の経済学者が、三十二歳で国防次官補になった。そして戦争の効率化をマクナマラのもとでやったわけです。そのとき彼は、「キル・レーシオ」という概念を開発したといわれている。それは、「ベトコン」一人殺すのにいくらかかるかということを計算して、国防費を効率化することによってできるだけ最小にしようとするものです。その基準として「キル・レーシオ」をつくった。

当時、「ベトコン」一人殺すのに三〇万ドルかかる、それが最小の費用だとハジキ出す。それで非常に問題になったことがあります。当時、「ベトコン」一人三〇万ドルという額が問題になったんですが、私はそもそもその概念自体が冷血だと思った。エントフォーヘンはすぐれた、有能な経済学者ですが、彼が「キル・レーシオ」を開発したということは彼自身の問題というよりは、経済学、あるいはアメリカ社会の問題として狂気に近い状況になっていたのではないかという印象をもった》（『現代経済学への反省』）

「有能な経済学者」といっているのはお世辞ではなく、エントフォーヘンは宇沢の恩師ケネス・アローと共同研究していたこともあり、宇沢のごく身近にいた経済学者だった。ベトナム戦争に深くかかわったエントフォーヘンはその後、サッチャー首相の改革にも協力している。

私が知るかぎりでは宇沢がラッピングに言及したことはなかったが、ラッピングは袂を分かつまではルーカスと始終行動をともにしていたから、宇沢と面識があったとしても不思議でない。ラッピングは、宇沢をよく知っていたはずだ。ベトナム戦争に反対して「フリードマン信奉者」をやめたラッピングが不遇のうちに急逝したエピソードは、宇沢がかたくななまでにルーカスの経済学を拒絶したことと無関係にはおもえないのである。

青木昌彦の回想

「一時完全に経済学と別れた時期が、10年ぐらいある」

この宇沢の発言の、本当の意味を探ることが本章の目的だが、ここでアメリカ滞在時代の宇沢、日本に帰国してからの宇沢、両方の宇沢をよく知る人物に登場してもらうことにする。第10章「二度目の戦争」で登場した青木昌彦である。

宇沢より10歳若い青木は、宇沢の次の世代を代表する日本人経済学者として国際的に活躍した。京都大学、スタンフォード大学の教授を歴任、国際経済学連合（ＩＥＡ）の会長もつとめた。２０１５年7月に77歳で世を去っている。

青木は１９３８年、三井物産につとめる父親の勤務地だった名古屋で生まれた。私立湘南学園中学、都立小山台高校をへて東京大学に進学した青木を待ち受けていたのは、波瀾万丈の学生生活だった。共産主義者同盟、通称「ブント」の創設メンバーとなったからである。「ブント」の名づけ親は青木だったのだが、ブントは当時、学生自治会の全国組織である全学連（全日本学生自治会総連合）を主導していた。

日米安全保障条約の改定に反対する全学連は岸信介内閣と対峙、ブントは「60年安保闘争」の主役となった。当時の全学連委員長は唐牛《かろうじ》健太郎、青木は宣伝部長だった。ブントの仲間にはのちに経済学者となり、東大教授を辞してから保守派の論客となった西部邁もいた。１９６０年１月、岸首相の訪米を阻止しようと、学生たちが羽田空港内にバリケードを築いた際、現行犯で逮捕された学生のひとりが青木である。

理論家肌の青木は「姫岡玲治」のペンネームで『日本国家独占資本主義の成立』（現代思潮社）を著したりしたが、60年6月に参議院の議決がないまま日米安保条約が自然成立すると、ブントはあっけなく崩壊した。レーニンにあやかってペンネームを「玲治」とした青木だったが、学生運動から離れるとマルクスと決別した。

東大経済学部の大学院に進んだ青木の進路を決定づけたのが、ケネス・アローとレオニード・ハーヴィッツである。

「経済計算論争では、オスカー・ランゲらとハイエクらが論争を繰り広げました。アローとハーヴィッツの論文は、この論争をもう一度別の角度からとりあげたようなものでした。計画経済が目的とすることは、価格メカニズムを使って達成することができるという内容です。つまり、ソ連の計画経済のように権力とか情報を集中させるのでなくて、個人の私的なインセンティブにもとづいた分権的な市場の可能性を探ったわけですね。

ぼくは学生運動をやっていたときから、ソ連の共産主義や日本の共産党の権威主義を批判していました。だから、分権的な可能性、権力を分散して個人のインセンティブで——という論文に魅せられたわけです。情報をひとつの所に集中させて計画問題を解くのとは違う方法で、よりエフィシェント（効率的）にできる可能性があるという論文だったから」

アローとハーヴィッツは、青木の憧憬の対象だったという。スタンフォード大学の研究室で青木に取材した際、印象深い場面があった。質問をはじめようかという矢先、「ちょっと待ってくださいね」と立ち上がると、本棚の前で本を探しはじめた。「あった、あった」とつぶやいて携えてきたのは読み込んだあとがうかがえる古びた専門書だった。宇沢の初期の論文が掲載されているページを開きながら、青木が解説してくれた。

「あまりほかの人は注目しないんだけど、ぼくは宇沢さんの論文のなかではこれが一番好きでね。ほんとうにすごい論文なんですよ。これなんかハーヴィッツといっしょに考えたんじゃないのかな」

論文は消費者選好に関する理論で、たしかに宇沢は注記でハーヴィッツへ丁寧な謝辞をのべていた。アローとハーヴィッツの共同研究者「Hirofumi Uzawa」もまた、青木のヒーローだったわけである。アメリカ経済学界における宇沢の存在を青木はこんなふうに表現した。

「数理経済学の最先端で活躍して、あそこまで尊敬された経済学者は日本人ではあとにもさきにも宇沢さん以外にはいない。ぼくはそう思いますけどね」

ミネソタ大学で博士号を取得したあと、青木はハーヴィッツの共同研究者であるケネス・アローのいるスタンフォード大学に赴任した。今度はアローに師事した青木はアシスタント・プロフェッサー（助教授）をつとめ、アローがハーバード大学に移籍すると、ハーバード大学のアシスタント・プロフェッサーとなった。帰国して京都大学に赴任したのは1972年4月である。

経歴からわかるとおり、青木はアロー、ハーヴィッツと近しい関係にあった。青木にぜひとも聞きたかったのは、宇沢が渡米してアローやハーヴィッツの仲間となったばかりのころの研究とその動機についてだった。

「宇沢さんもぼくと同じような関心があったようですね。社会主義経済計算論争では、ミーゼスやハイエクは、価格がなければ財の希少性などの情報を伝達する手段がないから、社会主義は経済的に可能でないと主張した。一方のオスカー・ランゲやアバ・ラーナーは、社会主義でも価格を使えばいいじゃないかと主張しました。社会主義では、中央計画当局が価格を上げたり下げたりするわけですね。

アローとハーヴィッツの貢献は、グラディエント・メソッド（勾配法）というマセマティカ・プログラミングを用いる方法を経済学に導入したことです。制約式のパラメーターが価格みたいに動くので、価格メカニズムをシミュレートするように動くわけですね。

勾配法で培われた理論は、一般均衡理論の解の安定性の議論に応用できる。（価格メカニズムによって）任意の均衡に近づいていけるかどうかという、スタビリティ（安定性）の議論ですね。だから、宇沢さんも安定性に関する仕事もしています」

アローやハーヴィッツの研究の〝思想的な意味合い〟について、青木は興味深い解説をした。

「オスカー・ランゲの場合、政治的には社会主義者だったわけでしょう。シカゴ大学の教授もしていたけど、じつはハーヴィッツさんはランゲの助手だったんですよ。ランゲはポーランドで革命が起きるとポーランドに帰国し、ポーランドの国連大使になる。（ポーランドの）共産党にコミットしていたわけです。

ハーヴィッツさんはポーランド出身（筆者注：生まれはモスクワ）なんですけど、彼はユダヤ人です。ポーランドでのユダヤ人差別はひどかったようですね。ぼくの大好きな映画監督に（ポーランドの）アンジェイ・ワイダがいる。ワイダ監督の『灰とダイヤモンド』について、『あの映画はいいですよね』とハーヴィッツさんにいったら、苦虫かみつぶしたみたいな顔をして、『ポーランド人がいい映画をつくるなんておもえない』って。奥さんからも『ポーランドから来たからって、ポーランドが好きだとはかぎらないのよ』とたしなめられてね（笑）。

ハーヴィッツもそうだけど、アローもユダヤ人ですからね。彼らはランゲのような正統派の共産主義じゃなく、むしろそういう権威主義的な経済制度に代わるリベラルな分権的な社会がありうるかどうかということを考えていたわけですね。それはミーゼスやハイエクの主張ともまた違って、いわば『リベラル』です。だから、アローはいまもってハイエクに対しては批判的ですよ。地図的にいえば、ハイエクやミーゼスはポリティカルに共産主義反対、ランゲは共産主義擁護。そして、アローやハーヴィッツは非常にリベラル。個人の自由、個人のインセンティブを強調するというような意味でね」

アローとハーヴィッツは一般均衡解の存在を証明した記念碑的論文に代表される初期の一連の研究では、「分権的な市場社会主義」の可能性を探求していたということになるのだろうか。そう質問すると、青木がかぶりをふった。

「いや……ぼくはやっぱり、個人主義の可能性だとおもいますよ。ハーヴィッツさんの経済学への重要な貢献がありましてね。経済制度を与件として考えるのではなく、選択が可能な変数として考えないといけないと。その際に三つの評価（の尺度）があって、パレート効率性、情報の効率性、そして、インセンティブ・コンパティビリティ。

インセンティブ・コンパティビリティというのは、インセンティブとの両立性ということです。個人個人がインセンティブに基づいて行動することが、社会的な利益と一致しているかというようなことですね。インセンティブ・コンパティビリティは80年代以降に経済学では非常に重要な概念になりました。情報の経済学とか契約の経済理論などでは、インセンティブ・コンパティビリティという言葉が重要なクライテリア（基準）になっています。

ぼくは、宇沢さんが一番仲がよかった経済学者はハーヴィッツさんだとおもいますよ。ハーヴィッツさんに会いにしょっちゅうミネアポリスに来てました。ハーヴィッツさんは宇沢さんをものすごく評価していたし、ふたりは最高の友人関係、人間関係だったんじゃないかな。

ハーヴィッツさんは一貫して制度というものを経済メカニズムとして捉える研究をし、インセンティブ・コンパティビリティの概念もそこから生まれたわけです。彼は宇沢さんと共同研究をしたがっていたとおもうけど、どういうわけか宇沢さんはこの領域には入ってこなかったですね」

「ジョーン・ロビンソン事件」

レオニード・ハーヴィッツはメカニズム・デザイン論の理論的な基礎を確立した貢献により、２００７年にノーベル経済学賞を受賞した。宇沢より11歳上のハーヴィッツは歴代最高齢受賞者となり、翌年に90歳で世を去った。ハーヴィッツが提唱したメカニズム・デザイン論について、『ノーベル経済学賞』（講談社選書メチエ）で経済学者の寺尾建がわかりやすく解説しているのでそのまま引用させてもらう。

〈ハーヴィッツによって示されたことは、「市場メカニズムは、ありうる資源配分のメカニズムのうちの一つである」ということ、そして、「中央集権的な計画経済は、経済主体のインセンティブを考慮も活用もしないがゆえに、資源配分メカニズムとしての持続性と情報の効率性の点で劣る」ということである。このように、ハーヴィッツは「市場原理主義」を相対化する一方で「計画経済」もあわせて相対化し、「見えざる手」一辺倒でもなく、かといって「見える手」一辺倒でもない経済学の可能性を切り拓く「メカニズムデザイン」の基礎を構築したのである。

それでは、「見えざる手」一辺倒でもなく「見える手」一辺倒でもないものとは具体的には何かといえば、それは例えば、企業組織や政治的な統治システムである。なぜなら、それらには、構成員の自由意思による判断や行動が一定以上は担保されているという意味において「分権的」な側面があり、そして同時に、設計者（デザイナー）による意図が一定以上は実現されるように制度設計がなされているという意味において「中央集権的」な側面があるからである〉

メカニズム・デザイン論が『市場原理主義』を相対化する一方で『計画経済』もあわせて相対化」する経済理論であるなら、ハーヴィッツが宇沢と共同研究することを切望していたとしても不思議ではない。社会的共通資本の理論と、方向性において大きな矛盾は生じないだろうからだ。一般均衡理論を極めたハーヴィッツと宇沢が、むしろ市場原理主義、計画経済のどちらをも相対化する道を選んだことは特筆に値するだろう。アローにもあてはまることだが、一般均衡理論を深く研究した者は、純粋理論の世界と現実の世界をごっちゃにするような議論は絶対にしないものである。

宇沢とハーヴィッツは家族ぐるみのつきあいをしていたが、宇沢の妻浩子によると、ハーヴィッツ自身は宇沢との違いをこんな比喩で語っていたという。

「ヒロが騎兵だとすると、わたしは歩兵なんだよ」

青木は、宇沢がアローやハーヴィッツに劣らず徹底した個人主義者の顔をもっていたことを強調した。たしかに、左翼思想に共感していた若かりしころも、宇沢が組織に属そうとしたことは一度もなかった。戦後まもない東大生時代、上田建二郎(不破哲三)と親しく交わりながら、共産党には入党しなかった。新左翼「ブント」の指導者だった青木に意見を求めると、明快な答えがかえってきた。

「ポジティブな意味で、いい意味で個人主義者だからじゃないかな。組織に入って何かをやるというよりも、自分という個人を大切にする。宇沢さんにはいい意味での個人主義があったとおもいますよ。だからこそ、ケネス・アローとかロバート・ソローとか、アメリカの傑出した経済学者たちと本当の意味で人間的なつきあいができた。『強い個人』というものが、一方では宇沢さんにはあるわけです。それに、彼は情熱家だけど、オルガナイザーじゃないからね」

青木は、宇沢が一般均衡理論のような純粋な数理経済学から経済成長理論へと関心を移した事情はよくわからないとしながらも、大きく変貌を遂げていく際のキーパーソンがジョーン・

ロビンソンだったことは間違いないと断定的に言った。

じつをいうと、青木と宇沢の関係がこじれたきっかけが、まさにロビンソンをめぐる、ある出来事だった。

宇沢はロビンソンの著書2冊を翻訳している。『異端の経済学』(日本経済新聞社、1973年)と『現代経済学』(岩波書店、ジョン・イートウェルとの共著、1976年)である。

青木は、宇沢がロビンソンの『Economic Heresies(異端の経済学)』の翻訳を手がけるということを事前に知り、「翻訳はやめたほうがいいですよ」と声をかけた。ところが、それが宇沢の逆鱗に触れたのである。話すべきかどうか戸惑うかのようにぽつりぽつりと青木が回想した。

「色をなして怒られてね。余計なことをいうなとおもったんでしょうけど……なんかすごく気色ばんでおられましたね。だからやっぱり……『ロビンソンにコミットする』と覚悟をしたんじゃないのかなあ……『自分はロビンソンにコミットするんだ』と」

宇沢を押しとどめようとしたのは、翻訳者になると公式にロビンソンにコミットしたことを表明することになり、「後戻り」できなくなると考えたからだった。もっとも青木は、宇沢が訳した『異端の経済学』が出版されると、同書を肯定的に評価してもいた。宇沢への忠告は、アメリカ経済学界の内情をよく知るがゆえの配慮だったのだろう。なにしろ、ロビンソンはソローやサミュエルソンらアメリカの経済学者たちと資本論争で激しく対立していたのだから。

しかし、助言は裏目に出た。感情を昂ぶらせた宇沢は、激しい口調で青木をしかりとばしたのである。よほどショックだったのだろう、この出来事を「ジョーン・ロビンソン事件」と青木は呼んでいた。

「(宇沢は)ジョーン・ロビンソンに巻き込まれてしまった」という言葉を青木が口にしたので、宇沢がロビンソンに与した事態を否定的に捉えているのかと確認すると、「そのとおり」という答えがかえってきた。苦い体験をふりかえりながら青木は、アメリカ滞在時代と日本に帰国してからの宇沢の著しい違いについて、「経済学の話をしなくなった」事実を指摘した。

宇沢は、ビールが大好きである。授業やセミナーが終わったあと、酒場に場所を移しての「宇沢の講義」は教え子ならば、みな体験している。スタンフォード大学にいるころ、宇沢のお気に入りは「オアシス」という大学近くのバーだった。

「アメリカ時代は飲むとき、理論的な話もされていました。経済学の話がでなくなったのは、やっぱり日本に帰ってからじゃないですか。研究の話をほとんどしなくなった。だから、ぼくが自分の研究について彼に話したこともないんですよ。彼のほうでも、聞こうともしないし」

知識人の責任

日本に帰国してからの宇沢が、経済学者に対して、本当の意味では心を開いていなかったという青木の示唆は印象に残った。帰国直後の宇沢に学んだ堀内昭義にも話を聞いてみた。堀内は1984年に東京大学経済学部の助教授に就任、2年後に教授となり、宇沢の同僚となった。「同僚としての宇沢」について堀内はつぎのように語った。

「ぼくら近代経済学者、それにマルクス経済学者もふくめて、東大経済学部のなかで現実と接点をもとうという感覚がもっとも強かったのが宇沢先生でしたね。現実志向が非常にはっきりしていた。理論的な展開を目指したほかの先生たちは現実の(経済の)すがたというよりは計量的なモデルですね。計量モデルなどで『話をうまくつくっていく』ことが研究の中心で、大学の外でいろんな人たちから話を聞くようなことはほとんどなかったですね。たとえば、（実証研究に力を入れていた）小宮隆太郎先生がおっしゃる『現実』は統計的な現実のことでした」

理論を専門とする宇沢がこだわった「現実」は、「統計的な現実」つまり経済データから再構成された現実とは異なっていた。

大学を飛び出し全国の現場を訪れる際、活動の母体となったのが統計研究会に設けられた公害研究委員会だった。都留重人をリーダーとする公害研究委員会との出会いについては第11章「『陰（Shadow）』の経済学へ」で触れたが、「現場」が理論経済学者をどのように変えていったのかという視点から、あらためて宇沢の学外での活動に焦点をあててみたい。

公害研究委員会の創設メンバーのひとり、経済学者の宮本憲一は公害研究仲間としての宇沢についてつぎのように語っている。

「わたしたちのメンバーに加わってから、講演を積極的に引き受けるなどしてずっと中心で活躍してくれました。とくに水俣の問題にはとても熱心でしたね。加害企業チッソの経営分析を一生懸命にやっていました。チッソは子会社のほうに利益を移す戦略をとって賠償問題に真摯に向き合っていない、きちんと責任をもて、というのが宇沢さんの分析でした。

水俣現地の中心は原田正純さんでしたが、宇沢さんは原田さんの活動に心打たれ、本当に敬服していた。なんとかして学士院の会員にしたいなんてこともいってましたね。とにかく原田さんをとても尊敬していましたよ」

チッソの工場が海や河にたれながしたメチル水銀化合物は、中毒性の中枢神経疾患の原因となり、幾多の水俣病患者を生んだ。世界に類をみない健康被害、環境被害は、宇沢が社会的共通資本の経済学を構築しようと決意する動機ともなった。何度も水俣を訪れるようになった宇沢に、水俣病患者をひきあわせたのが熊本大学医学部の原田正純だった。早くから水俣病の原因究明にたずさわり、水俣病患者から絶大な信頼を得ていた医師である。

公害研究委員会は志を同じくする研究者の集まりだが、その仲間たちからみても宇沢の原田への接し方には独特なものがあり、崇拝と呼んでもおおげさでないほどだった。宇沢は『日本の教育を考える』で、原田の往診に同行したときの体験を綴っている。

《それから、私は何度も水俣に行って、原田さんの後について、水俣病患者のお宅を訪れることができました。私が、直接水俣病の患者に接し、その苦しみを知り、その悩みを分かち合うことができたのは、ひとえに原田さんのおかげです。

原田さんに連れられて、水俣病患者のお宅を訪れる度に、私はいつも感動的な場面に出会いました。それは、胎児性水俣病患者をはじめ、重篤な水俣病患者の方々が、原田さんを見ると、じつにうれしそうな表情をして、はいずりながら、原田さんに近づこうとする姿でした。そして、原田さんがやさしい言葉でいたわり、容態を聞く光景をみて、私は、医師と患者の間の理想的な信頼関係をみた思いがし、原田さんこそ、現代医学の規範でなければならないとつよく感じたものです。同時に、医学の道を志しながら、途中で挫折した後、社会の病いを癒すという気持ちに駆られて経済学を専門分野として選んだ私は、それまで研究してきた経済学のあり方に対して、つよい疑問をもち、深刻な反省を迫らざるを得ませんでした》

原田正純は1934年に鹿児島県で生まれた。軍医だった父親の後を継いで医学の道に進んだ原田は、熊本大学医学部神経精神科の大学院生のとき、「奇病」とされていた水俣病と出会う。水俣に往診にでかけるようになった1961年の夏、往診をすませた家の隣家でその家の10歳と6歳の兄弟が遊んでいた。兄は明らかに言語障害、身体をくねらせる弟の首はすわらずふらふらしていた。母親にたずねてみると、父親は24歳の若さで死んだという。熊本大学医学部で「原因不明の小脳失調症」と診断されていた。

「わたしの食べた水銀がこの子に行った」。母親は原田にそう説明した。胎盤は毒物を通さない、というのが当時の医学の常識だった。ところが、夫と同じものを食べた自分の症状が軽いのは、妊娠していてお腹の子供が水銀を吸収してくれたからだと母親は話したのである。

原田は母親の話をヒントに、有毒性のメチル水銀が胎盤を通って胎児を汚染した事実を突き止めた。2012年に77歳で亡くなるまで水俣病患者の診察を続けた原田は、「子宮は環境である」と唱え、環境を汚すことは子宮を汚すことにつながると警告を発するようにもなった。

原田が水俣に診察にでかけるようになった時期は、化学者の宇井純が水俣通いをはじめた時期とほぼ重なっている。ふたりは水俣病の実態を世界に訴えるために連携し、ともに公害研究委員会のメンバーとなった。宇井純が東大工学部で助手のまま昇進できなかったように、原田も大学では不遇で、熊本大学医学部では教授に昇進できず、助教授どまりだった。

1999年に熊本学園大学教授に転身した後、「水俣学」という講座を立ち上げ、水俣病を総合的に研究する学問の創造に尽力した。医師、医学者としての自分の立ち位置について原田はこう語っている。

原田正純

〈公害被害者は常に権力も金もない弱い立場にある。たとえば、水俣病裁判では被告がチッソだけの時には被告側に立って証言する学者は１人もいなかった。ところが被告に国・県が加わった途端に被告側の証言に立つ学者の方が多くなってしまった。すなわち、国・県には学者だって動員できる金も力もあることを示している。被害者と加害者がいて両者に大きな力の差がある場合、社会的に公平であるということは、弱者の立場に立つことである。しかし、同時に現場に立脚した科学的な立場を堅持しないと力に押しつぶされてしまう〉（「『環境と公害』は私にとって何だったか」『環境と公害』１９９９年夏号）

「水俣病を見てしまった者の責任」という言葉を原田はしばしば口にした。晩年に出版した自伝『いのちの旅』では、文学者であり哲学者のエドワード・サイードの知識人論に触れている。原田が深く共鳴したのは、サイードによる知識人の定義である。

〈政府から企業にいたる大組織のもつ強大な権力と、個人のみならず従属的位置にあるとみなされる人たち――マイノリティ集団、小規模集団、小国家、劣等もしくは弱小な文化や人種とみなされるものに属している人たち――が耐えている相対的に弱い立場とのあいだには、内的な不均衡が存在している。こうした状況のなかで知識人が、弱い者、表象《レプリゼント》＝代弁されない者たちと同じ側にたつことは、わたしにとっては疑問の余地のないことである。知識人はロビン・フッドかと皮肉られそうだ。けれども、知識人の役割は、それほど素朴なものではなく、またロマンティックな理想論の産物として容易にかたづけられるものでもない。わたしが使う意味でいう知識人とは、その根底において、けっして調停者でもなければコンセンサス作成者でもなく、批判的センスにすべてを賭ける人間である。つまり、安易な公式見解や既成の紋切り型表現をこばむ人間であり、なかんずく権力の側にある者や伝統の側にある者が語ったり、おこなったりしていることを検証もなしに無条件に追認することに対し、どこまでも批判を投げかける人間である。ただたんに受け身のかたちで、だだをこねるのではない。積極的に批判を公的な場で口にするのである〉（『知識人とは何か』エドワード・W・サイード、平凡社）

「水俣病を見てしまった者の責任」の「責任」というのは医師、医学者としての、専門家としての責任という意味である。公害問題は高度経済成長と表裏の関係にあったため、専門家といえども真正面から批判するには困難が伴った。公害研究で行動をともにした宮本憲一は亡くなる直前の原田と対談した際、原田をねぎらっている。

「公害研究委員会のメンバーがいいのは、『いつも被害者の側に立つ』という覚悟をしていることですね。そのことによってマイナスも多いわけです。研究費が入らなかったり、政府から睨まれたり。だけど、それをよしとして動いている。そういう意味では、少数ではあるけれども、いい仲間がつくれた」（『対話集　原田正純の遺言』岩波書店）

水俣病を惹き起こした水銀汚染を研究する際、水俣での調査はもとより、ほかの場所で調査するときも、原田は国から助成を受けたことは一度もなかった。

都留重人をリーダーとする公害研究者の集団は、日本にあらわれた初めての本格的な学際的研究者グループといってもいいだろう。メンバーのひとりとして宇沢も、「公害」という、世界が抱える最大の課題と向き合った。志を同じくする学際的研究者グループのなかでもとりわけ尊敬したのが、原田正純である。たびたび水俣を訪れる宇沢を、原田はどう受けとめていたのだろうか。というのも、医師であり医学者である原田とはちがい、宇沢の場合、臨床からはもっとも遠い、純粋な理論家、それも経済学者なのである。水俣病患者と面談してもその場でできることなど何もない。そんな宇沢の「現場」での姿を描いた原田のエッセイがある。

〈湯の児温泉は水俣市から海岸沿いに四キロ離れた風光明媚なところである。この海岸沿いの道はほどよく曲っていて、樹々の間から光る海と御所浦島や獅子島が見え隠れして恰好のジョギングコースである。十余年前のある日、この日はこの地方には珍しい小雪のちらつく寒い朝であった。見事な白髪をなびかせながらジョギングしている仙人みたいな人に町の人は驚いた。この仙人はさらに、チッソ水俣工場をひと巡りすると、また湯の児道の方へ走っていった。この仙人が、水俣病問題の総合的な研究のため調査に訪れていた宇沢弘文先生だったのである。

「朝からチッソをひと巡りしてきましたよ。空気の味も匂いも東京とは全然違いますね。それにしても、チッソの経営状態は最悪ですね。労働者の表情が冴えないですね。やる気がありませんね。これでは労働者も気の毒だけど水俣病被害者も救われませんね」

皆は大笑いしたが、私は腰を抜かさんばかりに驚いた。宇沢先生くらいの学者になるとチッソのまわりをジョギングするだけで経営状態がわかるのだろうか。妙な先生だと。

初めから、先生は今迄のどの研究者よりも被害者の立場に立った意見や分析が多かった。とくに、チッソの東京本社で、ある重役が「現代のチッソの社員の大部分は水俣病問題が終わってから入社したものであるから、過去のことについて非難されたり、責任をとらされるのは心外である」といった言葉に非人間的、非倫理性の典型だと激しく憤っておられた。そして、「あの頃、一番儲けの恩恵にあずかった人は誰でしょう。その子孫たちはどうしているのでしょう。儲けは返してもらわなければ」とも。一瞬、唐突にみえる言動もそれが非常に深い思想と何よりも非凡なやさしさがあることが、次第にわかってきた。

胎児性水俣病との出会いのとき、先生は素直に驚きと悲しみと怒りを隠そうとされなかった。そのような時、先生は決って寡黙になる。そして眼鏡の奥に涙が光る。先生にとって水俣病は耐え難き事例のようにみえる。「チッソによって生命が奪われ、健康を傷つけられた人々が完全に救済され、心休まる日がくるまで日本経済の貧困は解決できない」といわれる。現代の学者はあまり〝心休まる日まで〟などとはいわないものである〉(『宇沢弘文著作集 月報6』)

昭和天皇の一言

宇沢は原田に、「水俣病の患者を見て、わたしの学問体系が崩れた」と告白したことがある。実際、全国各地の公害、環境破壊の現場視察を重ねるごとに経済学者に求める倫理はいっそう厳しいものとなり、経済学批判のボルテージも上がっていった。

公害研究の特徴は、ひとつの専門領域を超え、学問の領域さえ跨《また》いで、学際的にならざるをえないということである。被害者との関係が密になれば、裁判に関係することも珍しくなくなる。公害に関わると、学者といえども大学の外に出ざるをえない。水俣病研究の第一人者となった化学者の宇井純は1980年3月に日本物理学会に招かれて講演した際、物理学者に向かってこう呼びかけている。

「しかし、公害問題を見る限り、企業や行政の立場に立って拡散の微分方程式などを使って住民を煙に巻く科学と、1月のうちの1日でも毒水が流れてくれれば魚は逃げ藻は枯れるからこんなひどいことになってしまったんだという漁民や現地住民被害者の実感を取り入れていく科学と、どうも二通りの科学があるように思えてなりません。住民の側に立つということは、住民の言うことを何でも認めろということではありません。間違っているときははっきり批判して、仲間としてつき合おうということなんですが、そういう科学者がどの分野でももう少し増えてきてほしい。これは日本中で多くの人が願っていることだと思います」(『日本物理学会誌』1980年35巻12号)

日本に帰国してからの宇沢は、青木昌彦が指摘したように、同僚の経済学者に対して自分の研究について熱く語ることが少なくなった。けれども一歩大学の外にでれば、信頼を置く異分野の学者や言論人に、赤裸々に学問上の課題や悩みを語ることもあった。『科学者の疑義 経済学と生命科学の対話』(朝日出版社)でも、生物学者の渡辺格に率直に語っている。

《僕は近代経済学というよりむしろ最近は新古典派批判の観点に立っているのですが、それは渡辺さんのおっしゃるようないわゆる「弱者」の問題にかかっているわけです。近代経済学は市場経済制を唯一の経済制度として考えて、そこでのメリットを探し出すという役割しか果たしていないし、一方マルクス経済学ではそれを社会主義社会への移行の歴史的なプロセスとしてしか捉えていない。しかもその移行の過程は〝疑う余地がない〟という強固に論理的な一つの鉄則に基づいている。公理的で理論的な立場から出発するのですね。しかしいまいちばん問題なのは、おっしゃるような弱者の問題であり、もっと広く言えば、人びとが社会的な観点に立って行動し判断することの意味を経済学的にどう翻訳して、どういう特徴を持った経済制度を模索するかという点にあると思うのです》

公害研究者をはじめとする他分野の学者や知識人と積極的に交流しながら、宇沢は懸命に自分の経済学を鋳直そうとしていた。「空白の10年」はたんなる沈黙ではなく、むしろ強固な意思表示だったのである。

55歳で文化功労者に選ばれたとき、宇沢はいささか奇妙な体験をしている。奇妙というのは、その相手が昭和天皇だったからである。

かつて宇沢は、昭和天皇を辛辣に批判していた。アメリカがベトナム戦争へと突き進んでいるころ、「昭和天皇は戦争の責任をとるべきだった」とスティグリッツら教え子たちに繰り返し語っていたほどである。

文化功労者の顕彰式が終わり、宮中のお茶会に招かれて昭和天皇と対話した場面を、宇沢が臨場感あふれる筆致で描いている。

《私の順番が回ってきたとき、私は完全にあがってしまっていた。私はもともと、天皇陛下からお茶をくださるということで宮中にお伺いしたのであって、自分のこれまでの仕事についてお話をすることは考えてもみなかったからである。私は夢中になって、新古典派経済学がどうとか、ケインズの考え方がおかしいとか、社会的共通資本がどうのとか、一生懸命になってしゃべった。支離滅裂だということは自分でも気が付いていた。そのとき、昭和天皇は私の言葉をさえぎられて、つぎのように言われたのである。

「君！　君は、経済、経済というけど、人間の心が大事だと言いたいのだね」

昭和天皇のこのお言葉は、私にとってまさに青天霹靂の驚きであった。私はそれまで、経済学の考え方になんとかして、人間の心を持ち込むことに苦労していた。しかし、経済学の基本的な考え方はもともと、経済を人間の心から切り離して、経済現象の間に存在する経済の鉄則、その運動法則を求めるものであった。経済学に人間の心を持ち込むことはいわば、タブーとされていた。私はその点について多少欺瞞的なかたちで曖昧にしていた。社会的共通資本の考え方についても、その点、不完全なままになってしまっていたのである。この、私がいちばん心を悩ましていた問題に対して、「経済、経済というけど、人間の心が大事だと言いたいのだね」という昭和天皇のお言葉は、私にとってコペルニクス的転回ともいうべき一つの大きな転機を意味していた》（『経済学は人びとを幸福にできるか』東洋経済新報社）

第15章

ローマから三里塚まで

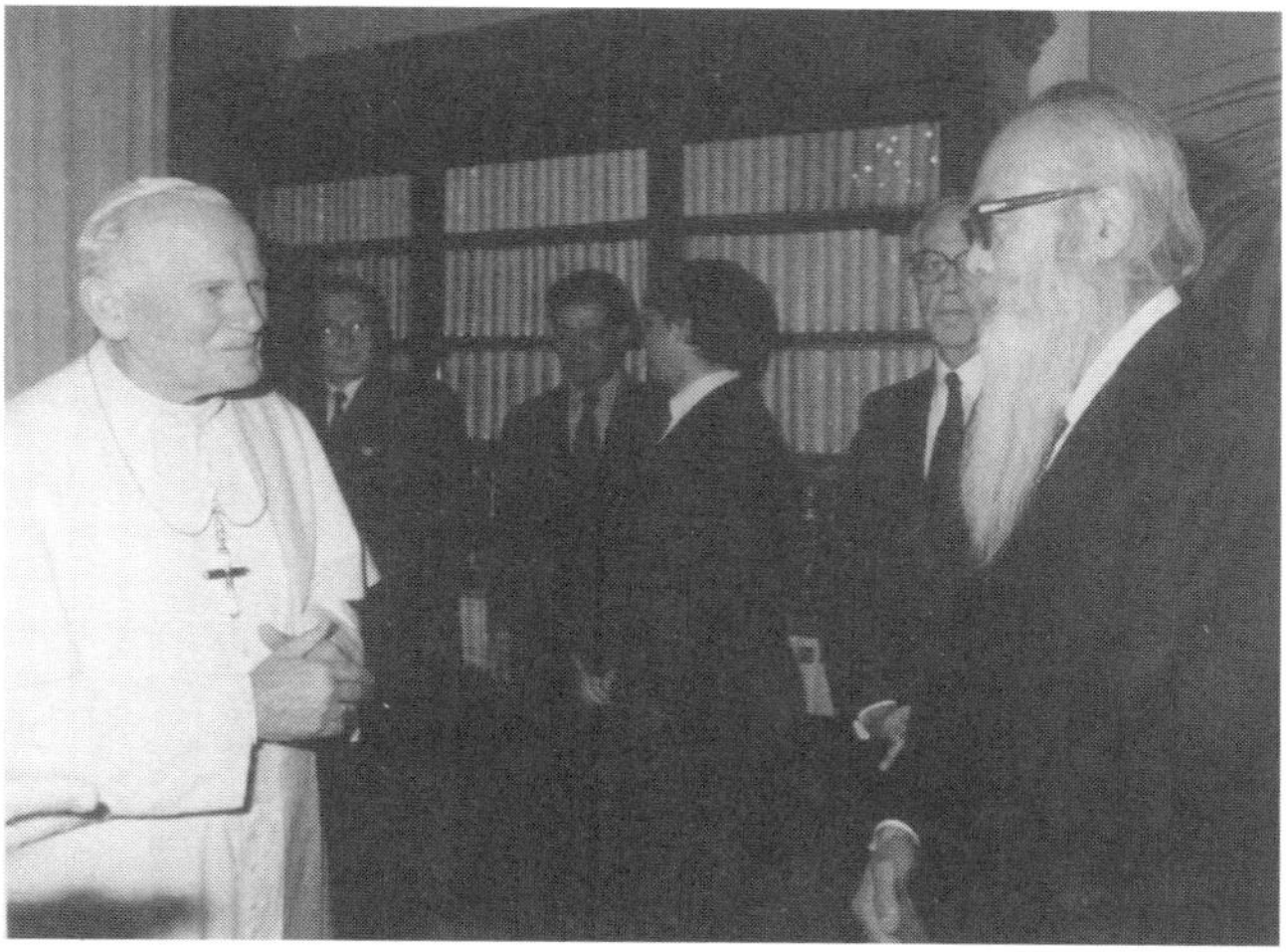

ローマ法王ヨハネ・パウロ２世のアドバイザー役を果たした

社会主義大国・中国への批判

宇沢は1983年の秋、館龍一郎や小宮隆太郎らとともに総勢六人で中国を訪れた。経済研究者のみによる中国訪問は、宇沢が館に提案して実現した。宇沢にとって、この訪中は大きな意味をもっていた。北京へと旅立つ前、「社会主義の可能性―その経済学的考察」(『季刊現代経済』1983年夏号)を発表していたからだ。「資本主義と社会主義」と改題して『二十世紀を超えて』(岩波書店)に再録した際、論考を著したときの心境をふりかえっている。

《私は、このなかで、「社会主義の全面的危機」という言葉を使って、社会主義に対する批判を展開した。このときもこの文章を発表することによって、これまで私の思想的形成に大きな力を果して下さった先達、友人たちの多くを失うことを惧れて、その発表を何度か、躊躇したことをいま改めて思い起こす》

「社会主義の可能性―その経済学的考察」のなかで、社会主義を論じる理由を宇沢が語っている。

《経済的な条件が安定しているときには人々の意識に上らなかったような、資本主義のもつ内在的な欠陥が、この世界的な次元における混乱期には当然、大きく浮き彫りにされることになる。こうした資本主義の危機過程の中で、資本主義のもつ体制的欠陥が考察され、資本主義を超えた体制としての社会主義の可能性が人々にとっていっそう身近なものになるはずである。ところが、日本だけでなく、世界の多くの国々で、とくに先進資本主義諸国で、資本主義から社会主義への移行が具体的なプログラムとして議論されないだけでなく、社会主義の理念に対する検討が一部の専門家たちを除いてはほとんどなされていない。このような現象がなぜ起こっているのであろうか。

いまから三十余年前、私がまだ学生だった頃、社会主義ほど魅力的な響きをもった言葉はなかった。搾取、不平等、文化的俗悪などという資本主義に内在するさまざまな矛盾から解放されて、協同、平等、文化的高揚などによって特徴づけられる社会主義こそまさに日本の進むべき方向を示していると考えたものである。革命か、漸進的進歩か、あるいは歴史的必然か、人為的運動の結果かについて、異見はあったにせよ、日本、そして世界の資本主義が社会主義の方向に進みつつあるということは疑いのない事実のように思えたのであった。その後三〇年ほどの間に、資本主義も社会主義もそれを取巻く世界的な状況は、予想もしなかったような形で展開されてきた》

1980年代にはいってから、サッチャー首相のサッチャリズム、レーガン大統領のレーガノミックスに先導され、経済活動への適切な政府の介入を唱えるケインズ主義を否定して、市場機構の自動調節機能が十分に発揮できるよう「小さな政府」を目指すべきだとする自由放任主義が世界的な流れとなっていく。その背景には、第二次世界大戦終結以降、長らくつづいた先進資本主義国の安定した経済成長の時代が終焉したという、経済の問題が横たわっていた。

資本主義国は不均衡、不安定の時代に入ったという基本的な認識のもとに、宇沢はレーガノミックスとそれを支えるアメリカの経済学者たちを厳しく批判していた。しかし、宇沢にはもうひとつ、結論を出さなければならない課題があった。東西冷戦構造のもう一方の主役である社会主義国家をどう評価するのか。

ソ連や東欧の経済運営が順調でないことは明らかだったが、判断を留保していたのが中国だった。１９７６年12月にはじめて訪れて以来、宇沢は何度も訪中していた。いくたびに印象は悪くなった。83年の秋、宇沢ら一行は中国最高指導者のひとり、趙紫陽首相と面談している。その後、個人的に親しくなった趙紫陽との思い出を『経済と人間の旅』で語っている。

《中国では、天安門事件で失脚した元首相の趙紫陽さんとのことが思い出される。私はかつて宝山製鉄所建設について、批判的な考え方を展開したことがある。中国が、日本との違いを無視して、日本の最新鋭の製鉄所をそのまままねて宝山製鉄所をつくろうとして、無駄に莫大な資金を費消してしまった。一九八〇年代に入ったころだったか、中国社会科学院に呼ばれたとき、そんな講演をし、論文に書いた。

それを趙紫陽さんは非常に好意的に受け止めてくれた。そのようなことがあり、私は八三年、東北地方の瀋陽郊外の農村改革の実態を見学する機会にめぐまれた。そこでの農業は請負制になっていたが、耕作を請け負う人たちはすべて共産党員で、万元戸と言われる立派な家に住んでいた。耕作は農民を雇って行うが、極めて安い労賃で働かせる。農閑期にはもちろん、払わない。

しかも、請負の審査をするのが村の共産党幹部なので、請負人と完全になれ合っている。そこで私は「資本主義における搾取は市場的限界があるが、社会主義的搾取には限界がない」として、かなり刺激的な形で批判した。

あるとき、中南海の趙紫陽さんの自宅に呼ばれ、私はつい口を滑らせてしまった。「中国の五次にわたる五カ年計画はみな失敗した。しかし、党中央はつねに誤りをおかすという前提に立てば、これは失敗ではなくて、合理的に説明できる」

温厚な趙紫陽さんがさすがにキッとなった。「中国の統計センターにあるデータを全部出すから、それを使ってあなたの言うことを証明しなさい」と言われた。日本人と中国人七人ずつで委員会をつくり、三年がかりで計量経済モデルをつくった。八九年七月二十一日、北京で国際シンポジウムを開いて発表することになったが、直前に天安門事件が起きた》

第二次世界大戦後、世界はアメリカを盟主とする資本主義国家陣営とソ連を盟主とする社会主義国家陣営に分かれ、両者が対峙する東西冷戦が40年以上にわたってつづいた。しかし、幕切れはあっけないものだった。天安門事件から半年もたたない1989年11月、社会主義国・東ドイツの政府が資本主義国・西ドイツへの出国を国民に認めた結果、ドイツを東西に分断していた「ベルリンの壁」に人々が殺到、壁がハンマーで叩き壊される様子がテレビで中継され世界に流れた。その翌月、アメリカのブッシュ大統領とソ連のゴルバチョフ書記長がマルタ島で会談を行い、冷戦の終結を宣言する。マルタ会談の2年後、ソ連は消滅することになる。

世界の冷戦構造がまさに崩壊しようとする直前、理論経済学者として宇沢が再稼働しはじめるのは、偶然ではない。きっかけとなる出来事が、いずれも向こう側からやってきていることがなによりの証しである。

〈『地球温暖化—経済政策的対応について』のカンファレンスを近く開催します。あなたにもぜひご参加いただきたく、お手紙を差しあげる次第です〉

宇沢に招待状が届いたのは、ブッシュ大統領とゴルバチョフ書記長がマルタ島で会談して冷戦終結を宣言した直後のことである。差出人は、マサチューセッツ工科大学の経済学者、ラディガー・ドーンブッシュとジェームズ・ポターバ。イタリアの大手銀行の支援のもと、1990年10月に2日間にわたる国際会議をローマで開催すること、参加者が執筆した論文はのちに書籍にまとめて出版することなどを伝えていた。宇沢が依頼されたテーマは、「環太平洋(Pacific Rim)地域」の温暖化問題。長い沈黙を破ったきっかけもまた、アメリカの経済学者だったのである。

地球温暖化研究の協力者となった國則守生《くにのりもりお》(当時は日本開発銀行設備投資研究所)が、ローマで開催された国際会議について解説した。

「宇沢先生はいわばアジアの代表として参加してほしいと依頼されたのだとおもいます。編者のドーンブッシュやポターバにとって、宇沢論文は期待をこえる内容だった。ピーター・ダイアモンドも『ヒロが非常にいい論文を書いてくれた』とコメントしていましたからね。宇沢先生は社会的共通資本の研究に取り組んでいたから、これは格好のテーマだし大きな問題だと認識して、力を入れるようになったのだとおもいます」

アジアから参加したのは宇沢だけだった。アジア在住の世界的に著名な経済学者という基準で選ばれたのかもしれない。宇沢の本格的な論文に喜んだドーンブッシュはシンポジウム後、「とても興味深い論文をありがとう」とあらためて謝辞をのべた。ピーター・ダイアモンド(2010年にノーベル経済学賞を受賞)も宇沢論文を高く評価したひとりだ。久しく国際的な舞台から遠ざかっていた宇沢は、たしかな手応えを感じたはずである。

ローマ法王からの問いかけ

ローマ・カトリック教会の最高司祭であるローマ法王ヨハネ・パウロ2世（1920―2005）からの手紙は、地球温暖化会議がローマで開催される2ヵ月前に届いた。ドーンブッシュやポターバと同じように、ローマ法王もまた、宇沢に頼み事があるという。回勅《かいちょく》を出すので、その作成に協力してほしいという内容だった。回勅というのは、ローマ法王が全世界の司教にローマ教会の正式な考えを通達する重要な文書である。

1891年5月、当時のローマ法王レオ13世が「レールム・ノヴァルム（Rerum Novarum）」という回勅を出した。「新しいこと」という意味だが、テーマは「資本主義の弊害と社会主義の幻想」だった。著しく工業が発展しはじめた当時、資本主義特有の問題が社会の前面にせり出してきた。資本家が労働者を徹底的に搾取するという構図があらわになった時期である。

レオ13世は「レールム・ノヴァルム」で、資本主義の弊害を指摘しながらも、だからといって社会主義に移行すれば問題が解決されると考えるのも幻想にすぎないと警告を発した。協働精神の重要性を説いたレオ13世の回勅は新たな労働運動を後押しすることにもなり、ローマ・カトリック教会が社会問題に対して明確なメッセージを発したという点で、歴史的な回勅となった。

ヨハネ・パウロ2世

パウロ2世は、レオ13世の「レールム・ノヴァルム」を踏まえ、100年後にあたる1991年に新たな歴史的回勅を出す準備をしており、宇沢にも協力を求めてきたのである。たんに100周年ということでなく、冷戦構造が終焉へと向かいはじめ、世界が歴史的な転換点に立っていることを強く意識したうえでの企画であることはいうまでもない。

パウロ2世の文章のなかでとくに宇沢の目を引いたのが、

「Is Capitalism all right?（資本主義は大丈夫なのでしょうか？）」

という問いかけだった。

パウロ2世は共産党独裁政権下にあったポーランド出身だ。ローマ法王になるまではポーランドで暮らしていた。「社会主義の弊害」を体験しており、ポーランドの民主化運動にも影響を与える存在だった。そのパウロ2世が、社会主義国家はいずれ資本主義国家へと移行していくとしても、「資本主義は大丈夫なのでしょうか？」とあえて経済学者である宇沢に問うてきたのである。まさに宇沢が経済学者として問いつづけてきた難問だった。宇沢はいささか挑戦的な返事をしたためた。新たな回勅のテーマは、「社会主義の弊害と資本主義の幻想」とすべきではないかとパウロ2世に進言したのである。100年前の回勅のテーマである「資本主義の弊害と社会主義の幻想」をひっくり返したわけである。冷戦は社会主義の敗北で幕を閉じたけれども、だからといって資本主義に問題がないわけではない。宇沢は、資本主義が解決できないでいる問題の具体例として、取り組みはじめたばかりの地球温暖化問題を挙げ、あわせて宇沢が唱えている社会的共通資本の考えを丁寧に紹介した。

ローマ法王からの問いかけに答えることで、宇沢自身の新たなテーマも明確に定まった。資本主義対社会主義という従来の図式を乗り越える形で、社会的共通資本の経済学を展開していく覚悟ができたのである。最初の具体的なテーマが、地球温暖化問題である。

ところで、宇沢の存在をパウロ2世に伝えたのは、イタリアの経済学者イグナチオ・ムズだった。宇沢に書簡を送る前、パウロ2世は宇沢の論文をすでに読んでいたのである。専門的な内容だからムズが噛み砕いて解説したのだろうが、パウロ2世は、温暖化対策に込めた宇沢のメッセージを正確に汲み取ったからこそ、回勅のアドバイザーに指名したのだろう。ムズから宇沢は、カトリック信者でない者がローマ法王の歴史的な回勅に携わるのはきわめて異例だと聞かされてもいた。宇沢が軽妙なエッセイでローマ法王との思い出を綴っている。


《あるとき、ヨハネ・パウロ二世のお部屋で、ごちそうになったことがある。私は、美味なワインを心ゆくまで飲んで、すっかりいい気持ちになった。テーブルでは、医療とか、教育とかの社会的共通資本の管理は、どのような基準にしたがっておこなったらよいかということが話題になった。私はもともと、社会的共通資本の管理について、それぞれの職業的専門家の集団が、職業的規律と専門的知見にもとづいておこなうべきであるという持論をもっている。そのことをお話ししたあと、ヨハネ・パウロ二世につぎのような意味のことを申し上げた。

「いま、人々の魂は荒廃し、心は苦悩に侵されている。この世界の危機的状況のもとで、あなたは倫理を専門とする職業的専門家として、もっと積極的に発言しなければならない」

ヨハネ・パウロ二世はにこにこしながら、言われた。

「この部屋で、私に説教したのは、お前が最初だ」(You are the first to preach me here!)

それから何年かして、私は、昔シカゴ大学で私の学生だった人から一通の手紙を受け取った。かれはアルゼンチン出身の学生で、いまは故国に帰って、指導的な経済学者になっている。その手紙には、かれがヨハネ・パウロ二世に招かれて、ご進講したときのもようがくわしく記されていた。ヨハネ・パウロ二世が私の社会的共通資本の考え方を披露して、私のことをザ・ブッディスト（The Buddhist）とよんでおられるというのであった。私は大いに、面目を施したという思いであった》（『経済学と人間の心』）

宇沢がローマ法王ヨハネ・パウロ2世との会食で高揚している姿は、昭和天皇と面談した場面を彷彿とさせる。もともとアダム・スミスを始祖とする経済学は、王政や教会という巨大な権威を否定して「個人の自由」を称揚する政治経済学の流れとして始まっている。昭和天皇やローマ法王との対話をみずからの経済学の節目となるエピソードとして紹介する宇沢には、宗教的存在に鋭く感応する体質がかいまみえるだけでなく、「社会的な観点（from The Social Point of View）」を見失った経済学を批判的に乗り越えようとする意図が込められているように感じられる。

ともあれ、パウロ2世が強い関心を示した、宇沢の地球温暖化対策を見ていくことにしよう。

宇沢フォーミュラ

国連の気候変動に関する政府間パネル（ＩＰＣＣ）の予測によると、現状の温暖化ペースがつづくと、早ければ２０３０年には世界の平均気温が産業革命前より１・５度高くなるという。温暖化の原因については議論があるが、ＩＰＣＣは、20世紀半ば以降の温暖化の主な要因は「人間の可能性が極めて高い」としている。大気の温度が上昇するのは温室効果ガスの濃度が高まるからだが、温室効果ガスの代表が二酸化炭素だ。石油や石炭など化石燃料の大量消費のほか、熱帯雨林の大量伐採などによっても二酸化炭素の排出量は増える。

まるで磁石の両極のように、地球温暖化問題と宇沢経済学が互いに惹かれ合ったのには理由がある。宇沢の社会的共通資本論では、「自然」も資本と定義され、経済分析の対象にすえられている。分析テクニックのうえでは、宇沢が築いた最適成長理論がまさに地球温暖化問題の核心をとらえる。というのも、地球温暖化問題では、世代間でどのように負担を分け合うかという「世代間問題」が重要な論点となるからだ。

現在の世代が石油など化石燃料を大量消費して大気中の二酸化炭素の濃度が高まると、被害を受けるのは将来の世代である。そこで、シャドウ・プライス（経済学では「帰属価格」と呼ぶ。いわゆる、「陰の価格」）の概念を導入して、将来の世代が二酸化炭素の蓄積によって受ける被害を計算し、それを社会的な割引率（通常は５％程度）で割り引いて現在価値を計算する。そうすることで将来世代の損害を、現時点の価格として表現するわけである。将来世代はまだ生まれていないから意見を表明することができない。将来世代が受ける被害をシャドウ・プライスとして可視化して市場価格体系に組み入れ、あたかも「生産コスト」のように扱うことで現在世代の経済行動に反映させようという考え方である。

宇沢が構築した最適経済成長理論を用いてシャドウ・プライスを駆使しながら、現在世代と将来世代の不均衡問題を解く一方で、宇沢は、地球温暖化を考える際には現在時点での国家間の格差問題にも配慮しなければならないと説いた。二酸化炭素１トンあたりの帰属価格にもとづいて炭素税を課税するという二酸化炭素抑制策だけだと、国と国とのあいだの資源配分や所得分配の公平性は確保されないからである。

そもそも地球温暖化は先進工業国の経済活動が主な原因だ。各国一律の炭素税を課すのでは、発展途上国の負担が相対的に大きくなってしまい、経済発展を妨げる。そう考えた宇沢は、二酸化炭素1トンあたりの帰属価格を、それぞれの国の一人あたり国民所得に比例するように決めることで、二酸化炭素の蓄積量が長期的に最適な水準に近づくという公式を導きだした。この公式は「宇沢フォーミュラ」と呼ばれるようになった。当時（1990年代初め）の統計にもとづけば、二酸化炭素1トンあたりの帰属価格（＝炭素税）は、アメリカと日本で150ドル、フィリピンで5ドル、インドネシアは4ドルとなる。

地球温暖化問題はポスト冷戦時代の経済制度のあり方を探る試みでもあり、「宇沢フォーミュラ」には宇沢の思想が明瞭にあらわれていた。ローマ法王が評価したのも、「宇沢フォーミュラ」の底流にある宇沢の思想だったのである。

ただし、大方の経済学の専門家は疑問なしとはしないだろう。というのは、いったん大気中に排出された二酸化炭素は大気中で循環するので、「日本の二酸化炭素」「アメリカの二酸化炭素」といった形では特定できない。宇沢の提言のように国ごとに異なる「二酸化炭素1トンあたりの帰属価格（＝炭素税）」を設定するというのは、ある意味で、一物一価の原則に反するともいえる。

もちろん宇沢も承知のうえであえて、「それぞれの国の一人あたり国民所得に比例するように決める」という、いささか独断的な前提を置いた。理由は明快で、新古典派経済学の帰属価格の概念を導入すれば、現在世代と将来世代の資源配分の効率性は達成できるけれども、国と国とのあいだの公正性は確保されないからだ。新古典派的分析手法を最大限に利用しつつ、新古典派の欠点である「効率性のみを重視して公正性を軽視する」傾向を、理論の前提によって改めているわけだ。

宇沢が唱えた地球温暖化対策は、化石燃料の消費によって排出される二酸化炭素の量に応じて課税し、一方では、二酸化炭素を吸収する役割をもつ森林の育成に対して吸収される二酸化炭素量に応じて補助金を交付するという制度である。炭素税の負担が発展途上国の経済発展の妨げになる事態を考慮し、一人あたり国民所得に比例する形で課税するように唱えた。

宇沢が提唱したもうひとつの制度が、大気安定化国際基金だ。これも先進国と発展途上国の格差を是正する仕組みであり、各国の政府が比例的炭素税の収入から育林への補助金を差し引いた金額のうち一定割合を大気安定化国際基金に拠出する。この基金から、発展途上国に資金が配分される。発展途上国は一人あたりの国民所得に応じて配分される資金を使って、熱帯雨林の保全や農業の維持、代替エネルギー資源の開発などを行う。

東西冷戦が終焉に向かったことで、ようやく地球規模での政策が現実味を帯びるようになった。最初の課題が地球の温暖化だった。もともと宇沢の経済成長理論、動学理論は、先進資本主義国のみを対象とするのではなく、発展途上国をもふくめた「地球規模での資本主義経済」を探究するために築きあげられた。ＭＩＴのドーンブッシュらから突然、「環太平洋地域の温暖化問題」というテーマを割り振られた宇沢が、ドーンブッシュらも驚くほど完成度の高い論文を短期間で書きあげることができたのは、東西冷戦のなかでも「地球規模での資本主義経済」をとらえるための理論構築を実践していたからにほかならない。

世代間だけでなく、各国間の公平にも配慮した地球温暖化対策に対して、世界の経済学者が示した反応は興味深いものだった。ヨーロッパの経済学者たちから称賛と支持が集まるのとは対照的に、アメリカの経済学者たちから反発の声があがったのである。地球温暖化問題は、経済学者が抱いている市場観や経済思想の違いを浮き彫りにするテーマでもあった。

地球温暖化というテーマに挑んだ当時、宇沢はすでに60歳を過ぎていた。地球温暖化会議への参加依頼があったのは、東京大学を定年退官して新潟大学に移ったばかりのころである。新たに取り組むテーマは、地球温暖化が最後になるかもしれない。覚悟を決めて研究に集中しはじめた矢先、宇沢のもとにまたもや見知らぬ人から手紙が舞い込んできた。「レールム・ノヴァルム」１００周年記念の会合に出席してローマから帰国したばかりのころである。

差出人の名には、島寛征、柳川秀夫、石毛博道と記されていた。「三里塚芝山連合空港反対同盟」のメンバーだという。ていねいな長文の手紙の要件は、成田空港問題の解決に協力してほしいという依頼だった。思いもかけない話に、宇沢は戸惑った。

農民闘争の悲劇

「羽田空港（東京国際空港）だけでは今後の航空旅客需要に対応できない」と、運輸省（現・国土交通省）が新東京国際空港（現・成田国際空港）の候補地を航空審議会に諮問したのは、高度経済成長まっただなかの昭和38年（1963年）だった。航空審議会は答申で三つの候補地を挙げつつ、千葉県の富里村（現・富里市）付近がもっとも適当とする「富里案」を示した。地元で住民による反対運動が起こるなか、1965年11月には関係閣僚懇談会で富里村付近を建設地に内定した。ところが反対運動は止むどころか勢いを増し、空港予定地周辺の各町村議会が反対を決議するにいたって結局、富里案は取り下げられることになった。かわって突如浮上したのが三里塚案だった。

1966年6月、佐藤栄作首相は千葉県の友納武人知事に、「成田市三里塚の御料牧場を中心に新国際空港を建設したい」と協力を要請、その後、下総御料牧場を栃木県に移転することを天皇に内奏した。

三里塚に白羽の矢が立ったのは、下総御料牧場の広大な敷地に加えて県有地やゴルフ場もあり、民有地の買収が少なくてすむという思惑からだった。三里塚から芝山町にかけての新たな候補地には、第二次世界大戦後に入植した開拓農民が多いという点も、政府には魅力的だった。開拓農民なら立ち退きへの抵抗も少ないだろうとタカをくくっていたわけである。

1966年7月4日、三里塚への新空港建設が閣議決定されたが、性急すぎたのは、当初計画では5本だった滑走路が3本に減ったことからも明らかだった。空港を建設する運輸省をはじめ政府側から十分な説明もないまま、急転直下の閣議決定で農地をとりあげられる立場となった農民は激しく反発した。

成田市三里塚では、開拓農民を中心に三里塚新国際空港設置反対同盟（戸村一作委員長）が結成され、隣接していて騒音地域となる山武郡芝山町でも古村（開拓村に対して「古くからつづく村」

という意味）の農民が中心となり三里塚空港設置反対芝山地区同盟（瀬利誠委員長）が旗揚げされた。この二つの組織が連合した「三里塚芝山連合空港反対同盟」（以下「反対同盟」）が政府と対峙することになったのである。

焦点は、土地収用法の適用だった。資本主義においては財産権は最優先で尊重されるため、所有していた土地を売る意思もないのに強制的に取り上げられるなどという事態は起こりえないが、土地収用法を適用すれば、公共性を名目に国家が強制的に土地を取り上げることができる。

空港公団の職員が反対派住民の土地に強制的に立ち入りできるようになると、公団職員を守るために機動隊が投入されるようになった。反対同盟側は若い世代で組織した「三里塚芝山連合空港反対同盟青年行動隊」（以下「青年行動隊」）を中心に機動隊と衝突を繰り返した。反対同盟は実力闘争も辞さずに加勢した新左翼党派と関係を深めるようになり、「団結小屋」と呼ばれる党派ごとの拠点ができた。中核派（革命的共産主義者同盟全国委員会）、第四インターナショナルなどが闘争の長期化にともなって常駐する活動家を増やしていった。農民だけの闘争ではなくなり、事態は複雑な様相を呈していた。

三里塚闘争最大の悲劇は、やはり土地を強制的に収用する代執行のときに起きた。土地所有者が立ち退きに応じない場合、県知事が所有者に代わって土地の引き渡しを行うのが代執行である。三里塚では１９７１年の２月から３月にかけて第一次代執行、９月に第二次代執行が行われた。

第二次代執行が行われた9月16日、反対派は総勢４０００人近くが結集して機動隊と激しく衝突、東峰十字路で３人の警察官が死亡する事件が起きた。このときの代執行では負傷者が続出し、反対派３７５人が逮捕されている。９月20日には立ち退きを拒否した大木よねの家を機動隊が急襲、家屋が取り壊された。民家に代執行が強行されるのは戦後はじめてだった。10月１日には、青年行動隊の三ノ宮文男が「空港をこの地にもってきたものをにくむ」との遺書を残して、辺田部落の産土神社で首つり自殺した。22歳だった。

東峰十字路事件後、警察はおよそ１００人を逮捕、うち57人が起訴された（のちに病気で１人、失踪宣言により１人が裁判から離脱）。

空港開港直前には新左翼党派による管制塔占拠事件が起きたが、１９７８年５月に滑走路１本だけの成田空港が開港、翌年に反対同盟委員長の戸村一作が死去すると、反対同盟内に足並みの乱れがでてきた。１９８３年には反対同盟が内部分裂、青年行動隊は武装闘争路線を掲げる中核派と袂を分かった。青年行動隊と古村の農家を中心にした熱田派と、空港予定地内の農家を中核派が担ぐ格好となった北原派に分裂したのである。

東峰十字路事件の裁判で千葉地裁は１９８６年10月、３人を無罪とし、52人に懲役刑を言い渡したものの、全員を執行猶予とする判決を言い渡した。空港公団は判決の翌月からさっそく空港の二期工事に着工、１９８７年には北原派が再分裂して新たに小川派ができるなど、時間の経過とともに反対運動は衰退のきざしをみせるようになった。

政府との対立が長期化するなか、なんらかの形で決着をつけようという動きが反対同盟内になかったわけではない。１９７９年に発覚したのが「島・加藤覚え書き」である。政府との秘密交渉で交わされた文書だ。反対同盟青年行動隊のリーダー格だった島寛征と大平正芳内閣の加藤紘一内閣官房副長官のあいだで交わされた覚え書きが読売新聞にリークされ、結局、秘密交渉での合意事項は反故になった。頭越しに政権中枢と交渉した反対同盟に運輸省が反発し、不正確な内容をリークして妨害したとされる。

この秘密交渉で政府側は、政治的な責任を認める用意があることを明確にしていた。そのほか覚え書きでは、第二期工事を凍結して話し合いで解決すること、第二期工事予定地内の土地所有者に土地収用法にもとづく強権発動はしない、などとされていた。政府側にも譲歩する意思があることがかいまみえた秘密交渉だったが、「島・加藤覚え書き」が新聞に暴露されて頓挫して以降、反対同盟は政府側と話し合う機会を失ってしまった。

事態が動きだしたのはやはり、東西冷戦が終焉を迎える1980年代末である。空港建設の閣議決定から20年以上がすぎ、ふたたび政府との対話を探る動きが熱田派の青年行動隊内から出てきた。その中心にいた石毛博道がふりかえる。

「いま芝山町長をやっている相川勝重や石井新二とか何人かの仲間と相談して、テーブルにつくことで勝ちを手にしようと考えたんです。Bランをうばって、闘争を終わりにしようと。論理的には絶対に負けるはずはないと考えてたから」

成田空港は当初計画から大幅に縮小された。滑走路3本の国際空港として計画されたのに、激しい反対にあって1本目のA滑走路しか建設できていなかった。残る2本は、A滑走路と平行するB滑走路、横風用のC滑走路である。「Bラン」というのはB滑走路と呼ばれる2本目の滑走路を指す。石毛たちは、政府と交渉してB滑走路を建設中止に追い込んだうえで、政府との闘争を終わらせようと考えたのである。横風用のC滑走路予定地内の農家が石毛たちの熱田派に属していたことから、C滑走路の建設を許すかわり、B滑走路の建設は中止させる戦略を練っていた。「BCバーター論」シナリオを用意して、政府と話し合う場を持とうと動き出したのである。

石毛によれば、闘争を終わらせようと考えた背景には、管制塔占拠事件の逮捕者のほとんどが刑期を終え出所したこと、さらに、東西冷戦が終焉に向かい、新左翼党派の影響力が衰えたことがあった。冷戦終結という世界情勢が、三里塚闘争にも影響を与えていたのである。

石毛と共に成田闘争の着地点を探っていた石井新二は芝山町の町議をしていた経験を活かし、公開シンポジウムを実現させるための地域振興連絡協議会（地連協）の立ち上げに奔走した。会を発足させると、石井が事務局長におさまった。会長は芝山町在住で地域振興を専門とする村山元英千葉大学教授、副会長には千葉県副知事、成田市長、芝山町長など関係自治体の代表が顔をそろえた。

地連協主催で公開シンポジウムを開き、学識経験者を仲裁役に立てながら、最終的には「BCバーター論」を実現させる。その戦略の鍵となるのは、仲裁役となる学識経験者の顔触れだ。

まず政府側（運輸省）の推薦で、労働経済学の大家で東大名誉教授（当時は東京女子大学学長）の隅谷三喜男、運輸省OB（成田空港開港時の航空局長）の高橋寿夫、高千穂商科大学（現・高千穂大学）教授の山本雄二郎の3人が決まった。仕掛け人である石毛たちが困ったのは、反対同盟側の依頼を引き受けてくれる学識経験者を見つけられないことだった。

宇沢弘文の存在を知らせたのは、反対同盟の熱田派を支援していた山口幸夫である。山口自身は物理学者だが、経済学者の宇沢が適任ではないかと推薦した。じつをいうと、山口は何人もの知識人に協力を依頼したものの、ことごとく断られていた。最後にたどりついたのが宇沢だったのである。

「あのときに日本の知識人の実態がわかりました。本当にがっかりしましたよ」

そう語る山口も、知識人が尻込みする理由がわからないわけではなかった。反対同盟が内部分裂して以降、武装闘争路線を主張する活動家らによる暴力事件が頻発していたからだ。公開シンポジウムが始まる3年ほど前には、千葉県収用委員会の委員長だった弁護士が襲撃され、瀕死の重傷を負う事件も起きていた。

諦《あきら》め

日本に帰国してから宇沢は、「高度経済成長の陰」を凝視しつづけてきた。もちろん、空港建設に反対する農民闘争の現場にも足を運んでいた。山口が、宇沢と三里塚のなれそめを記している。

〈その三里塚のおおきな特徴は、全国から、さまざまなひとたちが集まってきて、巨大な思想の釜が煮えたぎっているような状況が実現したことである。日本国家のありように異議をとなえる新左翼の諸党派、農民運動、労働運動、各界各層の知識人・文化人、住民・市民運動、反公害・反開発運動、反差別運動、反基地運動、反原発運動に関わる人々がしだいに、沖縄からも全国津々浦々から結集するようになっていった。そういうなかで、「三里塚闘争連帯労農合宿所」（「三里塚闘争に連帯する会」主宰）と晩年の前田俊彦さんが移り棲んだ「瓢鰻亭《ひょうまんてい》」は反対運動のかなめの役割を果たしていた。前者は宿泊所として、多様な参加者たちのあいだの交流・討論の場になった。宇沢さんが関係したのは後者のほうであった。

宇沢さんは何度か「瓢鰻亭」を訪れて、泊りがけで前田さんと論じあったと、たびたび前田さんから聞かされた。前田さんの話から察すると、お二人が論じあったテーマは社会のありかた全般にわたった。経済学について宇沢さんが最新の状況を開陳し、前田さんがそれを論評する。入会権について、おふたりがいくつもの角度から意見をたたかわす。国家、企業、政党、地域、とくに水俣、農のあり方、空港はどうあるべきか、人民の運動のあり方等々。宇沢さんにとっては、前田さんのような討論相手はそれまで存在しなかったのではないかとおもう。そういう前田さんが居を移してまで三里塚にとり組んでいることを宇沢さんはどう受け止めただろうか。

前田さんは、と呼びなれた言いかたをするが、一九〇九年生まれの戦前からの活動家で思想家であった（一九九三年没）。「人はその志において自由であり、その魂において平等である」というのが前田さんの思想の根底にあった。前田さんの思索は、ヒューマニティをもじった「瓢鰻亭通信」として、最初は一〇〇〇部、のちには、毎号数千部もの発行になった。また、正、続二巻の単行本にまとめられて一九六九、七五年に出版された。

「瓢鰻亭」は「労農合宿所」のすぐ近くの谷《やつ》の上りつめた狭い平地に反対同盟が前田さんのために建てたもので、台所と風呂場がついて六畳と十二畳の二間があった。戸村一作・反対同盟委員長が墨書した「瓢鰻亭」というおおきな看板が掛っていた。前田さんは「三里塚廃港要求宣言の会」（鎌田慧・事務局長）の代表であり、三里塚闘争のために九州から移り棲んだ。

この「瓢鰻亭」を訪れて前田さんと話し合った人たちは有名、無名あわせて無慮数百人にのぼるだろう。前田さんは「前田のじい」と呼ばれていたが、全く飾らない、えらぶらないひとで、訪れるひとたちすべてを歓待した。反対同盟の幹部たち、青行（筆者注：青年行動隊）や支援のひとたち、知識人、文化人、住民・市民運動のひとたちがひっきりなしにやって来た。前田さんは、そのひとたちを引き合わせ、議論を盛んにし、議論を深め、運動を広げる役割を担った。宇沢さんは前田さんとともに、青行や親同盟と十分に意見を交換し、三里塚の今後を議論したとおもわれる。とくに青行の宇沢さんにたいする発言は、遠慮らしきものが全くなかった。宇沢さんが「高貴な精神とすぐれた政治的識見」に触れる機会がもっともおおかったのは「瓢鰻亭」においてであったとおもう。あるとき、前田さんは「このあいだ、宇沢弘文さんがやって来てのう。この世の中、どこを見ても真っ暗で明りが見えませんが、日が暮れてすこしお酒がはいると、うっすらと明りが見えますね、と言うておったよ。そのとおりじゃのう」と語ったことがたいへん印象的である〉（『現代思想』２０１５年3月臨時増刊号）

「長い手紙を出して、お宅におじゃましたんです。宇沢さんは返事を渋ってましたね。『ぼくにはやりたいことがある』って言ってましたから。わたしらがはじめて行った段階では、決断はしていなかったとおもう」

石毛の話によると、反対同盟の石毛たちがなかば押しかけるように宇沢宅を訪れた際、協力要請に宇沢はためらう様子をみせていたという。それはそうだろう、なにしろ人生最後の研究テーマとなるかもしれない地球温暖化の問題に取り組み始めたばかりだったのだから。

石毛たちの訪問から3ヵ月ほどのちの1991年2月23日、宇沢は三里塚を訪れている。強制撤去された木の根団結小屋の跡地に建てられたペンションで、反対同盟の面々と語り明かしたときの心境を宇沢が回想している。

《しかも、当時小生は、政府が強制的手段をとるのではないかという危惧をつよくもっていました。木の根ペンションに集まった、反対同盟の若い人々が、やがて、圧倒的な数と装備をもった機動隊と闘わざるをえない状況に追い込まれて、多くの人々が傷つくことになるのは必至であると思われたのでした。このような状況のもとで、この人々の志を生かし、しかも平和的に解決する道を求めるために、できるだけの力をつくすことしか、小生の思想的、人格的アイデンティティを保つことはできないという諦めをもったのです。

というのは小生は、この二、三年、地球温暖化の問題について考えを進めてきたのですが、長年取り扱ってきた社会的共通資本の理論について、この問題を契機として大きな理論的飛躍を試みることが可能であるということに気付き、この研究に全力を投入することに決めた矢先であったからです。いわば生涯の学問的生命を賭けた仕事という気持と残された時間はあまりないという心理的な焦りをもっていたときだったからです。しかし、反対同盟の若い人々の慫慂《しょうよう》を断わり切るということによって、小生は癒しがたい傷を心に残すことになるということを恐れたのです》（『「成田」とは何か』岩波新書）

シカゴ大学でベトナム反戦運動に関わっていた宇沢は、途中で放棄するように帰国した。《そのとき一緒に行動した学生はほとんどすべて大学を去り、なかには重い罪を背負って、その一生を通じて苦悩しつづけている人も少なくありません》という事態に、深い後悔の念を抱きつづけていた。木の根ペンションで夜を徹して語りあっているうち、ベトナム反戦運動のなかで姿を消していった若者たちの姿と、目の前の反対同盟の面々が重なって見えてしまった。宇沢はこうのべている。

《成田闘争の平和的解決ということは不可能に近いと思われたのですが、この人たちと一緒に行動するより他に道はないというのが、諦めに似た気持だったのです》

「三里塚農社」構想

公開シンポジウムで仲裁役を果たした学識経験者は結局、政府側が推薦した隅谷三喜男、高橋寿夫、山本雄二郎、反対派側が推薦した宇沢、河宮信郎（中京大学教授）という構成になった。座長名を冠して「隅谷調査団」と呼ばれた。

宇沢は力み返っていた。学識経験者がそろった席で、「学識経験者の役割は単なる調停役ではない」と宣言、「かつて帝国日本が満州事変を起こした際に国際連盟が派遣したリットン調査団のような強い権限をもつべきだ」と言い放った。「BCバーター論」という落としどころを秘かに用意していた石毛らにとって、宇沢の強硬な態度はまったくの予想外だった。

いったん仲裁役を引き受けると、宇沢は成田問題にかかりきりになっていった。まったくめずらしいことに、個人的信条とは相容れない政治的ふるまいも躊躇しなかった。最たる行動が自民党の大物政治家に支援を乞うたことである。この間の事情を知るのが経済学者の奥野正寛だ。奥野の父親は、自民党右派の重鎮として知られた奥野誠亮《せいすけ》である。

「先生に仲人をしていただいた関係で、宇沢先生は父と面識がありました。でも、後藤田正晴さんを紹介してほしいからということで、私にあらためて父を紹介してほしいといわれました。父は内務省で後藤田さんの1年先輩だったんです。そういうわけで、父が後藤田さんを紹介し、宇沢先生は後藤田さんと関係をもつようになりました」

成田問題に関わっているあいだ宇沢は終始、後藤田に支援をあおいでいた。そして後藤田にも全面的にバックアップする動機があった。三里塚闘争の最大の悲劇ともいえる代執行の際に起きた3人の警察官の死とその後の三ノ宮文男の自殺、このときに警察庁長官を務めていたのが後藤田だったのである。そのためだろう、宇沢とはじめて会った際、後藤田はなかば冗談でこんな話をしたという。

「運輸省からいわれて、立場上、これまで警察を成田に投入してきた。その結果、数多くの農民を傷つけ、地域の崩壊をもたらしてしまった。警察の威信はまさに地に墜ちた。今後、運輸省が過激派と農民を分けないまま、やれといってきたら、今度は運輸省をやる」

公開シンポジウムは1991年11月の第1回から1993年5月の最終回まで15回行われた。最終回で隅谷調査団は、運輸省・空港公団が土地の強制的な収用を行わないこと、すでに着工している第2期工事とB滑走路、C滑走路の建設計画を白紙に戻すこと、成田空港問題の解決を話し合う新たな場を設けることを提示することになった。これら3項目は、シンポジウムでの議論を踏まえて反対同盟側が出してきたものだったが、問題はこのすべてを閣議決定に持ち込めるかどうかだった。

宇沢は後藤田にはシンポジウムの進捗状況を詳細に報告していたのだが、ある日、後藤田から「至急きてほしい」との連絡を受けた。当時、後藤田は宮沢喜一内閣の法務大臣をつとめており、副総理を兼務していた。

法務大臣室を訪れると、後藤田は宮沢総理大臣が外遊中であることを説明したあと、

「宇沢君、きょうは俺が総理だよ。君の案にＯＫをだす」

と笑みを浮かべながらいった。その後、後藤田は運輸省幹部に、宇沢が報告していた3項目をすべて受け入れるよう指示したという。

もっとも、15回におよぶ公開シンポジウムで思い切った態度をとったのは、むしろ政府側だったと石毛は証言している。

「国が一か八かの勝負にでてきた。土地を収用する強制力を手放すということは、滑走路が建設できなくなるということですからね。強制力は取り下げないだろうとおもっていたんです。国が勝負にでてきて……わたしらはその勝負に負けたといえば負けたんでしょうね。ほとんどの農民が感動しちゃったから」

反対同盟側、政府側がともに隅谷調査団の結論を受け入れたことで、両者の「戦争状態」は終わった。「和平協定」と宇沢は呼んだが、公開シンポジウムを終えた段階で、学識者たちは大きな貢献を果したといえる。宇沢はこの時点で研究のほうに重心を移してよかったはずなのに、むしろ公開シンポジウムが終わってから、ますます三里塚問題に深入りしていくことになる。「三里塚農社」の構想を実現させようと、奔走しはじめるのである。

《「和平協定」が成立してからのステップにつきましては、運輸省・公団と地元住民・反対同

盟という当事者の間での話し合い、交渉の結果、決められるものであり、私どもの関与すべきことではないことは当然であります。ただ、小生としましては、反対同盟の農民、支援の諸君の多くを統合して、たとえば、「三里塚農社」のような組織をつくって、そこに一括して移ることができたらという希望をもっております。「三里塚農社」につきましては、その基本的な考え方を説明しました文章を同封いたしました。この論文はもともと、反対同盟の人々を説得するために用意したもので、先生にご覧いただくにはいささか恥ずかしい思いでありますが、もしご参考にしていただければと思って同封いたします》

1993年4月8日付の後藤田宛ての手紙である。公開シンポジウムが13回を数え、最終的な結論が見え始めたころ、後藤田に「三里塚農社」について雄弁に語っている。もちろん、全面的な支援を得たいがためである。

《「三里塚農社」の構想は要するに、新しい村をつくろうということにつきますが、これまでの因習的な村落共同体と異なって、もっと自由で、進取的な性格をもつ組織で、農業を中心として、加工、販売、建設、研究開発など広い範囲にわたって事業を展開する「会社」であります。したがいまして、農業基本法の精神に抵触し、農地法、農業協同組合法に違反する面をもっております。幸い、農水省の御理解を得ることができ、同省で新しい「三里塚農社」のような組織が合法的になるように、農地法、農業協同組合法の改正作業がすでに進められているというように理解しております。

「三里塚農社」の構想の具体化につきましては、反対同盟の農民たちを始めとする当事者の人々と時間をかけて議論を重ねて参りたいと存じます。同時に、農水省、県、関係地元市町村

の方々の御意見をお聞きしながら作業を進めたいと存じますので、先生の御教示、御支援をいただければ大へん幸いに存じます》

「農」の論理

公開シンポジウムでは、隅谷調査団が反対同盟（熱田派）の要望を認める形で、三つの結論を導いた。第1に、運輸省と空港公団が収用裁決申請を取り下げること（空港予定地内の農民の土地を強権的な手段を用いて収用しないこと）。第2に、B滑走路（供用開始されているA滑走路に平行した滑走路）と、横風用のC滑走路の2本の滑走路の建設計画を白紙に戻すこと。最後に、成田空港問題の解決を話し合う場を設けること。新しい協議の場は隅谷調査団の主導で設けることとしていた。

新しい協議の場となった「成田空港問題円卓会議」では、当然ながら、白紙に戻されたB・C滑走路の問題が焦点となった。円卓会議でも反対同盟側の先頭に立っていた石毛が語る。

「国が空港を建設する過程での誤りを認めて謝罪し、強制力を取り下げたのは大きかった。反対同盟が空港に反対する理由をほとんど失ってしまったから。それでも反対するなら新しい論理を構築できなければだめだとおもったけど、新たな考えはでてこなかった。だから円卓会議が終わったとき、おれは反対同盟事務局長をやめちゃったんですよ」

しかし、反対同盟側の全員が石毛事務局長と考えを同じくしたわけではなかった。政府側（運輸省、空港公団）にいわせれば「反対同盟の強硬派」ということになるが、B・C滑走路の建設は中止し、その予定用地を「地球的課題の実験村」に開放すべきと主張する少数グループはなお、建設阻止をあきらめていなかった。そして、「反対同盟の強硬派」とはまったく異なる視点から、「地球的課題の実験村」に強い関心を示したのが、本来は仲裁役であるはずの宇沢だった。

反対同盟は公開シンポジウムをはじめるにあたり、第1回目の公開討論の席上で所信表明ともいえる長大な文章を事務局長の石毛が読み上げている。「徳政をもって一新を発せ」と題された文章を1時間近くかけて石毛が朗読したあと、壇上にあがった奥田敬和運輸大臣が開口一番にいった。

「ただいまの石毛さんの意見発表を承り、心のなかでうち震えるような感銘を受けておりました」

当時の心境をのちに奥田が語っている。

〈会場で石毛君の発表を聞いて、本当に胸を打たれたよ。農民が一本の鍬を頼りに荒れ地を開拓した話や、土地は農民の魂のよりどころだという話を切々と訴えられて、不覚にも涙が出たよ。それまで僕は、成田の農民は極左テロの仲間だと思っていた。だけど、国のむごい仕打ちに対する農民闘争だったことが、石毛君の発表ではっきり分かったな。農民と農地の問題を、お金で解決できるような一般的な土地問題のように考えていた。それも反省させられて、あの「感銘した」という文言を、その場で付け加えた〉(『ドラム缶が鳴りやんで』朝日新聞成田支局著、四谷ラウンド)

宇沢も「徳政をもって一新を発せ」に感銘を受けたひとりである。自著『「成田」とは何か』

にそのまま収録したほどだ。三里塚農民に共鳴した宇沢は、三里塚の農業共同体を再生させるという野心を抱くようになっていた。社会的共通資本の理論的枠組みのなかで「三里塚農社」を構想していくのだが、反対同盟が表現した「農的世界」に刺激を受けながらの作業となった。公開シンポジウムの最終回で、反対同盟が「仮死の土地に地《じ》発《おこ》しを」を読みあげると、宇沢はふたたび自著『二十世紀を超えて』に収録している。

「徳政をもって一新を発せ」「仮死の土地に地発しを」は反対同盟の名で発表されたが、いずれの文章の作成にも関わった「部外者」がいた。記録映像作家の福田克彦である。

福田克彦は１９４３年に東京で生まれた。早稲田大学を卒業後、小川紳介監督率いる小川プロダクションに加わり、助監督をつとめた。小川プロは三里塚に拠点を据えて『三里塚 辺田部落』（１９７３年）など三里塚闘争を描いたドキュメンタリー映画を次々と世に送りだした。その後、山形県上山市に拠点を移すが、福田は途中で小川プロから離れて三里塚に戻り、『草とり草紙』（１９８５年）などのドキュメンタリー映画を撮った。

反対同盟が「徳政をもって一新を発せ」などの文章を作成する際、表現者の強みを活かしてメッセージ性の強い文章に仕上げるために大きな役割を果たしたのが福田だった。三里塚闘争の全貌に迫ろうと執筆していた著書の完成間近に脳出血で倒れ、98年1月に54歳の若さで死去した。その後、未完成だった原稿は編集を加えたうえで『三里塚アンドソイル』（平原社）として出版されている。

『三里塚アンドソイル』で福田が「徳政をもって一新を発せ」について解説している。

〈さてこの文章の特徴は、やはり〝徳政〟という、鎌倉から室町時代の古い言葉を探し出してきた点にあるだろう。これは青行隊が初めのころに提起した〝土地ではない土だ〟という考えをもうすこし広げたものとみてよい。土地を面積や価格の問題としてみる近代的土地所有の考え方に対して、この国には土地が「根本的な食糧を産み出す不思議な力をもっており、それ自体が生き物」と意識する思想があった。だから土地を所有概念だけでみるのは間違いであり、土地は本来的にそこを開発し、そこから作物を産み出す百姓のものだという新しい主張が表われている。そして国が農民の了解なく空港を位置決定した以上、登記簿上の所有権がどこにあれ、今の空港に対しても農民は発言権がある。ただその場合の農民とは、個々の農民ではなく〝日本農民〟だという抽象性をもって提起している。これは国が空港をつくるというときの公共性の論理に対して、農民側の〝公性〟を対峙させたことになるが、どちらの公性が優れているかという問題提起というよりは、農民側の自己確認という面が強い〉

農作物を生み出す土地を「富」の源泉とみる重農主義の考えが根底にあるのは興味深いが、福田によれば、「徳政」を持ち出したのは、三里塚闘争の究極の終点として、土地の完全私有制（福田は「完全私有性」と記している）はなんらかの形で修正されるべきだとの思いがあったからだという。ちょうど公開シンポジウムが始まるころ、日本では地価や株価の急騰に沸いたバブル経済が崩壊し、土地投機への反省が叫ばれだしていた。そのため、「徳政の理論」が農民たちにはしっくりきたのだという。福田が続ける。

〈まわりの土地が高騰し、農地が切り売りされ乱開発に打つ手もなく、日々農業環境が破壊されていくことに苛立っていたが、徳政の理論は国の土地政策に何が欠けているかを悟らせるものがあった。土地を手に入れると、そこは何に使ってもよい、何を建ててもよい、それは土地所有者の自由という意識があるから、畑のとなりに巨大な倉庫が建ったりゴミ捨場ができてしまう。農業をやっている人間のことなどまったく考慮しないことが平然とおこなわれる。「私有財産だから個人の自由だ」という考えはおかしいのではないか。農業をつづけようと思っている者は、私有財産だから何をやっても自由とは考えない。たとえば田圃は水をとおして上下の田圃とつながっているから、昔は一軒だけ早く田植えをやるということは許されなかった。長老たちが集まり田植えの時期を定め、順番を指示するのが普通であった。共同体社会の合意がなによりも必要だったのだ〉

「徳政をもって一新を発せ」には「農の論理」が色濃く滲み出ていた。福田らはこれを「農的価値」と呼ぶようになるのだが、公開シンポジウムの最後に発表した「仮死の土地に地発しを」は、「柳川構想」をはじめて実体化した文章だったという。「柳川構想」は、滑走路予定地を新たな農業を展開する場所とすることで滑走路の整備を阻止しようというアイデアだ。三里塚農民の柳川秀夫が言い始めたことから「柳川構想」と呼ばれたが、有機農業を軸に「地球的課題」を実践するとしながら、具体的な内容は詰めておらず、「地球的課題の実験村」という言葉だけが先行していた。

〈同盟は、それまで蔑ろにされてきた農業・農民・農村問題を検討することが、空港問題の本質的解決には不可欠だと投げかけた。それは三里塚農民の心の襞の奥に淀んでいた怨念の発露でもあった。四半世紀をかけて百姓という人格を無視された口惜しさの表現であった。だから根底には二期工事を潰したいという意思があふれていたが、そのことを赤裸々に出すことは避け、地域再建論というかたちをもって、その文書は発表された。なかでも特徴的な視点は、〝次の世代に譲りわたせる解決の仕方〟という考え方である。それは環境倫理学のテーマである〝世代間倫理〟を、農業・農村問題をくぐらせて展開したものといえる。「仮死の土地に地発しを」と題された文書は、柳川構想の最初の定着であり、《徳政》理論からのひとつの飛躍であった〉

農業基本法の反省

公開シンポジウム後に空港公団が収用裁決申請を取り下げたあと、今度は千葉県など関係自治体なども参加した成田空港問題円卓会議が隅谷調査団の主催で1993年9月から1994年10月まで12回にわたって開かれた。第10回の会議で、「地球的課題」問題に取り組んできた農民の意見を反映する形で「児孫のために自由を律す」を反対同盟は発表する。滑走路建設予定地（B・C滑走路）を「地球的課題の実験村」に開放すべきと主張する内容だったが、議論は盛りあがらないまま円卓会議は終了した。

隅谷調査団は最後の所見で、むしろ滑走路建設計画には合理的な理由があると政府側に理解を示した。円卓会議が終了したとき、滑走路計画を中止して実験村をという意見を本気で唱える者は事実上、反対同盟のなかでも少数派となっていたのである。

宇沢は後藤田正晴に宛てた文章で、実験村問題に言及している。

《「児孫のために自由を律す」のなかでは、反対同盟は、「地球的課題の実験村」を「ＢＣ滑走路」に設置することが主張されています。この点につきましては、小生はかなりつよく説得したのですが、これまでの反対運動の流れのなかで、反対同盟が自ら二期工事の修正的建設についてこれまでのスローガンを全面的に否定することを言い出すことは不可能のように思います。この点につきましては、十月十一日に出されます隅谷調査団の最終的意見として、二期工事の修正的建設が、社会的な公正という観点から望ましいものであることを明示することになっております》

滑走路建設予定地に実験村をつくるというのは現実的でないとのべながらも、宇沢は「地球的課題の実験村」そのものには反対していない。というより、具体性に乏しい実験村の提案に対して、明確な理念と具体的な内容を与えるため、三里塚農社の構想を練っていた。宇沢は、成田空港の外で「三里塚農社」を実現しようと考えていたのである。

宇沢は円卓会議がスタートしてまもない1993年11月に『二十世紀を超えて』を出版しているが、同書のなかのひとつの章に「三里塚農社の構想――日本における農の営みの再生を求めて」を掲げている。

《この構想は、日本農業の再生の道を探るという、本質的な課題と、成田空港問題の平和的解決を求めるという世俗的な要請との総合から生みだされたものである》

第二次世界大戦後の農業を語る際、1961年に制定された農業基本法をどのように評価するかが重要なポイントとなる。農業基本法に規定された農業政策を「基本法農政」と宇沢は呼び、その欠陥を農業就業者の激減が裏づけていると説明する。なぜ農業は魅力のない仕事になってしまったのか。宇沢は答える。

《農業基本法にもとづく日本の農政は、農村の置かれている社会的、文化的諸条件には一切関与せず、個々の農家を単位として形成されている経済的、経営的諸条件を所与として、分権的市場経済制度のもとで、日本の農業をどのようにして、効率的なものとし、工業部門と競争的となりうる産業として育成しようという目的をもって展開されてきた。

しかし、工業部門の経営単位は、農業とは比較できないような大きな規模をもっている。しかも、工業部門の経営単位は、農業と違って、そのときどきの市場的、経済的条件に応じて、自由にその経営的、組織的形態を選択することが可能である。しかし、農村社会の因襲的環境のなかで、封建的な慣習が色濃く残っている状況のもとで、産業としての農業が、その比較優位を保ちうるような経営的、組織的環境を形成することはほぼ不可能に近い。このような状況のもとで、単純な競争原理を振り廻すことは、時代錯誤の批判を受けても止むをえないのではなかろうか。

しかし、視点を変えて日本における農の再生というスローガンを掲げたとき、果して、これにこたえることができるであろうか。日本の農業の再生の道を指示し、分権的市場経済制度のもとで、農の営みが、経営的にも、また、社会的、文化的にも、私たちの多くが探し求めていたものを具現化する道が存在するであろうか》

宇沢の見るところ、基本法農政の致命的な欠陥は、農家をあたかもひとつの経営主体のようにとらえ、工業部門の企業と同じ条件のもとで、市場で競争させようとしたことにあった。市場競争に敗れた農家は第二種兼業農家、あるいは他の職種に転換させ、生産効率が高く、工業部門の企業と競争してもやっていけるような農家のみを自立的経営農家として位置づけようとした。基本法農政の誤りはそこにある。

宇沢の農社構想の勘所は、「分権的市場経済制度のもと」でいかにして「農の営み」が可能かを論じている点だ。市場経済から農家を保護するという発想ではなく、産業革命後に成立した市場経済より古い歴史をもつ農の営みが、どのような制度のもとで市場経済に適応できるかという視点である。

日本の高度経済成長は、農村から都市への大量の人口流出を伴った。工業部門の労働生産性が高まり工業従事者の所得が増えると、農村の人口流出にさらに拍車がかかるという過程をたどった。都市化が進むと食生活も大きく変わり、米の価格を人為的に設定する米価支持政策のような農政が重要になってきた。

農業を衰退に追い込んでしまった農業基本法は、誰によって、どのようにつくられたのか。

《一九五九年七月、農林省は、農林漁業基本問題調査会を総理府に設置して、その準備作業に入った。この調査会は、東畑精一教授を会長とし、当時農林省の審議官であった小倉武一氏を事務局長とし、委員、臨時委員、専門委員を合わせて、六十名に及ぶ規模をもっていた。農林省はこれより先、西ドイツ、イギリス、フランス、オーストリア、イタリーの諸国に調査団を送って、各国の農業法、農業の実態を調査し、くわしい調査報告を出しているが、このうち、一九五五年に制定された西ドイツの農業法が、農業基本法の策定に大きな影響を与えている》

宇沢にとって、東畑精一は特別な存在だった。東京府立一中時代の同級生速水融が東畑の甥で東畑邸に住んでいたことから、中学生のときに速水の案内で東畑の書庫を見せてもらったことがあった（第1章参照）。学者に憧れを抱いた最初の出来事だった。

宇沢が経済学者となり国際的に活躍すると、今度は東畑が宇沢に関心をもつようになった。ドイツのボン大学でシュンペーターの薫陶を受けた東畑はアメリカ経済学界で目覚ましい活躍をした宇沢を高く評価し、いっしょに食事したおりには、「甥っ子の速水融をよろしくたのむ」などと冗談を口にしたりもした。

早くから農業に関心をもっていた宇沢は、農政については第一人者の東畑に教えを乞うようになった。ただし、東畑が宇沢に繰り返したのは「反省の弁」だった。農業基本法は失敗だったという後悔と懺悔を、宇沢の前で率直に語っていたのである。

「反省する東畑精一」に学んだ宇沢は、農業基本法の失敗は、農村あるいは農業がもっている固有の性質を無視して、工業において企業が果たしているような役割を農家に求めたことにあると考えるようになった。

《農業における生産主体をこのようなかたちで、一戸一戸の農家として規定するとき、いわゆる規模の経済の発生する余地はほとんどなく、農業部門における社会的分業を誘発する効果もほとんどみられない。もともと農業部門における生産活動にかんしては、自然的条件のもとで、有機的生産形態が中心となっているため、その規模の経済の大きさ、資本収穫性、利潤性のいずれをとっても、工業部門に比べてはるかに小さいのが一般的である。しかも、農業部門における生産性は、天候など自然的条件に左右されることが大きく、また農産物に対する需要の価格弾力性も低く、予期しえない大きな市場価格の変動をみることが多い。このような技術的、自然的、市場的条件のもとで、一戸一戸の農家を独立した生産単位として、工業部門における企業――それも一般に巨大企業であるが――と競争させようというとき、農業部門の衰退という帰結を惹き起こすのはある意味では必然的であるといってよい》

宇沢が下した結論は簡潔である。

《農業部門における生産活動にかんして、独立した生産、経営単位としてとられるべきものは、一戸一戸の農家ではなく、一つ一つの村落共同体でなければならない》

コモンズの思想

「三里塚農社の構想」のなかで宇沢は、「コモンズ（The Commons）」を論じている。日本語に訳すと「共有地」ということになるが、資本主義の大原則である私有制と深くかかわる問題だ。「共有地の悲劇（The Tragedy of the Commons）」という論文をめぐって起きた過去の学術論争を宇沢はとりあげている。

「共有地の悲劇」は、生物学者ガーレット・ハーディンが1968年に『サイエンス』誌に発表した論文である。ハーディンは、ウィリアム・ロイドが1833年に著したあまり知られていない論文にもとづく形で議論を進めた。ハーディンの結論は、誰もが利用できるコモンズは必ず荒廃してしまうということだった。

コモンズの例としてとりあげられたのは、中世の英国の牧草地である。共有されている牧草地に新たに牛1頭を放すケースを考える。牛は牧草を食べるので、新たな牛が1頭入ってくると1頭分だけ牧草地の損害は大きくなる。ところが、被害は牧草を利用する牛飼い全員が等しく被るので、牛を放した牛飼いの損害は相対的に小さくなる一方で、1頭の牛を放牧した利益は放牧した牛飼いひとりが得る。牛飼いの損得勘定だけを考えれば、どんどん牛を放牧したほうがいいということになるが、すべての牛飼いがこうした行動にでれば当然、牧草地は荒れ果てるだろう。

このような議論から、ハーディンは「コモンズは必ず荒廃する」という命題を導き出した。宇沢は、ハーディンの命題は新古典派経済学的な考えにもとづくものであり、「共有地の悲劇」のコモンズの捉え方は全面的に誤っていると断言する。

宇沢によれば、ハーディンの議論の立て方はそもそもコモンズの概念を否定的に見ることから出発している。そして結局、「コモンズ（共有地）は分割して、私有化されるべきだ」という結論を導く。

「共有地の悲劇」的な発想でコモンズを捉えた経済学者の代表として宇沢が名指ししたのが、ハロルド・デムセッツだ。シカゴ大学時代の元同僚である。宇沢は私的な会話では、しばしば「ミルトン・フリードマンの子分」と呼んだ（デムセッツについては第10章「二度目の戦争」で触れている。宇沢がシカゴ大学でベトナム戦争に反対する学生たちによる本部棟占拠を仲裁した際、「Are you a commie?」といって宇沢を侮蔑したあの人物である）。

「共有地の悲劇」を唱えるハーディンやデムセッツらは「オープン・アクセスの条件」を前提にしている。誰もが自由に使用できるという条件が満たされているというのだが、現実に存在するコモンズは通常、必ず特定の集団やコミュニティにとっての共有地である。日本の入会地制度をはじめとする世界のコモンズを列挙しながら、「共有地の悲劇」の前提には現実性がない、と宇沢は批判した。

もうひとつ重要な点は、「共有地の悲劇」では、コモンズを利用する人々が「完全に利己的な動機」にもとづいて行動し、自分の利益のみを最大化しようとして動いているという前提を置いていることだ。「所有権の概念について、デムセッツたちの前提としているような単純な論理的所有関係ではなく、特定の社会的条件のもとで、歴史的に規定された複雑な内容をもつのが、コモンズについて一般的であって、権利、義務、機能、負担にかんする輻輳《ふくそう》した体系から構成されている」と宇沢は主張する。

留意すべきは、「オープン・アクセスの条件」がサミュエルソンが公共財を論じる際に採用した前提でもあるという点だ。宇沢のコモンズ論は、社会的共通資本の基礎を固める作業であると同時に、主流派経済学を撃つ批判でもあった。

宇沢は、コモンズの管理が必ずしも国家を通じて行われるものではないことを強調するとともに、コモンズを構成する人々の集団ないしコミュニティから「フィデュシアリー（fiduciary）＝受託」というかたちで、コモンズの管理は信託されるという独特の解説をしている。

コモンズ論を展開することで宇沢は、「資本主義対社会主義」に対応した所有形態の公私二分法から逃れ出ようとしていた。社会的共通資本の理論は、「ポスト冷戦」の経済理論でなければならないからだ。

コモンズ論を展開したあと、宇沢はようやく三里塚農社の説明をはじめる。

《農の営みの外延的拡大とは、農の営みをたんに農作物の生産に限定せず、農作物を中間投入物とする加工、その他の生産活動、さらには販売、研究開発なども広く包含して、一つの綜合的な事業形態をもち、しかも分権的市場経済のもとで経営的な観点からみて一つの有機的経済主体として存立しうるような規模と組織を求めることを意味する。他方、農の営みの内包的深化とは、農社におけるさまざまな生産活動と生活様式とが、農社を取り巻く自然的、社会的環境の汚染、破壊をもたらすことなく、また、その生産物が、健康的、文化的、環境的な観点からもすぐれたものであるような生産形態を求めることを意味する。このようにして、農社における生産活動が分権的市場経済制度のもとで、工業部門に対して比較優位をもち、安定的な経済的、経営的主体として存続し、そこにおける生活様式が、文化的、環境的な観点から望ましいものであると同時に、農社と密接な関わりをもつ社会的共通資本、とくに自然環境を安定的に維持することが可能となる。このような意味で、農社は持続可能な農業を具現化することができる。このような目的を達成するために、農社は、人口と土地にかんしてかなり大きな規模をもつ一つの組織体となるが、それはあくまで分権的市場経済制度の枠組みのなかで機能する経済的、経営的主体であり、農社の事業にかかわる一切の意志決定は民主主義的な規範にもとづいておこなわれることが、その存立のためにもっとも重要な前提条件であることを改めて強調しておきたい》(『二十世紀を超えて』)

宇沢が三里塚農社にこだわったのは、「農の営み」が社会的共通資本の根幹にかかわる問題を提起するからである。宇沢は、「自然」を「資本」とみなすことで経済分析の表舞台に引きあげようとしていた。農業は自然と密接なかかわりをもつ。市場経済が発展する際、最初に市場経済の「陰」になりやすい領域が自然と深い関わりをもつ第一次産業であり、とくに「農の営み」である。市場経済にかかわる原初的な問題が、「農の営み」を通してあらわれてくる。

哲学者の柄谷行人が、『現代思想』の宇沢特集号に寄稿した「宇沢弘文と柳田国男」で鋭い指摘をしている。

〈柳田の農政学は今日ではほとんど忘却されている。通常、柳田農政学を継承する者として、その門下にいた東畑精一が参照されるが、私は賛成できない。むしろ、柳田の農政学を回復しているのは、柳田とは無縁で、おそらく柳田の農政学について知らなかったであろう宇沢弘文なのである〉

柄谷の指摘のポイントは、宇沢が用いた「農社」という独特の表現と関係している。三里塚におけるコモンズを農社と名付けることについて宇沢はつぎのように説明していた。

《「社《やしろ》」という言葉はおそらく、コモンズの訳語として最適なものであるように思われる。というよりは、コモンズよりもっと適切に、私がここで主張したいことを表現する言葉であるといった方がよいかもしれない。社という言葉はもともと土をたがやすという意味をもっていた。それが、耕作の神、さらには土地の神を意味し、さらに、それをまつった建築物を指すようになった。社は、村の中心となり、村人たちは、社に集まって相談し、重要なことを決めるようになっていった。そして、社が人々の集まり、組織集団を指すようになったといわれている。

元代の終わり頃には、社は、行政単位のもっとも小さなものであって、五十戸をもって構成されていた。社は、農の営みを中心としてつくられた組織であったが、社学が置かれ、社師が教育にあたったという。社はまさに、コモンズそのものであったのである》

柄谷は宇沢と直接の親交がなかったためか、「宇沢弘文と柳田国男」には三里塚農社が実現したかのような記述もありやや正確性を欠くが、農政官僚だった柳田国男が唱えた農政学と、宇沢の三里塚農社構想の共通性を見抜いたのは慧眼である。柳田国男の農政論について、柄谷はつぎのように説明している。

〈彼の農政論は、「協同組合論」を中心とするものであった。当時の農業政策は「農業国本説」を唱え農業を保護するものであったが、それは富国強兵のために農民が必要であったからにすぎない。それに対して、柳田の農政論は、国家に依存しない「協同自助」による農村の自立を説くものであった〉（『「小さきもの」の思想』柳田国男著、柄谷行人編、文春学藝ライブラリー）

「農政官僚としての柳田国男」に光をあてたのは、東畑精一である。

東畑精一

東畑は「リカード派土地社会主義」という学位論文を書いて東京大学農学部を卒業し、そのまま大学院に進んだ。大学院時代に柳田国男の論文集『時代ト農政』を読み、はじめて日本の農学書に「経済分析」があることを知ったと『私の履歴書』（日本経済新聞社）でのべている。

農業基本法が公布されたのは1961年6月だが、東畑はその直前、「農政学者としての柳田国男」（『文学』昭和36年1月号）を発表している。概要はつぎのようなものである。

日本の農業は明治末期、日露戦争前後に大きく変化した。都市化、工業化が進展するとともに国民所得が増えたからだ。米は従来は茶、生糸と並ぶ日本の三大輸出品のひとつだったが、凶作になると外国米を輸入しなければならなくなった。近代国家の確立を急ぐ明治政府は、農業金融機関や産業組合の仕組みを導入するなどして、工業と同様、農業を産業として発展させようと図った。

ところが、地主階級にとっては、米を過少供給状態に保っておくほうが手っ取り早く利益を手にすることができる。結局、地主階級の声を反映する形で、外国米の輸入を制限したり関税を引き上げたりすることで、自給自足を達成する道が選ばれた。

柳田農政論の肝は地主階級批判にあると捉えた東畑は、柳田の「小作料米納の慣行」を取りあげている。敗戦後の占領政策で農地改革が実施されるまで、米については小作料は収穫した米で納める物納となっていた。東畑は、米の小作料物納の慣行を批判したのはおそらく柳田ひとりにちがいないと指摘し、「氏の批判は単なる便宜論でもなく、また政策論でもなくて、純経済論であった」とのべている。小作料物納の慣行は、小作農から作物栽培の選択肢を奪うだけでなく、農民を農作物市場から隔離してしまうことで改良や革新といった起業家的能力を養う機会も奪ってしまう。ポイントは、市場経済から農民を隔離するのではなく、いかにして市場経済のなかで農の営みを可能にするかという問題意識が柳田にはあったということである。東畑は柳田農政学を評してつぎのようにのべている。

〈柳田氏の言論はまさにただ孤独なる荒野の叫びとしてあったのみである。だれも氏の問題意識の深さや広さを感得するものはなく、その影響を受けうるだけの準備を持つものはなくして終ったのである。氏はこの意味であまりにもその時代の農政学や農業経済学の問題意識や認識水準から高く距りすぎたのである。地主が国防に藉口《しやこう》して自給自足を説いたときに、だれもがこれを地主の声とは考えないで、全農民の声であると感じた。米納小作料の持つ経済的作用を看破するだけの農業経済学者は存在しなかった。農村・農民・農業は、他の社会・商工業者・他産業とは、いかに同一性格を持つかの大本を知ろうとしないで、差異を示し特殊性を荷っているかを血まなこに探し求めるに過ぎなかったのである。どうして柳田国男を理解しえよう〉

宇沢は農業経済学の師である東畑精一から、農業基本法への深い反省とともに、日本の近代化の黎明期に柳田が農政官僚として抱いた問題意識をも引き継いだ。そして、「農の営み」は社会的共通資本として捉えるべきだという結論に達した。「小農」が市場経済制度のもとでどうすれば自立できるかを問うた結果、三里塚農社の構想が生まれた。後藤田正晴に農社を説明した私信のなかで、三里塚農社を「会社」と表現していることを見逃してはならない（宇沢を「農本主義者」とみる向きがあるが、まったくの誤りである。柳田国男が伝統的な農本主義者とは異なり、むしろ批判する側だったのと同じように、宇沢は農本主義者ではない）。

三里塚農社は、「社会的共通資本としての農業」を具現化する構想である。宇沢の考えでは、構想が実現すれば、まちがいなく日本農業再生のプロトタイプとなるはずだった。

空中分解

成田空港問題円卓会議が終了した直後、宇沢は全日本自治団体労働組合（自治労）の本部で政治担当の局長をしていた鈴木英幸に手紙（1994年10月26日付）を出している。鈴木とは自治労が企画した「社会資本研究会」を1年半あまりにわたり指導した関係で親しくなった。村山富市総理（在任1994年6月―1996年1月）が自治労出身だったため、当時の鈴木は村山総理とは総理官邸で面談したりする間柄だった。宇沢にとって鈴木は、村山総理とのあいだをとりもってくれるという意味でも重要なパートナーだった。鈴木の紹介で村山首相と面談し、三里塚農社構想を直訴したりしていたのである。

円卓会議が終わって一区切りついた際、宇沢は手紙で三里塚をめぐる状況を鈴木に説明している。

《成田問題がこのような形で解決しまして、一息ついております。この間、大へん御迷惑をおかけし、また、御支援をいただきました。ありがとうございます。

今回の解決は、国（運輸省）の恣意的な国家権力の行使に対して、住民サイドからの抵抗によって、それを中止させ、地方自治体の主体的な関与を通じて、地域発展、公共事業のあり方を決めようというものです。民主主義的なルールにもとづいて政治をおこなうという年来の夢が実現できればという思いをもちます。

もう一つ、農民の経済的、社会的、文化的地位を回復して、より安定的な社会をつくり出す第一歩の道を開こうという希望をもっています。

具体的には、農水省を中心とする官僚の力にどのように対処するかということが差し当たっての課題となります。「実験村」構想についても、運輸省の高橋朋敬氏がすでに農水省と密接なコンタクトをとって、県に対して具体的な指示を与えています。基本法農政の問題点を検討して、行政介入をできるだけ排除して、自由で、進取的な農村社会を建設するという夢に対して、行政サイドがいかにして自らのvested interestを守るのかという緊張関係がすでにつくられつつあります。(中略) 石毛氏は記者会見で「30年にわたる三里塚闘争が名実ともに終わったことを皆様に御報告して、これまでの御支援に対して心から感謝する」という印象的な発言をしましたが、この発言は、反対同盟の正式の意思表示で、反対同盟の事実上の解散を意味しています。かれらは、反対同盟の闘争の成果を日本における民主主義的政治の実現への第一歩と農的世界の復権との二つに集約していて、新しい運動の展開を国政レベルで求めたいという意向です》

成田空港問題円卓会議が終わったあと、運輸省航空局内に「地球的課題の実験村」構想具体化検討委員会(「実験村」検討委員会)が設けられた。座長には、自ら望んで宇沢が就任した。第1回会合が1995年1月に開かれて以降、驚いたことに、98年5月の第22回の会合まで3年余りにもわたり、「実験村」について議論が続けられた。

結局、空中分解するように解散する「実験村」検討委員会は、はじめから矛盾に満ちた存在だった。というのも、反対同盟のほとんどのメンバーにとっては、政府が強制収用という暴力的な手段は用いないことを約束し、空港公団が収用裁決申請をとり下げた時点で、三里塚闘争は終焉していた。鈴木宛ての手紙から明らかなように、宇沢の認識も同じだった。

円卓会議が終わると、成田空港に関連して地域振興を話し合う共生委員会（成田空港建設の監視機能を持つ）と、「地球的課題の実験村」の具体化を話し合う検討委員会がそれぞれ立ち上げられた。「実験村」検討委員会では、柳川構想と呼ばれていたころからかかわっていた農民らが委員に就任した。三里塚農民の柳川秀夫、石井恒司などが主要メンバーで、記録映像作家の福田克彦も委員に就任して加勢することになった。反対同盟熱田派の支援者で、宇沢を反対同盟に推薦した山口幸夫も委員として加勢したひとりだ。要するに、反対同盟側で「実験村」検討委員会に参加したのは、「B・C滑走路の建設予定地に実験村をつくろう」と考えるメンバーばかりだった。

「実験村」検討委員会の議論の様子を山口幸夫がふりかえった。

「実験村の理念的なことはかなり議論が展開されました。そういう議論には実験村のメンバーもかなり呼応して、いろいろ議論に花が咲きましたよ。でも具体的な話になると、場所が問題になってくるから、そこは触れない。宇沢さんは滑走路予定地でなくてもよかったんですよ。やっぱり、三里塚農社をつくろうとしたんじゃないですか。だから、同床異夢でした」

「実験村」検討委員会がスタートする前、山口は宇沢から意外な話を聞かされたという。

「宇沢さんは、宮城県に実験村をつくる話を私にしたのです。宮城県知事と話しているんだと。『宮城県でやるという話にはあまり興味はありません』と、宇沢さんにいったおぼえがある」

宮城県の本間俊太郎知事と話し合い、宮城県内に三里塚農社を設立する話を進めていると、宇沢は山口に明かしたのである。ところが、宮城県庁をめぐるゼネコン汚職事件が起き、19

93年10月4日に本間知事は贈収賄容疑で東京地検特捜部に逮捕されてしまった。宇沢の画策はあえなく頓挫したのである。

それにしても、宮沢喜一内閣の副総理だった後藤田正晴に全面的支援をあおぎながら、村山富市内閣が誕生すると自治労の鈴木英幸を介して村山総理に直談判し、さらには、自ら宮城県知事と交渉して土地を確保しようとしたのだから、宇沢の三里塚農社実現への執念は尋常ではない。

捨てぜりふ

「実験村」検討委員会では、宇沢はとりまとめ役の座長であることも顧みず、三里塚農社の実現に向け、委員への説得をつづけた。当時、運輸省側のキーパーソンとして三里塚問題とかかわっていたのが高橋朋敬である。「宇沢先生と成田空港問題」と題した講義を2015年11月に世田谷市民大学で行った際、高橋が配付した講義資料に当時の宇沢座長の様子が記されている。

〈宇沢先生は、毎回、会議の始めに、自分のこれまでの学問のこと、現代社会の在り方のこと等を話された。また、ご自分の論文等をメンバーに配布されておられた〉〈何回か委員会が過ぎた時、ローマ法王ヨハネ・パウロ2世の回勅（新しいレールム・ノヴァルム――社会主義の弊害と資本主義の幻想と言われるもの）に触れ、現代社会の本質的な課題について話をし、先生が外部で唯一この回勅の作成に係わったこと、ローマ法王からこの考えを自分に代わって広めて欲しいと言われたことも披露。突然の話に、実験村との関係が理解できなかった〉

三里塚問題にもっとも通じる運輸官僚だった高橋でさえ、宇沢の意図がよくわからなかったのである。もっとも、当時の運輸省としては空港敷地外で「実験村」をつくるのなら、積極的に協力する用意があった。一番の問題は反対同盟側の委員が平行滑走路（2500メートル）用地を「実験村」に開放すべきと主張しつづけていることだったからだ。運輸省の意見は、基本的に千葉県など地元自治体も共有していた。

迷走ぎみの「実験村」検討委員会に苛立ったのが、円卓会議後に反対同盟事務局長を辞任した石毛博道だった。

「たいへん不遜な言い方になるけど、いまから考えると、三里塚の農民の〝利用主義〟に対して、宇沢さんが入れ込みすぎたのかなあという感じがしますね。農民が出した文書は結局、『Bランをとる（平行滑走路の建設計画を阻止する）』ための政治的な文書だったとわたしはおもってる。もちろん、宇沢さんも政治的な側面をもつことは知っていただろうけど、（実験村構想の内容と）宇沢さんが考えていたこととあまりにもシンクロしすぎて、宇沢さんが感動しちゃったんですよ」

実験村を熱心に議論していた柳川秀夫や石井恒司などの三里塚農民は有機農法を早くから実践していた。円卓会議で反対同盟が提示した「児孫のために自由を律す」は、滑走路予定用地を循環型の農業を実践、普及させるための「地球的課題の実験村」に開放するという内容だったが、彼らの唱える「農的価値」が有機農業の実践に支えられた主張だったことは事実である。宇沢は、三里塚農民との交流を通じて、彼らであれば、農社の構想を実現させることができると確信していた。

結局は、滑走路予定地か空港外か。設立の場所だけが問題だったのであり、宇沢と三里塚農民たちの決定的な立場の違いだった。さらにいえば、空港公団が強制収用の裁決申請を取り下げたことを受け、「実験村」検討委員会が議論しているさなか、空港用地内の反対派農民が空港公団に土地を売却して次々と空港敷地外に移転していった。宇沢が三里塚農社構想を実現しようと奔走しているあいだに、三里塚をめぐる状況は激変してしまっていたのである。

「実験村」検討委員会が結論を出せないままいつまでも議論をつづけていることに業を煮やした石毛は宇沢に連絡をとった。成田市内のレストランでふたりきりで話し合った際、石毛は宇沢に面と向かっていった。

「宇沢さん、どうするんだ。このまま決裂したらたいへんなことになるだろう。柳川たちをあおりすぎたんだよ。このままだと柳川たちはB滑走路反対でずっといってしまう。柳川たちをあおった宇沢さんにだって責任があるだろう!」

詰問されて宇沢は、なにも答えることができなかった。宇沢は反対同盟の石毛を高く評価していた。人物像を紹介する際は、大工の石毛にはヴェブレンが唱えた職人気質を彷彿させるものがあるなどと独特の賛辞を送ったりもしていたのである。その石毛に一喝され、押し黙るしかなかった。

三里塚農社構想は夢物語というわけではなかった。設立する場所も、財源も、内諾という段階ではあったが、政府や地元自治体が協力する姿勢を示していたからだ。千葉県内の具体的な場所、予算のおおよその規模がすでに関係者のあいだでは囁かれていた。三里塚農民たちが

「イエス」といえば、本当に実現したはずだ。その意味で、宇沢の構想は実現一歩手前だった。ただし、はじめから「実験村」検討委員会の農民たちには空港外に実験村をつくる考えがなかったという意味でなら、一貫して実現不可能な構想だったともいえる。

よほど悔しかったのだろう、反対同盟側で「実験村」とは関係していなかった佐山忠に宇沢はこんな捨てぜりふを放っている。

「君たちが三里塚農社をやらないんなら、ぼくは鳥取県でやるからね。鳥取県知事とは知り合いだから」

「実験村」検討委員会が終わった直後、宇沢は『日本の教育を考える』を出版した。最後の章に掲げたのが、「鳥取県の『公園都市』構想」。公園都市構想なのになぜか農社学校の設立が強調されている。農社学校は、三里塚農社構想の核となるプロジェクトのひとつだった。

宇沢は本当に郷里の鳥取県まで出かけていって、県庁関係者と会ったり講演したりしている。もちろん、三里塚農社を鳥取県で実現できるはずもない。ひとりきりの「新しき村」づくり運動は、こうして幕を閉じたのだった。

第16章

未完の思想
Liberalism

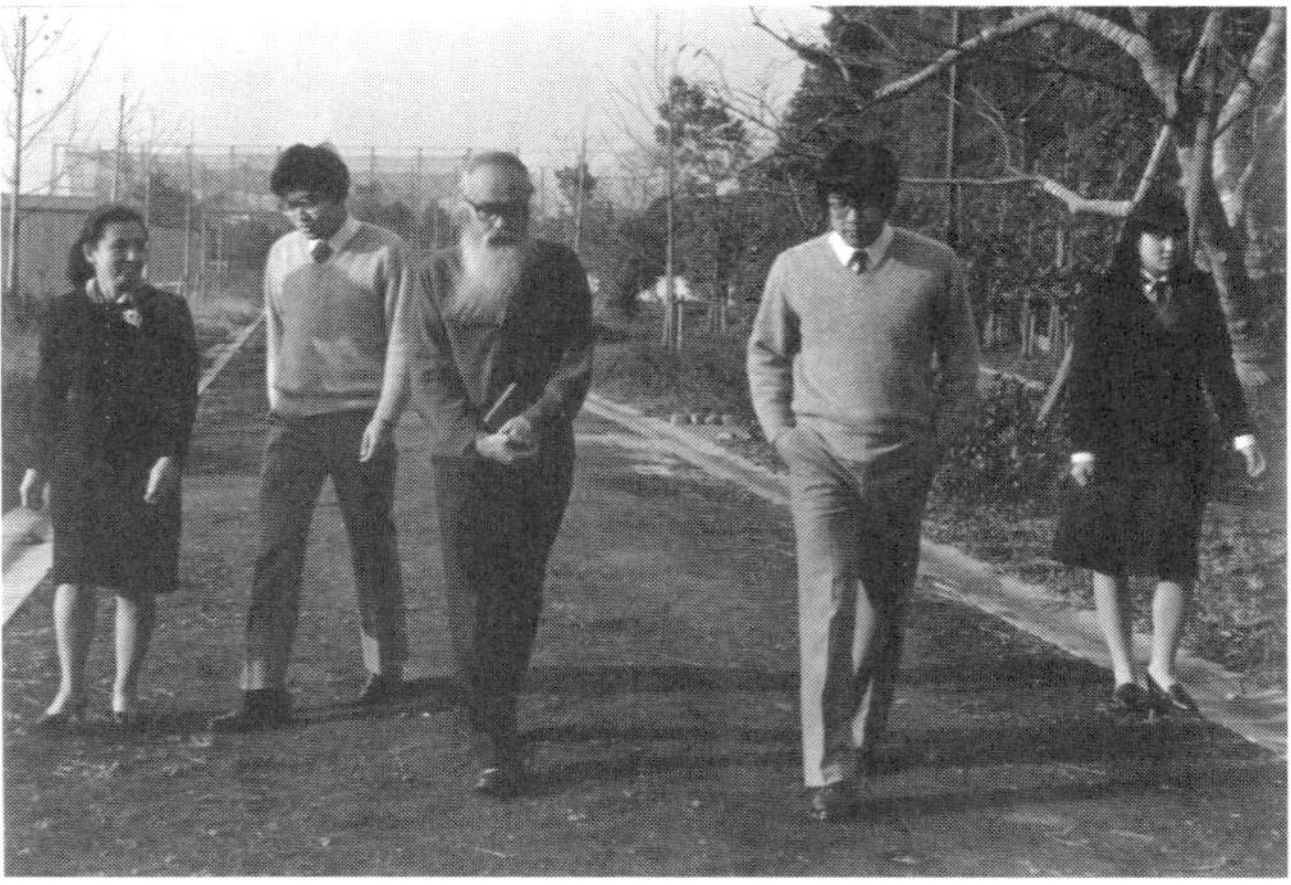

最愛の家族と。左から浩子夫人、長男達、宇沢、次男聡、長女まり

宇沢経済学の構想

三里塚問題にかかわるようになってから、社会的共通資本の研究は滞《とどこお》った。どこへ行くにもいつもSP（要人警護のための私服警官）が張り付くようになったことも物理的、心理的な負担となった。「新左翼活動家のテロを警戒するため」として、隅谷調査団のメンバーには要人警護レベルの警護体制が敷かれたのである。調査団長の隅谷三喜男の自宅に金属弾が打ち込まれる事件が起こったのでやむを得なかったが、ジョギング中まで自転車に乗ったSPが追いかけてきて警護するようでは心休まる時間がもてない。

スウェーデンのストックホルムにあるベイエ研究所を訪れるようになったのは、窮状を聞きつけた海外の友人が心配して斡旋してくれたからだった。ベイエ研究所（The Beijer International Institute of Ecological Economics in the Royal Swedish Academy of Sciences）の所長であるカリヨラン・メーラーとは旧知の間柄でもあったから、快く受け入れてくれた。日本を出れば、さすがにSPもついてはこれなかった。

ベイエ研究所に滞在中、宇沢が自治労の鈴木英幸に近況を伝えている。

《研究テーマは、社会的共通資本の理論の枠組みのなかで、Sustainable Economic Developmentの問題を考察しようというもので、小生としても、このところ全力投球で考えてきたものです。一般論としてはなかなか説得的に書けないので、まずTragedy of the Commonsの問題から取り上げて、"Tragedy of the Commons and the Theory of Social Overhead Capital"という論文を書いてみました。この問題は、1970年代の初め頃から経済学者の間で一つの論争を惹き起こし、いまなお未解決の問題ですが、Privatization か State Control かというテーマをコモンズ（共有地）を中心に考えようとするものですが、社会的共通資本の理論が具体的に使え、しかも Sustainable Development の概念を理論的に構築するためにも重要なように思われます》（1992年4月26日付）

「Privatization か State Control かというテーマ」というのは、私有か国有かという問題であり、資本主義国対社会主義国という冷戦構造に対応するような問題の立て方である。ところが、現実の社会には、私有か国有（公有）かという二分法を逃れた所有形態として、日本の入会地のようなコモンズ（共有地）がある。社会的共通資本を考えるうえで、コモンズという概念が突破口になりうることに気づいたのである。

「コモンズの悲劇」問題というのは、「三里塚農社の構想」のなかで宇沢が論じていたコモンズ論争である。手紙でわかるとおり、コモンズへの関心は、社会的共通資本理論を構築する作業に直結していた。

三里塚闘争解決のための仲裁役を引き受けた際、宇沢は三里塚の農民や支援者から可能なかぎりの資料を集め、段ボール箱で何箱分にもなる資料を自宅へ持ち帰って猛勉強を始めた。もっとも力を入れたのが、土地の強制収用問題だった。農民闘争の最大の焦点が、国による土地の強制収用にあると判断したからである。問題の根源を突きとめるため、宇沢は土地所有問題を法律面から徹底的に調べあげた。ドイツの法律までさかのぼって調査したほどである。三里塚闘争を解決に導くための調査が、土地の所有形態の重要性を教えてくれた。私有ではなく、かといって国有でもないような、いわば共同管理のもとに置かれるような特殊な所有形態への関心が、コモンズ論争に目を向けさせることにもなったわけである。コモンズが社会的共通資本論の突破口になるかもしれないと気づいてからは、三里塚を社会的共通資本を研究する場としてもとらえるようになった。

毎年夏になると、宇沢はベイエ研究所に滞在するようになった。研究テーマは「Sustainable Economic Development（持続的な経済発展）」。地球温暖化の研究では、「大気」をグローバルなコモンズ、地球全体における社会的共通資本ととらえた。一方で、「三里塚農社」構想は、三里塚農民が特定の場所で農業を行うことを想定した農業コモンズである。そうであれば、地球温暖化問題も三里塚問題も、社会的共通資本という枠組みのなかで同時に考察することができるはずだ。これまでに新古典派経済学者として成し遂げてきた成果を含め、自分の経済学を社会的共通資本という大きな枠組みのなかでとらえ直すことができるのではないか。そんな展望が開けてきた。60歳代半ばにして、宇沢経済学の構想がようやく見えはじめたのである。

90年代半ば、宇沢は日本で発表した書籍や雑誌記事などを12巻の著作集にまとめるのだが、岩波書店から著作集の刊行が始まる前、同社の大塚信一に出した手紙（1993年11月15日付）に心境の変化を綴っている。成田空港問題の解決に向けた仕事の合間を縫うようにして当時、アメリカの首都ワシントンにある世界銀行に滞在していた。

《この六月からワシントンDCで仕事をしていて、かつての友人や学生だった人々とも久し振りにいろいろ話をしていて、小生のこれまでの思索の軌跡が決して孤立したものでなく、じつは経済学の転換の一つの大きな流れを形成していることを痛感しています。

とくに小生にとって重要なのは、小生がかつて全力をつくしていた仕事（専門的な、どちらかというと数学的で、『経済解析　基礎篇』を除いてはほとんど英語の論文）と、この二五年間ほどの間の思索の成果とを、ようやく一つの統合的な枠組みのなかに組み込むことが可能となってきたことです》（『宇沢弘文のメッセージ』大塚信一、集英社新書）

「かつて全力をつくしていた仕事」というのは、数理経済学者としてアメリカで成し遂げた数々の仕事である。「この二五年間ほどの間の思索の成果」というのは日本に帰国して以降、不均衡動学の研究も重要だが、おもには社会的共通資本の探究ということになる。

異質なふたつの研究領域が「ようやく一つの統合的な枠組みのなかに組み込むことが可能となってきた」と宇沢はのべている。成田空港問題に忙殺され、いったんは諦めかけていた社会的共通資本の研究に、希望の光が見えたのである。

スティグリッツとの再会

世界銀行滞在中に交流が復活したひとりにかつての教え子、ジョセフ・スティグリッツがいた。当時、スティグリッツは大統領経済諮問委員会のメンバーとしてビル・クリントン大統領を支えていた。ところが、宇沢と会うと、スティグリッツは必ずクリントン大統領批判を口にしたのである。

クリントン政権は民主党政権だが、レーガン大統領以降の市場原理主義的な潮流はむしろグローバルな政策でも威力を発揮するようになっていた。大統領経済諮問委員会の委員長をつとめたあと、世界銀行の副総裁に就任して発展途上国への援助にも関わったスティグリッツは、のちにみずからの体験に基づいて『世界を不幸にしたグローバリズムの正体』（徳間書店）を著した。宇沢がスティグリッツからどのような話を聞いていたかを知るうえで、同書は参考になる。

同書があきらかにしたのは、「ワシントン・コンセンサス」の問題である。発展途上国への経済支援が事実上、ＩＭＦ（国際通貨基金）、世界銀行、さらにはアメリカの財務省の三者の合意によって推進されていることを、スティグリッツは告発した。

ワシントン・コンセンサスは、レーガン大統領以降の市場原理主義の潮流を象徴する統治のあり方だった。〈市場はしばしば有効に機能しないとする信念のもとに設立されたＩＭＦが、いまでは市場至上主義者になって、熱烈にそのイデオロギーを信奉している〉とスティグリッツは指摘し、ＩＭＦと世界銀行が緊縮財政、民営化、市場の自由化の推進役となっていることを批判している。

スティグリッツは、世界銀行がどのような経緯で変貌したかについても具体的にのべている。レーガン大統領が誕生した１９８１年、アルデン・クローセンが世界銀行総裁に就任した。クローセン総裁のもと、世界銀行の中枢を担う調査部では「粛清」が起きる。それまで調査部を率いていたのは、ホリス・チェネリーだった。第7章で触れたとおり、２部門モデルをはじめとする宇沢の経済成長理論に影響を与えた開発経済学者である。

世界銀行のチェネリー率いるチームは、「なぜ発展途上国では市場が有効に機能しないのか」「市場を育て貧困を撲滅するために政府は何ができるのか」という点を重視していた。しかし、クローセン新総裁のもとでチーフ・エコノミストがチェネリーからアン・クルーガーに交代すると、「自由市場こそが発展途上国の問題を解決する」という市場原理主義へと百八十度方向転換する。世界銀行は、レーガン大統領色に染め直されたわけだ。『世界を不幸にしたグローバリズムの正体』でスティグリッツがのべている。

〈今日、IMFと世界銀行が活動するところは、ほぼ例外なく発展途上国である（少なくとも彼らの融資先はすべてそうだ）が、その機関を統括するのは工業国の代表者である（習慣からか暗黙の合意によってか、IMFの長はつねにヨーロッパ人、世界銀行の長はつねにアメリカ人である）。その選任は閉ざされた扉の背後でなされ、発展途上国での経験の有無が選任の必要条件とされたことは一度もない。これらの機関は、それが奉仕する国の代表者ではないのだ〉

世界銀行が「構造調整融資」で発展途上国を支援する際、IMFが融資条件として「自由市場イデオロギー」にもとづく政策を受け入れるよう迫るという手法が確立された。〈この二つの機関が最も劇的に変化したのは、一九八〇年代にロナルド・レーガンとマーガレット・サッチャーが、それぞれアメリカとイギリスで自由市場イデオロギーを布教していた時期である〉とスティグリッツは断言している。

アメリカは国際機関に圧倒的な影響力をもつので、アメリカの財務省がワシントン・コンセンサスの形成者となるのだが、他方、ワシントン・コンセンサスにおいて重要な地位を占める者はしばしばウォール街と個人的にきわめて近い関係にあるという点もスティグリッツはあわせて指摘している。資本市場の自由化（経済の金融化）に偏したグローバリゼーションは、こうして本格化していったわけである。

ワシントン・コンセンサスによる発展途上国への「構造調整」政策は日本とも無縁ではなかった。日本は発展途上国ではないものの、アメリカは日本に、かつてないほどの強い圧力をかけて「構造改革」を求めた。日米構造協議（Structural Impediments Initiative：略称「ＳＩＩ」）が決着したのは１９９０年６月である。「貯蓄・投資パターン」「土地利用」「流通・価格メカニズム」「排他的取引慣行」「系列」と、アメリカは経済構造そのものを変えるよう日本に要求した。結局、日本は１９９１年度から10年間で４３０兆円もの公共投資の実施をアメリカに約束させられることにもなった。

日米構造協議に抗して

日米構造協議が決着した直後から1年半あまりにわたり、宇沢は社会的共通資本を考える研究会を開いている（第15章参照）。きっかけは自治労の鈴木英幸である。鈴木が経緯を語った。

「ちょうど日米構造協議で総額４３０兆円もの公共投資10ヵ年計画が決まったばかりでした。わたしは自治労の政策局長をしていたのですが、地方自治体が国のお先棒をかついで公共工事で日本中をコンクリートで固めてしまうのかという危機感があり、勉強会を始めることにしたのです。自治労は宇沢先生とつきあいがなかったので、飛び込みで東大の研究室に会いに行きました。はじめて会った日、明日にはローマに発つということで、ローマ法王に会うとも話してましたね。自治労として日米構造協議に問題意識をもっている、公共投資のあり方を変えたいというと、『それはおもしろい話だね』と、引き受けてくれたんです」

ローマ法王に会うために旅立つ前日に会ったというのも因縁を感じさせるが、研究会は「社会資本研究会」という名称で1990年9月からスタートした。430兆円の公共投資計画の中身をどう組み替えたらいいかという問題意識から始まった研究会だったが、宇沢が主導したため、社会的共通資本の理論を学習する集まりという性格が強くなった。

鈴木らは地方自治体の問題をフォローしている立場から、アメリカ政府の要求に応じて決定された巨額公共投資に強い懸念をもっていた。その後、危惧は現実のものとなった。430兆円という金額は最終的に630兆円にまで膨らむことになったからだ。宇沢は、経済評論家の内橋克人との対談『始まっている未来』で日米構造協議を総括している。

《日米構造協議の核心は、日本にGNPの一〇%を公共投資に当てろという要求でした。しかもその公共投資は決して日本経済の生産性を上げるために使ってはいけない、全く無駄なことに使えという信じられない要求でした。それを受けて、海部政権の下で、一〇年間で四三〇兆円の公共投資が、日本経済の生産性を高めないような形で実行に移されることになったわけです。その後、アメリカから、それでは不十分だという強い要求が出て、一九九四年にはさらに二〇〇兆円追加して、最終的には六三〇兆円の公共投資を経済生産性を高めないように行うことを政府として公的に約束したのです。まさに、日本の植民地化を象徴するものです。

ところが、国は財政節度を守るという理由の下に地方自治体に全部押し付けたのです。地方自治体は地方独自で、レジャーランド建設のような形で、生産性を上げない全く無駄なことに計六三〇兆円を使う。そのために地方債を発行し、その利息の返済は地方交付税交付金でカバーするという。

ところが、小泉政権になって地方交付税を大幅に削減してしまったため、地方自治体が第三セクターでつくったものは多く不良債権化して、それが自治体の負債となって残ってしまったわけです。六三〇兆円ですからものすごい負担です。その結果、地方自治体の多くが、厳しい財政状況にあって苦しんでいます。日本が現在置かれている苦悩に満ちた状況をつくり出した最大の原因です》

630兆円の公共投資は地方を疲弊させただけでなく、その後、小泉純一郎内閣の「構造改革」政策を誘発することにもなった。「身を切る改革」である。格差を拡大させた失政がさらに格差を助長する「構造改革」を後押しするという悪循環を生み出す。その源となったのが、日米構造協議だった。

東西冷戦が終焉した直後、日米関係の力学で決まった巨額公共投資計画を批判して、それに代わる理念として、宇沢は社会的共通資本の理論を自治労の研究会で説いた。スティグリッツが「自由市場イデオロギー」と呼んで批判した世界的潮流に対抗して、社会的共通資本を掲げたのである。研究会の成果は『市場・公共・人間』(宇沢弘文、高木郁朗編、第一書林)にまとめられた。冒頭で宇沢が、社会的共通資本について解説している。

《社会的共通資本は、土地を始めとする、大気、土壌、水、森林、河川、海洋などの自然資本だけではなく、道路、上・下水道、公共的な交通機関、電力、通信施設、司法、教育、医療などの文化的制度、さらに金融・財政制度をも含む。

社会的共通資本のネットワークは、広い意味での環境を意味し、このネットワークのなかで、各経済主体が自由に行動し、生産を営むことになるわけである。市場経済制度のパフォーマンスも、どのような社会的共通資本のネットワークのなかで機能しているかということによって、規定される。さまざまな社会的資本の組織運営に年々、どれだけの資源が経常的に投下されるかということによって、政府の経常支出の大きさが決まってくる。他方、社会的共通資本の建設に対して、どれだけの希少資源の投下がなされたかということによって、政府の固定資本形成の大きさが決まってくる。このような意味で、社会的共通資本の性格、その建設、運営、維持は、広い意味での政府、公共部門の果たしている機能を経済学的にとらえたものとなる。

社会的共通資本の管理について、一つ重要な点にふれておく必要があろう。社会的共通資本は、国ないし政府によって規定された基準ないしはルールにしたがっておこなわれるものではないということである。各種の社会的共通資本について、それぞれ独立の機構によって管理されるものであって、各機構はそれぞれ該当する社会的共通資本の管理を社会から信託されているのであって、その基本的原則は、フィデュシァリー（fiduciary）の概念にもとづくものでなければならない。社会的共通資本は、そこから生み出されるサービスが市民の基本的権利の充足に際して、重要な役割を果たすものであって、社会にとって「大切な」ものである。このような資産を預かって、その管理をゆだねられるとき、たんなる委託行為を超えて、フィデュシァリーな性格をもち、社会的共通資本の管理をゆだねられた機構は、あくまでも独立で、自立的な基準にしたがって行動し、市民に対して直接的に管理責任を負うものでなければならない。

どのような希少資源が、社会的共通資本として、フィデュシァリーな原則にしたがって管理されるかということを決定するプロセスは必然的に政治的な性格をもつ。しかし、このような希少資源が、資源配分の過程でどのような機能を果たし、市民の基本的権利の充足にどのように関わっているのかということを分析するのは、経済学者の役割である。そのとき、たんに資源配分の効率性ということだけでなく、社会的安定性、公正、平等という基準がより重要な位置を占めるということを強調しておきたい。このように、政府の経済的機能は、統治機構としての国家のそれではなく、一国の構成員すべてがその所得、居住地などの如何にかかわらず、市民の基本的権利を充足することができるように、社会的共通資本の管理、維持をはかるものであるということが、制度主義経済の重要な特徴である》

社会的共通資本という概念を導入する目的を、宇沢は明快にのべている。「一国の構成員すべてがその所得、居住地などの如何にかかわらず、市民の基本的権利を充足することができるように」するためである。「社会的共通資本の経済学はリベラリズムの理念に基づいている」と宇沢がしばしば口にしたのは、「市民の基本的権利」を理論の核に据えているからだ。

社会的共通資本の思想

社会的共通資本の経済学は、価格均衡のメカニズムを分析する経済学とは根本的に異なる。市民の基本的権利を充足するための社会的共通資本に焦点を絞り、どのような制度に基づいて運営、管理して維持していくのか。それを探る研究である。宇沢は「制度主義の経済学」と呼ぶのだが、制度主義とはいったいどのような「主義」なのだろうか。

「私が考える制度主義というのは、理念のない、つまりその時々の状況で制度を考えましょうということです。そのときの中心が、それぞれの職業分野での専門家としての判断で、規律を保ちながら考えていこうということです」（『日経ビジネス』1996年8月19日号）

社会的共通資本の発想は西ヨーロッパの社会民主主義や福祉国家の発想に連なるのではないかと問われた際、宇沢はこう答えている。

「いえ、この点では、リベラルな政治学者ともよく意見が食い違うのですが、私は『主義』という発想にはなじめないんです。主義というのは、最初に理念があって、政治・経済の仕組みをそれに合わせて変えて行く発想ですね。しかし、私は逆に、望ましい制度とは、現実の社会的、経済的、あるいは文化的、自然的諸条件が交錯する中で、進化して行くものと考えるのです。社会的共通資本も、そうした制度が具体的な形で現れたものと考えたい」（『読売新聞』1998年3月13日付夕刊）

宇沢は、社会的共通資本の経済学は「主義」が先にあるのではない点を強調している。まず経済の現状を分析することから始めよというわけだが、社会的共通資本という概念を経済分析に取り入れると、従来の経済学と何が違ってくるのだろうか。

宇沢の薫陶を受けた京都大学名誉教授の間宮陽介の解説を聞いてみよう。社会経済学を専攻する間宮は宇沢ゼミ出身というだけでなく、宇沢らが虎の門病院の協力を得て行った医療経済研究会に若いころ参加するなど、社会的共通資本の経済学が構築される過程を身近で見てきた経済学者でもある。

〈経済学にいう市場とは私的所有権制度の下で企業や消費者が自由に生産・消費活動を行い、そしてまた取引を行って財・サービスの過不足を調整する領域のことであり、社会的共通資本は新古典派経済学批判と表裏をなして理論化されていくが、宇沢が新古典派を批判するのは、それが市場経済＝市場と単純化して市場モデルを組み立て、あまつさえ、そこから具体的政策提言（市場化、規制緩和、自由化）を行おうとするからにほかならない。

市場経済＝市場とみなす新古典派の行き方には二通りのものがある。一つはC・メンガーがそうしたように、市場理論の命題を「もしAならばB」というかたちの仮言命題とする行き方である。かれにとって合理的存在としての経済人すら仮設の前提条件（「もしAならばB」のA）にすぎず、Aによって導かれる帰結Bは論理によって導かれた帰結にすぎない。このような行き方をすれば、一見すると非市場の領域と見えたものでも、市場の領域に吸収してやることができる。例えば企業組織や政治団体でも、適当な仮定を設ければ、経済人が自己利益を追求するために産み出した産物と考えることができるし、男女の恋の駆け引きも経済学的に考えることができる（たぶんこのような経済学者は恋をしたことがない人だろう）。「もしAならばB」という論法はAを適当に設定しさえすれば、なんでも説明することができるのである。

第二の行き方は経済人その他を仮設ではなく実在とみなすが、経済人では説明しえない非市場の領域は制度的与件とするものである。日本人が米を主食とするのは経済人の選択の結果というより歴史的事実であり、この事実を制度的与件として米価と需要の関係を導くというようにである。第二の行き方をとると、理論の適用範囲は第一の行き方に比べて狭まる（非市場の領域を覆うことができないから）が、半面、理論命題は強度の規範性をもつことになり、現実が理論命題と齟齬する場合には、現実を改変して命題に近づける政策に妥当性をもたせる。一方は形式化を推し進めることによって理論の守備範囲を拡張し、他方は実体化を推し進める代わりに守備範囲を縮小させる。だがいずれの場合においても、市場経済＝市場と認識する点で変わりはない。

しかし新自由主義になると、新古典派の自己抑制は取り払われ、制度はもはや与件ではなく、経済人の自己利益によっていかようにも組み替え可能なマリアブル（可塑的）なものだと観念される。新古典派の第二の行き方を野放図に拡大するのが新自由主義であり、医療や教育などの制度、漁業や農業などの生業も、市場化される。「社会などというものは存在しない、在るのはただ個人だけだ」という途方もない〝社会〟観によって新自由主義的政策を推し進めたサッチャー首相にとっては、あらゆる制度が個人に解体される。医者と患者の共同関係は生産者と消費者の売買関係に姿を変え、都市は諸権益の蕪雑な集合体に変形される。ということは、新自由主義の前では医療や都市が内包してきた意味内容が換骨奪胎されるということなのだ。

市場経済＝市場という新古典派や新自由主義の図式に対し、社会的共通資本論では市場経済＝市場＋非市場という図式をもつ。この図式を平面的に言い表せば市場は非市場の内部（非市場は市場の外部）にあると表現できるし、宇沢のように「社会的共通資本のネットワーク」（『経済と人間の旅』二四四頁）の中で市場の活動が営まれると表現することもできる。同じ図式を立体的に表現すれば、市場は社会的共通資本の土台の上で営まれるということにもなる〉（間宮陽介「社会的共通資本の思想」『現代思想』２０１５年３月臨時増刊号）

諸刃の剣

新古典派経済学、新古典派的思考をさらに先鋭化させた新自由主義と、社会的共通資本の経済学との関係が簡潔に説明されているが、もう少し嚙み砕いて間宮が解説してくれた。

「リンゴの絵にたとえるとわかりやすいのではないでしょうか。リンゴと背景から絵は成り立っています。ふつうの経済学者はリンゴ（＝市場）だけをみるけれども、宇沢弘文の場合、リンゴだけでなくてつねに背景（＝非市場）もいっしょにみようとする。こうした見方は、『大転換』という著書で『市場は社会に埋め込まれている』という見方を提示したカール・ポランニーと同じといえます。ただし、図（＝市場）と地（＝非市場）をふたつながら表現する際には、困難が伴う。どのように図と地をかみあわせるかという問題を、数学的に表現するのは至難の業なんですよ。宇沢さんでいえば、ペンローズ効果を定式化した投資理論はたしかにうまくいったとおもう。社会的共通資本の経済学を、宇沢さんは数理経済学で表現しようとした。でも、数理的な定式化だけでは宇沢さんが考えていたことの一部しか表現できていないんじゃないでしょうか」

たとえば、『自動車の社会的費用』や「空港の社会的費用」（『世界』１９９１年６月号）では、「限界的社会費用にもとづく価格づけの原則」を用いることで市場価格が存在していないものに価格をつける手法を宇沢は駆使している。

社会的共通資本の理論に用いられるのは、限界分析や均衡理論であり、宇沢が厳しく批判してきた新古典派経済学の手法そのものだ。宇沢は新古典派的手法で市場価格とシャドウ・プライスが混在する世界を描き出すことで、市場経済が〈市場〉だけでなく、〈市場＋非市場〉であることを、主流派経済学（新古典派経済学）の理論体系のなかで明示した。社会的共通資本を新古典派経済学の理論体系のなかに押し込んだといったほうが、宇沢の意図を正確に表現しているといえるだろう。

しかし、新古典派経済学の市場像を新古典派的手法で修正するというアプローチは、リスクを伴う。シャドウ・プライスを駆使して、本来は市場価格が存在しない〈非市場〉にまで市場価値による計量化を押し広げれば、むしろ、「すべてを市場化していくための理論」にすり替わる可能性もでてくるからだ。宇沢はどう考えていたのだろうか。

たとえば空港の社会的費用について、宇沢はつぎのように弁明している。

《まず始めに強調しておきたいことは、小生が「空港の社会的費用」のなかで使っている社会的費用という概念は決して、人々の基本的権利を金銭的に評価したり、成田空港問題を金銭的補償によって解決しようとするものではないということです》《社会的費用というとき、地元の人々の基本的人権、ないしは権利を金銭的なタームに置き換えて、金銭的に処理しようとするのではないということを強調したいと思います。むしろ、社会的費用という概念は、地元の人々の基本的権利が侵害されないような形で空港を建設しようとするときに、たんなる用地取得費、建設費用を超えて、はるかに大きな費用をかけなければならないということを強調し、その費用を金銭的なタームで尺度化しようとするものです》《このような意味での社会的費用を考慮に入れたとすると、東京近辺には、どこにも国際空港はつくれないという反論を試みる人が多いのですが、そのときには、国際空港を東京近辺につくる必要はなく、つくるべきでも

ないということを主張するのが、社会的費用という概念の機能でもあります》（『「成田」とは何か』岩波新書）

話がやや複雑になるが、「市場経済＝市場」という市場観のもとでは、「シャドウ・プライス」は「潜在的な市場価格」となり、むしろ市場化を推し進める機能をもつだろう。しかし、「市場は社会的共通資本という土台の上で営まれる」という市場観に立つならば、宇沢のような解釈が可能になる。市場観、いいかえると、資本主義のビジョンが決定的に重要なのである。

もうひとつ重要なことは、宇沢が新古典派経済学を核とする主流派経済学をひとつの「制度」としてとらえているということだ。欠陥があろうとなかろうと、実際に「制度」は存在している。新古典派経済学という「制度」に働きかけ、「制度」を改めるためには、内在的な批判でなければならない。そういう認識が宇沢にはある。

いずれにせよ、相当アクロバティックなやり方で「非市場」という「陰の領域」を可視化させたといえる。市場観の変更を迫るため、あえて主流派経済学の土俵にあがり、社会的共通資本をシャドウ・プライスを用いて表現してみせたわけである。

間宮によれば、社会的共通資本論のエポックとなったのは「コモンズ論」だったという。

「アメリカでコモンズの議論がでてきたとき、宇沢さんはとても注目していました。社会的共通資本の議論を進める際、それまではパブリックとプライベートしかなかった。パブリックというのは政府ですよ。コモンズは、『パブリックかプライベートか』という枠にはおさまらない。コモンズの議論に触れ、パブリックでもプライベートでもない、コモンズという自治的な管理形態があることに関心をもつようになったんです」

ワシントンの世界銀行に滞在していたとき、宇沢はコモンズ研究の第一人者であるマーガレット・マッキーンと会い、三里塚農社構想を説明して意見交換をしてもいた。

社会的共通資本という概念を世界に提示するにあたっては、概念を説得的に示すためにも、実践例がどうしても必要だった。裏を返せば、シャドウ・プライスを駆使する社会的共通資本の数学的定式化がもつ限界というものを、宇沢自身が強く意識していた。

第12章でくわしく見たように、『自動車の社会的費用』を出版したころ、宇沢は同時に英語で学術論文を著して、社会的共通資本の理論的枠組みを提示していた。ところが、社会的共通資本は、一般均衡理論のように理論だけで自己完結させることはできない。『自動車の社会的費用』で宇沢は、何が社会的共通資本であるかは、「そのときどきの歴史的・社会的・経済的条件にもとづいて、社会的に決められる」と説明している。

社会的共通資本の研究を進め、概念と理論を提起するにあたって、宇沢はふたつの実践例を示そうと考えるようになった。ひとつが、農業を社会的共通資本としてとらえるための農業コモンズである三里塚農社。もうひとつは、大気を社会的共通資本としてとらえた地球温暖化問題への対応策（「宇沢フォーミュラ」など）である。

三里塚農社構想の実現に向けた努力が水泡に帰したのは大きな挫折だった。

では、もうひとつの実践例となるはずの地球温暖化対策はどうだったのか。

「京都会議」批判

「宇沢フォーミュラ」によって国際的な評価を得た宇沢にチャンスがめぐってきたのは1997年である。この年の12月、京都で地球温暖化防止のための国際会議が開催された。「COP3」(Conference of the Parties at its 3rd session の略称)と呼ばれる、国連の気候変動枠組条約の第3回締約国会議だった。COP3では、条約国が「京都議定書」を採択した。日本は6%、アメリカは7%、欧州連合(EU)は8%などと、二酸化炭素の具体的な削減目標を決めた。京都会議から10年あまりのちのインタビューで、宇沢は、この京都議定書を強い口調で非難している。

——先生がIPCC(気候変動に関する政府間パネル)の動きなどに関心を持たれたのは、どうしてですか。

宇沢 一つは、スウェーデンによく行っていたためです。スウェーデンの人たちは、厳しい自然のなかで環境を重要視しています。スウェーデンや西ドイツの経済学者のイニシアティブで、一九九〇年十月に地球温暖化に関するローマ会議を開くことになったのです。経済学者が温暖化問題について討議する最初の機会だったと思います。

私はこの会議の基調報告として比例的炭素税に関する論文を発表し、あわせて大気安定化国際基金の構想を提案しました。皆さんの賛同を得て、具現化に向けての大きな運動がおこったのです。しかし、アメリカの経済学者からは厳しい批判を受けました。

——なぜですか。

宇沢 会議の司会をしていた一人が、イエール大学のウィリアム・ノードハウスで、カーター政権で大統領経済諮問委員会のメンバーだったこともあって、アメリカ政府の考えを代弁していた。彼が、開会の挨拶でこういったのです。地球温暖化は「ノン・プロブレム」、問題じゃないのだと。その発言に対して、西ドイツの経済学者が怒って、壇上に駆け上がって、「ノン・プロブレムなら、なぜ我々をここに集めたんだ」とノードハウスにつめよる一幕もありました。

アメリカ政府は、地球温暖化防止に関して最初から非協力的な態度をとっていますが、その理由は経済的なものです。第一に、アメリカには露天掘りの、非常にコストの安い石炭が豊富にある。アメリカ経済は安い石炭からつくられるエネルギーに依存しています。第二に、アメリカの都市構造は自動車中心でしょう。『自動車の社会的費用』（岩波新書）でふれたように、自動車は自然環境を破壊し、社会環境を汚染し、地球温暖化についても主な原因の一つになっています。しかし、それがアメリカの経済、社会を支えている。

――先生が提案された比例的炭素税や大気安定化国際基金構想は、アカデミックな立場からは賛同を得ても、政府レベルになると難しくなると。

宇沢　地球温暖化を効果的に防ぐ一番有効な方法は、いうまでもなく炭素税の制度です。しかし、一律の炭素税では、国際的公正という観点から問題があるし、発展途上国の経済発展の芽を摘んでしまう。それで私が提案したのは、大気中への二酸化炭素の排出に対してかけられる炭素税を、その国の一人あたりの国民所得に比例させる制度。例えば、日本で含有炭素一トンあたり三二〇ドルの炭素税をかけるとき、アメリカでは三一九ドルとなり、インドネシアでは六ドルとなる。一人あたりの負担額は、日本で七八〇ドル、アメリカで一七〇〇ドル、インドネシアでは二ドルになります。

――その方法なら排出抑制につながるとともに、国際間の不公平を緩和できるので、すっと腑に落ちます。

宇沢　もう一つ、炭素税と同時に、森林の育成に関しては、吸収される二酸化炭素の量に応じて補助金を交付します。そして各国政府は、炭素税による収入から森林の育成に対する補助金を差し引いた額のある一定割合、例えば五％を、「大気安定化国際基金」に拠出して発展途上国に再配分する。その二つを組み合わせた提案をしました。

それが皆さんの共感を得て、ローマ会議で一つの流れができた。その結果が、実は京都会議だったわけです。しかし、京都会議では、ノードハウスたちがヘゲモニーを握った。炭素税をテーブルにのせたらアメリカは降りるという脅しをかけたんですね。結局、一九九〇年の二酸化炭素の排出量を基準にして、それから何％削減するかという議論。EUが八％、アメリカは七％、日本は六％に落ち着いた。

しかし第一に、どうしてアメリカが七％で日本は六％なのか。アメリカは省エネ対策を何もせず大量に排出しているわけです。ところが、日本はオイルショック以降厳しい省エネ対策を実行している。そこから六％削減するには、炭素税で実現すると仮定した場合、一トンあたり二〇〇〜三〇〇ドルかかる計算になる。一方のアメリカは二〇〜三〇ドルで済みます。

痛みをみんなで平等に分け合おうというのが炭素税。特に比例的炭素税は、規模とか、生活水準を加味して負担を決めようというものだったわけです。

――九〇年を基準とした点も、日本にとっては痛手でした。例えばドイツは、統合前の東ドイツの排出量が多かったので、九〇年比では減っていますね。

宇沢　しかも、京都メカニズムでは、炭素税の代わりに排出権取引を提案して、「成果」を挙げたことになっている。二酸化炭素の排出について、割り当てを超えて排出量をカットしたとき、それを「排出権」と称して、あたかも自らの努力で獲得した私的な財産であるかのようにして、マーケットで売買して儲けようという、人間として最低の生きざまです。

　二酸化炭素の帰属価格は、二酸化炭素の蓄積が一トン増えたときに、その国の経済厚生が現在から将来にかけてどれだけ減少するかを算定するものですが、各国の二酸化炭素の帰属価格が、その国の一人あたりの国民所得に比例することを理論的に証明したのが、私のローマ会議での論文でした。排出権取引も、ＥＵ諸国のように、各国の帰属価格がほぼ等しいときには、あまり大きな問題とはなりませんが、発展途上諸国を巻き込むとき、大きな問題となります。発展途上諸国については、経済活動の水準が、それぞれの国にとって最適な水準を下回り、その分だけ、先進工業諸国は逆に最適な水準を超えて、国際間の実質的な経済的格差がいっそう拡大化する傾向を持つからです。

――日本は二〇〇四年度時点で九〇年比約一三％増えているので、あわせて約一九％の削減を迫られます。削減できない分はお金を使って、つまり排出権を外国から買うわけですね。

宇沢　排出権取引という制度、つまりそういうマーケットをつくったら、なぜ全体の排出量が減るんですか。

――減りません。

宇沢　全く減らない。逆に増加する傾向すらみられる。

（「地球温暖化への経済学的解答―排出権取引では解決しない」『中央公論』２００８年７月号）

京都会議で条約国が締結した「京都議定書」は、宇沢が唱えた温暖化対策とは相容れないものだった。インタビューで宇沢は、排出権取引という制度を激しく批判し、返す刀でアメリカの経済学者ウィリアム・ノードハウスを名指しで非難している。

１９４１年生まれのノードハウスはイエール大学を卒業後、サミュエルソンやソローのいるマサチューセッツ工科大学（ＭＩＴ）で博士号を取得した。その後、イエール大学教授となり、同大学の学長もつとめた。サミュエルソンの世界的なベストセラーである『経済学』は版を重ねるなかで、途中からノードハウスが共著者として加わった。ノードハウスはいわばアメリカ経済学界の王道を歩んできた経済学者であり、ジミー・カーター大統領時代には大統領経済諮問委員会の委員もつとめている。じつは、ノードハウスは、宇沢がシカゴ大学で主宰していたワークショップに参加しており、宇沢の教え子でもあった。

宇沢の地球温暖化研究は１９９０年10月にローマで開催された地球温暖化会議からスタートするが、ノードハウスとはこのときから意見が対立していた。「京都会議では、ノードハウスたちがヘゲモニーを握った」と宇沢は発言しているが、要するに、国際的な政策形成の場で勝ったのはノードハウスたちだったわけである。ちなみに、ノードハウスは２０１８年にノーベル経済学賞を受賞している。さらにつけくわえると、アメリカは自国の利益にならないと判断して、結局、京都議定書を批准しなかった。

社会的共通資本を提唱する宇沢にとって、三里塚農社構想の挫折、地球温暖化に関する政策提言が日の目を見なかったことは痛手となった。社会的共通資本の概念を説得力をもって提示するためには、実践例がぜひとも必要だからだ。

たとえば、社会的共通資本を管理運営する経済主体（社会的な組織）について考える場合、理論のなかだけでは結論を得られない。理論上の説明では、「職業的専門家」が管理や運営を担うと宇沢は解説したが、具体的には個々の実例において見ていくほかない。三里塚農社でいえば、三里塚農民が経営、管理の主体だし、地球温暖化問題なら、国連環境計画（ＵＮＥＰ）と世界気象機関（ＷＭＯ）が設立した組織、ＩＰＣＣ（Intergovernmental Panel on Climate Change：国連の気候変動に関する政府間パネル）である。こうした実例を示しえないと、説明が漠然としたものとなり、社会的共通資本論が抽象的な議論にとどまってしまうのである。

最後の研究プロジェクト

齢70をすぎ、宇沢は苛立ち、焦っていた。残された時間はわずかである。相談を持ちかけた相手は、かつての教え子で当時同志社大学経済学部教授の篠原総一だった。篠原が回想する。

「宇沢先生はそのころ在籍していた中央大学をやめようとおもっていらして、自分の考えている経済学、これまでの自分の経験を若い人たちに伝える、伝承する、そういう道場みたいなものをつくりたいんだとおっしゃっていました。『道場』という言葉は使わなかったけど、ものの考え方や論文の書き方などを若い人に伝えたいんだと。社会的共通資本の経済学を若い人たちに研究してほしいということですね。グループとしての跡継ぎみたいなものがほしいとおもわれたんじゃないでしょうか。それで、『おまえ、手伝え』と」

宇沢から突然「明日京都に行くから」と連絡が入り、翌日に老舗の蕎麦屋で食事をした。宇沢は熱心に「道場」構想を説きながら、「論文作成工場をつくりたい」と抱負を語ったという。意図を明確にするためだったとしても、それまでの宇沢の言動を知る者からすれば、違和感をおぼえる言葉だろう。宇沢は本来、学術誌への投稿数で業績を判断するような、アメリカ経済学界に顕著にみられる風潮には批判的だったはずだ。「論文作成工場」などと口走ったのは、よほど気持ちに余裕がなくなっていたからなのかもしれない。

宇沢が篠原に構想を語った翌年の2003年4月、同志社大学に社会的共通資本研究センターが設立された。センター長に就任した宇沢は、ケネス・アローやロバート・ソロー、それにジョセフ・スティグリッツやスウェーデンのベイエ研究所で共同研究していたカリヨラン・メーラーなどに依頼して、研究所のアドバイザーになってもらった。宇沢の意気込みが伝わる豪華な布陣だ。センター開設を記念する講演会にはノーベル経済学賞を受賞したばかりの教え子スティグリッツが駆けつけ、「環境と経済発展」と題して講演を行っている。

宇沢が挑んだ最後の大きな研究プロジェクトである社会的共通資本研究センターの活動をみる前に、宇沢が頼りにした篠原のプロフィールを紹介しておこう。

篠原は1969年に東京大学経済学部を卒業している。同期の岩井克人、奥野正寛、石川経夫らとともに帰国したばかりの宇沢に学んだ。東大紛争で学内が混乱していたため、大学院を志望する学生は宇沢らの指導でアメリカの大学に留学することになったのだが、篠原の留学先はシカゴ大学だった。

宇沢はそのころ、シカゴ大学経済学部の特別のはからいで、東大を本拠としながらシカゴ大学教授も兼任していた。だから、篠原はアメリカ経済学界で宇沢がいかに大きな影響力をもっていたかをよく知っている。

「ぼくは69年の秋からシカゴ大学に行ったんですけど、70年、71年ごろは宇沢先生はよくシカゴに来られてました。シカゴ大学と切れたというわけではなかった。いろいろな大学にごいっしょさせてもらいましたけど、どこの大学に行っても、宇沢先生が来ると大歓迎でしたよ」

篠原はロバート・マンデル（１９３２―）に師事した。「マンデル＝フレミングモデル」（資本移動や為替レートの変動などを考慮した開放体系下での財政金融政策を分析する理論モデル）で知られるマンデルは、１９９９年にノーベル経済学賞を受賞している。マンデルと宇沢が親しかったため、ふたりと接点をもつ篠原は連絡係の役割も担わされたという。

日本で経済学を教える立場となってから篠原は、「日本で本物の経済学者といえる人は4～5人しかいない」とよく学生に話したという。現実の社会を見据えながら、経済分析の新たな方法を開拓していく。そういうことができる経済学者は日本には数えるほどしかいないということだが、数えるほどしかいない理論構築者のなかでも他を圧倒する存在が宇沢だった。

その宇沢から社会的共通資本研究の拠点づくりに協力してほしいといわれたとき、裏方としてなら協力できるかもしれない、と篠原は考えた。

ところが、最初からボタンのかけ違いがあった。当時、文部科学省が世界的研究教育拠点を形成するためとして、「21世紀COEプログラム」を募っていた。審査に合格すれば、大きな補助金を獲得することができる。宇沢の要望で設立された研究所なのだから、同志社大学が宇沢弘文のネームバリューに頼ろうとしたのも自然ななりゆきではあった。だが結局、「21世紀COEプログラム」には認定されず、宇沢が個人の研究者として獲得した比較的大きな額の科研費（科学研究費助成金）をたよりに活動していくこととなった。

経営に関する問題はむしろ瑣末な問題だったともいえる。もっと深刻な問題があった。経済学部教授をつとめながら、社会的共通資本研究センターの研究員も兼任していた篠原が説明した。

「たとえば、大学院生が宇沢先生に共鳴して刺激を受けたとしても、いつまでたっても社会的共通資本では論文が書けないから、いつまでも大学院を修了できないということになってしまう。社会的共通資本で論文を書くのはむずかしすぎて、とてもじゃないとできないんですよ。だから、その若い研究者のまわりにいる先生が『(社会的共通資本からは) ちょっと離れろ』ということになる。そうしないと食っていけないから。そういわざるを得ないんですよ」

要するに、「若い経済学者」を集めることができなかったということである。申しわけなさそうな顔で篠原が解説をつづけた。

「一度はセミナーにつれていくんですけど、やっぱりダメなんですよね。ひとつには、宇沢先生の考えていることとレベルがちがいすぎる。はっきりいうと、若い研究者には、誰かが著した論文のなかの条件を少し変えたりして、自分の論文を書く。宇沢先生はそんなこと関係なしに、ワーッときますからね。それと、若い研究者からすると、宇沢先生がいっているとおりにやっていて自分の論文が書けるのだろうかと不安におもっちゃうんじゃないでしょうかね。だから、かなり余裕のある若い人でないと……」

「もう経済学者には頼らない」

社会的共通資本研究センターがスタートしてまもないころ、関係者たちを困惑させた出来事が起きた。ある若手研究者が環境経済学の新しい学説に触れた際、聞いていた宇沢が突然、声を荒らげて叱責しだしたのである。たしかに社会的共通資本の研究を深めるという目的からいえばやや的外れな議論だったが、感情的な物言いはあきらかに教育的指導の範疇を超えていた。センター長がこのような言動をとれば、研究者が萎縮してしまうのも当然である。ある関係者はこの一件で研究所の雰囲気がおかしくなってしまったとも証言している。

本来は宇沢を補佐しなければならない立場の篠原だったが、思案したすえにある日、思いあまって進言した。

「宇沢先生、やっぱり、若い経済学者はついてこれませんよ」

2週間ほどして同志社大学を訪れた際、宇沢は篠原に向かってきっぱりと宣言した。

「経済学者には頼らないことにします。もう経済学をやってる連中には頼らないことにしたから」

宇沢が社会的共通資本としてとくに重視したのは、医療や教育、都市などの分野だった。社会的共通資本研究センターでは、社会文化環境学を専攻する岡部明子（現在は東京大学大学院新領域創成科学研究科教授）、環境政策が専門の関良基（現在は拓殖大学教授）など、同志社大学の外の、しかも経済学者ではない気鋭の研究者が中心的なメンバーとなっていった。

「経済学者には頼らないことにします」と篠原に宣言したとき、「論文作成工場」にするという宇沢の望みも絶たれたわけである。事務的な問題でも些細なトラブルがつづき、社会的共通資本研究センターの活動が迷走しているさなか、宇沢は研究センターのメンバーにつぎのようなメッセージを発信している。

《この際、前々から心に懸かっていた社会的共通資本に関わる定期的専門出版物『社会的共通資本』の創設をできるだけ早く実現したい。じつは、『社会的共通資本』の創設は、2007年度−08年度の研究が終わった段階でと考えていたが、諸般の事情から、できれば2007年度中に実現したい。もっと大きな理由は、先にCambridge University Pressから出版していただいた『Economic Theory and Global Warming』と『Economic Analysis of Social Common Capital』の2冊の書物が、社会的共通資本の考え方について極めて限定的な形で規定されたものとして、一般に(とくに日本の経済学者の間で)理解されて、もともと、私がもっていたopen-endの思いがなかなか伝わらない。といって、あまり無節操に概念を外延的に拡大することにも不安がある。この際、早い機会に定期的専門出版物としての『社会的共通資本』を創設して、できるだけ広い範囲の研究者、学生、そして一般の方々に、社会的共通資本の理念を理解していただき、その進展の過程に主体的に関わっていただきたい》(2007年3月23日付)

社会的共通資本研究センターは結局、2009年3月に活動を終えた。積極的にシンポジウムを開催して異分野の専門家たちが社会的共通資本という切り口で交流する場となったのはたしかだが、「経済学界に社会的共通資本を認知させ研究分野として確立する」という当初の目的は、肝心の経済学者が主役にならなかったために果たせなかった。立ち上げからかかわった篠原は「失敗でした」と総括したあと、「宇沢先生にはほんとうに申し訳なかったとおもっています」と反省の弁を口にした。

持続可能な社会に向けて

社会的共通資本研究の集大成となった著作を列挙すると、英語で著した『Economic Theory and Global Warming（経済理論と地球温暖化）』（２００３年）と『Economic Analysis of Social Common Capital（社会的共通資本の経済解析）』（２００５年）、これらと連動した企画として出版された日本語の著書『経済解析　展開篇』（岩波書店、２００３年。『経済解析　基礎篇』は１９９０年に出版）。世界に向けて発信したという意味で、最初に挙げたふたつの著作（両著ともケンブリッジ大学出版局）が社会的共通資本研究の決定版ということになるだろう（宇沢は、「社会的共通資本」を英語では「Social Overhead Capital」と表記していたが、『Economic Analysis of Social Common Capital』で「Social Common Capital」という表現にあらためた）。

『社会的共通資本の経済解析』で宇沢は、自身が開発してきた経済分析のテクニック（ペンローズ効果やポントリャーギンの最大値定理など）を総動員して動学的な分析モデルを構築し、社会を安定化させるための社会的共通資本のあり方を詳細に分析している。分析対象は漁業、林業、農業におけるコモンズ（共有漁場、共有林、共有農地を「自然資本」とみなして分析）、高速道路などの社会的インフラストラクチャー、エネルギー、地球温暖化、教育、医療などである。

注目すべきは、社会的共通資本の蓄積過程を分析して社会の持続可能性を考察する際、ジョン・スチュアート・ミルが『経済学原理（Principles of Political Economy）』（１８４８年）の第４篇第６

章で論じた「定常状態（On Stationary State）」を理想的な状態として想定していることである。
　リカードやマルサスは長期的な経済を展望して、経済が停滞してしまう状況を悲観的にとらえたが、ミルはそうではなかった。定常状態についてミルはつぎのように解説している。〈資本および人口の停止状態なるものが、必ずしも人間的進歩の停止状態を意味するものでないことは、ほとんど改めて言う必要がないであろう。停止状態においても、あらゆる種類の精神的文化や道徳的社会的進歩のための余地があることは従来と変わることがなく、また『人間的技術』を改善する余地も従来と変わることがないであろう。そして技術が改善される可能性は、人間の心が立身栄達の術のために奪われることをやめるために、はるかに大きくなるであろう。産業上の技術でさえも、従来と同じように熱心に、かつ成功的に研究され、その場合における唯一の相違といえば、産業上の改良がひとり富の増大という目的のみに奉仕するということをやめて、労働を節約させるという、その本来の効果を生むようになる、ということだけとなるであろう〉（『経済学原理（四）』末永茂喜訳、岩波文庫）
　宇沢は、持続可能な社会をミルの「定常状態」に範をとって想定している。つまり、経済全体のマクロ的な経済指標は定常値をとるようになるけれども、そのような社会のなかでは、人びとの経済活動や文化活動は活発に営まれ、活気ある社会が保たれている。マクロ的経済変数が定常値をとることは、決して人びとの活動が停滞することを意味しないということである。
　社会的共通資本を概念化して経済分析の対象にしたそもそもの狙いは、市場システムの影響が社会にあまねく浸透していく資本主義のもとで、持続可能な社会のあり方、その条件を探究することにあった。したがって、ミルが唱えた「定常状態（On Stationary State）」を鍵となる概念としたことには重要なメッセージが込められている。

即座に想起されるのがミルの『自由論（On Liberty）』だ。宇沢は第一高等学校で『自由論』を木村健康から学んだ。第1章「リベラリズム・ミリタント」で触れたように、宇沢は『自由論』を木村から伝授されたことを誇りとしていた。

その木村は岩波文庫で『自由論』を訳した際、ミルの思想をつぎのように解説していた。〈このように見て来ると、ミルは、ベンサム、ジェイムズ・ミル等の直系のベンサム主義者、功利主義者と考えられるかも知れない。事実ジョン・スチュアート・ミルは『功利主義』という著作を公にし、自らを功利主義者であると考えていたかも知れない。

しかし、ジョン・ステュアート・ミルの功利主義は、ジェレミ・ベンサムのそれと同じであろうか。ミルがベンサムに深く学ぶところがあったことは事実であるが、他面ミルは、コウルリッジ、スターリング、トマス・カーライルに興味をもち、それら非功利主義者の影響をうけているのである。とくにミルの『自由論』（On Liberty, 1859）において、その著書が実質上テイラー夫人（Mrs. Taylor-Harriet Hardy）との共著であることを力説している。

それゆえ、同じく功利主義といっても、ベンサムの功利主義とミルの功利主義とは、その哲学的基礎において大いに異なるのである。ベンサムの功利主義は、人間が快楽を求め苦痛をさけて行動することを前提とし、「最大多数の最大幸福」を求めることこそ道徳の目的とした。ミルは形式的には、この表現に反対しないであろうが、問題は「幸福」ということばの内容である。ベンサムが快楽といい苦痛というとき、それは物質的な快楽および苦痛であると考えられるが、ミルの「幸福」は、内容においてこれと異なるものと考えられる。それはミルが人生の目的として引用しているヴィルヘルム・フォン・フンボルトの所説に注目すれば、あきらかであろう。ヴィルヘルム・フォン・フンボルトの思想によれば、あらゆる人間の天賦の諸能力を可能なかぎり、そして調和的に発展させることが道徳の目的であるが、これは理想主義的個人主義以外の何ものでもない。ミルが幸福というとき、その内容は、ベンサムのいう快楽とは内容を大いに異にするのである。この思想の精密な展開は、トマス・ヒル・グリーンを俟たねばならなかった〉

トマス・ヒル・グリーンは、木村が師事した河合栄治郎が大きな影響を受けた思想家である。それはともかく、「最大多数の最大幸福」を唱えたことで知られるベンサムは、功利主義を体系化した思想家である。「人間が快楽を求め苦痛をさけて行動する」という功利主義の考えは、「効用」を最大化するように行動するという、新古典派経済学の「ホモ・エコノミクス」の基礎となっている。

木村によれば、「最大多数の最大幸福」における「幸福」は、ベンサムにおいては物質的な快楽だが、ジョン・スチュアート・ミルにおいては「人間の天賦の諸能力を可能なかぎり、そして調和的に発展させる」という〝理想主義的個人主義〟の価値観が反映された概念である。

ジョン・スチュアート・ミルの『自由論』、木村健康のミル解釈に言及したのは、社会的共通資本の経済学がきわめて規範性の高い経済学であることを指摘したかったからである。経済学では、研究内容の性格によって、「実証的（positive）」と「規範的（normative）」に分ける考え方がある（截然とした分類がされるのではなく、どちらの要素も混じっているのが通常である）。社会的共通資本の経済分析は、「規範的（normative）」な性格がきわめて強い。

『Economic Analysis of Social Common Capital』での宇沢は、かつてのような「華麗な数理経済学者」ではもはやなくなっている。あえて数学的定式化の審美性には重きをおかず、新古典派経済学にはなじまない社会的共通資本の思想を、新古典派の分析手法を用いて力ずくで表現している。

宇沢のそれまでの激越な新古典派経済学批判と、社会的共通資本理論との錯綜した関係を指摘することはたやすい。事実、『Economic Analysis of Social Common Capital』を出版したばかりのころ、宇沢は私との対話のなかで、「ぼくが経済学を激しく批判していた時期の批判に対して、ぼく自身こたえていない」「30年前のあのディープな批判に、ぼく自身はこたえられなかった」と苦しげに吐露したことがある。『Economic Analysis of Social Common Capital』は、宇沢自身のかつての厳しい経済学批判を乗り越える理論とはなりえていないのだ。

『Economic Analysis of Social Common Capital』出版にかかわる興味深いエピソードがある。同書は出版前に4人の経済学者が匿名で査読したのだが、宇沢は、ある査読者からこんな指摘を受けたという。

〈この書物は、ミルトン・フリードマンに始まる新自由主義（Neo-Liberalism）の市場原理主義的な経済学の考え方に対するもっとも効果的なアンチテーゼ（Antithesis）となっているから、そのことをもっと強調して、もっと広い読者層を対象にした方がいい〉

アドバイスをしてくれた査読者はロバート・ソローに違いないと宇沢はおもい、著作をそのように解釈してくれたことが嬉しくもあったけれども、結局、「反フリードマン」の経済学であることを強調してはどうかという提案には応じなかった。宇沢は、「旗色を鮮明にしたらフリードマン一派が陰湿なことをしてくるから」などとわたしには説明していたが、おそらく本当の理由ではない。社会的共通資本の経済学には、「反フリードマンの経済学」以上のメッセージが込められているのである。

「リベラリズム」とはなにか

《ジョン・デューイはプラグマティズム（pragmatism）の哲学者として知られているが、デューイの思想はリベラリズム（liberalism）であるといった方が適切である。もともと、リベラルという言葉は、自由、寛容というような意味をもつが、リベラリズムに対応する適当な日本語は見当たらない。自由主義という言葉を使うこともあるが、これはlibertarianismの訳語であって、正反対に近い意味をもち、誤解を招きやすいので、ここではリベラリズムという表現を使うことにしたい。

ジョン・デューイは、人間は神から与えられた受動的な存在ではなく、一人一人がその置かれた環境に対処して、人間としての本性を発展させようとする知性をもった主体的実体としてとらえる。そのとき、リベラリズムの思想は人間の尊厳を守り、魂の自立を支え、市民的自由が最大限に確保できるような社会的、経済的制度を模索するというユートピア的運動となり、学問的研究の原点として、二十世紀を通じて大きな影響を与えてきた。決して政治的権力、経済的富、宗教的権威に屈することなく、一人一人が、人間的尊厳を失うことなく、それぞれがもっている先天的、後天的な資質を充分に生かし、夢とアスピレーションとが実現できるような社会をつくりだそうというのがリベラリズムの立場である。

制度主義の理念は、さまざまな機能をもつ社会的共通資本のネットワークとして具体的なかたちで表現されるが、どのような希少資源を社会的共通資本と類別して、どのような基準にしたがって社会的共通資本を管理、維持し、そこから生み出されるサービスを分配するかという問題はすべて、このリベラリズムの観点にたって決められる。

このとき、リベラリズムの思想にたって、制度主義を具現化するものとしての社会的共通資本は決して国家の統治機構の一部として官僚的に管理されたり、また利潤追求の対象として市場的な条件によって左右されたりしてはならない。社会的共通資本の各部門は、職業的専門家によって、職業的規範にしたがって、管理・維持されるべきものでなければならない。このとき、「政府」の役割は、社会的共通資本の各部門の間の関係をどのように調整し、またそれぞれの部門で、希少資源の効率的な配分が実現し、そのサービスが公平に分配され、しかも財政的に可能になるような制度を策定し、具現化することにある》(『宇沢弘文の経済学』)

ジョン・デューイ

宇沢は自分の経済学を「Liberalism」にもとづく経済学と規定してそれをつねに強調しながら、「Liberalism」に対応する日本語はないのだと語っている。社会的共通資本の経済学はソースティン・ヴェブレンの制度主義に連なると説明する一方で、社会的共通資本の思想を語る際には、ヴェブレンをジョン・デューイに結びつけ、「ヴェブレン＝デューイのリベラリズム」

と説明する。では、「ヴェブレン＝デューイ」の思想とはどのようなものなのか。

《ヴェブレンがリベラリズムというとき、それは、人間の尊厳と自由を守るという視点にたって、経済制度にかんする進化論的分析を展開することを意味していた。リベラリズムの思想は、同じシカゴ大学で、ヴェブレンの同僚であったジョン・デューイによって、リベラリズムの哲学として集大成され、二十世紀前半のアメリカの思想形成に決定的な役割を果たすことになった。

ちなみに、デューイの哲学は、日本ではプラグマティズムの哲学といわれているが、プラグマティズムの哲学というより、リベラリズムの哲学といった方がより的確にその内容をあらわしている。プラグマティズムの哲学という言葉は、久野収先生が最初使われた表現である。戦前、文部省の出した『国体の本義』のなかに、日本を天皇中心の神の国と位置づけて、天皇に忠誠を誓うことが国民すべてにとって最高の義務とされ、自由主義、リベラリズムの類はきびしく非難、批判されていた。久野先生はプラグマティズムの哲学という言葉を使って、官憲の目をくらましていたのである》（『ヴェブレン』岩波書店）

デューイはプラグマティズムを唱えた哲学者とされているが、「プラグマティズム」と呼ぶより「リベラリズム」といったほうがデューイの哲学を正確に表現していると宇沢はいう。こうした解釈を参照すれば、「Liberalismに対応する適当な日本語は見当たらない」と宇沢がログセのように言っていた意味もはっきりしてくる。

哲学者の鶴見俊輔は『デューイ』（講談社）で、デューイのプラグマティズムの核心は「先入見によりかかった区分をこわしては、くりかえし経験から新しく考えなおす試み」であり、「自分の思考の方法をくりかえし吟味する考え方」であると説明している。

明治中期以後、ドイツ観念論が帝国大学の哲学講座の官許哲学となり、フランス、イギリス、アメリカの哲学は軽んじられるようになった。デューイのプラグマティズムはそれほどきっちりした体系をもたず、哲学を体系として考えるクセをもつ人にはそれほど重要と感じられなかったことも、デューイ哲学が哲学界に浸透しなかった要因となったと鶴見はのべている。

デューイは大正デモクラシーが盛んなころに来日しているが、鶴見によれば、「デューイの来日は、日本におけるデモクラシーのひとつの高揚期にあたっていたが、デューイ哲学の影響は、知識人をふくめて日本人の日常心理までを規定する天皇制思想と、それに理論上の支えをあたえるドイツ観念論哲学とによって、ほぼ完全にしめだされたのである」。その後、ルーズベルト大統領によるニューディールの思想的背景として注目されたものの、真珠湾攻撃によってその流れも断たれ、1945年の敗戦までアメリカの哲学が帝国大学の哲学講座で認められることはなかった。「久野先生はプラグマティズムの哲学という言葉を使って、官憲の目をくらましていた」という解説は、日本におけるデューイ哲学の位置づけを、宇沢が強く意識していたことをうかがわせる。

鶴見は『デューイ』で、日本の数少ない優れたプラグマティストとして福沢諭吉（1835—1901）と石橋湛山（1884—1973）を挙げている。いずれも宇沢が高く評価した人物だ。「福沢諭吉とビール」というエッセイで、宇沢が福沢諭吉を語っている。

《福沢諭吉のもっていたリベラリズムの思想を象徴する有名なエピソードがある。諭吉が咸臨丸に乗って、初めてアメリカに渡ったときのことである。じつは、諭吉はアメリカに行きたいという希望をつよくもっていたが、何のつてもなかった。そこで、幕府からアメリカに送られる使節団の正使木村摂津守の召使いに雇われて、咸臨丸に乗り込むことに成功したのである。ところが、諭吉は咸臨丸のなかの階級制のきびしさに驚き、かつ憤慨する。一般に船のなかは階級制がきびしいところであるが、使節団のなかにあった当時の日本の社会の階級制と相乗効果をともなって、咸臨丸のなかの階級制がひどいものであったことは想像に余りある。諭吉は船のなかで、二人の最下級の若い水夫と親しくなった。そして、かれらの食事があまりにもまずしく、その居住条件があまりにも悪いことを知って、同情するとともに、大いに憤激する。そのうちの一人がとうとう栄養失調と過労から病気になってしまった。諭吉が酔っ払って、このことで正使木村摂津守と大喧嘩して、馘首になりそうになったりしたエピソードが残っている。「天は人の上に人をつくらず、人の下に人をつくらず」という言葉は、諭吉が若い時から、常に心に留めていた言葉である。

咸臨丸がサンフランシスコに着いたとき、その若い水夫が亡くなってしまった。そこで、諭吉は一人で異郷のサンフランシスコに留まって、亡くなった若い水夫のお墓を設計し、その完成を見届けてから、使節団の一行の後を追った。それから何年かして、諭吉はふたたびアメリカに派遣された使節団に加わった。そのときは、かなりえらくなっていて自由がきく身だったので、使節団の一行から離れて一人だけサンフランシスコに寄り、亡くなった若い水夫のお墓にお参りしたという。私は、この、諭吉のエピソードを聞くたびに、アダム・スミスの『道徳

感情論』を思いおこし、経済学の原点をみる思いがする》（『経済学と人間の心』所収）

石橋湛山は東洋経済新報社で経済ジャーナリストとして活躍し、同社の社長もつとめたあと、政界へと転じた。保守合同後の自民党の総裁となり、１９５６年12月に首相に就任したが、病のためわずか2ヵ月で辞任した。

大正デモクラシーの論客としてならした石橋湛山は帝国主義を批判し、「小日本主義」を唱えた自由主義者として知られる。宇沢が湛山の著作に触れるのはアメリカから帰国してからだが、湛山が日蓮宗僧侶の息子だったことに親近感をおぼえていた。雑誌『自由思想』（２０１０年3月号）の「石橋湛山を語る」というインタビューで語っている。

「石橋湛山が書いたものに、自分は『有髪《うはつ》の僧』であるという有名な言葉がある。お寺にいた時が自分の心の原点だというようなことを残されている。僕は石橋湛山ほど本格的ではないけれども、お寺で修養していた時の気持ちはずっと心に残っているんですね。そういうこともあって石橋湛山に非常に惹かれる」

その石橋湛山を語るなかで宇沢は、ジョン・デューイ、ソースティン・ヴェブレンに言及している。

宇沢　石橋湛山も実は、ジョン・デューイの影響を非常に色濃く受けています。早稲田大学の先生で、哲学者の田中王堂はジョン・デューイの専門家なんですね。石橋湛山も、「古い先生の思い出を語る場合、どうしても省くことができないのは、田中王堂氏である。私は、先生によって、初めて人生を見る目を開かれた。……もし今日の私の物の考え方に、なにがしかの特徴があるとすれば、主としてそれは王堂哲学の賜物であるといって過言ではない」と書いていますね（「湛山回想」『全集』⑭）。

宇沢——田中王堂は明治中期に渡米し、シカゴ大学でデューイから直接学んだ方ですね。

王堂は日本におけるデューイの最高権威であった訳で、当時学界で支配的だったドイツ観念論的形而上学的哲学とは全く異質の、プラグマティズムの哲学を日本に紹介し、自らその展開・深化に大きな貢献をしたんです。

形而上学的な哲学・思想が流行っていた時代のプラグマティズムというものは、ちょうど今の「リベラリズム（liberalism）」に当たるのではないか、と僕は思うんですね。それは人間としての尊厳を守り、魂の自立を図り、市民的権利を十分に享受できる制度を求めて、学問的な仕事はもちろん、社会的、政治的な運動にも努力しようという意味において、まさにリベラリズムの考えではないかなと……。

ジョン・デューイのプラグマティズムの思想がもっとも鮮明に現れているのは、やはり教育の分野についてですね。『民主主義と教育（Democracy and Education）』（一九一六年）にエッセンスが述べられている。教育理念として、（一）教育の目的は民族・宗教等を超えた社会的統合にある、（二）バランスのとれた一人の人間としての人格的成長、（三）いかなる背景にもかかわらずベストの教育を平等に受けることができる——という三大原則を示しています。

僕がシカゴに移ったころ、子供がまだ小さかったので、デューイがつくった「実験学校（Laboratory School）」がシカゴ大学にあったのでそこに通わせた。デューイの理念をそのまま具体的な形にしたような、理想的な小学校でした。デューイの一番のモットーは「ラーニング・バイ・ドゥーイング（Learning by doing）」で、教科書で学ぶのではなく、友達と一緒にいろんなものをつくったり遊んだりしながら学んでいくということ、学校は子供たちがお互いに学ぶことができる環境を用意する、それが学校の理念であると。

デューイがいたシカゴ大学は、ジョン・ロックフェラーが石油で功成り名を遂げてつくった大学です。初めロックフェラーは、ハーバードとかイェール大学に巨額のお金を寄付し、その名を冠した建物や学部ができていたが、そのうちに「ロックフェラーは最悪の資本家で、そこからはお金はもらえない」と、いくつかの大学から断わられてしまった。それならばと自分でつくったのがシカゴ大学で、今はいい大学になっています。

ところがジョン・デューイは、一九〇〇年代の初め、ロックフェラーの怒りにふれて実質的にシカゴ大学を追われるんです。同じころに、ソースティン・ヴェブレン（一八五七～一九二九年）も、シカゴ大学から追われる。

——制度学派で有名な経済学者ですね。

宇沢 ジョン・デューイとソースティン・ヴェブレンの二人は、それから三〇年くらいしてまた一緒になり、ニューヨークの「ニュー・スクール・フォア・ソーシャル・リサーチ（The New School for Social Research）」という非常におもしろい大学をつくった。四年制の大学ですがカリキュラムがない。入学すると一人のアドバイザー教授がついて、四年間どういう勉強をするか、自分でプランをつくる。そういう理想的な学校なんです。単位も何もないし、その大学で学んだことが人生にとって最大のアセット（資産）になる。これがジョン・デューイとソースティン・ヴェブレンの二人が合成した、理想的な学校なんですね。

ですから、ジョン・デューイはプラグマティズムの哲学者だというが、教育者という面からみると、僕にはちょっと違和感があり、むしろリベラリズムに徹した人だったと思うんですね。

宇沢が最後に言及している「ニュー・スクール・フォア・ソーシャル・リサーチ（The New School for Social Research）」（以下「ニュースクール」）は、ヴェブレン＝デューイのリベラリズム、すなわち、宇沢が唱える「Liberalism」を考えるうえで重要な手がかりとなる。歴史家の紀平英作が著した『ニュースクール 二〇世紀アメリカのしなやかな反骨者たち』（岩波書店）を導き手としながら、ニュースクールに体現されたリベラリズムについて触れておきたい。

from The Social Point of View

第一次世界大戦は、三国同盟（ドイツ、オーストリア、イタリア）と三国協商（イギリス、フランス、ロシア）との対立が背景となって起きた。文字通り史上はじめての世界戦争で、同盟側にはトルコ、ブルガリアなどが、協商側には同盟を脱退したイタリアのほかベルギー、日本、アメリカ、中国などが参加した。4年余りにわたる戦争は1918年11月にドイツが降伏したことで終結、翌年のパリ講和会議でベルサイユ条約が成立した。

第一次世界大戦が休戦状態にはいったばかりの1919年はじめ、「ニュースクール」がニューヨークで産声をあげた。大恐慌を経たあとに大学となるが、設立当初は社会人をおもな対象とした、大学院レベルの教育を目指すきわめてユニークな教育機関だった。

「閉ざされたエリート的空間よりも、人文社会科学がもつ総合性と実践性を謳い、日常的に市民社会の担い手・知識人であること」をモットーとする教師陣には著名な学者が名を連ね、その中心にジョン・デューイとソースティン・ヴェブレンもいた。教師陣の多くはジョン・デューイが論じる市民的共同体への関心を共有し、20世紀はじめに登場したプログレッシブ(革新主義潮流)あるいは社会民主主義的運動を支持していた。

ウッドロー・ウィルソン大統領が中立の立場を維持しつづけたため、アメリカの第一次世界大戦への参戦は1917年4月からと遅かった。同年11月にはロシア革命によってソヴィエト政権が誕生、レーニンの提案にもとづく「平和についての布告」で第一次世界大戦の即時停戦を提唱し、無賠償、秘密外交の廃止、民族自決などを宣言した。

一方、ウィルソン大統領は1918年1月、「14ヵ条の平和原則」を発表した。国際連盟の発足(1920年)に道を開く提案だったが、アメリカが国際連盟に加盟しなかったことに象徴されるように、アメリカ国内では第一次世界大戦以降、ナショナリズムの動きが台頭していた。「民主主義の戦争という大義とはほど遠い言論の弾圧や、異端者への不条理な暴力が横行」する状況のなか、ニュースクールは船出したのである。

学校創設のきっかけは、コロンビア大学で反戦運動をしていた二人の教員の解雇だった。政治学部長だったチャールズ・ビアードが大学理事会の決定に抗議の意志を表明して辞職、あとを追って歴史学部のジェームズ・ロビンソン、経済学者のウェスリー・ミッチェルが辞職した。デューイは辞職こそしなかったものの、理事会の決定には明確に反対の意志を表明した。ビアードもデューイもアメリカの参戦そのものには反対ではなかったが、思想の自由を重んじて処分に抗議したのだった。

ニュースクールは、コロンビア大学を去った教授たちとデューイらが中心となって創設された。当時、ヴェブレンは大学には在籍しておらず、雑誌『ダイヤル』に精力的に記事を寄稿していた。アメリカ参戦の2ヵ月前に著した「平和論」で、ヴェブレン独自の学説にもとづきながら、戦争の原因は好戦的愛国心と営利原則にあると主張したことから、「非国民」「社会主義者」などと非難されていた。

ヴェブレンはニュースクールに創設時から関わることになるが、『ヴェブレンとその時代』を著した稲上毅によると、ヴェブレンが著した『アメリカの高等学術』（1918年）はニュースクールの創設を後押しすることにもなった。創設の際、モデルのひとつとなったのがウェッブ夫妻やバーナード・ショーなどフェビアン協会のメンバーが中心になって創設したロンドン経済政治学院（London School of Economics and Political Science）だったというが、実際、ハロルド・ラスキ（1893—1950）などロンドン大学の関係者が積極的に協力している。

『ニュースクール』で紀平は、「イギリス労働党に流れ込むフェビアン社会主義あるいはそれを育てた大西洋リベラリズム」の思想がニュースクールに体現されていたとしている。人類がはじめて体験した世界規模の戦争を受け、世界的な動きとして展開されたリベラリズムの結節点がニュースクールだったともいえる。

ニュースクールはスタートから3年でさっそく座礁して再編成を余儀なくされたが、１９３０年代になると、ナチスに追われた亡命知識人の受け入れ拠点となっていく。「亡命大学（The University in Exile）」と呼ばれるほど、多くの亡命者を受け入れたのである。

宇沢の友人ポール・バランの恩師エミール・レーデラーもベルリン大学からニュースクールに移っているし、シカゴ大学を拠点にしたコウルズ委員会のリーダーとなるジェイコブ・マルシャックもロシアから亡命した際、一時籍を置いていた。

このニュースクールは、ケインズともつながっている。１９３１年に訪米した際、ケインズはニュースクールで2度講演している。2度目の講演テーマは「恐慌からの出口を求めて」で、講堂にはおよそ４００人の聴衆が集った。ケインズ、ニューディール、ニュースクールの関係を紀平が解説している。

〈三〇年代半ば、ケインズが失業をなお払拭しきれないニューディールにかなりの不満を抱いた事実は、『一般理論』の記述からも明らかであろう。しかし、他方でケインズは、ローズヴェルト政権が三五年春をさかいに、産業界への配慮を振り払い、労働組合運動への肩入れ（ワグナー法）など革新的な労働政策をとり入れたことを評価する。また社会保障法の成立にみられる、失業保険制度を含む社会保障制度の拡充に政策を転換させたとき、ニューディールの全体に再び注目する姿勢を示す。国家は文明の担い手として、独自の「社会的共和国」理念を掲げるべきと語るケインズにとって、財政支出の拡大は重要な方策であったが、社会の多様性・多元性の維持もまた、社会国家の形成に向かうべき重要な政策体系とされていた。

もとよりケインズがその時期に言及した社会国家、その具体的ありようとしての社会福祉国家論は三〇年代半ば、理念的方向を持ったとはいえ、いまだ不定形であった。さらにローズヴェルト政府が三三年以降ニューディール政策を通して目指した新しい改革的国家も、ケインズがみる通り複雑な政治力学の産物として展開した。しかし重要なことは、その時期のニューディール、さらにはスウェーデンなどで展開した社会国家への試みが、広くは大西洋レベルで連動した一連の流れであり、その背後には、世界恐慌のなか各国間で情報を交換しあおうとする、リベラル思想あるいは社会民主主義思想の再構築を目指す緩やかな知的集団の繫がりと提言があったという事実である。その関わりのなかにローズヴェルト政権のニューディールは展開し、そしてニュースクールの一群の知識人も、同じ思想圏で生きようとしていたということである〉

「大西洋レベルで連動した一連の流れ」という文脈で、宇沢が「ヴェブレン＝デューイのリベラリズム」という表現で指し示そうとした「Liberalism」をとらえるなら、ヴェブレン個人、デューイ個人のみに注目するより、世界的な体験（第一次・第二次の世界大戦、大恐慌、ロシア革命によるソ連の誕生など）への対応を繰り込んだ形で変遷し、進展してきた自由主義の概念ととらえるほうが適切だろう。

宇沢の英国人脈をみると、ケインズ直系の経済学者というだけでなく、同時に、「大西洋リベラリズム」の流れをくむ自由主義者が多い。ジョーン・ロビンソン、リチャード・カーン、ニコラス・カルドア、ジェームズ・ミードなどは、戦後イギリスの福祉国家への移行をそれぞれの立場から支えた経済学者だ。

宇沢は私のインタビューで、社会的共通資本の本格的な研究に打ち込むことを決意した際、リチャード・カーンの承認を得たという印象的な言い方をしていた。

宇沢が、ケインズ『一般理論』の形成過程をカーンから詳細に学んだのは1979年のことである。乗数理論（投資の乗数効果に関する理論）をケインズに提供したカーンは、『一般理論』の共著者と呼んでもいいほど重要な役割を果たした。宇沢はケンブリッジ大学のカーンの研究室に毎日通って、カーンやジョーン・ロビンソンらケインズ・サーカスとケインズがどのような議論を交わしながら『一般理論』を構築していったのかをカーンから丹念に聞き取った。カーンは当時使用していた何冊も束ねられたノートの該当箇所を開きながら、懇切丁寧に解説してくれたという。宇沢はカーンから、ケインズとケインズ・サーカスの真髄を継承したのである。

カーンと濃密な時間を過ごした際、宇沢は、社会的共通資本の研究に取り組んでいることを報告し、「不均衡」の概念を「市場的な不均衡」と「社会的な不均衡」に分けて考え、「社会的不均衡」の解決をも視野に入れて「社会的共通資本の理論」を構築するつもりであることをカーンに伝えた。カーンは理解を示し、励ましてくれた。このときのやりとりを、「社会的共通資本はリチャード・カーンの承認を得ている」と表現したのである。わざわざこのような言い方をしたのは、イギリスのリベラリズムの流れをくむ研究であることを明確にするためだろう。

リチャード・カーンやジョーン・ロビンソンと親子ほど世代がはなれている宇沢にとって、「制度」としての経済学の現場はイギリスではなく、アメリカだった。宇沢は、ケネス・アローやロバート・ソローを「リベラルな思想をもつ経済学者」としばしば形容したが、リベラルな思想を基本にすえて経済学を展開する姿勢において、彼らはやはり同志だったのである。

アローは2017年2月21日に世を去ったが、『ニューヨーク・タイムズ』は訃報を伝える記事で、「彼の政治的な立場は明確にリベラルだった」というソローのコメントを紹介している。アローはみずからの思想的立場について公に語ることがほとんどなかったので、長年の友人であるソローが念を押す意味で〝解説〟してみせたのだろう。

第14章「空白の10年」で紹介したように、アメリカ経済学界に通じていた青木昌彦は、宇沢がアローやソローら傑出した経済学者たちと対等な立場で信頼関係を築くことができた理由として、「徹底した個人主義者」の顔をもっていたことを強調した。妻の宇沢浩子も、宇沢が教え子たちに「徒党を組むな」と繰り返し語っていたと証言している。わたしが宇沢にインタビューした際、「師匠」「弟子」などという言葉を使うと、「研究者はそれぞれ独立しているから、師匠とか弟子とかではないんだよ」とやんわり否定されたものである。

社会的共通資本の思想的な背景を考えるうえで、宇沢がひとりびとりの個性を徹底して尊重する個人主義者であった事実は重要である。というのも、ニュースクールを紹介するなかでくわしく触れた「大西洋レベルで連動した一連の流れ」としてあらわれた新たな自由主義の潮流は、じつは、個人の自由を尊ぶ自由主義が破綻したことから始まったのである。

大恐慌で資本主義経済が危機的状況に陥った１９３０年代、自由主義者は途方に暮れた。なぜなら、ファシズム、全体主義、社会主義に対抗できる思想を構築できなかったからである。ジョン・デューイは１９３５年に「自由主義と社会行動」を著し、自由主義の危機を論じている。〈わたしがはじめに語った自由主義の危機は、初期自由主義がその役割を果したのちに、社会が新しい問題、すなわち社会組織の問題に直面したという事実から発生している。自由主義の役割とは、新しい科学と新しい生産力とを代表する個人の集団を、当時いかに有用であったとはいえ、とにかく社会行動の新様式に対して強圧的存在であった慣習、思考方法、制度等から解放することにあった。そこに用いられた分析、批判、分解というような用具は、解放の仕事には大いに役立った。しかしそれが、新勢力を組織するという問題、またその新勢力によって知的、道徳的に主導力をもった首尾一貫した組織に生活様式を急激に改変されなければならない個人、そうした個人の組織化という問題にぶつかったとき、自由主義はほとんど無為無能となってしまったのである〉（世界大思想全集『デュウイ』中村雄二郎訳、河出書房）

デューイがいわんとしていることは、産業革命後の社会は、それまでの古い慣習や制度から個人を解き放つことで新しく労働者階級を誕生させた。個人の自由を重んじる自由主義はそうした流れを後押しする思想だったけれども、産業の発展とともに労働者の権利などの問題、恐慌への対応など、社会として対応しなければならない難問がでてきたとき、個人の自由を謳うだけの自由主義では対応できなくなったということである。自由主義思想の機能不全がナチスの台頭のような現象を招いている、という切迫した危機意識である。

デューイと同じ問題意識のもとで、「自由放任主義の終焉」を著したのがケインズだった。世界恐慌前よりイギリスの経済問題は深刻だったため、『一般理論』の伏線となったこの論考をケインズは1926年に著している。自由放任主義を否定したケインズは「分権的自治」の必要を説き、こんなことをいっている。

〈多くの場合、支配と組織の単位の理想的な規模は、個人と近代国家の中間のどこかにある、と私は信じている。それゆえに、国家の枠内に「半自治的組織」semiautonomous bodiesの成長

を図り、その存在を容認することこそ進歩である、と私は考えたい〉（『ケインズ』宮崎義一訳、中公クラシックス）

宇沢が新古典派経済学を批判して新たな経済学を構築しようとした際、重要なテーマが「from The Social Point of View」だった。方法論的個人主義を旨とする主流派経済学の分析体系のなかに、いかにして「社会的な観点」を導入することができるのか。その答えとして、社会的共通資本の経済学が誕生したのである。宇沢の社会的共通資本論には、資本主義経済が個人の自由を唱えるだけでは解決しえない問題を惹き起こすという前提のもと、どのように制度的に対応すべきかという視点がある。

強調しておきたいのは、デューイやケインズなどから一方的に学んだわけではなく、むしろ彼らと同じような問題意識を宇沢が早くからもっていたということだ。ひとことでいうなら、それは第二次世界大戦を日本で体験したことから生まれたといえる。若き日の「Socialism」への憧憬も、戦中戦後の体験をくぐり抜けてきた自由主義思想に根があったのであり、マルクス主義や社会主義といったイデオロギーへの関心からではなかった。戦中戦後の体験から得た確信や教訓を、宇沢は経済学という学問に投げ返そうともしていた。ベトナム戦争への厳しい態度は顕著な例である。

そんな宇沢の思索はやはり、新古典派経済学の知識体系だけにはおさまりきれなかったというべきなのだろう。新古典派経済学の流儀で表現された社会的共通資本の経済学は、宇沢経済学あるいは宇沢経済思想の到達点とまでは言い切れないのである。

堕ちた経済学者たち

21世紀にはいって、アメリカ発の世界金融危機が起きた。いわゆる「リーマン・ショック」は、アメリカの経済学者たちにも大きな打撃を与えることになった。

２００８年９月、大手証券会社リーマン・ブラザーズが経営破綻して連邦倒産法の適用を申請、負債総額６１３０億ドルというアメリカ史上最大規模の倒産となった。ブッシュ政権が提案した緊急経済安定化法がいったん議会で否決されたことから、世界中の株式市場で株価が暴落した。結局、最大７０００億ドル（約75兆円）の公的資金を注入して不良債権を買い取ることを柱とする金融安定化法でブッシュ政権はなんとか危機に対処することになったが、アメリカの金融不安はギリシャの債務危機問題に飛び火するなど、世界経済全体に伝播した。

アメリカ発の世界金融危機は、意外な副産物をもたらした。経済学者と金融界の癒着の一端が白日のもとにさらされることになったのである。

ホワイトハウス勤務の経験をもつドキュメンタリー映画作家チャールズ・ファーガソンは、『インサイド・ジョブ　世界不況の知られざる真実』（２０１０年）でウォール街崩壊の内幕を暴いた。アカデミー賞（長編ドキュメンタリー映画部門）を受賞したこの映画は、金融界と著名な経済学者たちの癒着を調査報道の手法であきらかにしている。

たとえば、ローレンス・サマーズ。サマーズは史上最年少の28歳でハーバード大学教授に就任した大秀才だ。クリントン政権で財務副長官、財務長官の要職をつとめたが、サマーズが財務省の舵取りをしていた時期、金融業界の規制が大胆に緩和された。それを象徴するのが、ルーズベルト大統領のニューディール期、大恐慌の教訓を踏まえて1933年に制定されたグラス・スティーガル法の撤廃である。銀行・証券業務の分離などを定めた同法は、1999年11月に成立した金融サービス近代化法（グラム・リーチ・ブライリー法）によって覆された。リーマン・ショックへと至る、経済の金融化を推進した制度改正だった。

映画『インサイド・ジョブ』では、金融業界の規制緩和を指揮したサマーズがヘッジファンドから2000万ドルもの顧問料を受け取っていたほか、大手銀行からも法外な講演料を得ていた事実があきらかにされている。同映画にはサマーズのほかにも政治に関与した経済学者が次々と登場、金融業界と骨がらみになった姿が映し出されている。ファーガソン監督は映画での取材をもとに著した『強欲の帝国』（早川書房）で経済学者たちの堕落ぶりを厳しく批判している。

〈過去三〇年の間に、規制緩和やアメリカの政治におけるマネーの力の増大と並行して、アメリカの学問研究の大きな部分がカネで左右される活動になり下がったのだ。このごろでは、著名な経済学教授が議会で証言したり、テレビの報道番組に出たり、独占禁止法違反訴訟や規制違反訴訟で証言したり、講演を行なったり、『ニューヨーク・タイムズ』に（『フィナンシャル・タイムズ』でも『ウォール・ストリート・ジャーナル』でもよいが）意見記事を寄稿したりしているのを目にしたら、その教授はそこで取り上げられている問題に大きな利害関係を持つ誰かからカネをもらっているのだと思ったほうがよい。これらの教授は公の場やメディアに登場するときこうした利益相反をたいてい開示しないし、彼らの大学はたいてい見て見ぬふりをしている。教授たちは民事、刑事両方の金融詐欺訴訟でも、カネをもらって被告のために証言するようになっている。謝礼は高額で、一時間の議会証言に対して二五万ドル支払われることもある。だが、銀行や規制の厳しい他の産業にとって、それは微々たる経費だ。年間一〇億ドルや二〇億ドルの出費なら痛くもかゆくもないし、政治家の場合と同様、大きな利益をもたらすきわめて有利な投資である〉

リーマン・ショック後、金融界と経済学者たちの癒着を批判したのが、宇沢の教え子ジョセフ・スティグリッツだった。金融恐慌の危機はアメリカ型資本主義への幻滅を生んだとのべる一方で、ミルトン・フリードマンら「シカゴ学派」が牽引した市場原理主義の経済学は破綻したと厳しく批判した。

〈二〇〇八年九月一五日、リーマン・ブラザーズが破綻した日は、市場原理主義（束縛を解かれた市場は独力で経済的繁栄と成長を確実に達成するという考えかた）にとって特別な意味を持つ日となる。ベルリンの壁の崩壊が共産主義にとって特別な意味を持つのと同じことだ。市場原理主義というイデオロギーが持つ問題点は、この日を迎える前にすでに知られていたが、この日以降は、誰もこのイデオロギーを本気で擁護できなくなった〉（『フリーフォール』徳間書店）

市場原理主義に破産宣告を行ったスティグリッツは『ヴァニティ・フェア』誌で、「所得上位1％の富裕層が40％もの富を独占している」とも指摘した。「1％」は流行語となり、若者を中心とした抗議運動「ウォール街を占拠せよ（Occupy Wall Street）」では「われわれは99％だ（We are the 99%）」がスローガンともなった。

2014年10月にコロンビア大学の研究室で取材した際、シカゴ学派が主導するようになった経済学と恩師宇沢弘文の関係について、スティグリッツはわかりやすい言葉で解説してくれた。

「経済学における問題のひとつは、〝きまぐれ（faddishness）〟だということですよ。同じ問題、同じ方法でも、ある時期には〝流行おくれ〟とされ、別の時期になると〝流行〟したりするんです。アメリカの経済学に関していえば、1975年から2008年までのおよそ30年間は〝酷い時代（Bad Period）〟だったといっていいかもしれない。

この時期、経済学界ではヒロがつねに強い関心を寄せていた〝不平等〟や〝不均衡〟や〝市場の外部性〟の問題はあまり注目されることがありませんでした。経済学の主流派はみんな〝市場万能論（perfect market）〟に染まってましたから。

ヒロが成し遂げた功績にふさわしい注目を集めなかった理由は、意外に単純です。つまり、『（経済的な）危機など決して起こるはずがない』と信じ込んでいる楽観的な経済学者たちの輪の中に、ヒロが決して入ろうとしなかったからなのですよ」

「酷い時代（1975年から2008年まで）」とは、「市場にまかせればうまくいく（Markets work very well）」という経済思想がアメリカ、ひいては世界を導いた時代であり、ひとことでいえば、フリードマンたちの時代だ。ちなみに、フリードマンがノーベル経済学賞を受賞したのは1976年だった。スティグリッツが2008年を「酷い時代」の区切りとしたのはいうまでもなく、リーマン・ショックによって世界金融危機が起きたからである。

憤怒《ふんぬ》

宇沢の怒りはスティグリッツをもしのぐ激しさだった。アメリカの金融危機はリーマン・ショックが起きる前年にはすでに顕在化していた。サブプライムローン問題である。サブプライムローンとは低所得者層を対象にした住宅ローンで、証券会社が住宅ローン専門会社からサブプライムローン債権を購入して証券化し、世界中の金融機関に売りさばいていた。住宅バブルの崩壊とともに証券は紙くず同然となるのだが、一方で、融資を受けた低所得者が返済不能となって破産するケースが相次いだために社会問題となった。サブプライムローンは、最初の数年だけは低い固定金利で、その後は、変動金利となって金利が上昇する仕組みになっていた。

サブプライムローン問題が報道されるようになったころから、宇沢のシカゴ学派批判のトーンはいっそう激しくなった。講演した際、脈絡的には何のつながりもないのに急にシカゴ学派批判をはじめたりするようにもなっていた。

リーマン・ショックの翌年の4月から7月にかけて、NHKはアメリカ発世界金融危機を特集したNHKスペシャル・シリーズ『マネー資本主義』を放映した。最終回「危機を繰り返さないために」には世界の有識者8人が登場するのだが、この最終回にスティグリッツ、宇沢が出演している。

宇沢へのインタビューは自宅で行われたが、番組スタッフの回想によると、不用意な質問（インタビュアーが世界金融危機を軽く扱っていると宇沢は解釈したらしい）に憤った宇沢がインタビュアーを問いつめる一幕があったという。インタビュアーを務めた女性は帰社後も落ち込んだままだったというから、よほど激しい怒りようだったのだろう。番組では、宇沢は怒りを押し殺すように語っていた。

《金融工学というのは、基本的にはすべてを確率的な現象としてとらえます。サイコロを振って、1の目が出る確率は6分の1というようなことです。しかし、サイコロを振るのは繰り返しができますが、経済現象は繰り返しができません。社会的な現象ですから、株価が決まるのはより複雑で、サイコロと違ってその都度条件が違うわけです。そして、その条件をコントロールすることはできません。しかも歴史的な現象ですから1回限りです。

そして経済学の一番難しい点が、そこにあるわけです。社会的、歴史的な現象である経済の動きや仕組みをどう予測、分析するかということです。しかし、そういった難しさを無視して、あたかもサイコロを振るモデルで処理をしてきた。そして、それぞれが持っているサイコロは、サブプライムローンなどを組み合わせながら、いかにも格好がつくようなかたちで金融商品として売っていくわけです。そのために、非常に難解な、しかしまったく根拠のない数学を使用していたのです。これが金融工学の本質です。実際にやっていた人は、そのことをわかっていました》

《近代経済学では、人間を損得の計算をする機械とみなします。そこに一人ひとりの人間の心はありません。経済学者も市場での取引や売買に焦点を当てて分析を行います。たとえば、国民総生産という重要な基準があります。市場で取引される様々な財やサービスを市場価格で評価して足し合わせたものです。しかし実は、市場で取引されるものというのは、人間の営みのほんの一部でしかありません。経済学の原点は、人間の心を大事にすること、一人ひとりの生き様をどのように考えていくかなのです。そのために必要なのが、「社会的共通資本」です》

《戦後60年、パックスアメリカーナ（アメリカの力によるアメリカのための平和）で、日本の心も自然も社会も滅茶苦茶になりました。これからどうしていくのか。大変な困難が待ち受けていると思います。

今回の危機をきっかけに、これまで60年あまりで、日本の自然、歴史、社会がどのように破壊されてきたのか、冷静に見直していくことが大切ですね。

私は今、怒りというか、なんともいえない憤りを感じています。60数年にわたりアメリカに徹底的にやられてきた日本の社会、そして、その中でのんのんと生きてきた。そのことを反省しなくてはいけないと思います。新しい流れを、なんとか見つけていきたい思いです。それしか道がないですから》（『マネー資本主義　暴走から崩壊への真相』ＮＨＫ出版）

日本では、リーマン・ショックから1年後の２００９年8月末、衆議院選挙で民主党が大勝し、政権交代が起きた。スティグリッツが指摘したように、「Bad Period（酷い時代）」に別れを告げたのなら、宇沢に出番が用意されてもいいはずだった。宇沢と民主党との関係からいっても、なんらかの形で政権に影響を与えるポジションにつくことは十分に考えられる状況だった。以前に民主党のシンクタンクの理事長を務めていたからだ。

民主党が政権獲得を視野にいれて「シンクネット・センター21」というシンクタンクを立ち上げた際、宇沢は理事長に迎えられた。２０００年1月に都内のホテルで行われた設立記念シンポジウムに、当時民主党政調会長で政権奪取後は首相となる菅直人などとともに、理事長として宇沢も参加していた。

宇沢がこの「シンクネット・センター21」を離れたのは、民主党が２００５年11月に看板をかけ替える形で「公共政策プラットフォーム」を発足させたためだった。「公共政策プラットフォーム」を取り仕切ったのは、のちに民主党政権で官房長官などをつとめることになる仙谷由人だ。

仙谷は宇沢の社会的共通資本の考えに共鳴していたし、宇沢が自宅で開く食事会に招かれたりする間柄でもあったので、宇沢の信頼を得ていた。仙谷は2018年10月に亡くなったが、生前に取材した際、なぜ宇沢を民主党のシンクタンクから追い出すようなことをしたのかとたずねると、仙谷はこう答えた。

「じつをいうと、岡田克也さんが民主党の代表になったときに、シンクネット・センター21をつぶしてこいといわれたんですよ。ぼくがつぶす係を命じられてね。最初は、ふざけるな、宇沢先生と関係を築くのにどれだけ時間がかかったかわかってるのかと腹を立ててたんだけど。結局、しょうがないということで、宇沢先生にはぼくが説明に出向きましたよ」

民主党政権が誕生すると、仙谷は鳩山由紀夫内閣で内閣府特命担当大臣（行政刷新、公務員制度改革、国家戦略の担当大臣）、菅直人内閣では内閣官房長官をつとめるなど政権のキーパーソンとなった。

「世代が宇沢さんとあわなくなっていたというのはたしかにあった。党のブレインについては松井孝治君（鳩山政権の内閣官房副長官）がやっていて、ぼくに『いっしょにやってください』といってきました。平田オリザさんや金子郁容《いくよう》さん、増田寛也さん、片山善博さん（菅直人政権で総務大臣に就任）などが（ブレインとして）いました。宇沢先生は大家だから、若い世代は誰も意見がいえないだろうというところがあったから。シンクネット・センター21の理事長をしていただいて支援してもらっていたわけだから、声がかからなかったことは宇沢先生にとってはおもしろくなかったかもわかりませんけども」

宇沢が憤ったのはブレインの座をめぐるゴタゴタなどではなかった。リーマン・ショックを契機とする世界情勢の大きな変化に、政権交代で誕生した民主党政権は的確に対応していく必要があると考えていた。歴史的な政権交代はきわめて重要なターニング・ポイントとなりうる。

ところが、民主党政権は最悪の政策を選択した。普天間基地の移設問題である。首相に就任した鳩山由紀夫は「最低でも県外移設」といいながら、迷走に迷走を重ねたすえに辺野古への移設を受け入れ、新たな米軍基地の建設を認めた。

宇沢はすぐさま公害研究の仲間である宮本憲一らとともに声明を発表している。宮本の話によれば、宇沢の憤りぶりは相当なものだった。

「宇沢さんと最後にいっしょにやったのが、沖縄問題だったんです。わたしと宇沢さんが代表として声明文をもって内閣府に出向き、沖縄及び北方対策担当のたしか審議官に会って説明した。夜遅くになっちゃったんですけどね。宇沢さんはもう体調があまりよくなかった。でも、面談のときはすごく興奮していましたね。日米安保体制についても強く批判してましたけど、この問題、沖縄の要求を解決できないようでは日本の未来はないんだって……実際に役人に面と向かって、あれだけはっきりいう人はなかなかいませんよ。『なにをやっているのかをわかってるのか』『いいかげんなことをするな』というような、非常に激しい言い方だったので、ぼくもびっくりしたくらいなんですけど」

普天間基地の移設問題で迷走した鳩山の後を継いだのは菅直人だった。その菅首相が唐突に打ち上げたのが、ＴＰＰ（Trans-Pacific Economic Partnership Agreement：環太平洋経済連携協定）への参加表明である。貿易協定では通常、それぞれの国の事情に配慮して重要品目については除外例を設けるが、ＴＰＰは原則として完全自由化（１００％の自由化）を目標に掲げていた。加盟国は段階を踏みながら、最終的には全品目の関税を撤廃することになっていた。

そもそもＴＰＰは、シンガポール、ニュージーランド、チリ、ブルネイの４ヵ国のみによる自由貿易協定だった。アメリカ、オーストラリア、ペルーなどが相次いで参加の意向を表明したことで性格が変わった。政治力ではアメリカが他国を圧倒しているので、アメリカ主導の貿易自由化構想という色合いが濃くなったのである。

菅直人政権が参加を表明した段階では、加盟を予定する国は12ヵ国を数えた。ＧＤＰ（国内総生産）ではアメリカと日本の２ヵ国が突出しているので、実質的には関税の完全撤廃を目指す日米貿易協定になるのではないかと懸念する声も多かった。菅首相のＴＰＰ参加表明には与党内からも反対の声があがり、前農林水産大臣の山田正彦を会長として、民主党、社民党など党派を横断する形で１８０人もの国会議員が名を連ねる「ＴＰＰを慎重に考える会」が立ち上げられた。

旗頭として担ぎあげられたのが、菅直人首相によるＴＰＰ参加表明を舌鋒鋭く批判していた宇沢だった。

「ＴＰＰを考える国民会議」発足の記者会見で宇沢は、代表世話人を引き受けるにいたった経緯を感情のたかぶりを隠さず語った。体調がよくなかったせいか、怒りからなのか、ふるえるような声だった。

「代表を受ける日に、ちょうどその当日に、私の一高時代からの友人で、私が最も親しくして、最も尊敬している友人後藤昌次郎が亡くなったという連絡をうけました。みなさんはご存知ないかもしれませんが、後藤昌次郎は松川事件の弁護をしました」

貿易自由化についてはかつてサミュエルソンをやり込めたほど理論に通じる宇沢なのに、なぜか親しい友人の死から語りはじめた。

一高時代、宇沢はラグビー部から一時離れようとして、寮の部屋を「元老部屋」と呼ばれていた、浪人したり留年したりで同級生より年長の者ばかりが集まっている部屋にこっそり移ったことがあった。元老部屋の住人のひとりが4歳年長の後藤昌次郎だった。

東京大学法学部を卒業して弁護士となった後藤は、松川事件をはじめ数多くの冤罪事件の弁護を担当したことから、「冤罪弁護士」として知られていた。反骨精神旺盛で正義感のかたまりのような後藤は著書『冤罪』（岩波新書）のなかで、冤罪事件を「戦争とともに、国家という最高権力しかなしえない、おそろしい災害である」とのべている。

後藤と宇沢は社会に出てからもおりに触れ酒を酌み交わす親友だった。岩手県出身の後藤は泣き上戸らしく、宇沢と痛飲した際、とつとつとした方言でつぶやきながらさめざめと涙を流すこともあった。宇沢はそんな後藤を敬愛していて、出版記念パーティーなどがあると必ず駆けつけた。

後藤は２０１１年２月、87歳で亡くなった。宇沢は親友の死を知らされたその日に、「ＴＰ

Pを考える国民会議」の代表世話人への就任要請を受けたのだった。「彼の遺言とうけとめて即座に引き受けることにしました」と宇沢は語ったが、記者会見にのぞむ際に記者たちに配付した「TPPを考える」という文書には、後藤昌次郎の死が影響していたのか、檄文が綴られていた。

《貿易自由化の理念は、参加各国が同じ土俵に上って、同じルールにしたがって市場競争を行うものである。このことが何を意味するのか、米国とベトナムを例にとって、農業に焦点を当てて考えてみよう。

ベトナム戦争の全期間を通じて、米国は、歴史上最大規模の自然と社会の破壊、そして人間の殺戮を行なった。米軍がベトナムに投下した爆薬量は、第二次世界大戦中を通じて全世界で使用された量の、じつに三倍を超えている。その上、ダイオキシンを大量に散布して、森林を破壊し、すべての生物の生存を脅かす枯れ葉剤作戦を全面的に展開した。戦争が終わってから三十年以上経った現在なお、奇形をともなった幼児が毎年数多く生まれている。広島、長崎への原爆投下にも匹敵すべき、人類に対する最悪、最凶の犯罪である。また二〇％近い森林はダイオキシンに汚染されて、竹以外の植物の生育は難しい。農の営みに不可欠な役割を果たす森林の破壊は深刻な傷跡を残している。

他方米国は、英国植民地時代から何世紀にも亘って、先住民族の自然、歴史、社会、文化、そしていのちを破壊しつづけた。米国の農業は、先住民族から強奪した土地を利用して、氷河時代に蓄積された地下水を限界まで使って行なわれている。そして米国の都市構造、輸送手段、産業構造は極端な二酸化炭素排出型であって、人類の歴史始まって以来最大の危機である地球温暖化の最大の原因をつくり出してきた。

このような極端な対照を示す米国とベトナムが、農産物の取引について、同じルールで競争することを良しとする考え方ほど、社会正義の感覚に反するものはない》

宇沢は、「パックス・アメリカーナ」（アメリカの圧倒的な政治力と経済力に支えられた平和）に依存して高度経済成長を遂げた日本の現状にも厳しい目を向けている。

《一九四五年八月、日本軍の無条件降伏とともに始まったパックス・アメリカーナの根幹には、新自由主義の政治経済的思想が存在する。新自由主義は、企業の自由が最大限に保証されるときにはじめて、一人一人の人間の能力が最大限に発揮され、さまざまな生産要素が効率的に利用できるという一種の信念に基づいて、そのためにすべての資源、生産要素を私有化し、すべてのものを市場を通じて取り引きするような制度をつくるという考え方である。水や大気、教育とか医療、また公共的交通機関といった分野については、新しく市場をつくって、自由市場と自由貿易を追求していく。社会的共通資本を根本から否定するものである。

市場原理主義は、この新自由主義を極限にまで推し進めて、儲けるためには、法を犯さない限り、何をやってもいい。法律や制度を［改革］して、儲ける機会を拡げる。そして、パックス・アメリカーナを守るためには武力の行使も辞さない。水素爆弾を使うことすら考えてもいい。ベトナム戦争、イラク侵略に際してとられた考え方である。

小泉政権の五年半ほどの間に、この市場原理主義が、「改革」の名の下に全面的に導入されて、日本は社会のほとんどすべての分野で格差が拡大し、殺伐とした、陰惨な国になってしまった。この危機的状況の下で、二〇〇九年九月、歴史的な政権交代が実現した。しかし、国民の圧倒的な支持を得て発足した民主党政権は、大多数の国民の期待を無惨に裏切って、パックス・アメリカーナの走狗となって、卑屈なまでに米国の利益のために奉仕している。普天間基地問題に始まり、今回のTPP加入問題にいたる一連の政策決定が示す通りである。戦後六十有余年に亘って、平和憲法を守り、経済的にも、社会的にも、安定した、ゆたかな国を造るために、大多数の国民が力を尽くしてきた、その志を無惨に打ち砕くだけでなく、東アジアの平和に恒久的な亀裂をもたらしかねない政策決定を行なおうとしている。心からの憤りを覚えるとともに、深い悲しみの思いを禁じ得ない》

命の灯が燃え尽きるまで

歴史的な政権交代で誕生した民主党政権も、「Liberalism」にもとづく制度主義の考えには見向きもせず、社会的共通資本を守る姿勢はまったく見られなかった。「戦後の志」、つまりは、宇沢の志が無惨に打ち砕かれるさまが、冤罪と闘い続けた後藤昌次郎の死と重なった。学士院の集まりで話しているときにも、唐突に後藤の死に触れ、涙ぐんだことがあったという。

それにしても、沖縄問題、TPP問題を論じるときにはとくに、宇沢は感情のたかぶりを抑えることができず、聞く者に尋常ならざるものを感じさせた。まもなくわが身を襲う出来事、日本を震撼させる大災害と大事故を予感していたのだろうか。

東日本を巨大地震と津波が襲ったのは2011年3月11日だった。東京電力福島第一原子力発電所では3月12日に1号機、3月14日に3号機、3月15日には4号機と、たてつづけに原子炉建屋の爆発事故が起きた。

その大震災から10日後、宇沢は自宅の書斎で突然倒れた。本棚から分厚い本を取り出そうとして、そのまま本の下敷きになるように倒れ込んだという。脳塞栓だった。ノート型パソコンには作成されたばかりの「東日本大震災」という新しいフォルダがあった。なかにはなにも入っていなかった。大震災、原発事故関連の調べ事をしている最中に倒れたのかもしれない。宇沢の娘で医師でもある占部まりは、「大震災と原発事故による強いストレスが、父に影響をあたえたのだとおもいます」と話している。

身体の自由がきかなくなっただけでなく、言語による意思疎通もままならなくなった宇沢はその後、3年半の長い闘病生活をつづけ、2014年9月18日に息をひきとった。86歳だった。

最後の著作『社会的共通資本としての森』（東京大学出版会）は、死後の2015年4月に出版された。倒れた宇沢を補佐し、共著者、共編者となったのは社会的共通資本研究センターの研究員でもあった関良基（現・拓殖大学教授）である。あとがきで関は、身体と言葉の自由を奪われてからの宇沢の奮闘ぶりを伝えている。

〈本書が構想された背景についても若干述べておきたい。宇沢先生と本書の構想を立てたのは民主党への政権交代の後の2010年の初頭のことであった。当時、宇沢先生は民主党政権が掲げた「できるだけダムに頼らない治水」や、「米軍普天間基地の沖縄県外への移設」などの諸公約が実現されるよう精力的に活動されていた。大熊孝先生と出版された『社会的共通資本としての川』にも、民主党の「脱ダム」政策への期待がこめられていた。また、2010年1

月18日には宮本憲一先生らと共に普天間基地の県外移設を求める声明を発し、シンポジウムも開催するなど、ご高齢を感じさせないご活躍であった。

当時の私は、民主党政権の既存のダム計画見直しの理念に期待し、本書でも記した実証研究を通して、国のダム計画の背後にある虚構を正そうとしていた。国交省が、戦後の荒廃した山地から森林が回復しても保水機能の向上は確認できないという虚偽の資料を出してまで、ダム建設を強引に推進してきたという事実を宇沢先生にお伝えしたところ、先生は烈火のようにご立腹された。そして、本書を急いで刊行するよう指示されたのである。

本書の準備を進めるうち、鳩山由紀夫政権は普天間基地の県外移設に挫折して退陣に追い込まれた。そして後を継いだ菅直人政権の下で、降ってわいたようにTPP（環太平洋経済連携協定）問題が浮上することになった。ここに至って、宇沢先生のお怒りは頂点に達したのであった。

宇沢先生が訴えてこられたように、「TPPは社会的共通資本を破壊する」。TPPの本質は、各国がその固有の歴史の中で構築してきた医療制度・金融制度のような制度資本、水道事業のような社会インフラ、農山漁村の多様な営みとそれを取り巻く森・川・海という自然環境など、人間が生きるために必要不可欠な財とサービスを提供する社会的共通資本を、ワシントンに駐在するロビイストたちの私的な都合によって、利潤追求の対象へと改変していこうということに他ならない。それは日本のみならず、すべてのTPP参加国の社会的安定性を根本的に損なうことになる。

TPP問題が浮上した当時、宇沢先生は焦燥感にかられたご様子で、「大変なことになったね。もう細かいことでケンカなんかしている場合じゃないね」と私におっしゃっておられた。

些細な考え方の差異など乗り越えて、国民的にTPP反対運動を展開せねばならないのだと。そういう思いで宇沢先生は、ご高齢を押して「TPPを考える国民会議」の代表世話人をお引き受けになり、TPPに反対する活動を、まさにお体に鞭を打って進められた。その無理がたたったのか、先生はTPPの反対運動を先頭に立って推し進められていた最中、お倒れになってしまったのである。

しかし先生は、驚くべき強靭な意志で、闘病中においても社会的な活動を辞めることはなかった。懸命にリハビリに取り組みながら、引き続きダム問題にもコミットし続けて下さった。民主党政権が、当初掲げた理念から後退し、ダム建設容認に傾いていく中、宇沢先生は今本博健先生、大熊孝先生らと共に「ダム検証のあり方を問う科学者の会」の結成を呼びかけられ、私は同会の事務局を務めることになった。

宇沢先生は、お亡くなりになる直前にあっても、なおTPP違憲訴訟の呼びかけ人として名を連ねるなど、メッセージを発信され続けたのである。TPP違憲訴訟の呼びかけ人になられた宇沢先生は、その準備のための第1回会合が開かれた9月24日には、もうこの世にはおられなかった。命の灯が燃え尽きるその時まで、先生は志を全うし、孫の世代が平和に安心して暮らしていける環境をつくるため、行動し続けられたのであった〉

おわりに　青い鳥をさがして

鳥取県米子市——宇沢の父方の実家から2キロ足らずのところに八幡神社はある。近くの公民館で館長をしている山脇基一が、そばを流れる日野川と神社が子供のころの遊び場だったとなつかしそうに語った。

「八幡さんは郷社で、むかしは八幡神宮といったんですよ。学校から帰ったらすぐに神社に行ってみんなで遊んでおったんです」

戦争が終わったばかりのころだった。いつものように八幡さんまで駆けてゆくと、境内に見知らぬ顔のいやに背の高い男がいた。その日から、男はたびたび姿をあらわすようになった。

「『またござっとる』っていってね。また来てるぞ、という方言なんですが、ちょっと軽蔑した言い方なんですよ。『ありゃ、どげだ人間だや』と。ああいう格好してる人は見たことなかったからね」

子供たちが男を奇妙におもったのは、いつも本と鳥かごを携えていたからである。片手に大きな本、もう片方の手には竹製のカラッポの鳥かご。男はどこからともなくふらりと神社にあらわれて石垣に腰かけると、鳥かごを脇に置いて静かに読書をはじめる。わんぱく坊主たちは最初は興味津々で眺めていたが、やがて慣れると冷やかしたりもした。

みんな食べることに精一杯だった敗戦直後である。本を抱えてふらふら歩いていれば、村の人たちに不審がられる。だから鳥かごをもってさも用事があるように装っていたのではなかろうか。いまになって山脇は想像をたくましくするのだが、当時はそんな推察はしようもなかった。

「こういう言い方はなんですが、頭のあったかい人がむかしの村にはいたんですよ。わたしら洟垂れの小僧でしたからね。おっつぁんもそういう人かなとおもっていたんですよ」

八幡神宮にあらわれた謎の男が宇沢弘文だったと知るのはずいぶんあとのことだったという。

「とにかく鳥かごをもってるのがものすごく印象的だったもんでね。『おっつぁん！　その鳥かごなんだ？』って悪ガキたちが聞くわけです。そうしたら、『青い鳥をさがしてるんだよ』って。東京の言葉でね。『青い鳥をさがしてるんだけど、キミたち知らないかい？』というんですよ。素手で鳥なんかつかまえられるわけないし、まして青い鳥なんていやしませんからね。『あのおっつぁん、ちょっとおかしいんじゃないか』って、ぼくたちいっておったんです」

メーテルリンクの戯曲『青い鳥』（堀口大學訳、新潮文庫）は、チルチルとミチルの兄妹が夢とうつつのあわいで繰り広げる物語である。

貧しい木こりの子、チルチルとミチルはある日、妖女にたのまれて青い鳥をさがす旅にでる。「思い出の国」でつかまえた青い鳥は黒くなってしまい、「夜の御殿」でとった鳥は死んでしまう。「未来の王国」の青い鳥も赤い鳥になってしまった。そうこうするうち1年が過ぎ、妖女との約束を果たせないまま、兄と妹は家にもどる。

家に帰った場面でふと夢から醒め、現実に引き戻された兄妹のもとへ、とつぜん隣のおばさんが訪ねてくる。病気をしている自分の娘が、チルチルが飼っている鳥をほしがっているとおばさんはいう。チルチルとミチルは自分たちが鳥を飼っていたことを思い出し、かごの鳥を見にいった。驚いたことに、かごのなかの鳥はいつのまにか青い鳥になっている。

「なんだ、これがぼくたちさんざんさがし回ってた青い鳥なんだ。ぼくたち随分遠くまで行ったけど、青い鳥ここにいたんだな」

そういってチルチルは青い鳥をおばさんに渡す。後日、病気が恢復した娘が鳥かごにはいった青い鳥を携えお礼にやってきた。チルチルが娘といっしょにえさを与えようとしたそのとき、青い鳥はかごから逃げ出し飛び去ってしまう。

「万人のあこがれる幸福は、遠いところにさがしても無駄、むしろそれはてんでの日常生活の中にこそさがすべきだというのがこの芝居の教訓」と翻訳者の堀口大學は解説している。


まだ何者でもなかった20歳前の宇沢は、「青い鳥」の主人公チルチルを真似てまとわりついてくる子供たちを煙に巻いたわけだが、わたしが山脇の話に心惹かれたのは、「青い鳥」にまつわる別のエピソードを耳にしたことがあったからだった。三里塚闘争の仲裁役をしていたころの話だ。

「三里塚農社」を実現させようと必死になって奔走していた宇沢は、後ろ盾となってくれていた自民党の重鎮、後藤田正晴には念入りな説明と報告を欠かさなかった。法務大臣兼副総理だった後藤田はある日、官僚の前でふとこんな言葉をもらしたという。

「宇沢君の三里塚農社構想というのは大丈夫かな。チルチルとミチルの青い鳥みたいにならなきゃいいがなあ」

政界で「カミソリの後藤田」と恐れられた政治家は、三里塚農社が実現しそうもないことを察知して、いつまでも「青い鳥」をさがしつづける宇沢を心配していたのである。

宇沢は若いころから、〝物語る〟のが得意だったそうだ。9歳下の弟で医師の宇沢充圭《みつよし》によると、鳥取に疎開していたころ、宇沢は充圭ら小さな子供たちをお堂に集め、お話を語って聞かせたという。宇沢の語りは子供たちに人気があった。

晩年の宇沢は、社会的共通資本の重要性を訴えるのに「たいせつなものをまもる」と話して聞かせるようになった。厳格な理論家が優れたストーリー・テラーでもあることをいちはやく見抜いたのが小説家の田中康夫だったのは偶然ではないのかもしれない。

1956年生まれの田中は一橋大学在学中に著した『なんとなく、クリスタル』が100万部をこえるベストセラーとなり、著名な作家となった。阪神・淡路大震災が起きると直後に被災地にはいり、ボランティア活動を続け、『神戸震災日記』(新潮社)を著した。2000年10月に行われた長野県知事選挙に出馬して当選、独自の政策を打ち出して話題を集めた。そのひとつが「『脱ダム』宣言」である。

田中長野県知事は、「100年、200年先の我々の子孫に残す資産としての河川・湖沼の価値を重視したい」として、「長野県に於いては出来得る限り、コンクリートのダムを造るべきではない」と宣言、下諏訪ダム計画を中止することも表明した。

田中は知事として、地方自治法で設置が義務づけられている総合計画審議会が形骸化した組織となっていることにも目を向け、委員の人選に力を入れた。宇沢とは面識がなかったものの、委員への就任を依頼するため、日本政策投資銀行の設備投資研究所を訪れた。

「信州、長野県のあるべき姿を描いて頂けませんか」

田中知事がのべると、

「あなたの『「脱ダム」宣言』。感動してね。大変にね」

と宇沢が応じた。

長野県総合計画審議会専門委員会の座長に就任した宇沢は2004年3月、『未来への提言～コモンズからはじまる、信州ルネッサンス革命～』をとりまとめた。田中がふりかえる。

「『未来への提言』は宇沢弘文プロデュースではなく、宇沢弘文は書き手であり、ディレクターであり、プロデューサーでもあったと考えていただければいい。もちろん、ほかの委員とも合議はしていますが、基本的には宇沢さんが書いたものですよ」

『未来への提言～コモンズからはじまる、信州ルネッサンス革命～』を宇沢の著作とみなしていいと田中は断言したが、たしかに「長野県総合計画審議会最終答申」として発表された文書は、社会的共通資本の考えをわかりやすい言葉で説いた「おはなし」として読むことができる。結びの「『信州革命』を求めて」をそのまま紹介しよう。

《1776年1月に刊行されたトマス・ペインの『コモンセンス』は、アメリカの独立運動に決定的な影響を与えた政治評論集である。トマス・ペインは『コモンセンス』のなかで、君主政治と世襲制がいかに不条理、非合理的であるかを説明して、望ましい政治形態は、リベラリズムの考え方に立った共和制でなければならないことを主張した。アメリカがイギリスの植民地支配から独立して、自由になることの正当性を強調し、いま、このときを逸しては、独立の機会はふたたび訪れてこないことを力強く表明したのである。当時、アメリカ植民地の人々は、イギリスによる支配に、不満を抱いていたが、それが「常識」だと思って、独立を考えることはなかった。そのときに、イギリスの支配は「非常識」であって、独立こそ「常識」であることを、トマス・ペインは『コモンセンス』のなかで、繰り返し、強調したのである。

日本の現代社会を鑑みるとき、多くの市民は、中央政府による制度的、政策的諸条件にもとづく画一的なコントロールが、地域の多様性を軽んじ、損なう「人間不在」の社会をつくり出してきたことに、不安と不満を抱きつつも、それは「やむを得ないもの」として、改革のための行動をおこせずにいる。

社会に漂う閉塞感と将来に対する不透明感を打破するべく、信州から発せられた「脱ダム」宣言は、社会的共通資本の管理、維持に対するこれまでの発想を抜本的に転換した。中央集権的な政策の流れは、物質的な豊かさを増大させることに成果を上げたかに見えるが、地域に対して、本来のゆたかさや活力、真の質の高い生活をもたらしていない。つまり「脱ダム」宣言は、これまでの中央集権的な政策の流れを転換し、地域に暮らす市民一人ひとりが主人公となる「人間の回復」をめざして社会を改革することを主張し、社会を、地域から「変えることができる」としたのである。

信州が唱える「コモンズからはじまる、信州ルネッサンス」は、これまでの常識である中央政府による画一的なコントロールを打破し、地域からの再生をめざし、意欲ある市民により地域の将来を描き出すものである。「コモンズ」は、自律的に行動する市民一人ひとりと、信頼と協力の絆に光を当て、地域が「自律」するための、現代における「コモンセンス」である。

私たちが最終的にめざすべきものは、信州から新たな社会を創り上げていく「信州革命」である》

田中は『現代思想』（2015年3月臨時増刊号）に寄稿した「『怯まず・屈せず・逃げず』宇沢弘文さんとの思い出」と題する追悼文で、宇沢の支援が得られたことによる効果をつぎのようにふりかえっている。

〈宇沢弘文さんという碩学から勇気と希望を頂戴し、就任時に計画されていた九つの県営ダム計画を全て中止し、ダムに代わる河川改修計画を実行に移します。直轄事業として長年、調査費が計上され続けてきたダム計画も、事業費の三割を県が負担する仕組みを逆手に取って、多目的ダムとしての基本計画を国が廃止し、事業を中止することとなります〉

長野県知事時代のつきあいを通じて得た宇沢の印象を、小説家にもどった田中康夫が語った。

「宇沢さんはたしかにたいへんな知見をお持ちですが、たんなる訓詁学派ではなく、〝地頭《じあたま》〟があるということだとおもう。市井の人にも〝地頭〟がある人はいる。ぼくはそれを〝勘性《かんせい》〟と呼んでいますが、著名な学者でも〝勘性〟がない人は多い。そういう人は新しいものを創りだすことはできない。宇沢さんには新しいものを創りだす〝勘性〟がありました」

宇沢がどこへ行くにも走っていくようになったのは、50歳をすぎてからである。東京大学に勤務しているあいだは保谷市（現・西東京市）の自宅から本郷までおよそ20キロをしばしば走って通った。経済学部の学部長に就任した際、不向きな管理職の仕事にストレスをおぼえるようになり、ストレス解消のために走り始めたという。「山手線内ぐらいなら走って移動しますよ」といい、ふつうなら電車で移動するような距離もリュックをしょって走った。

晩年のトレードマークとなった白い顎髭をなびかせて走る姿が見る者によほど印象的だったようで、「走る学者」として知られるようになった。新聞記者の取材を受け、宇沢が語っている。

《私は毎朝一時間ちょっと、距離にして十三、四キロ走ります。あれは面白いもので、走り出して三、四十分もするとなんというか、恍惚感にとらわれるんです。英語では「ジョギング・ハイ」といいますが。「ハイ」というと、麻薬か何かの浮遊感みたいですが、それとも違うんです。血液の循環も良くなるせいでしょうが、頭がすっきりして、次から次へと、すばらしいアイデア、着想が生まれましてね。もっとも、後で思い出そうとしても、思い出せないことが多いですが……。アッハハッ。気分がいいと、大学まで走って来るんです。リュックを背負って、その中に背広や靴、それにこのトシですから、万一の場合、ちゃんと身元の分かる証明書なんか入れましてね。（中略）走るようになって初めて気づいたんですが、町を走ると、自分とその町との間にコミュニケーションが生まれるんですね。道路があり、商店街、住宅街、オフィス街があって、そこに暮らす人々がいます。その中から、経済を動かす基盤となっている日常的な経済環境の実態のようなものが、実によく伝わってくるんです。これはジョギングの予期しない効用でした。経済には、統計的にとらえられる表面に出た経済と、数字に現れない地下の経済とがあって、その地下の方の動きが非常に大きいものなんです。町を走っていると、そんな統計の表面に出て来ない、経済の日常的な実態のようなものがつかめるんです。その意味でいえば、東京をはじめ日本の町は貧しい、という感じです》（『東京新聞』１９８４年10月15日付夕刊）

走るようになってから「数字に現れない地下の経済」を感じ取ることができるようになったと語っているけれども、それは正しくない。走る習慣を身につける前から、宇沢はそのような感性をもっていた。理論家としての優れた点をひとつだけあげよといわれたら、わたしなら宇沢独特の感性を指摘したい。丸山真男の『日本の思想』（岩波新書）に「理論家」について語ったくだりがあるのだが、これを読むと宇沢を解説した文章ではないかとの思いにとらわれる。

〈本来、理論家の任務は現実と一挙に融合するのではなくて、一定の価値基準に照らして複雑多様な現実を方法的に整序するところにあり、従って整序された認識はいかに完璧なものでも無限に複雑多様な現実をすっぽりと包みこむものでもなければ、いわんや現実の代用をするものではない。それはいわば、理論家みずからの責任において、現実から、いや現実の微細な一部から意識的にもぎとられてきたものである。従って、理論家の眼は、一方厳密な抽象の操作に注がれながら、他方自己の対象の外辺に無限の曠野をなし、その涯は薄明の中に消えてゆく現実に対するある断念と、操作の過程からこぼれ落ちてゆく素材に対するいとおしみがそこに絶えず伴っている。この断念と残されたものへの感覚が自己の知的操作に対する厳しい倫理意識を培養し、さらにエネルギッシュに理論化を推し進めてゆこうとする衝動を喚び起すのである〉

丸山真男と宇沢弘文は、東大紛争のときに東京大学の再建案を話し合っていた私的なグループ「改革フォーラム」でいっしょだった。その後、それほど頻繁に交流していたわけではないのに、丸山は宇沢に信頼を寄せていた。

長らく政権党だった自民党が下野した1993年8月、細川護熙を首相とする非自民8党連立内閣が誕生した。細川内閣は「国民福祉税」構想をめぐるドタバタで迷走をはじめて崩壊、結局、1年もせず自民党連立内閣にとって代わられた。

細川連立政権が崩壊した際、宇沢が呼びかけ人となって、「民主主義的政治を具現化するために」という声明を『世界』（1995年9月号）に発表したことがあった。このとき、宇沢は賛同を募るはがきを出したのだが、丸山真男は宇沢への返信で「賛同する」に丸印をつけたあと、こう書き添えていた。

〈アピールの内容には大体賛成です。けれども私個人は健康状態もあって、内容を問わず「発起人」となることは辞退しております。雷同人の一人とお考えください。なお、この賛同も内容だけでなく、宇沢弘文その人にたいする信頼を基礎にしていることを御了承いただきたいとおもいます〉

わたしの推測にすぎないけれども、海外のアカデミズムの動向に明るかった丸山は、宇沢が理論経済学の最前線で闘いながら、Liberalismをめぐる世界的な動向と深く関わりつづけていることを正確に見抜いていたのではないだろうか。

「近代日本の知識人」（『後衛の位置から』未来社）で丸山は、「日本の思想史を見るとユートピア思想がきわめて乏しい」と指摘している。ユートピア思想というと現実ばなれした夢想と解釈しがちだが、丸山によるとそうではなく、「現実にたいする切迫した、またトータルな批判意識の所産」がユートピア思想なのだという。

日本では、ユートピア思想が乏しいかわりに、つねに「模範国家」が存在した。古代には隋や唐が、幕末以後は欧米が目指すべきモデル国家だった。一方で、マルクス主義もソ連やコミンテルンを模範とした。模範国家に押しのけられ、普遍主義、ヒューマニズムのユートピア思想が現れなかったというのが丸山の解説である。

そういえば、経済学の役割を語る際、宇沢は「ユートピア」という言葉を用いることがあった。たとえば、アメリカから帰国してまもないころのインタビューでこんな発言をしている。

《なぜ経済学はマクロ動学的視点を基本におくかといえば、そこには多少ともユートピア的な社会を目ざした経済学者の1つの志向があるはずである》（『経済セミナー』1970年6月号）

『ヴェブレン』（岩波書店）では、ヴェブレン＝デューイのリベラリズム思想を解説するくだりに、「ユートピア的な運動」という言葉がでてくる。

《デューイは人間を、神から与えられた存在ではなく、その置かれている環境に対応して、人間としての本性を発展させようとする知性をもった実体としてとらえる。そのとき、リベラリズムの思想は、人間の尊厳を守り、魂の自立を支え、市民的自由が最大限に発揮できるような社会的、経済的制度を模索するという、ユートピア的な運動なり学問的発想の原点となっていったのである。このような意味におけるリベラリズムという言葉はもともと、アメリカ独立戦争の原点でもあり、デューイが一つの思想体系として完成したものである》

宇沢が唱える「Liberalism」はけっして理想主義ではない。丸山が解説した意味でのユートピア思想に通じる、普遍主義的な自由主義思想である。

「Liberalismに対応する言葉が、日本には存在しない」

宇沢がそう繰り返しのべた意味も、丸山の「近代日本の知識人」を参照すれば理解できるだろう。世界的な視野に立ち、新たな自由主義思想として、宇沢は社会的共通資本の経済学を紡ぎ、理論を構築しようとしていた。その事実に周囲の者さえほとんど気づくことがなかったのは、理論経済学、数理経済学のなかで、経済分析の方法において、Liberalismを展開しようとしていたからではないのだろうか。

宇沢の孤独な闘いを理解していた、例外的な存在がケネス・アローだろう。経済学における宇沢の冒険の旅を、はじめから終わりまで見届けたのが恩師アローだった。

第7章「別れ」でアローと決別してシカゴ大学に向かった経緯をくわしくみたけれども、宇沢が日本に帰国してしまったあと、じつは、アローがふたたびアメリカに呼び戻そうと試みたことがあった。ハーバード大学の教授をしていたときで、他大学に長期滞在する予定があり、自分と入れ替わりで宇沢をハーバード大学に招こうとしたのである。アメリカの経済学者たちと旧交を温めれば、アメリカ経済学界に復帰してくれるのではないかという期待を抱いていたのかもしれない。

宇沢も恩師の誘いに乗り気だった。だが、子供の教育や妻浩子の両親の健康が思わしくなかったことなどの要因が重なり、断念せざるをえなかった。アメリカ経済学界に復帰する最後のチャンスを逸したのである。

インタビューした際、アローがふと口にした印象的な言葉があった。

「ヒロに関して私にはどうしてもわからないことがひとつあるんだが……彼はどういう経緯で環境の問題に強い関心をもつようになったんでしょうかね。『自動車の社会的費用』というヒロの本がありますね。私は非常にすばらしい著作だと考えているんですが……」

日本で公害問題に取り組み出したころの宇沢の変わりようを「Big Change」と表現しながら、『自動車の社会的費用』はとてもすばらしい本だったが、彼の思考が変化したことを示す作品でもあったんだね」

とアローは念を押すように語った。

20世紀を代表する理論経済学者であり、世界の経済学者たちから信頼されているアローにぜひ聞いてみたいことがあった。ノーベル経済学賞についてである。宇沢は有力候補だった時期があったが、ついに受賞することはなかった。「Big Change」が裏目に出たのだろうか。

「もちろん、ヒロは受賞すべきでしたよ。わたしにとって、彼が受賞に値する経済学者だったことは疑いないことです。でも、わたしはノーベル経済学賞をコントロールできる立場にはないんですよ！　スウェーデンの委員会が決めることですからね。わたしは300名ほどいる推薦者のひとりにすぎない。たくさんの経済学者を推薦してきたけれども、推薦してもその多くは受賞しませんでしたよ」

口ぶりから宇沢を推薦していたのだろうと察しはついた。少し意外だったのは、アローが宇沢の経済学にはふたつのピークがあると指摘したことだった。経済成長理論への貢献にくわえ、『自動車の社会的費用』から『Economic Analysis of Social Common Capital』にいたるまでの環境問題への取り組みを、経済学への大きな貢献として挙げたのである。なぜ意外かというと、日本では、経済学者たちの社会的共通資本への関心が著しく低いからである。

アメリカでの取材ではアローのほかに、ロバート・ソロー、ジョージ・アカロフ、ジョセフ・スティグリッツと会った。宇沢ときわめて親しかったこの4人は、みなノーベル経済学賞を受賞している。取材先を選ぶ過程で気づかざるを得なかったのだが、この4人だけでなく、親しかった友人、同僚の多くがノーベル経済学賞を受賞している。ポール・サミュエルソン、ジェームズ・トービン、セオドア・シュルツ、チャリング・クープマンス、ロバート・マンデル……英国のジェームズ・ミードや、親交はあったが学問上は対立したミルトン・フリードマン、ロバート・ルーカスなどをふくめると、まるで歴代受賞者を数えあげるようなものだ。

なぜ宇沢弘文だけ受賞していないのだろうか。アローはもとより、ソロー、アカロフ、スティグリッツも、「ヒロは受賞すべきだった」「ヒロが受賞に値する業績を残していることは疑いない」と異口同音に答えた。教え子のアカロフとスティグリッツには別々に取材したのに、口裏をあわせたかのように、「ヒロは受賞すべきでした」と2度繰り返して嘆いた。

地球温暖化の研究が軌道にのって宇沢がなにより嬉しかったのは、ふたたびアローといっしょに活動ができるようになったことだった。日本開発銀行設備投資研究所内に設立した地球温暖化研究センターがシンポジウムを開催した際、宇沢はケネス・アローをゲストに招き、箱根で3日間にわたり地球環境問題について討議している。「Big Change」を果たした宇沢が、ようやく「職業的専門家集団」に完全復帰したことを象徴する出来事だった。

渾身の集大成『Economic Analysis of Social Common Capital』(Cambridge University Press)を宇沢が出版する際、アローは心から賛辞を贈った。同書の裏表紙に、アローの言葉が掲げられている。〈宇沢はふたたび、社会的に重要な問題の経済解析において大きな貢献を成し遂げた。彼の社

会的共通資本論は経済理論の威信を示すものであり、宇沢ならではの明晰な解説と卓越した分析はきわだっている〉

恩師アローとの関係をかえりみて気づかざるをえないのは、日本には真の意味での理論経済学者、理論構築者がほとんどいないということである。アローと旧交を温めることができたものの、日本では、相変わらずひとりで走りつづけなければならなかった。宇沢は走りに走ったが、伴走者はついに現れなかった。

宇沢に誘われて同志社大学の社会的共通資本研究センターに参加するようになったわたしは、しばらくして研究所の様子がおかしいことに気づき、思い切ってたずねたことがあった。

「社会的共通資本研究センターには、経済学者で積極的に参加する人があまりいないようですね。後継者というか、社会的共通資本に関心をもつような人はいないのですか?」

「それはね……いないんだよ」

「日本にはいませんか?」

「日本にはいないし、海外にもいないんだよ」

たんたんと語る宇沢の心持ちを、そのときは推し量ることさえできなかった。

2014年9月18日、長い闘病を終え、宇沢弘文は静かに息をひきとった。親族のみの密葬を終えて訃報がメディアに流れた日、宇沢家を弔問に訪れた。

応接間には妻の浩子さん、長男で数学者の達さん、長女で医師のまりさんが普段着で集っていた。お骨のそばには、穏やかな顔をした晩年の写真が添えられていた。看病していた時間が長かったせいもあるのだろう、むしろ喪服のわたしが場違いな格好をしているようにおもえるくらい、家族は静かで寛いだ雰囲気だった。

かつて応接間のこのテーブルで向き合い、話を聞いていた日々がよみがえり、ふと思い出した。生前の宇沢がこたえなかった、ある「質問」のことである。

宇沢が孤軍奮闘、というより孤立した状態にあることが薄々わかってきたころだった。経済理論をやるのであれば、日本に戻らず、やはり本場アメリカで活動していたほうがよかったのではなかったのですか——無遠慮にそうたずねると、しばらく考えたすえ、宇沢は結局何もいわず微笑んだだけだった。

同じ質問を浩子夫人にもしてみたくなり、「帰国してから宇沢先生は変わりましたか」とたずねると、

「宇沢は、ひとりぼっちでした」

という簡潔なこたえがかえってきた。説明もなにもなかったのだけれども、「ひとりぼっち」という言葉の響きが晩年の宇沢をぴたりと言い当てているようで、腑に落ちた。

おもうに、ひとりぼっちというのはかならずしも寂しい状況を指すわけではない。宇沢弘文はいつも単独だった。とぼとぼ歩き、ときには走って、さがしつづけた。片手に重たそうな本、もう片方の手にはカラッポの鳥かごをさげ、

「青い鳥をさがしてるんだけど、キミたち知らないかい？」

子供たちにたずねたあのときのように。

あとがき

わたしはふだん、「ウザワ先生」と呼び、先生からは「ササックン」と呼ばれていました。

もともと本書の企画は、わたしがウザワ先生に申し込み実現したものですが、途中、座礁する危機がありました。東日本大震災の10日後、先生が脳塞栓で倒れてしまったときです。危機を救ってくださったのが、宇沢浩子さんでした。ご家族の宇沢達さん、占部まりさん、ご兄妹の渡辺道子さん、宇沢充圭さんにもご協力いただいて、一冊の本に仕上げるという約束をなんとか果たすことができました。

執筆の過程では、「ウザワ先生」を「宇沢弘文」と認識し直すのにずいぶん時間がかかりました。精神的に依存してしまっていたからだろうとおもいます。経済学者でもないわたしが、本格派の理論経済学者を描くなどということは土台無謀だったのかもしれません。ふとたちどまり、「自分は適任者ではないのではないか」とおもったことは一度や二度ではありません。

そんなとき、ウザワ先生の言葉を思い出してはつぶやいたものです。

「ほんとうのバカにならないと、おおきな仕事なんてできないからね」

なぜかよくおぼえていた言葉です。ほんとうのバカにはなれたようにおもいますが、おおきな仕事となったかどうかは読者のみなさんに判断を仰ぐしかありません。

経済学については、宇沢弘文と縁の深かった方々（経済学界を支えている方々）に多くを学びました。草稿の段階では宇沢門下生の間宮陽介先生に助言をいただきました。また、ルーカスの経済学については宇沢門下生の大瀧雅之先生に丁寧にご教示いただきました。急逝された大瀧先生のご冥福をお祈り致します。そのほかお名前を挙げることはできませんが、たいへん多くの方々にご協力いただきました。深く感謝いたします。

「ジャーナリズムや出版界も、じつは社会的共通資本なんだよ」

先生からそういわれたことがありました。崩壊状態のジャーナリズムを鑑《かんが》みるとき、あらためて考えさせられます。そんななかにあって講談社の青木肇、小林雅宏と仕事ができたのは幸運でした。ケネス・アロー教授をはじめとするアメリカでの取材では、ジャーナリストの大野和基氏、谷町真珠氏に協力を仰ぎました。《Instinct of Workmanship》に則って、ジャーナリズムを実践できたことは自信につながりました。

本書が、宇沢弘文が実践し、表現しようとしたLiberalismを理解する一助となるようであれば、筆者として望外のよろこびです。

平成の終わりに

佐々木実

主な参考文献

●宇沢弘文の著作、および、学術誌を含む論文掲載雑誌については本文中に出典を明記
●下記リスト中の太字は見出しの著者の自著を指す

J・M・ケインズ『**雇用、利子および貨幣の一般理論（上・下）**』間宮陽介訳・岩波文庫／『**ケインズ全集**』東洋経済新報社／『ケインズ』宮崎義一ほか訳・中公クラシックス／『ケインズ「一般理論」の形成』リチャード・カーン、浅野栄一ほか訳・岩波書店／『ケインズ』R・スキデルスキー、浅野栄一訳・岩波書店／『ケインズ』伊東光晴・岩波新書／『ケインズ』吉川洋・ちくま新書

ロイ・ハロッド『**動態経済学序説**』高橋長太郎ほか訳・有斐閣／『**ケインズ伝（上・下）**』塩野谷九十九訳・東洋経済新報社

ソースティン・ヴェブレン『**有閑階級の理論**』高哲男訳・講談社学術文庫／『**営利企業の理論**』小原敬士訳・勁草書房／『**経済的文明論―職人技本能と産業技術の発展**』松尾博訳・ミネルヴァ書房／『ヴェブレン　その人と時代』J・ドーフマン、八木甫訳・ホルト・サウンダース／『ヴェブレンとその時代』稲上毅・新曜社／『ヴェブレン研究』高哲男・ミネルヴァ書房

ミルトン・フリードマン『**選択の自由**』（妻ローズとの共著）、西山千明訳・日経ビジネス人文庫／『**資本主義と自由**』村井章子訳・日経BPクラシックス／『**実証的経済学の方法と展開**』佐藤隆三ほか訳・富士書房／『ミルトン・フリードマン　わが友、わが夫』ローズ・D・フリードマン、鶴岡厚生訳・東洋経済新報社／『最強の経済学者　ミルトン・フリードマン』ラニー・エーベンシュタイン、大野一訳・日経BP社／『フリードマンの経済学と思想』エイモン・バトラー、宮川重義訳・多賀出版

ジョーン・ロビンソン『**資本蓄積論**』杉山清訳・みすず書房／『**異端の経済学**』宇沢弘文訳・日本経済新聞社／『**資本理論とケインズ経済学**』山田克巳訳・日本経済評論社／『**経済学の考え方**』宮崎義一訳・岩波書店／『**現代経済学**』（J・イートウェルとの共著）、宇沢弘文訳・岩波書店

ケネス・アロー『**社会的選択と個人的評価**』長名寛明訳・日本経済新聞社／『**一般均衡分析**』（F・ハーンとの共著）、福岡正夫ほか訳・岩波書店

ジョセフ・スティグリッツ『**世界を不幸にしたグローバリズムの正体**』鈴木主税訳・徳間書店／『**フリーフォール**』楡井浩一ほか訳・徳間書店

ポール・サミュエルソン『**経済学（上・下）**』都留重人訳・岩波書店／『**経済分析の基礎**』佐藤隆三訳・勁草書房／『**サムエルソン　心で語る経済学**』都留重人監訳、ダイヤモンド社

森嶋通夫『**思想としての近代経済学**』岩波新書／『**サッチャー時代のイギリス**』岩波新書／『**終わりよければすべてよし**』朝日新聞社

都留重人『**都留重人自伝　いくつもの岐路を回顧して**』岩波書店／『**現代経済学の群像**』岩波現代文庫／『**近代経済学の群像**』岩波現代文庫

原田正純『**水俣病**』岩波新書／『**いのちの旅**』岩波現代文庫／『苦海浄土 全三部』石牟礼道子・藤原書店

宮本憲一『**戦後日本公害史論**』岩波書店／『**社会資本論**』有斐閣

その他『ある理論経済学者のお話の本』ジョージ・アカロフ、幸村千佳良ほか訳・ハーベスト社／『成長理論 第2版』ロバート・ソロー、福岡正夫訳・岩波書店／『企業成長の理論』エディス・ペンローズ、日高千景訳・ダイヤモンド社／『マクロ経済学のフロンティア』ロバ

ート・ルーカス、清水啓典訳・東洋経済新報社／『現代経済学の回想』ジョージ・スティグラー、上原一男訳・日本経済新聞社／『ガルブレイス（上・中・下）』リチャード・パーカー、井上廣美訳・日経ＢＰ社／『ノーベル経済学賞の40年（上・下）』トーマス・カリアー、小坂恵理訳・筑摩選書／『経済学を変えた七人』ウィリアム・ブレイトほか編、佐藤隆三ほか訳・勁草書房／『マクロ経済学はどこまで進んだか』Ｂ・スノードンほか、岡地勝二訳・東洋経済新報社／『大恐慌を見た経済学者11人はどう生きたか』Ｒ・Ｅ・パーカー、宮川重義訳・中央経済社／『現代経済学の巨星（上・下）』Ｍ・シェーンバーグ編、都留重人監訳・岩波書店／『20世紀のエコノミスト』根井雅弘編著・日本評論社／『経済思想〈10〉日本の経済思想（２）』（宇沢弘文の章）高増明・日本経済評論社／『純粋経済学要論』ワルラス、久武雅夫訳・岩波書店／『隷属への道』Ｆ・Ａ・ハイエク、西山千明訳・春秋社／『日本の経済学』池尾愛子・名古屋大学出版会／『経済学の宇宙』岩井克人・日本経済新聞出版社／『人生越境ゲーム』青木昌彦・日本経済新聞出版社／『日本経済成長論』下村治・中公クラシックス／『大統領の経済学』ハーバート・スタイン、土志田征一訳・日本経済新聞社／『ベヴァリッジの経済思想』小峯敦・昭和堂／『自由論』Ｊ・Ｓ・ミル、木村健康ほか訳・岩波文庫／『河上肇　日本の名著49』中央公論社／『強欲の帝国』チャールズ・ファーガソン、藤井清美訳・早川書房／『サッチャー回顧録（上・下）』マーガレット・サッチャー、石塚雅彦訳・日本経済新聞社／『新自由主義と戦後資本主義』権上康男編著・日本経済評論社／『宇沢弘文のメッセージ』大塚信一・集英社新書／『革新自治体』岡田一郎・中公新書／『日本財政　転換の指針』井手英策・岩波新書／『昭和天皇（上・下）』ハーバート・ビックス、吉田裕監修・講談社／『追想　木村健康』木村健康先生追想録刊行委員会／『東大　嵐の中の四十年』木村健康・春秋社／『天皇と東大（上・下）』立花隆・文藝春秋／『〈民主〉と〈愛国〉』『１９６８（上・下）』ともに小熊英二・新曜社／『戦後学生運動史』山中明・青木新書／『木下素夫を偲ぶ』木下素夫追悼文集刊行会／『不破哲三　時代の証言』不破哲三・中央公論新社／『喜雨亭雑文』高田淳・内山書店／『マッカーシズム』Ｒ・Ｈ・ロービア、宮地健次郎訳・岩波文庫

／『スパイと言われた外交官　ハーバート・ノーマンの生涯』工藤美代子・ちくま文庫／『回想のローズヴェルト』ジョン・ガンサー、清水俊二訳・早川書房／『赤狩り時代の米国大学』黒川修司・中公新書／『ベスト&ブライテスト（上・中・下）』D・ハルバースタム、浅野輔訳・朝日文庫／『マクナマラ回顧録』ロバート・S・マクナマラ、仲晃訳・共同通信社／『ニュースクール　二〇世紀アメリカのしなやかな反骨者たち』紀平英作・岩波書店／『三里塚アンドソイル』福田克彦・平原社／『ワトキンス調査団名古屋・神戸高速道路調査報告書』勁草書房

Milton Friedman, Anna Jacobson Schwartz, *A Monetary History of the United States, 1867-1960,* National Bureau of Economic Research Publications / Edited by Milton Friedman, *Studies in the Quantity Theory of Money*, The University of Chicago Press / Don Patinkin, *Essays On and In the Chicago Tradition*, Duke University Press / *Research in the History of Economic Thought and Methodology Vol.10* JAI PRESS / Arjo Klamer, *The New Classical Macroeconomics : Conversation with New Classical Economists and Their Opponents*, Wheatsheaf Books / *Lives of the Laureates : Twenty-three Nobel Economists*, The MIT Press / Masayuki Otaki, *Keynesian Economics and Price Theory : Re-orientation of a Theory of Monetary Economy* Springer

著者紹介

佐々木 実（ささき・みのる）

1966年、大阪府生まれ。91年、大阪大学経済学部卒業後、日本経済新聞社に入社。東京本社経済部、名古屋支社に勤務。95年に退社し、フリーランスのジャーナリストとして活動している。2013年に初の著書『市場と権力 「改革」に憑かれた経済学者の肖像』（小社刊）で、第45回大宅壮一ノンフィクション賞・第12回新潮ドキュメント賞をダブル受賞した。

Photo

共同通信イメージズ：P27　P40　P63　P68　P143　P225　P230　P406　P488　P501　P537

朝日新聞フォトアーカイブ：P87　P115　P206　P245　P294　P310　P349　P355

Photoshot／AFLO：P177

National Portrait Gallery：P185

そのほか、宇沢家、永福寺からご提供いただきました。

資本主義《しほんしゅぎ》と闘《たたか》った男《おとこ》 宇沢弘文《うざわひろふみ》と経済学《けいざいがく》の世界《せかい》

二〇一九年三月二七日　第一刷発行
二〇二〇年二月一九日　第七刷発行

著　者　佐々木《ささき》　実《みのる》　©Minoru Sasaki 2019

発行者　渡瀬昌彦

発行所　株式会社講談社
　　　東京都文京区音羽二丁目一二－二一
　　　郵便番号一一二－八〇〇一

電　話　〇三－五三九五－三五二一　編集（現代新書）
　　　〇三－五三九五－四四一五　販売
　　　〇三－五三九五－三六一五　業務

装幀者　重原　隆

印刷所　豊国印刷株式会社

製本所　大口製本印刷株式会社

定価はカバーに表示してあります。

本書のコピー、スキャン、デジタル化等の無断複製は著作権法上での例外を除き禁じられています。本書を代行業者等の第三者に依頼してスキャンやデジタル化することは、たとえ個人や家庭内の利用でも著作権法違反です。Ⓡ〈日本複製権センター委託出版物〉複写を希望される場合は、日本複製権センター（電話〇三－六八〇九－一二八一）にご連絡ください。

落丁本、乱丁本は購入書店名を明記のうえ、小社業務あてにお送りください。

送料小社負担にてお取り替えいたします。

なお、この本についてのお問い合わせは、「現代新書」あてにお願いいたします。

N.D.C.330　638p　20cm
ISBN978-4-06-513310-1